中国社会科学院财经战略研究院

National Academy of Economic Strategy, CASS

奋力开启新时代
智库建设新局面

中国社会科学院财经战略研究院
成立 10 周年纪念文集

中国社会科学院财经战略研究院　编

中国社会科学出版社

图书在版编目(CIP)数据

奋力开启新时代智库建设新局面:中国社会科学院财经战略研究院成立10周年纪念文集/中国社会科学院财经战略研究院编. —北京:中国社会科学出版社，2021.12

ISBN 978 - 7 - 5203 - 9416 - 1

Ⅰ.①奋… Ⅱ.①中… Ⅲ.①中国经济—文集 Ⅳ.①F12 - 53

中国版本图书馆 CIP 数据核字 (2021) 第 253690 号

出 版 人 赵剑英
责任编辑 王 曦
责任校对 闫 萃
责任印制 戴 宽

出　　版　中国社会科学出版社
社　　址　北京鼓楼西大街甲 158 号
邮　　编　100720
网　　址　http://www.csspw.cn
发 行 部　010 - 84083685
门 市 部　010 - 84029450
经　　销　新华书店及其他书店

印刷装订　北京君升印刷有限公司
版　　次　2021 年 12 月第 1 版
印　　次　2021 年 12 月第 1 次印刷

开　　本　710 × 1000　1/16
印　　张　24.25
插　　页　2
字　　数　353 千字
定　　价　99.00 元

序　言

中国社会科学院财经战略研究院，是 2011 年 12 月底在"中国社会科学院财政与贸易经济研究所"基础上新组建的学术型智库研究机构。作为中国社会科学院实施哲学社会科学创新工程的重大举措，2011 年，社科院党组决定以财政与贸易经济研究所为基础，组建综合性、创新型国家财经战略研究机构——财经战略研究院。

财经院作为中国社会科学院直属的研究机构，经历着十年的发展，已成为拥有财政经济、贸易经济、服务经济和宏观经济等主干学科版块、覆盖多个经济学科领域的中国财经科学的学术重镇和颇具影响力的财经智库。

财经院遵循"研以致用，为人民做学问"的基本理念，从党和国家的工作大局出发，以"国家级学术型智库"为定位，致力于为党中央、国务院的经济决策服务，就国家经济改革和发展中的重大现实问题提供战略咨询与对策建议；致力于经济学基础理论的积累，重视学术研究在智库建设中的基础支撑作用；致力于全局性、战略性、前瞻性、应急性、综合性和长期性的经济战略问题的研究，为党和政府提供科学、及时、系统、可持续的研究成果。

财经院拥有较完备的应用经济学和工商管理学科国家高端人才培养体系。中国社科院大学成立后，社科院党组提出了科教融合发展战略。财经战略研究院与和社科院大学共建社科院大学商学院，就是实施科教融合战略的重要成果。目前，社科院大学商学院拥有财政学、国际贸易学、金融学、产业经济学、旅游管理和人力资源管理六个博士点和硕士点，拥有国际经济与贸易、财务管理两个本科专业。作为中国社会科学院博士后流动站体系的重要组成部分，财经战略研究院设有应用经济学和工商管理学 2 个博士后流动站。一代又一代本科生、硕士生、博士生和博士后，以及研修班的同学从财经院走向社会，他们在政界、学界和商界取得了骄人的成就，他们是我们财经院的骄傲，永远是我们财经院大家庭的一员。

作为国内外学术交流的重要平台，财经院同全球范围内的国际组织、知名高等院校、研究机构和学术团体保持着广泛联系和密切合作，同诸多境内外研究与教学机构签署了合作协议，开展国际学术交流，成功完成了多项重大合作课题，共同主办了多项高水平的国际学术活动。

作为国家高端智库，财经院致力于为中央和国务院及其相关部门的经济决策提供多种形式的政策咨询服务，与国家发改委、财政部、交通运输部、商务部、工信部、中国人民银行、文化和旅游部、国家税务总局、国家审计署和国家能源局等政府部门保持着长期而密切的合作关系，承担了这些部门委托的多项智库研究项目，深度参与这些部门的政策研究与咨询。

在中国社科院哲学社会科学创新工程和中国社科院高端智库的支持下，财经院进入了一个新的发展阶段，确立了"一条主线、两大目标、三个定位"的学科建设和科研发展"路线图"：以国家财经战略研究为主线，全面提升学术影响力和决策影响力，力争把财经院建设成为马克思主义财经科学的坚强阵地、中国财经科学的最高殿堂、党和国家财经领域重要的思想库和智囊团。

为了更好地展现这 10 年来财经院人在财经研究领域的研究成果，回顾这 10 年来财经院人的研究脉络，财经院学术委员会决定编辑出版这部论文集。这部论文集收录了部分财经院人（包括财经院在岗研究员、自 2011 年底在财经院工作过的所局领导和二级研究员）的科研成果。由于篇幅有限,有许多优秀学者的论著未能收录进来,这部文集无法展现财经院科研成果的全貌,这是我们的遗憾。此外,我们在不改动论文发表时的主体内容同时,对原文进行了压缩,做了一些技术处理。这部论文成集出版,不仅仅是财经院成立 10 年的院庆纪念,更是对中国特色社会主义进入新时代财经理论与政策回溯和经验总结,也是对我们在职研究人员的一种鞭策。

中国社科院财经战略研究院

2021 年 9 月 23 日

目　录

第三部分　服务经济

第四部分　宏观经济

第一部分

财政金融

财政分权、金融分权与宏观经济治理

何德旭　苗文龙

摘要：财政政策和货币政策作为宏观经济治理的主要手段，其协调程度和经济调控效果受到财政分权和金融分权制度安排的影响。分析表明：财政收入分权清晰、财政支出分权模糊，出现财政收入分权与财政支出分权的不匹配；地方为稳定本地经济寻求其他收入、竞争金融资源，金融表现出显性集权隐性分权特征，引发政府层级间金融分权和政府市场间金融分权不一致。构建科学的宏观经济治理体系，必须明确地方政府主要职责、降低地方财政支出比例，廓清财政政策和货币政策的定位与救助边界，推进适度的金融分权，更充分发挥地方对提高经济发展质量、控制重大风险的作用。

关键词：财政分权；金融分权；宏观经济治理

作者：何德旭，中国社会科学院财经战略研究院院长、研究员；苗文龙，陕西师范大学国际商学院教授。

当前，我国经济已由高速增长阶段转向高质量发展阶段，面临着转变发展方式、优化经济结构、转换增长动力的攻关任务，需要着力了解决好发展不平衡不充分，结构性、体制性、周期性问题相互交织，发展质量和效率有待提升，城乡区域发展和收入分配差距较大，重大金融风险隐患，发展与安全统筹不够等问题。推进宏观经济治理体系建设是解决这些问题的关键措施。然而，宏观经济治理体系的主要问题是，财政政策和货币政策作为主要治理手段，常常表现出冲突关系。这些冲突实质上反映了中央与地方之间财政及金融相关权力结构的不协调。推进宏观经济治理体系建设，就必须研究解决中央与地方之间财政及金融相关权力结构协调问题。

一 财政分权与金融分权的演进、测算及协同变化

（一）改革开放以来财政分权与金融分权的历史演进

1. 财政分权及其演变

财政分权是激励地方政府、提高经济效率的重要治理方式。代表性的理论是依据市场联邦制度发展而来的财政分权理论。"保护市场的联邦主义"要求在设计政府间财政安排时硬化地方财政预算，并嵌入一些正式和非正式的制度安排来激励公共决策者，而不是仅仅考虑如何将财政功能在各级政府之间作恰当分配。[①] "中国特色的联邦主义"假说认为，20 世纪 80 年代初开始的行政分权加强了地方政府的经济决策权，同时进行的财政分权使地方政府可以名正言顺地与中央分享财政收入，较独立的经济决策权和明确的财政分享成为地方政府的重要激励。[②]

中国从计划经济体制过渡到市场经济体制，财政分权主要经历了五次：1993 年开始实施分税制改革、1995 年开始政府间财政转移支付制度改革、2002 年进行所得税收入分享改革、2012 年营业税改增值税改革、2016 年增值税分享改革。每次改革都在不断清晰和完善中央与地方间的财政收入分配，不断健全和规范财政分权。

2. 金融分权及其演变

在经济转型期，政府与市场间金融分权是总体趋势，同级政府不

---

① 参见 W. E. Oates, "An Essay on Fiscal Federalism", *Journal of Economic Literature*, Vol. 37, 1999, pp. 1120 – 1149.

② 参见 G. Montinola, Yingyi Qian, and B. Weingast, "Federalism, Chinese Style: the Political Basis for Economic Success in China", *World Politics*, Vol. 48, 1995, pp. 50 – 81.

同部门间金融分权常常围绕这一主线展开，但政府层级间金融分权（有时连同同级政府不同部门间金融分权）常常决定着政府与市场间金融分权的程度和变化。政府层级间金融分权成为决定金融分权程度的主要因素。为了研究主线清晰，本文重点探讨政府层级间金融分权的演变，必要时引入其他两个范畴的金融分权。金融分权程度从绝对集权向绝对分权的变化称为"金融分权深化"，从绝对分权向绝对集权的变化称为"金融集权强化"。

改革开放以来，中国金融分权演变大致经历了三个阶段：金融分权凸显阶段（1979—1997 年），以中国人民银行专门行使中央银行职能为标志；金融集权强化阶段（1998—2011 年），以 1998 年中国人民银行成立九大区行、四大国有银行实行垂直化管理为标志；金融分权加强阶段（2012 年至今），以各省纷纷成立地方金融监管局、地方金融控股集团等地方性金融机构为标志。这些事件意味着地方政府无形中全面拥有了金融监管权、金融稳定权、金融资源配置权、金融公司治理权。

（二）财政分权与金融分权的测算指标

1. 财政分权测算指标

财政分权包括财政收入分权和财政支出分权两个方面。前者主要表现为各地方的财政收入比例，代表地方政府分享国家收入的能力。其中，税收是财政收入中具有绝对重要地位的构成，税收分成是衡量政府间财政分权的一种重要方法。[①] 后者主要表现为各地方的财政支出比例，代表地方政府支配社会资源的能力。

因此，可以从两个层面描述财政分权：一是地方财政收入占全国财政总收入比例，地方财政收入比例＝地方财政收入总规模/全国财政收入总规模。二是地方财政支出占全国财政总支出的比例，地方财政支出比例＝地方财政支出总规模/全国财政支出总规模。

---

① 参见吕冰洋、马光荣、毛捷《分税与税率：从政府到企业》，《经济研究》2016 年第 7 期。

2. 金融分权测算指标

金融分权测算指标主要为了在金融条线管理背景下准确描述出地方政府影响金融资源的数量。这些影响有的是显性的，有的是隐性的。

（1）地方性商业银行比例

地方性商业银行主要指地方政府为大股东的商业银行，包括城市商业银行（城市信用社）和农村金融机构（农村商业银行、农村合作银行、农村信用社）。虽然农村合作银行、城市信用社、农村信用社不算法律意义上的商业银行，但其经营实质类似于商业银行。

根据具体财务指标，地方性商业银行比例有四个计算方法：一是根据地方性商业银行法人机构数量计算，地方性商业银行机构比例＝地方性商业银行数量/全国商业银行总数量；二是根据地方性商业银行资产规模计算，地方性商业银行资产比例＝地方性商业银行资产规模/全国所有商业银行资产规模；三是根据地方性商业银行贷款数量计算，地方性商业银行贷款比例＝地方性商业银行贷款规模/全国所有商业银行贷款规模；四是根据地方性商业银行负债数量计算，地方性商业银行负债比例＝地方性商业银行负债规模/全国所有商业银行负债规模。

在银行主导型金融体系中，商业银行在金融资源配置中具有举足轻重的地位。地方政府一般为地方性商业银行的大股东，高管一般由地方政府任命；地方性商业银行比例可以从机构数量、资产规模、负债规模、贷款规模等方面测算地方性商业银行的市场份额，这在一定程度上反映了地方政府的作用空间及其对商业银行贷款规模和投向的影响。这一指标的缺点有两个：一是地方性金融资源形式多样，地方性商业银行只是其中之一；① 二是地方政府也可能影响大型商业银行、

---

① 为解决这一缺点，这里也可以将银行范围扩大为地方性金融机构，包括地方性商业银行和地方政府设立的地方金融控股公司、地方金融资产管理公司等。此时，具体可参考上述方法计算地方性金融机构数量比例、地方性金融机构资产比例、地方政府监管的金融机构数量比例、地方政府监管的金融机构资产比例等指标。这一系列指标基本上包括了地方政府对辖区有直接影响力的所有金融机构，较地方性商业银行比例指标更为全面。但缺点在于，未能描述地方政府对其他（地方政府非大股东的）金融机构的影响程度。

股份制商业银行在其辖区的经营，这种情况难以准确算入地方金融分权。

（2）各地方的银行贷款比例

根据各地方的银行贷款规模占全国银行贷款规模的比例，可以观察该地方实际使用的银行贷款资源情况。[①] 具体计算指标为：各地方的银行贷款比例＝地方银行贷款规模/全国银行贷款规模。这一指标的优点：一是银行贷款仍是银行比例最高的资产种类，用它可以代表银行经营能力和经营行为。同时，银行贷款是企业最主要的融资形式，是最主要的金融资源。二是地方政府通过多种形式（如各种会议），试图影响的主要是各大型银行和全国性股份制银行对本辖区的贷款数量。三是各地银行贷款一般与其他金融指标存在正相关性，银行贷款变动与金融资源总量变动趋势基本一致。

（3）地方政府债务比例

地方政府债务包括地方政府债券、地方政府有偿还责任的地方融资平台债务、有一定救助责任的地方融资平台债务、有担保责任的地方融资平台债务等。根据具体内容的不同，可以分别设计计算指标。但在现实中，只有地方政府债券的数据比较容易获得且连续，其他数据较难获得。

（三）财政分权与金融分权的协同变动

由于数据的可得性，本文选择了具有代表性的财政分权指标：地方预算内财政收支占全国预算内财政收支比例、地方预算外收支占全国预算外收支比例、地方政府债务余额。由财政分权数据可以看出：伴随着地方预算内收入比例的降低和平稳，地方预算内支出比例反而上升，出现财政收入分权与财政支出分权的不匹配。为了稳定地方经济运行、保障投资项目资金，地方政府不得不寻求其他收入。此时，地方政府预算外收入占全国预算外收入比例明显上升（从 1992 年的 55.90% 上升到 1997 年的 94.90%），在 1998 年达到峰值 95.20% 后，后期基本稳定在

---

① 参见何德旭、苗文龙《财政分权是否影响金融分权——基于省际分权数据空间效应的比较分析》，《经济研究》2016 年第 2 期。

93%左右；地方政府预算外支出表现出同样的上升态势（从 1992 年的 56.36%上升到 1997 年的 94.60%）。

财政分权加强了地方政府的经济决策权和地方利益独立性，地方政府可根据地方经济发展需要调整投资结构。[①] 由于金融显性集权，只有在经济下行、中央实施积极的财政政策和扩张的货币政策时，地方政府的投资扩张才更容易实现。地方政府为了扩大投资、获取更多的金融资源、实现产出最大化，从直接行政干预银行信贷转变到成立地方性商业银行、地方金融控股集团、地方金融资产管理公司，金融体现出分权特征。

二 财政分权、金融分权与宏观经济治理：一个理论解释

（一）财政分权、金融分权与宏观经济治理的关系

本部分将分别建立中央经济政策目标函数和地方经济政策目标函数，进而在各自约束条件下求解财政金融行为。

1. 中央经济政策函数

（1）目标函数

根据中央财政政策和货币政策，这里尝试设计纳入金融稳定的中央经济政策的目标函数：$\max [\mu_Y Y_t - \mu_\pi (\pi_t - \pi^*)^2 - \mu_S (S_t - S^*)^2]$。其经济含义为，综合求解产出的最大值和有关损失变量的最小值，进而达到社会福利最大。Y_t 为 t 期产出，$(\pi_t - \pi^*)$ 为 t 期通货膨胀缺口，$(S_t - S^*)$ 为 t 期系统性金融风险缺口。μ_Y、μ_π、μ_S 分别为产出、通货膨胀缺口、系统性金融风险缺口的权重系数，$0 < \mu_Y < 1$、$0 < \mu_\pi < 1$、$0 < \mu_S < 1$。目标函数的经济事实依据为：在赶超型经济模式下，政府总是偏好于较高的产出，经济增长往往是财政政策和货币政策共有的目标，这里直接将产出作为社会福利的正相关变量；通货膨胀水平

---

① 参见胡文骏、刘晔《财政分权、预算结构与地方政府生产性支出偏向》，《当代财经》2016 年第 5 期。

π_t 无论高于还是低于最优通胀率 π^* ，对经济平稳增长都是不利的，给社会福利带来负向冲击，这里引入 $\mu_\pi(\pi_t-\pi^*)^2$ ；系统性金融风险 S_t 存在经济最优界值 S^* ，[①] 在此附近，既可以防控系统性金融风险造成的损害，又可以支持经济高质量发展。

本文假设政府支出与产出形成函数关系 $Y_t = g(G_{c,t} + \sum_{l=1}^{N} G_{l,t} + \sum_{i=1}^{n} I_{i,t} + \sum_{l=1}^{N} I_{l,t}) - \overline{G}_{c,t}$ 。[②] 中央政府支出 $G_{c,t}$ 最小值大于一定时期内保障国家战略项目的必要性支出 $\overline{G}_{c,t}$ ；$G_{l,t}$ 为 l 地方政府支出，N 为地方政府数量；$I_{i,t}$ 为中央企业 i 在 t 期的投资，n 为中央企业数量，$\sum_{i=1}^{n} I_{i,t}$ 为中央企业总投资；$I_{l,t}$ 为地方企业 l 在 t 期的投资，$\sum_{l=1}^{N} I_{l,t}$ 为地方企业总投资。此时，假设一个地方有一个地方政府、一个代表性企业。

实证研究表明，货币供给增长率和通货膨胀之间的相关系数几乎是唯一确定的，根据货币供给口径的不同，其数值在 0.92—0.96 波动，[③] 本文假设 $\pi_t = \lambda_\pi \Delta M_t$ ，ΔM_t 为广义货币供给量的增量，λ_π 为货币供给增加对通货膨胀率的影响系数。

当系统性金融风险 $S_t > S_1^*$ ，为实现 $(S_t - S^*)$ 的最小需要采用逆周期超额资本、前瞻性拨备、留存超额资本等常规性的政策工具，甚

①　系统性金融风险伴随金融属性而生，自始至终在一定程度上存在，如果将系统性金融风险降为绝对的 0，不仅将金融体系束缚致死，而且可能桎梏整个经济体系失去活力；当系统性金融风险低到一定程度时，降低系统性金融风险的边际成本会高于其造成的边际损失，且该边际成本递增、边际损失递减。

②　中央财政支出包括购买性支出和转移性支出，购买性支出分为投资性支出和消费性支出，投资性购买支出和消费性购买支出的产出乘数效应（购买性支出的产出乘数效应）大于转移性支出，由于后者比例较低，这里只考虑购买性支出的产出效应。同时，这里忽略了财政支出的挤出效应，当中央政府支出较少时，随着中央政府支出增加、产出增加，且产出增长速度较高；当中央政府支出增加到一定水平后，继续增加的挤出效应越来越显著，产出增加速度下降。如果设置为对数函数或幂小于 1 的幂函数，推理结果并不影响变量之间影响关系的方向。

③　参见 W. E. Weber, "Some Monetary Facts", *Quarterly Review*, Vol. 19, No. 3, 1995, pp. 2 – 11.

至对风险较大难以自救的（系统重要性）银行采用更强的政策工具，例如购买特定机构的风险资产、注资救助（Bailouts）等，两者通过政策乘数和基础货币影响货币供给总量。从而有 $S_t = \lambda_S \Delta M_t$，$\lambda_s$ 为化解系统性金融风险时采用政策工具对货币供给增加的影响系数。

此时，中央经济政策的目标函数转化为：

$$\max \left\{ \begin{array}{l} \mu_Y \left[g \left(G_{c,t} + \sum_{l=1}^{N} G_{l,t} + \sum_{i=1}^{n} I_{i,t} + \sum_{l=1}^{N} I_{l,t} \right) - \overline{G}_{c,t} \right] - \\ \mu_\pi (\lambda_\pi \Delta M_t - \pi^*)^2 - \mu_S (\lambda_S \Delta M_t - S^*)^2 \end{array} \right\}。$$

（2）政策工具及约束方程

中央政府支出项目包括：$G_{c,t}$，支付上期债务所欠的利息 $i_{t-1} B_{c,t-1}$；在经济转型期，银行贷款坏账增加规模 $\Delta L_{b,t} = L_{b,t} - L_{b,t-1}$ 最终被最后贷款人救助和中央财政税收冲销，这也正是财政分权影响金融分权的重要内在联系之一。中央政府收入项目包括：税收 $T_{c,t} = \tau_{c,t} Y_t$（$\tau_{c,t}$ 为所得税税率）、增发货币 $\Delta M_t = M_t - M_{t-1}$、增发国家债券 $\Delta B_{c,t} = B_{c,t} - B_{c,t-1}$。$B_{c,t} - B_{c,t-1}$ 通过中央银行购买影响基础货币规模，$B_{c,t} - B_{c,t-1} = \dfrac{1}{m} \Delta M_t$，$m$ 为货币乘数。中央政府预算约束方程初步简化为：

$$G_{c,t} + \Delta L_{b,t} + i_{t-1} B_{c,t-1} = \tau_{c,t} \left[g \left(G_{c,t} + \sum_{l=1}^{N} G_{l,t} + \sum_{i=1}^{n} I_{i,t} + \sum_{l=1}^{N} I_{l,t} \right) - \overline{G}_{c,t} \right] +$$

$\left(1 + \dfrac{1}{m} \right) \Delta M_t$，据此可解出 $G_{c,t} = \dfrac{1}{1-\tau_{c,t}g} \tau_{c,t} g \sum_{l=1}^{N} G_{l,t} + \dfrac{1}{1-\tau_{c,t}g} \tau_{c,t}$

$g \sum_{i=1}^{n} I_{i,t} + \dfrac{1}{1-\tau_{c,t}g} \tau_{c,t} g \sum_{l=1}^{N} I_{l,t} - \dfrac{1}{1-\tau_{c,t}g} \tau_{c,t} \overline{G}_{c,t} + \dfrac{1}{1-\tau_{c,t}g} \left(1 + \dfrac{1}{m} \right) \Delta M_t -$

$\dfrac{1}{1-\tau_{c,t}g} \Delta L_{b,t} - \dfrac{1}{1-\tau_{c,t}g} i_{t-1} B_{c,t-1}$。

（3）中央经济政策的决策

将 $G_{c,t} = \dfrac{1}{1-\tau_{c,t}g} \tau_{c,t} g \sum_{l=1}^{N} G_{l,t} + \dfrac{1}{1-\tau_{c,t}g} \tau_{c,t} g \sum_{i=1}^{n} I_{i,t} + \dfrac{1}{1-\tau_{c,t}g} \tau_{c,t}$

$g \sum_{l=1}^{N} I_{l,t} - \dfrac{1}{1-\tau_{c,t}g} \tau_{c,t} \overline{G}_{c,t} + \dfrac{1}{1-\tau_{c,t}g} \left(1 + \dfrac{1}{m} \right) \Delta M_t - \dfrac{1}{1-\tau_{c,t}g} \Delta L_{b,t} -$

$\dfrac{1}{1-\tau_{c,t}g} i_{t-1} B_{c,t-1}$ 代入中央经济政策的目标函数得到：

$$\max\left\{\begin{array}{l}\dfrac{\mu_Y\ (\tau_{c,t}g)^2}{1-\tau_{c,t}g}\sum_{l=1}^{n}G_{l,t}+\dfrac{\mu_Y\ (\tau_{c,t}g)^2}{1-\tau_{c,t}g}\sum_{i=1}^{n}I_{i,t}-\dfrac{\mu_Y\ (\tau_{c,t}g)^2g}{1-\tau_{c,t}g}\overline{G}_{i,t}\\[4mm]+\dfrac{\mu_Y\ (\tau_{c,t}g)}{1-\tau_{c,t}g}\left(1+\dfrac{1}{m}\right)\Delta M_t-\dfrac{\mu_Y\ (\tau_{c,t}g)}{1-\tau_{c,t}g}\Delta L_{b,t}-\dfrac{\mu_Y\ (\tau_{c,t}g)}{1-\tau_{c,t}g}i_{t-1}B_{c,t-1}+\\[4mm]\mu_Y\tau_{c,t}g\sum_{l=1}^{N}G_{l,t}+\mu_Y\tau_{c,t}g\sum_{i=1}^{n}I_{i,t}+\mu_Y\tau_{c,t}g\sum_{i=1}^{N}I_{i,t}-\mu_Y\tau_{c,t}\overline{G}_{c,t}+\\[4mm]\mu_Y\left(1+\dfrac{1}{m}\right)\Delta M_t-\mu_Y\Delta L_{b,t}-\mu_Yi_{t-1}B_{c,t-1}-\mu_Y\overline{G}_t-\mu_\pi\ (\lambda_\pi\Delta M_t-\pi^*)^2-\\[4mm]\mu_S(\lambda_S\Delta M^t-S^*)^2\end{array}\right\}。$$

从货币政策调控方式转型来看，近期内货币供应量调控仍是主要机制，货币政策仍在一定程度上依靠数量调控手段。因此，求解该函数关于ΔM_t的一阶导数并令之为0，得出货币供给增量最优值：

$$\Delta M_t=\frac{\left(\dfrac{\mu_Y}{1-\tau_{c,t}g}\right)\left(1+\dfrac{1}{m}\right)+2\lambda_\pi\mu_\pi\pi^*+2\lambda_S\mu_SS^*}{2\mu_S\lambda_S^2+2\mu_\pi\lambda_\pi^2}。$$

2. 地方经济政策函数

（1）目标函数

比较之下，地方经济政策更多关注本辖区的经济增长，而不必过多关注通货膨胀、系统性金融风险（包括本地区域性金融风险）等目标。除个别商品价格异常波动外，通货膨胀的调控一般和中央银行货币政策密切相关，地方政府不用对货币金融扩张效果负责。地方经济政策目标函数为$\max\mu_YY_{l,t}$。假定地方l产出$Y_{l,t}$与地方政府支出满足关系式$Y_{l,t}=G_{l,t}+I_{l,t}-\overline{G}_{l,t}$，$G_{l,t}\geqslant\overline{G}_{l,t}$，$\overline{G}_{l,t}$为保持地方政府基本功能正常运转的支出，$I_{l,t}$为地方企业在第$t$期的投资。代入目标函数得到：$\max\mu_Y(G_{l,t}+I_{l,t}-\overline{G}_{l,t})$。

（2）政策工具与约束方程

地方政府公共支出一般包括：$G_{l,t}$（如公共工程支出、公共教育支出、社会保障支出、行政管理费支出等）、地方债券利息支出i_{t-1} $B_{l,t-1}$和前期地方债券还本支出$B_{l,t-1}$。地方政府收入项目主要有税收

$\tau_l Y_{l,t}$、地方债券本期发行规模 $B_{l,t}$。地方政府预算约束方程为 $G_{l,t} + i_{t-1}B_{l,t-1} = \tau_l(G_{l,t} + I_{l,t} - \overline{G}_{l,t}) + \Delta B_{l,t}$。其中，地方债券增加规模 $\Delta B_{l,t} = B_{l,t} - B_{l,t-1}$。据此可解出 $G_{l,t} = \dfrac{\tau_l}{1 - \tau_l}I_{l,t} - \dfrac{\tau_l}{1 - \tau_l}\overline{G}_{l,t} + \dfrac{1}{1 - \tau_l}\Delta B_{l,t} - \dfrac{1}{1 - \tau_l}i_{t-1}B_{l,t-1}$。

（3）地方政府行为与经济决策

在分析地方政府行为与经济决策均衡解之前，需要引入两个金融分权变量——政府债券形式的金融分权 $f_{ls,t}$ 和银行贷款形式的金融分权 $f_{lb,t}$，$f_{ls,t}$ 为地方政府 l 债券规模增加占全国政府债券增加量的比例，$f_{lb,t}$ 为地方 l 的银行贷款规模占全国银行贷款规模的比例。

银行贷款规模增量 ΔL_t 与货币供给增量 ΔM_t 存在线性关系，$f_{lb,t} = \dfrac{\Delta L_{l,t}}{\Delta L_t} = \dfrac{\Delta M_{l,t}}{\Delta M_t}$。地方 l 第 t 期的投资 $I_{l,t}$ 与当地银行贷款规模增量 $\Delta L_{l,t} = L_{l,t} - (L_{l,t-1} - L_{bl,t-1})$ 成正比，$L_{bl,t-1}$ 为第 $t-1$ 期地方 l 的银行坏账规模，第 t 期 $L_{bl,t-1}$ 的增加规模为 $\Delta L_{b,t} = \sum\limits_{l=1}^{N}\Delta L_{bl,t} = \sum\limits_{l=1}^{N}(L_{bl,t} - L_{bl,t-1})$，$L_{bl,t}$ 为地方国有企业的银行贷款的坏账规模。从而存在关系式 $I_{l,t} = f_{lb,t}\Delta M_t$。

由于 $B_{c,t} - B_{c,t-1} = \dfrac{1}{m}\Delta M_t$，地方政府债券总规模 $\sum\limits_{l=1}^{N}\Delta B_{l,t}$ 与中央政府债券 $\Delta B_{c,t}$ 的比值为 η，$0 < \eta < 1$，所以

$$\Delta B_{l,t} = f_{l,s,t} \times \left(\sum\limits_{l=1}^{N}\Delta B_{l,t} + \Delta B_{c,t}\right) = f_{ls,t} \times (\eta + 1)\dfrac{1}{m}\Delta M_t。$$

根据金融分权情况，地方政府 l 的预算约束方程为 $G_{l,t} = \dfrac{\tau_l}{1 - \tau_l}I_{l,t} - \dfrac{\tau_l}{1 - \tau_l}\overline{G}_{l,t} + \dfrac{1}{1 - \tau_l}f_{ls,t} \times (\eta + 1)\dfrac{1}{m}\Delta M_t - \dfrac{1}{1 - \tau_l}i_{t-1}B_{l,t-1}$，代入 $\max\mu_Y(G_{l,t} + f_{lb,t}\Delta M_t - \overline{G}_{l,t})$ 得：

$$\max\left(\dfrac{\mu_Y}{1 - \tau_l}f_{l,b,t}\Delta M_t + \dfrac{\mu_Y}{1 - \tau_l}f_{l,s,t} \times (\eta + 1)\dfrac{1}{m}\Delta M_t - \mu_Y\dfrac{i_{t-1}B_{l,t-1} + \overline{G}_{l,t}}{1 - \tau_l}\right)。$$ 求

目标函数关于 $f_{lb,t}$、$f_{ls,t}$ 的一阶导数得到：$\dfrac{\partial U_{l,t}}{\partial f_{lb,t}} = \dfrac{\mu_Y \Delta M_t}{(1-\tau_l)} > 0$、$\dfrac{\partial U_{l,t}}{\partial f_{l,s,t}} = \dfrac{\mu_Y(\eta+1)}{(1-\tau_l)}\dfrac{1}{m}\Delta M_t > 0$。

一阶导数条件的经济含义为：其一，在财政分权变量 τ_l 无法改变的情况下，当地方经济规模低于一定水平，税收分享低于维系地方政府支出的必要规模，地方政府可通过金融分权（争夺银行贷款和争取地方债券规模）提升地方产出增长，提升的幅度取决于货币供给量的增长情况 ΔM_t、政府支出的产出系数 μ_Y、地方政府债券比例 η。这也表明，地方政府如果不能采用发行公债方式为其支出融资，就必然想方设法从银行获取贷款，而且辖区内国有银行贷款越多，越有利于缓解辖区金融资源压力。因此，在风险收益不匹配的情况下，地方政府具有竞争金融资源的激励，这些行为在一定程度上会引发银行坏账风险和地方债务风险。其二，如果地方政府鼓励辖区企业逃废银行贷款 $L_{bl,t-1}$，有利于提升当地银行贷款规模增量 $\Delta L_{l,t} = L_{l,t} - (L_{l,t-1} - L_{bl,t-1})$ 和 $f_{lb,t}$，进而提高辖区产出。如果许多地方默许辖区银行坏账 $L_{bl,t-1}$，则可能发生系统性金融风险，中央银行会提高 $\lambda_S \Delta M_t$ 化解这些坏账，从而提高了 ΔM_t，进而扩大了金融分权对地方产出的增长效应，也加剧了全国通货膨胀的压力。地方扩大地方债务的经济效应与此相似。

（二）财政分权下金融分权与金融风险的内在逻辑

1. 金融分权与市场化

（1）政府—市场间金融分权与市场化改革具有明显的正向关系。历史演变表明，中国的财政分权较为清晰、中央政府具有市场化改革导向。在此情形下，当中央政府向金融机构及金融市场让渡更多的资源配置权时，政府与市场间金融分权深化。从"让市场在资源配置中起基础性作用"到"让市场在资源配置中起决定性作用"，体现了中国市场化改革的实质性变化和纵深化推进。因此，政府与市场间金融分权与市场化改革呈正向关系。

（2）政府层级间金融分权可能促进也可能抑制市场化改革。政府层级间金融分权与市场化改革的关系较为复杂，可分为三种情形：

第一，当中央政府与地方政府间金融分权深化适度时，地方政府拥有一定的金融监管权、金融资源配置权和金融公司治理权。如果地方政府根据中央总体改革意图，完善当地金融环境、提高监管能力、利用市场提高金融资源配置效率、提高金融治理水平，则进一步推动了金融分权深化、提高了市场在资源配置中的作用和效率。此时，中央—地方政府间的金融分权、政府—市场间金融分权与市场化方向一致，金融分权合力与市场化发展一致。

第二，当中央政府与地方政府间金融分权深化过度时，地方政府拥有非常高的金融监管权、金融资源配置权和金融公司治理权。如果地方政府为了本地利益最大化，过度争夺金融资源、干预金融资源配置，反而约束甚至降低了市场对资源的配置作用。经验和研究证明，部分地方官员出于仕途考虑，会动用自身行政控制力扩张经济规模，此时，城市商业银行成为重要的融资渠道；[①] 晋升压力会通过增加中长期贷款、增加房地产贷款、提高集中度的途径形成不良贷款。[②] 并且，第一大股东的控股能力越强，银行的不良贷款率越高；第一大股东为地方政府的银行不良贷款率更高。[③] 此时，中央政府与地方政府之间的金融分权深化和市场化改革在一定程度上就会存在负向关系。

2. 金融过度分权与市场化对金融风险的影响

不可忽略的是，金融分权及市场化程度与金融风险及经济质量之间并非简单的线性关系。当政府与市场间金融分权和金融市场化达到一定程度后，继续深化金融分权与市场化可能会恶化市场竞争，加大金融风险甚至酿成金融危机。例如，美国近百年来在经济大萧条时

---

① 参见纪志宏、周黎安、王鹏、赵鹰妍《地方官员晋升激励与银行信贷——来自中国城市商业银行的经验证据》，《金融研究》2014 年第 1 期。

② 参见钱先航、曹廷求、李维安《晋升压力、官员任期与城市商业银行的贷款行为》，《经济研究》2011 年第 12 期。

③ 参见祝继高、饶品贵、鲍明明《股权结构、信贷行为与银行绩效——基于我国城市商业银行数据的实证研究》，《金融研究》2012 年第 7 期。

期、1982—1986 年和2009—2011 年发生的银行倒闭潮，都伴随着政府—市场间金融过度分权。

监管当局的外部监管和限制准入的牌照价值达到一定平衡后，才能降低银行的风险①。银行牌照可视为银行资本的一部分，因为它可以在未来给银行带来垄断利润。特许经营牌照的价值有效地激励了银行所有者回避那些可能损害其牌照的危险行为，极大地促使为私利进行高风险投资活动的银行向维持银行体系稳定的社会目标靠拢。而市场化进程迅速降低了银行牌照的价值，导致金融竞争加剧。为了应对竞争压力，传统银行要么降低贷款利率，要么进行高风险投资，要么规避金融监管。市场化和自由化降低了银行牌照价值，导致原来的"垄断利润"减少，银行将资本转向政府监管视野之外的业务并由此催生"影子银行体系"。

三 构建基于财政分权与金融分权的宏观经济治理体系

（一）提高财政政策和货币政策定位与协调的准确程度，从顶层设计层面提高宏观经济政策制定的科学性，进而提高宏观经济治理的实际效果

财政政策和货币政策作为政府调控市场、弥补市场失灵的重要工具，是宏观经济治理的主要手段。财政政策和货币政策的协调配合是否得当，直接影响宏观经济稳定目标的实现。应进一步明确财政政策和货币政策的定位，进一步明确中央政府对地方政府的货币救助和财政救助边界。

1. 货币政策定位于保持物价（币值）稳定、为经济高质量发展提供总量平衡的货币金融环境。货币政策应侧重于保持价格稳定、调节短期总需求和经济总量平衡。中央政府对地方政府的货币救助亦在

---

① 参见加里·戈登《银行的秘密：现代金融生存启示录》，陈曦译，中信出版社2011年版，第50—52页。

这一框架下进行。货币政策的这一定位从根本上明确了逆周期调节的原则，也明确了其与财政政策协调的基本准则。

2. 财政政策定位于公共财政、为经济高质量发展发挥自动调节器作用。财政政策应更侧重于弥补市场失灵、增加公共支出、平稳经济增长，服务于中长期经济发展战略。值得注意的是，财政政策此时不再作为日常频繁使用的调控手段，特别是不能作为一国经济增长的主引擎，而是在中长经济周期的萧条阶段才发挥威力。财政政策的这一定位从根本上明确了其跨周期调节的原则，也明确了其与货币政策协调的基本准则。

3. 在政策目标、政策工具、政策传导等层面准确设计财政政策与货币政策的协调机制，提高政策对宏观经济调控的准确程度，进而引领就业、产业、环保等其他宏观政策积极配合。①在政策目标上，寻求财政政策目标和货币政策目标的契合点，根据契合点，把财政政策、货币政策、宏观审慎政策等有机融合在一个统一的框架内。②在统一的目标函数框架下代入政策工具的原理方程，求解均衡。同时，对于未纳入财政政策和货币政策共同目标函数的变量，在各自政策范围内单独运用针对性较强的工具。另外，需要提高政策工具对政策目标及其他宏观经济变量影响计算的准确性，在不断试错和磨合中提高政策工具的协调性。③在传导机制上，提高预期管理能力，完善宏观经济政策制定和执行机制，缩短政策认知时滞、制定时滞和执行时滞，提高政策调控的科学性。

（二）明确地方政府的主要职责和行为边界，在提高地方财政收入比例的同时，降低地方财政支出比例，从执行层面提高宏观经济政策的实际效果，进而提高宏观经济治理的有效性

1. 地方政府的主要职责。在中国，政府主要承担经济调节、市场监管、社会管理、公共服务和生态环境建设等职能。① 中央政府在

---

① 参见江小涓《创新管理方式完善宏观经济治理体制》，《经济日报》2020 年 6 月 2 日第 8 版。

航空航天、量子信息、人工智能等战略性的国家重大项目方面具有主导优势和主要职责，地方政府则需要增强基层公共服务能力。根据党的十八届三中全会会议精神，地方政府的职责主要体现在三个层面。一是加强和优化地方公共服务，如义务教育、公共卫生和基本医疗、基本社会保障、公共就业服务等。二是加强市场监管，维护市场秩序，保障公平竞争，激发市场活力，保障市场交易主体的利益，从长远层面增加地方财政收入，为政府首要职责的履行提供保障。三是弥补市场失灵，推动经济可持续发展，促进实现共同富裕。这是地方政府职责的边界。地方政府通过正确履行这三个层面的职责，最终实现地方经济高质量发展。

2. 地方政府财政支出边界。围绕地方政府三个层面的职责和党的十八届三中全会《决定》对政府事权的初步划分，可以进一步明确地方政府财政支出的主次及其边界。一是履行地方政府首要职责的财政支出。二是维护市场秩序、保障公平竞争、加强地方市场监管的财政支出，如立法机构、行政机构和司法机构等提供公共服务的必要支出。三是消除收入不平等和贫困的财政救济，水、电、气、交通与通信等基础设施支出和价格补贴支出等。四是中央政府通过安排转移支付委托给地方政府的部分事权支出。地方政府的财政支出应与其财政收入匹配，在满足首要职责的基础上再满足其他职责。明确了地方政府职责边界、优化了地方政府支出结构，科学管控地方政府债务便简单易行，而且从执行层面为财政政策和货币政策的协调打下基础。

（三）在明确地方政府主要职责的基础上推进金融适度分权，从传导机制层面提高宏观经济治理及各项政策的实施效果

适度分权的金融治理体系可以从传导机制层面提高宏观经济治理中财政、货币、就业、产业等经济政策的配合程度和落实效果。结合金融分权的类别，可以从以下层面强化金融治理体系建设。

1. 金融资源配置适度分权与金融治理。政府向市场进行适度的金融分权，需要法治化与市场化两个核心条件。从金融市场角度而言，基本的法律法规包括三个层面。一是建立公平、清晰的法律法规，使金融交易规则明确、交易机会公平开放、风险责任和权利分享清晰，明确各主体的行为责任、提高信息披露水平、提高金融市场参与程度。在发生金融风险和金融契约纠纷时，有准确、公平的法律作为裁决准绳，且能随着金融发展而及时调整更新。二是建立公正、严谨的执法程序，使金融风险事件能够得到及时、客观、公正的裁决，对违反规则的行为追究相应的法律责任。三是发生金融风险事件和系统性金融风险时，责任主体能够依法承担风险损失。市场化主要体现在产权清晰、权责明确、政企分开、管理科学，金融市场化的主要内容亦是如此。

2. 金融公司治理适度分权与金融治理。概言之，金融公司治理的优化内容包括两个方面。一是厘清地方政府的股东职责与经营职责的边界。地方政府即使为控股股东，主要职责仍是股东的权利范围，仍要通过董事会任免高管人员，不直接干预金融机构日常经营，要建立有效制衡的金融公司法人治理结构。二是厘清地方政府的股东职责与金融监管的边界。地方政府作为部分金融机构国有资本的出资人，其职能应仅限于通过股东身份完善金融公司治理、放权并激励专业金融管理者尽职经营、实现国有资产保值增值。

3. 金融监管适度分权与金融治理。为提高金融监管效率，中央政府向地方政府进行适度金融监管分权时，需要明确地方政府金融监管内容、提升地方政府金融监管能力。

4. 金融稳定适度分权与金融治理。在提升地方政府金融监管能力的基础上，中央政府向地方政府进行适度金融稳定分权，并围绕收益与责任对等、降低地方政府冒险冲动和成本转嫁预期这一原则，明确地方政府金融风险防范和化解责任、降低地方政府冒险冲动和成本转嫁预期、探索设计财政分权与金融分权相结合的地方金融风险救助责任分担机制。例如，设置地方资金参与的地方金融稳定基金、地方金融资产管理公司等，化解地方性金融机构和地方金融市场的重大金融风险。

参考文献（略）

（原载《中国社会科学》2021 年第 7 期，本文有删节）

"十四五"时期我国财政可持续发展研究

闫　坤　鲍曙光

摘要： 本文构建包含财政资源充足性、制度合理有效性和外部冲击三方面的分析框架，研究我国财政可持续发展。总体来看，我国政府资产债务情况较为健康，财政资源比较充足，但也面临或有和隐性债务风险以及效率不高等问题；我国初步搭建起具有中国特色、与国家治理相适应的财政体制基本框架，但仍在责任、合法律性、效率、公平和适应性方面存在很多问题；外部冲击情况下，要根据财政可持续内涵厘清应对外部冲击的财政政策逻辑和思路。实现财政可持续发展，要强化政府资产管理和运作能力，扩大财政可支配资源；推进财政体制改革，建立现代财政制度；针对外部冲击，基于财政可持续制定和优化财政政策体系。

关键词： 财政可持续发展；国家治理；高质量发展；国家资产负债表；债务风险

作者： 闫坤，中国社会科学院财经战略研究院党委书记、研究员；鲍曙光，中国社会科学院农村发展研究所助理研究员。

当前，我国财政收入增速下滑，支出刚性增长，财政收支特征发生了根本性变化，收支矛盾日益突出，财政面临风险更加严峻和复杂，亟待推进财政的可持续发展。党和政府对此有着清晰认识，对财政可持续发展的重视程度越来越高，财政可持续发展问题越来越成为学界和实践界关注的热点问题之一。

一 "十四五"时期我国财政可持续发展评估

（一）财政资源充足性

在规模上，我国政府资产规模巨大，"家底"较厚，到 2016 年规模在 140 万亿元以上（李扬等，2018；汤林闽、梁志华，2019）。2000 年至今，我国政府资产规模年均增速接近 18%，明显快于 GDP 增速，但 2011 年后增速明显放缓。从资产结构看，政府资产以金融资产为主，其比重在大部分年份超过 60%。金融资产变现能力和流动性强，政府资产规模及结构都十分健康。规模巨大的政府资产表明我国拥有的财政资源极为丰富，为财政可持续发展奠定了坚实的物质基础。在考虑负债的情况下，我国政府资产情况也十分健康。我国政府净资产从 2010 年的 55.5 万亿元增长到 2016 年的 81.6 万亿元，远远超过发达国家。这在很大程度上得益于我国财政支出的经济性支出偏向。虽然我国生产性财政支出结构存在很多问题，但其在积累我国政府资产方面起到了极大的作用。政府拥有的可支配财政资源十分充裕，回旋空间和余地都比较大，政府债务偿还和应对风险的能力都很强。

我国财政资源充足性还需要从债务风险角度进一步分析。从政府资产债务比看，我国总体资产债务率自 2010 年有所上升，但到 2016 年也仅有 44.18%，我国政府资产负债情况总体比较健康，债务风险较小。政府资产包含很大一块固定资产或难以变现的基础设施等，这些资产虽然存在账面价值，但面临债务危机时很难及时变现，因此，我们进一步分析流动资产的债务偿还能力，以更为准确地判断债务风险及我国财政资源充裕情况。本文将流动资产定义为容易变现的金融资产，包括存款、债券和通货等，但剔除社保基金，这是因为社保基金专款专用，并不能挪用偿还债务。我国流动资产负债率从 2010 年的 58.3% 上升到 2016 年的 62.3%，债务偿还能力进一步提升，财政回旋余地进一步增加，相应债务风险也有所降低。

总体来看，我国政府资产情况较为健康，无论是从金融和非金融资产看，还是综合资产负债看，我国财政资源都十分充裕，财政可持续发展的物质基础十分坚实。

同时，我国财政资源充足性也面临一些问题和挑战。首先是或有和隐性债务问题不容忽视，并且是当前财政可持续发展的首要风险。从我国负债情况看，我国政府债务规模也迅速增加，从 2010 年的 30.94 万亿元增长一倍仅用了 6 年时间，2011—2016 年的平均增速达 13.4%。但在 2015 年和 2016 两年增速放缓，显示出我国防范债务风险措施的成效。从债务规模看，我国债务以或有和隐性债务为主，2016 年其比重达到 56.5%，比 2010 年的 54.6% 略高。从波动看，或有和隐性债务增速在 2014 年及以前高于显性债务，但 2015 年和 2016 年增速低于显性债务，体现出更大的不可控性。其次，我国财政资源充足性面临效率不高的问题。政府资产负债变动主要来源于流量层面的流量贡献和存量层面的资产价值变动两方面，前者指每年政府公共支出带来的资产或负债的变动，后者则来源于存量资产价值的变化（李扬等，2018）。这两方面都存在一些问题。

在存量方面，现有政府资产有效利用程度不足，无法建立财富稳定增长机制。自 2001 年以来，我国政府资产流量贡献，即财政支出和公共投资的贡献度越来越高，其从 2001 年的 34.3% 上升到 2016 年的 73.8%。在净金融资产方面，财政支出和公共投资的贡献度也越来越高，2014—2016 年的平均贡献度达到 57.8%。这反过来说明，我国存量资产保值增值能力较弱，存量资产没有得到有效利用，很多资产长期处于闲置状态，导致资源极大浪费。因而必须未雨绸缪，提前建立政府资产稳定增长机制，提升政府财政资源充足程度。

在增量方面，政府资产很大程度上来源于政府公共投资和财政支出，但公共投资效率不高。公共支出是我国近些年政府资产不断扩大的主要原因之一，但其效率低下问题愈加突出。数据显示，我国政府净资产 GDP 比以及政府净资产财政支出比都不断下降，说明每年 GDP 以及财政支出所带来的政府资产规模增量总体呈下降趋势，反映出我国 GDP 和财政支出创造财富的能力有所下降，产出效率相对较低。

综合来看，我国财政资源比较充足，政府资产债务情况较为健康，为财政可持续发展奠定了坚实的物质基础。但我国财政资源充足性也面临或有和隐性债务以及效率不高等问题。地方政府隐性债务、人口老龄化和生态环境欠账是当前和未来财政可持续发展的主要风险。

（二）制度的合法有效性

基于上文分析，这部分主要从责任、合法律性、效率、公平和适应性对我国财政制度合法有效性进行评估，分析我国财政制度的可持续发展性。

1. 责任

责任是指财政在推进国家治理中的职责，这是财政的权力边界，也是财政职能的体现。1994 年分税制改革初步建立起了一套具有中国特色、与中国特色社会主义市场经济相适应的财政体制，财政国企财务分离，政府与市场关系初步理顺。财政在市场领域的基础框架得以建立，政府与市场关系发生根本性转变。此后，公共财政体制逐步建立和完善，公共服务投入不断增加，财政在社会领域的职责和作用越来越突出。随着党的十八届三中全会对财政的全新定位，财政跳出经济边界，成为国家政治经济社会等各子系统的基础和媒介，这就对财政职能提出了新的要求，与之相比，我国财政体制运行仍存在一些问题。

从外部看，政府市场社会边界不清晰与责任失衡，导致财政支出边界不清晰，承担"无限支出责任"，不可持续的制度风险在逐渐放大。一方面，由于政府与市场社会缺乏明确边界划分，财政支出缺乏必要的边界约束。社会转型期各种矛盾和压力就都转移到政府，财政不得不在越来越多的事项中承担起托底责任，被动支出对财政自身的稳定性形成了巨大压力和挑战（傅志华、李成威，2013）。另一方面，财政在微观领域介入过深，财政越位导致对市场和社会干预过多，超出了财政职能的合理范围，反过来导致市场社会发育不足，进一步倒逼政府承担不合理责任。这不仅容易导致市场价格信号扭曲，影响公平竞争和市场机制发挥作用，而且进一步固化财政承担的不合理支出责任。边界不清与责任失衡必定导致制度运行失衡，发展理性缺失，财政疲于应对短期各种矛盾和压力，而忽视了中长期化解矛盾和风险的制度建设，无法从根源上解决问题，财政不可持续发展的制度风险将会逐渐放大。

横向看，部门权责划分不清晰导致财政职能被肢解。当前财政预算分配权不统一，部门"二次分配权"导致财政职能分散在各职能部门，职能部门不同程度地拥有较多的预算资金自由裁量权和分配权。现实中财政职能被割裂，财政碎片化大大降低了国家治理的有效性，动摇了财政部门统筹资金的地位和能力。多头共管导致财政资源缺乏统筹安排的科学管理，财政职能发挥受职能部门博弈的影响极大，进一步增加财政转型困难，进一步放大财政可持续发展的风险。纵向看，事权财权划分相对滞后导致基层财政可持续发展面临重大风险。从央地关系看，地方政府财政的可持续发展能力最差，其面临的风险最高。一方面，在"营改增"后，基层政府尚未找到合适税种作为主体税种；另一方面，省以下地方政府事权支出责任划分相对模糊，基层政府承担支出责任仍然过多，在教育、社会保障等领域仍承担了较大支出责任。因此，当前制度环境下，基层政府面临最大的可持续发展风险。

2. 合法律性

从合法律性看，我国财政法制化程度不断提升，但与国家治理和现代财政体制的要求相比，改革进程相对滞后。自分税制财政体制确立后，我国财政法制化程度不断提升。我国先后通过了《中华人民共和国预算法》和《中华人民共和国预算法实施条例》，并在2014年通过了新修订的《中华人民共和国预算法》，从多个方面首次对政府的财政行为做出法律规范,推动预算法从管理法向控权法转变,突出人大的决算审查监督权。在税收法律建设方面,《中华人民共和国个人所得税法》《中华人民共和国企业所得税法》《中华人民共和国环境保护税法》《中华人民共和国资源税法》等10部实体税法先后制定并实施,体现了税收法定原则。配套法律建设方面,这些年颁布或修订的《中华人民共和国审计法》《中华人民共和国会计法》《中华人民共和国政府采购法》《中华人民共和国招投标法》等都进一步完善了财政监督法律体系建设。2016年,财政部印发《法治财政建设实施方案》,探索建立以政府间财政关系法和预算法为两大支柱的现代财政法律制度体系,加强财政收入、财政支出、财政管理等重点领域的财政立法。

但与国家治理和现代财政体制要求相比,我国财政法制化进程仍相对滞后。首先,财政立法仍然不足。我国财税法规中法律类相对较少,以政府及其部门制定的规章制度占据绝对优势。财政制度运行缺乏基本法、转移支付法或政府间财政关系法。在收入方面,土地出让金、非税收入等不是通过法律管理;在支出方面,现有法律还未覆盖所有政府支出行为。其次,人大地位仍然相对较低,预算权力在行政和立法机关之间配置不平衡,法律约束能力不强。行政部门仍然在预算调整中拥有较大权力,自由裁量权大,大大降低了预算法律性和可预期性。人大预算的管理与监督的职责仍需进一步加强,缺少人大嵌入预算决策及执行过程的保障规则和操作说明,预算授权和对预算权力限制的法律规定都有所缺失,而这些正是财政法治精神的核心和内涵。

3. 效率

效率主要指财政资源的配置效率。我国不断优化财政收入和支出结构,推进预算制度改革,提升财政效率。在收入方面,我国逐步建立起一套适应社会主义市场经济的税制体系,激发了市场主体的活力,促进经济社会的可持续发展。在支出方面,财政公共属性更加凸显,财政支出结构更加优化,民生、扶贫、科技等重点领域的投入机制逐步完善，投入力度不断加大。在预算制度改革方面，部门预算和预算管理体制框架逐步清晰和完善，逐步构建起层次清晰、运转顺畅、管理高效的部门预算管理新框架。四大预算体系建立并逐步完善，中期财政规划管理稳步推进，预算公开力度不断加大，全过程、全方位、全覆盖的预算绩效管理体系逐步推进。

　　但同时，我国经济社会发展效率仍然有待提升，面临的主要是结构性问题，包含经济驱动力转换、产业结构优化、收入分配结构优化等。面对我国的结构性和体制性问题，财政效率仍然存在一些问题，与现代财政体制与高质量发展要求存在一定差距。第一，财政收入体系制度化程度不高。税、费、租之间边界不清晰，四大预算形式和管理较为模糊，最具规范性的税收收入占四本预算的比重从 2011 年的 53% 下降到 2019 年的 44%，占比过低。第二，税收结构扭曲经济结构。我国税收收入以流转税为主，近些年流转税收入所占比重虽然有所下降，但到 2019 年仍然占税收收入的 51.02%。流转税比重过高，一方面导致投资结构或消费结构不合理，并进一步导致产业结构不合理和资源配置的低效率；另一方面流转税税负的长期持续转嫁以及课税的累退性不利于居民收入占比提升，导致国民收入分配格局失衡，而且税负主要由消费者承担导致居民消费能力降低，抑制居民消费需求（沈坤荣、余红艳，2014）。第三，随着我国进入高质量发展阶段，经济增长驱动力越来越从要素投入向创新驱动转变，因而科技和教育是推进我国经济转型和高质量发展的关键之一。但目前我国科技财政投入机制仍存在显著不足。科技财政资金总量不足和结构不合理并存，重点不突出，基础研究支持力度过小，政府市场关系没有理顺，投入方式过于单一，管理职责并未理顺，科技绩效评价和管理机制建设还相对滞后，政府采购政策配套不完善，税收激励政策缺乏针对性。财政在促进我国经济转型和高质量发展方面的支撑功能仍有待强化。

　　4. 公平

　　维护社会公平正义是当前财政职能和目的之一，也是公共财政的本质属性。近年来，我国税制的收入分配调节作用不断增强；财政民生保障机制逐步建立，不断加大对民生投入力度，推进公共服务均等化。覆盖全民、城乡统筹、权责清晰、保障适度、可持续的多层次社会保障体系逐步建成，根据《中国社会保障发展指数报告 2016—2018》，2017 年我国城乡基本养老保险参保率为 77.97%，城乡养老保险覆盖率为 82.02%，城乡医疗保险参保率为 94.12%，覆盖率稳步提升。教育体系更加完善，城乡和地区教育差距不断缩小，教育投入保障机制基本建立，2012 年后国家财政性教育经费占 GDP 比重连续 7 年保持在 4% 以上。低水平、广覆盖的医疗卫生保障制度初步建成，形成以政府投入为主、多种渠道筹资的投入保障机制，国家卫生总费用从 1978 年的 110 亿元上升到 2018 年的 57998 亿元。

但同时，我国财政体制的公平性还有待进一步提升。首先，财政支出存在结构性扭曲。政府投资和资本形成支出所占的比例过大，中国经济增长长期依赖政府驱动的大规模政府公共投资，导致生产性支出过多还会挤占民生支出比重，公共服务支出的比例不高，我国教育、医疗卫生、社会保障和就业等还不能满足人民日益增长的美好生活需要，教育投入不足和效率不高并存，"看病难""看病贵"问题仍然没有得到根本改变，就业培训服务提供不足，养老缺口巨大，城乡区域公共服务差异仍十分显著，社会民生事业仍然是发展的短板。作为编织社会"安全网"的主要政策工具，财政在提供社会公共服务方面任务仍十分艰巨。其次，财政收入分配调节作用不强，因公平性不足导致社会矛盾与社会冲突加剧的社会风险在不断积累。所得税和财产税比重过低，缺乏统一的社会保障税，个人所得税调节作用偏弱，使我国税收制度整体存在比较明显的累退效应，不利于收入分配调节以及税收社会公平功能的充分发挥。土地出让收入是地方政府主要收入之一，但其降低了购房者的实际收入水平，拉大了居民财产性收入的差距以及城乡居民收入的差距，进一步降低财政的收入分配调节作用。

5. 适应性

党的十八届三中全会赋予了财政在新时代和新历史时期"国家

治理的基础和重要支柱"的功能和作用定位。财税改革一直发挥着基础和引领的作用，在完善预算管理制度、深化税收制度改革、调整中央和地方政府间财政关系等方面都取得了重大进展。一是全面深化预算管理制度改革。政府预算体系不断完善，中期财政规划管理、预算公开、跨年度预算平衡机制逐步推进，预算绩效管理全面实施（闫坤、于树一，2017）。二是推进税收制度改革。在税制方面，先后实施了"营改增"改革、个人所得税改革、消费税和房地产税改革，逐步建立综合与分类相结合的个人所得税制，开征环境保护税。合并国地税，构建一个规范、高效、统一的税收征管体系和纳税服务体系。三是推进中央与地方财政事权和支出责任划分改革，完善央地关系。出台《关于推进中央与地方财政事权和支出责任划分改革的指导意见》和《基本公共服务领域中央与地方共同财政事权和支出责任划分改革方案》，明确财政事权和支出责任划分改革的时间表、路线图和主要内容；加快推进 15 个领域的中央与地方财政事权和支出责任划分改革，已经出台了医疗卫生、教育、科技、交通运输等领域的方案。

（三）外部冲击

人类社会已经进入风险社会，但人类应对不确定性及其衍生风险的知识体系仍未建立起来（刘尚希等，2018）。当前财政面临的风险和外部冲击明显增多，近二十年，2003 年 SARS 危机、2008 年国际金融危机等重大公共危机频发，凸显出应对外部冲击的重要性。下面以这次新冠肺炎疫情为例，分析财政如何基于财政可持续视角应对重大外部冲击。当前，新冠肺炎疫情对我国经济产生全方位的冲击，需求和生产骤降，投资、消费、出口均受明显冲击，随着疫情在全球范围内的扩散，全球供应链和产业链受到冲击，新冠肺炎疫情对我国宏观经济影响转向中长期。面对巨大疫情冲击，我国不断增强宏观调控政策力度，无论是疫情防控还是后续经济社会秩序逐步恢复，无不体现出中国举国体制的制度优势。国家实施积极的财政政策，包括加快 5G 网络、数据中心等新型基础设施建设进度，适当提高财政赤字率，发行特别国债，增加地方政府专项债券规模，出台一揽子减税降费措施支持疫情防控等。这些措施是及时和必要的，但必须基于财政可持续视角梳理和厘清应对外部冲击的财政政策逻辑和思路。

首先，积极财政政策必须权衡短期与中长期经济增长的关系，防止为短期增长而恶化中长期结构性问题。当前我国经济主要问题是结构性问题。积极财政政策必须在维护短期经济增长和中长期经济增长潜力之间权衡，不能为了短期保证经济增速而采取大水漫灌全方位刺激方式，走过去的老路，进一步恶化我国经济结构性问题，增大未来结构调整和经济转型难度。

其次，积极财政政策要以提升效率为导向，注重政策的合理、有效性。财政政策效果取决于乘数效应和挤出效应，而随着政府支出、财政赤字或债务越高，财政政策的挤出效应越明显。因此，当前积极财政政策要提升效率，财政支出，特别是政府投资应该限定在市场主体不愿意投资的市场失灵领域，防止挤占社会资本发展空间。当前热议的新基建从概念上没问题，但问题关键在于支出方向和方式。要基于公共产品属性，对新基建所有投资领域和产业链条进行系统梳理，凡是社会资本能够参与的领域，政府资金都应该相应退出或者优先支持引入社会资本的项目。只有这样才能厘清财政政策干预思路，防止政策低效。

最后，财政政策要注重夯实经济微观基础，结合体制改革增强政策获得感和受益性。一方面，我国财政乃至宏观政策很多都带有浓厚的行政命令色彩，政府主导，企业或者居民等微观主体参与感不强，因而在一定程度上导致政策无法有效对接企业或居民需求或痛点，降低政策获得感和受益感。另一方面，我国市场的微观基础薄弱，劳动力、资本和土地等要素市场化程度不高，民营企业融资难、融资贵等问题凸显，使政策空间缩小，边际效应快速递减。如果没有良好的市场微观基础，财政政策乃至任何宏观调控政策都难以获得长远实效。因而，必须夯实经济微观基础，提高财政政策针对性，结合体制改革破除旧壁垒和制度瓶颈，增强政策获得感和受益感。

二　"十四五"时期推进财政可持续发展的对策建议

1. 强化政府资产管理和运作能力，扩大财政可支配资源

（1）强化政府资产债务管理能力，创新财政投融资体系

要进一步梳理政府资产债务情况，结合政府职能和财务目标等，科学分类政府资产债务，加强对政府资产债务情况掌握，摸清家底。逐步建立完善政府资产债务管理基础数据系统、政府资产债务报告制度和政府资产债务管理制度体系，编制政府资产负债表，加强政府资产债务监管，持续开展资产债务风险评估，建立资产债务信息公开制度。要建立规范的政府举债融资机制，完善政府信用评级债务监测及债务信息披露制度。

放宽放活社会投资，给予各类投资主体平等地位，实施负面清单管理，推动政府向服务型政府的转变。拓宽融资的渠道，发展产业（股权）投资基金、资产证券化、非金融企业债务融资工具、项目收益债等融资方式，引入和利用政府引导资金、社会资本、金融机构资金、社会保障基金、保险资金、境外资金等，发挥好财政的引导和放大作用，完善PPP模式。存量方面，要注意盘活资产债务，推进养老金和住房公积金等入市，逐步建立政府资产保值增值机制。通过融资租赁或资产证券化等方式引入社会资本，盘活存量项目，提高政府资产流动性，项目产生资金可以继续向公共服务、基础设施等领域倾斜。

（2）提高政府公共投资的有效性

基于公共产品属性，对当前政府支出领域和方向进行系统梳理，明确政府投入方向和领域，将政府支出集中于服务民生和市场失灵领域，在其他领域和方向引入金融社会资本，发挥市场机制的决定性作用，提高投资效率。提高政府项目投资的计划性，建立规范的项目投资决策机制，实行严格的项目审批制度，编制跨年度政府投资计划。

将投资项目立项、决策、资金使用和债务偿还等全过程纳入管理，提高投资效率，降低地方政府的债务风险。

（3）针对中长期潜在风险，推进关键领域改革

一是推动养老保险制度改革。明确养老保险制度目标，合理划分政府、企业和个人责任分担，实现养老保险制度公平与效率、政府与市场的统一。整合各部门社会保障基金管理职能，推进职工基础养老金全国统筹，建立健全中央与地方责任分担机制。扩大覆盖面，更加重视风险较高和最需要覆盖的法定参保人群。推动基金市场化、多元化、专业化投资，发展多层次养老保障体系，大力发展准强制性的养老金第二支柱职业年金，通过税收优惠、补贴等方式，发展商业养老保险以及个人储蓄养老保险。进一步划拨国有资产补充社保基金，做大国家社会保障储备基金制度。二是提升生态环保治理能力。进一步厘清各级政府的生态环保事权，细化事权清单，加大中央和省级政府财政支出权责，建立生态环保支出保障机制。完善环境保护税法规制度，健全税收优惠和惩罚机制，根据污染排放物的治理紧迫度与征收难度逐渐扩大征收范围，将二氧化碳等纳入环境保护税征收范围。

2. 推进财政体制改革，建立现代财政制度

（1）培育市场社会发育，逐步明晰财政责任和支出范围

明确财政责任和支出范围关键在于推动政府向"有限和有为政府"转变。具体来说，要深化体制改革，加快政府职能转变，培育壮大市场社会发育，尊重经济社会发展规律，带动更多市场主体和"第三部门"在各项事务中发挥更大作用和承担更多责任，从而逐步将政府从"无限责任"中解脱出来，推动政府职能转变。通过市场社会发育以及与政府互动，在长期实践中逐步厘清政府市场社会边界，使政府更加聚焦市场失灵、公共管理与服务领域，科学界定财政支出责任的边界与内容，发挥出市场在资源配置中的决定性作用。

（2）建立事权与支出责任相适应的制度

合理划分中央地方事权和支出责任，科学确定各级政府职能分工。在考虑公平、效率和财政可持续的基础上，根据不同层级政府和

财政的功能定位，按照公共产品基本属性、外部性和信息复杂程度，将事权和支出责任在中央地方之间合理划分。适度加强中央政府事权和支出责任，减少委托事务。进一步细化和明确当前重点领域划分方案，避免标准不清、划分模糊和难以执行等问题。同时，通过转移支付体系优化和地方税体系建设等方式，实现财权和事权的匹配。

（3）改革完善财政收入制度

要重构收入整体格局，提升财政收入规范化水平。清理行政性收费和政府性基金，公开非税收入，推进基础养老金费改税，降低非税收入和政府性基金收入所占比重，提升税收收入所占比重。优化国企利润上缴机制，进一步提高国有资本收益上缴公共财政的比例，提升财政收入的规范化程度。加快推动税制结构调整，建立健全科学的现代税制体系。提高直接税比重，完善房地产税收制度，加快综合申报与分类扣除相结合的个人所得税改革，研究实施社会保障"费改税"改革和开征遗产税与赠与税。降低现行间接税税率，继续优化增值税税率结构。加快资源税和环保税改革，大力提高现行税种绿化程度。同时，在中央省县中重新配置现行税种，涵养重点税源，完善资源税，加快推进房地产税和消费税改革，逐步建立地方主体税种体系。推进税收法治化，持续推进税收立法。

（4）以预算绩效管理改革为引导，建立现代预算管理体制

推进预算绩效管理改革。在充分借鉴国内外实践经验基础上，基于我国国情，逐步推进预算管理体制改革。切实贯彻《中共中央国务院关于全面实施预算绩效管理的意见》的精神，逐步建成全方位、全过程、全覆盖的预算绩效管理体系，明晰支出责任，将绩效概念逐步融入预算管理，构建起具有中国特色的预算绩效管理体系。以绩效为引导，创新预算模式和管理机制，推动预算控制方式、预算制度内容、财政管理手段等全方位的转变，逐步建立起我国绩效预算制度框架。

3. 针对外部冲击，基于财政可持续制定和优化财政政策体系

首先，兼具稳增长和调结构，加大财政对新型基础设施的投资力

度。在财政支出领域，要基于我国短板和结构性问题，将支出投向5G、新能源汽车充电桩、人工智能、大数据和智慧城市建设等新型基础设施项目，以及人口集聚的都市圈基础设施和公共服务，兼具稳增长和调结构。在财政支出方式上，要基于公共产品系统梳理新型基础设施项目及各环节，将财政支出集中于市场失灵和公共服务领域，发挥市场机制的决定性作用。

其次，以中小微企业、民营经济和低收入群体为重点，增强财政政策受益感和微观主体活力。继续实施降低失业保险费率和工伤保险费率等措施，进一步降低企业所得税税率；对受疫情影响严重的行业、中小微企业给予直接补贴或贷款贴息，优先发放贷款。实施现金补助或消费券政策，补贴中低收入群体，加大对中低收入群体的转移支付力度，提振需求。同时，加大对职业技能培训、就业创业的补贴支持力度，千方百计保就业。

最后，从中长期看，要改革降低制度成本，夯实经济微观基础。要推进劳动力、资本和土地等要素市场化改革，逐步消除行政性垄断和无效管制等，改变民营经济弱势地位，维护市场公平竞争；加大对科研创新投入力度，提升企业科技含量和竞争能力；推进保障性住房、教育、医疗和社保改革，完善社会福利体系，降低居民负担，真正扩大内需。

参考文献（略）

（原载《财贸经济》2020 年第 8 期，本文有删节）

面向高水平社会主义市场经济体制的中国税制改革

杨志勇

摘要：深化税制改革，是建立现代财政制度的三大任务之一。面向未来，中国应该推行与高水平社会主义市场经济体制相适应的税制改革。深化税制改革必须走出六大认识误区：将逐步提高直接税比重等同于建立以直接税收入为主的税制结构；认为税制改革可以替代国家治理体系改革；迈向急于求成、徒有其表的所谓现代税制；过高估计税收作用；将发达经济体的税制当成改革目标；以为存在一劳永逸的理想税制改革方案。深化税制改革必须应对四大挑战：国家治理风险的挑战；技术进步、新业态不断涌现的挑战；全球化的挑战；税收理论缺乏的挑战。深化税制改革，需要树立起税制改革的现代理念。当下，减税降费背景下的税制改革的逻辑是以大税种减税为重点，全面减税，尽可能不出台增税的改革措施。深化税制改革需要有明确的战略指引，改革时机的选择至关重要。对深化税制改革可能带来的风险，应有充分的防范措施，以消除改革的阻力，推动税制改革沿着正确的方向前进。

关键词：税制改革；税收理论；高水平社会主义市场经济体制

作者：杨志勇，中国社会科学院财经战略研究院副院长、研究员。

一 关于税制改革理论研究的评述

仅仅税制变化，不一定就构成税制改革。Musgrave 指出，税制变化后税制变好是税制改革，变坏是税制变形。但是，这样的区分不可操作。根据 Jha 的研究，关于什么是税制改革，社会各界并无统一看法。不是所有税制变化都是税制改革，只有"重要的"变化才算税制改革。Feldstein 区分税制改革与税制设计，税制设计是在一张白纸上进行的，税制改革是对现有税制结构的改变。Friedman 所理解的税制改革范围较为广泛。Slemrod 和 Gillitzer 从最优税收理论的不足出发，探寻更符合实际的税制。英国财政研究所（Institute for Fiscal Studies，IFS）组织了一个由莫里斯领衔的委员会，力图客观看待整个税制，提出 21 世纪开放经济条件下良好税制的特征，并建议英国税制加以改革以接近这一理想。

赵志耘、郭庆旺力图廓清指导自 20 世纪 80 年代起席卷全球税制改革的理论思路，指出对发展中国家的税制改革的指导意义。这些分析对中国也有一定的参考意义。刘溶沧、夏杰长认为，发达国家税制改革对发展中国家影响较大，使不同国家税制日益趋同。Brys 等在研究中国税收政策和税制改革时，对理想的税制也作了理论阐述。从现实来看，以促进增长为中心的税制改革导致国际税收竞争加剧，这要求国际税收秩序的根本改善以及税制改革理论的跟进。税制改革是一个全球性问题，不仅需要提出改革方案，而且应有更一般的关于税制改革逻辑的研究。

二 深化税制改革的六大认识误区

（一）误区之一：将逐步提高直接税比重等同于建立以直接税收入为主的税制结构

改革开放 40 多年来，中国经济增速快，与这样的经济体量相比，占税收收入总量不到 10% 的个人所得税收入显然还有较大的增长空间。从长期来看，企业所得税收入占比可能会下降。个人所得税的丰富税源，可以弥补企业所得税收入下降。社会保险费改税，也会带来更多的直接税收入。房地产税改革推行之后，直接税收入会上升。税收的财政原则决定了在相当长的一段时间内，增值税、消费税等间接税在税收收入体系中将继续占据重要地位。税制结构优化，是一个自然演变的过程。随着经济的发展，直接税收入规模会扩大，但扩大到何种程度，则与税种的选择有关。

（二）误区之二：认为税制改革可以替代国家治理体系改革

税制改革的每一次前进，都会推动国家治理体系和治理能力现代化。但是，希望以税制改革带动国家治理现代化，甚至以税制改革替代国家治理体系改革，则似"小马拉大车"。房地产税改革就是这样一个典型案例。房地产税改革牵一发而动全身，改革不可能不谨慎前行。改革方案的选择，必须评估改革的目标与现实的可能。改革之后，如果设定的目标未能实现，问题却带来一大堆，那么改革方案就需要优化。房地产税作为地方公共服务融资的手段，得到更多的认同，是房地产税改革的有利条件。以"涨价归公"为由推动房地产税改革，错在价格管控的计划思维。

（三）误区之三：迈向急于求成、徒有其表的所谓现代税制

镶嵌在复杂的经济社会之中的现代税制是一个精密的系统，税制改革必须遵循税制运行规律。税制改革当快则快，但不能超越规律，否则可能事与愿违。具体税制改革因约束条件不同，而有不同进度。具体税制改革可能相互影响，应协调进行，要让每一种具体税制改革在税制改革总体方案中找到坐标，要注意各具体税制改革方案之间的协调配合。要加强不确定性下的改革方案研究，进而做出合理选择。税制改革需要有合适的时机。税制改革重要的是税制的实质性内容是否按照法治国家建设的要求做了相应的调整。

（四）误区之四：过高估计税收作用

税收确实在诸多领域能发挥作用，如经济、社会、政治、文化、生态文明建设等，但不能指望税制改革可以解决所有问题。区域经济的发展，从理论上说可以得到税收优惠政策的支持，但对一个区域优惠的政策，可能给其他区域带来负外部性。一个区域的成功至少部分是以其他区域为代价的。区域发展的税收政策应该如何选择才能更好地适应新时代发展的需要，是一个待解的难题。区域协调发展可能更需要其他公共政策发挥作用。个人所得税在促进社会公平目标实现中的作用经常被夸大。税收的最基本功能是提供财政收入，其他功能作用都是派生的。派生的功能作用可大可小，有的税种强调派生功能，但所有这些派生功能都是基于税收提供财政收入之上的。舍弃财政收入功能的税种的存在必要性值得探讨。

（五）误区之五：将发达经济体的税制当成改革目标

发达经济体的税制没有统一的模式，还表现在宏观税负上。发达经济体的税负有重有轻。仅比较宏观税负数据指标是不够的，税负与公共服务需求对应起来。无论什么样的税收与公共服务关系，都必须考虑财政的可持续性。如果公共服务融资缺口过大，那么仅仅依靠税收是不够的，必须将税收与公债、政府资产等问题联系起来。中国作为大国，公共服务的提供具有规模经济效应，在这样的体制下，大国轻税是可能做到的。

（六）误区之六：以为存在一劳永逸的理想税制改革方案

没有一种放之四海而皆准的税制。横向比较如此，纵向比较亦如此。税制改革在不同时期可能有不同的改革目标。对现实认识的不断深化，可能促使改革者提出不一样的具体税制改革方案。既有的税制改革方案在实施中可能遇到之前未预期到或未充分考虑到的问题，这类问题出现就可能导致方案选择的变化。税收理论的新进展、新税种的出现、具体税制的创新等，都可能对税制改革方案提出新的要求。

三 深化税制改革的四大挑战

(一) 挑战之一: 国家治理风险的挑战

税制改革, 特别是一些关键性的税制改革, 方案不当可能引发国家治理风险。这里仅以风险较大的房地产税改革为例加以阐释。中国房地产税改革是在高房价背景下进行的, 这是特殊的国情, 因此房地产税改革可能对房价产生的短期影响与中长期影响均需充分考虑。在高房价压力下, 房地产抛售可能会加剧市场下行压力, 从而诱发市场的不稳定, 影响房地产市场的平稳健康稳定发展。不仅房地产市场会受影响, 而且既有的地方政府依靠卖地融资的"土地财政"模式也会受到冲击, 难以持续。对于房地产税的重要性不能教条式地理解, 而要结合中国"土地财政"模式的转变来探讨。房地产税立法的平稳性, 对于不同群体的影响不同。需要深入研究。房地产税改革标志着税制改革进入深水区, 风险不仅反映在房地产市场的稳定性上, 而且更表现在对金融风险、财政风险, 乃至社会不稳定风险的影响上, 这对国家治理是较大的挑战。

(二) 挑战之二: 技术进步、新业态不断涌现的挑战

技术进步对税制改革的挑战是永恒的, 不同时期技术进步的挑战有大有小。在信息化时代, 互联网、人工智能、区块链等技术的发展, 数字经济的兴起, 都会使税源流动更加便捷。一地税源可能在瞬间流出, 且税源流动的范围可能不局限于一国之内。

数字经济让税源的转移更是来无影去无踪。如何判断经济行为是否符合纳税条件, 变得更复杂, 甚至难以捉摸。税源流动往往伴随着现金流和物流, 数字经济的发展可能让物流追踪失去意义, 现金流也会因为一国可能只是处于现金流的中间环节而无法依靠自身的力量有效追踪。技术进步对税收征管的挑战前所未有。

技术进步的有利条件是现金交易的减少。同时, 适应工业经济时代的税制明显表现出不相适应的缺陷。税基侵蚀和利润转移 (BEPS)

问题广泛存在。BEPS 行动计划以及其他双边或多边的税收征管合作条约让各国政府的国际税收合作有了可能，但具体运作并非那么容易。对于各国在全球价值链中的贡献的判断，涉及诸多技术难题，这对税制改革带来了前所未有的挑战。新业态也在呼唤新的税制。

（三）挑战之三：全球化令税制改革考虑更多的国际因素

高水平的市场经济体制肯定是开放度很高的市场经济体制。在开放经济条件下，一国税制的选择不能只考虑自身因素，还要适应对外开放的需要。当一个经济体与世界的联系愈发密切时，其税制就要更多地考虑国际因素。经济全球化对各国税制改革带来了冲击。中国深化税制改革，需要注意世界税制的相互影响。增值税和所得税是两个典型案例。

（四）挑战之四：税收理论不能充分支撑税制改革

有什么样的税收理论，就有什么样的税制。进入新时代之后，中国税收理论应因应国家治理体系和治理能力现代化的要求，突破税收经济论，在国家治理的大框架内探讨税收理论问题，唯此，指导中国税制改革实践的税收理论才能真正发展起来。在中国税收理论发展中，要特别注意比较与借鉴方法的采用，特别是具体税制的研究。中国税制改革理论研究需要结合经济发展的不同阶段而进行。经济社会的发展可能让一些本来不太重要的税收问题变得更加重要。好的税收理论所提供的是参照系，在现实应用中，需充分考虑约束条件。此外，就应对国际逃避税问题而言，税收理论准备得还很不够。

四　面向高水平社会主义市场经济体制的税制改革

（一）深化税制改革需要面向高水平的社会主义市场经济体制

一个经济体建立起高水平的市场经济体制，至少应满足以下条件：一是经济效率大幅度提高，在世界排名前列。这不仅包括微观经济效率，而且包括宏观经济效率。微观经济效率是指市场主体的活力得到充分的激发；宏观经济效率最终表现为经济的稳定增长，税收在宏观经济调控中的作用需要得到充分的保障。二是经济、政治、社会、文化、生态文明建设等在世界前列。三是人民生活水平、人类社会发展指数在世界前列。中国是一个大经济体，这就决定了其国家治理的复杂性，税收制度建设必须适应这一复杂性的要求。中国已经进入老龄化社会，这样的社会可能伴随着"低欲望社会"的出现，税制改革对此也应有所反映。

（二）高水平社会主义市场经济体制需要树立起税制改革的现代理念

现代理念不只是技术手段的应用问题，更需要体现法治精神。中国需要建设的是高水平的社会主义市场经济体制。当下市场经济体制中的种种不足，需要靠深化包括税制在内的多种经济体制改革来加以纠正。税收征管效率的提高与市场主体的可持续发展密切相关。在高水平社会主义市场经济体制中，市场在资源配置中的决定性作用可以得到良好的发挥，社会问题可以得到良好的解决，税收的法治性能得到充分体现。高水平社会主义市场经济体制意味着高效率的公共服务，纳税服务也是其中之一。纳税人可以获取更全面的税制知识，对税收政策和税收制度做出更积极的回应。高水平社会主义市场经济体制意味着税制有较强的国际竞争力，在营商环境改善中扮演着重要角色。

（三）减税降费背景下的税制改革逻辑

中国积极财政政策加力提效，减税降费是重头戏。大规模减税只能在主要税种上做文章，并与税制改革协调配合。增值税是中国第一大税种，减税重点在增值税。企业所得税近年来在研发支出加计扣除等诸多方面发力，起到了一定的减税效果。结合税制改革和减税降费的要求，企业所得税的税率应从25%下调至20%，甚至更低的水平（15%）。

消费税目税率调整时机已经成熟。大幅度降低消费税，不仅可以让更多的进口中高档消费品为国人所消费，而且可以给国内生产的中高档消费品以更多机会，让人民美好生活的目标更快得到实现。个人所得税最高边际税率仍有下调空间。面向小微企业的减税（特别是企业所得税和增值税）税额不大，但对于企业发展、增强市场活力和保就业、稳就业的政策目标的实现意义重大。其他各小税种也需要同步减税。

大规模减税政策出台的最直接挑战是财政的可持续性。短期内税收收入可能下滑，对此必须有充分的应对举措。为了保证积极财政政策的效果，至少在减税降费背景下，任何增税的税制改革措施均不适合出台。

深化税制改革，需要立足国情，借鉴世界经验，吸取历史教训，同时还要充分利用现代科技，让现代税收制度更有现代气息。深化税制改革的目标不会自动实现。税制改革的顺利进行，需要确立适当的补偿机制，建立改革的缓冲机制，按渐进式改革的方式进行，尽可能减少改革给市场和社会带来的强烈冲击。从对企业征税的税制转向更多对自然人征税的税制，本来就有更多挑战。将困难估计得更多些，方案准备得更充分些，可以减少不必要的改革风险。税制改革的时机选择也非常重要。

参考文献（略）

（原载《改革》2020 年第 6 期，本文有删节）

减税降费的理论维度、政策框架与现实选择

张 斌

摘要：供给与需求、总量与结构是理解减税降费政策的两个基本理论维度，供给侧结构性改革是中国当前实施减税降费的主要理论依据，其实质是重塑政府与市场之间资源配置格局与配置方式。在厘清法定税负与实际税负的影响因素和传导机制的基础上，减税降费与中长期税制优化和财政可持续性的关系是减税降费政策框架的核心内容。下一步，应从政府收入结构、税收征管以及企业税费负担的特征出发，充分考虑人口结构、技术变革等因素对财政收支的影响，侧重中长期税制优化，进一步完善减税降费政策。

关键词：财政政策；供给侧结构性改革；减税降费；税制改革；财政可持续性

作者：张斌，中国社会科学院大学副校长、教授。

2008 年国际金融危机爆发以来，"减税降费"始终是积极的财政政策的重要组成部分。近年来，减税降费政策力度的持续增加表明其在宏观经济政策中的地位和重要性不断提高，因此也就成为社会各界高度关注的焦点和热点问题，如市场主体的获得感不强，减税降费与财政支出政策的关系，减税降费与财政可持续性及中长期税制改革如何衔接等问题。要厘清这些问题，首先应结合经济运行的一般规律

与中国现阶段经济社会发展的特征明确减税降费政策的理论依据和政策目标；然后以此为基础分析减税降费政策的影响因素和政策框架；最后应根据中国财税制度运行的现状，按照兼顾短期和中长期，政策调整与制度建设相协调的原则，探讨进一步完善减税降费的具体政策措施。

一　理解减税降费政策的理论维度

"减税降费"是具有中国特色的政策性表述①，体现了中国当前政府收入结构和企业税费负担的特征，其实质是政府与市场主体之间资源分配格局与分配方式的调整。要理解这种调整的背景、目的与具体实现机制，需要结合特定国家特定发展阶段面临的具体问题，从经济运行的一般规律及其适用条件出发对其理论依据进行深入分析，也就是回答"为什么要减税降费"的问题。

（一）减税降费的两个基本理论维度

在中国的政策语境下，"减税降费"既是积极财政政策的重要组成部分，也是供给侧结构性改革中"降成本"的关键措施。相应地，理解减税降费政策也就存在两个既有区别又相互联系的基本理论维度：一是从财政政策的角度分析减税降费对需求和供给的作用机制及其政策效应；二是从总量与结构的角度分析减税降费对政府与市场资源配置格局与经济运行机制的影响。

1. 需求侧与供给侧

凯恩斯主义宏观经济政策的基本出发点是总需求管理，强调由于存在价格和工资刚性（黏性），市场无法出清导致经济周期性波动及政策干预的有效性。凯恩斯主义理论框架下的减税政策是应对经济周期性波动的工具，具有临时性特征而非制度性的永久减税措施。

---

① 在理论上通常表述为减税政策，本文第二、第三部分阐述共性问题时未严格区分减税降费和减税。

20 世纪 70 年代西方经济的"滞胀"引发了凯恩斯主义的危机，供给学派及强调市场机制的有效性和政府干预的缺陷，其减税政策强调的是改变政府与市场之间的资源分配格局，以发挥市场的效率优势刺激供给、提高产出为目标。供给学派理论框架下的减税政策着眼于从根本上调整政府与市场的资源配置格局，更倾向于永久的制度性减税。

供给学派的减税政策及新自由主义的兴起在 20 世纪 80 年代后深刻影响了西方国家的宏观经济政策，发端于里根政府的税制改革引发了世界性的减税浪潮。同时，随着经济全球化的发展和资本的自由流动，在经济增长的同时，劳动与资本的分配格局也发生了深刻变化，经济增长的收益分配不均，而由于资本的自由流动在客观上制约了各国通过提高资本税负调节收入分配功能的发挥。开放经济条件下国际税收竞争的压力构成了世界各国侧重于吸引资本的供给侧制度性减税的外部环境。

2. 总量与结构

无论是需求侧的减税政策还是供给侧的减税政策，其政策影响都可以区分为总量效应和结构效应。凯恩斯主义相机抉择政策框架下的减税政策更多地强调经济周期不同阶段政府与市场资源配置格局的动态调整，从长周期看，宏观税负水平可以保持稳定。而供给侧的减税政策在降低资本的税负以刺激投资和增加供给的同时，如果相应提高劳动和消费的税负，并不必然导致社会总体税收负担的下降。

从政府与市场关系的角度来看，由于供给侧减税政策更多地采取永久性税制改革的方式，因此往往被视为结构改革（Structural Reform）的一部分，与解决"产出缺口"问题不同，结构改革着眼于通过制度变革来提高潜在增长率。应当说明的是，经济运行中需求侧与供给侧都存在总量与结构的问题，尽管结构改革更多地强调制度变革对潜在增长率的影响，但消除扩大消费的制度障碍，如建立更加有效的消费者保护机制理论上也应被视为结构改革的一部分。在某种意义上，也存在需求侧的结构性改革。

（二）供给侧结构性改革

1. 供给侧结构性改革提出的背景

2008 年国际金融危机爆发后，中国经济增速持续下行。由于长期以来支撑经济增长的"人口红利"逐步丧失，中国的要素禀赋发生了根本性转变，改革开放以来利用劳动力成本优势不断扩大出口和高度依赖要素投入驱动的增长模式难以持续，以原有要素禀赋、制度框架、产业结构和需求结构为支撑的经济潜在增长率下降是中国经济面临的主要问题。因此，在中国经济由高速增长阶段转向高质量发展阶段的时代背景下，以"供给侧结构性改革为主线"成为包括减税降费政策在内的各项经济政策的基本理论依据。

2. "减税降费"的实质是重塑政府与市场的资源配置格局与配置方式

供给侧结构性改革的核心任务是通过制度改革进一步激发市场主体的活力，推动经济结构不断优化升级，实现经济增长由要素驱动、投资驱动转向创新驱动。[①] 就财政政策和财税体制改革而言，在供给侧结构性改革理论指导下的减税降费政策的核心是相对减少政府直接配置资源的规模，优化政府获取资源的方式，这就需要稳定宏观税负水平，优化政府收入结构，推进税费制度改革。同时，还要稳定财政支出的规模，控制"赤字"和各级政府债务，优化财政支出结构，让市场主体在公平竞争的环境下获得更大的资源配置量和配置权。

需要强调的是，推动中国现阶段经济结构升级的产业政策即需要有以"后发优势"为理论基础，以政府选择特定产业进行有针对性的扶持为手段，以实现"赶超"发达国家为目标的选择性产业政策，更需要以"为市场主导的产业发展提供服务"为目标，在消除市场壁垒、促进竞争以激励创新的同时，致力于通过普惠性政策措施和制

---

① 2015 年 3 月发布的《中共中央国务院关于深化体制机制改革加快实施创新驱动发展战略的若干意见》中明确指出："加快实施创新驱动发展战略，就是要使市场在资源配置中起决定性作用和更好发挥政府作用。" http://www.gov.cn/xinwen/2015 – 03/23/content_2837629.htm.

度建设降低市场主体的交易成本和创新成本的功能性产业政策（张斌，2017）。因此，中国现阶段的减税降费政策在兼顾"结构性"和"普惠性"的同时，更应重视促进市场公平竞争的普惠性措施。

3. 供给侧结构性改革是理解"减税降费"政策演变的基本理论线索

2008年以来，随着对中国现阶段经济运行特征和规律认识的深化，减税降费政策的内涵与外延也发生了重大转变，而供给侧结构性改革是理解政策演变的基本理论线索。

2015年后，减税降费被视为供给侧结构性改革"降成本"的重要组成部分，同时，积极的财政政策的重心也开始转向减税降费。2016年政府工作报告提出："适度扩大财政赤字，主要用于减税降费，进一步减轻企业负担"；2017年政府工作报告指出："赤字率保持不变主要为了进一步减税降费"。2018年以来，实施更大规模的减税降费政策被视为积极的财政政策"加力提效"的主要措施，从减税方式看，普惠性减税的重要性在不断提高，2019年政府工作报告明确提出了"普惠性减税与结构性减税并举"的原则。

二　减税降费的政策框架

对中国这样一个处于结构转型期的发展中大国而言，宏观经济运行中的各种矛盾错综复杂，短期问题与长期问题、周期性问题与结构性问题并存。[①] 中国当前的减税降费政策要以"供给侧结构性改革为主线"，但同时也要作为积极的财政政策的重要组成部分，兼顾短期内稳定总需求的目标。因此，减税降费政策的制定与实施要有清晰的政策框架，围绕当前社会各界讨论的焦点问题，应重点关注以下问题：

---

① 2018年中央经济工作会议明确指出："要看到经济运行稳中有变、变中有忧，外部环境复杂严峻，经济面临下行压力。这些问题是前进中的问题，既有短期的也有长期的，既有周期性的也有结构性的。" http://politics.people.com.cn/n1/2018/1222/c1024 - 30481785.html。

（一）与减税降费政策相关的几个基本关系

1. 法定税负与实际税负

减税政策通常只能通过降低特定税种法定税负的方式实现。法定税负的下调能在多大程度上转化为市场主体实际税负的下降主要取决于以下两个因素：

一是税收征管。在发展中国家，由于税收征收率总体较低且在不同市场主体之前存在较大差异，因此，如果减税政策实施过程中税收征管力度有较大变化，征收率的提高会抵消甚至超过法定税负下降的幅度，而且这种影响对遵从程度不同的市场主体有很大差异。征管因素影响减税政策的极端情况是实际税负超过了法定税负，即所谓"过头税"的现象。如果将纳税人为履行纳税义务而付出的"遵从成本"也视为市场主体的税费负担，税收征管因素还应包括通过"税收营商环境"体现的税收征管流程对纳税人的影响。

二是市场机制在不同市场主体之间对实际税负的调节作用。减税政策作为市场经济运行的外生变量形成了对原有相对稳定的市场运行机制的冲击，减税带来的实际税负下降的利益会通过上下游产业链、同行业企业竞争等市场机制的调整进行重新分配。因此，减税政策在制定时要充分考虑特定市场结构和竞争状况对不同市场主体减税利益分配的影响，而通过政策直接干预这种影响是非常困难的。

2. 微观税负与宏观税负

如果不考虑税收征管因素，减税降费政策在导致微观主体实际税负下降的同时并不必然带来政府税费收入的下降。如果减税降费的同时经济增长，税基扩大，微观主体税负普遍下降的同时，政府税费收入的绝对额仍有可能会增加。因此，从短期看，减税降费的效果应以政府税费收入占 GDP 的比重，即宏观税负水平来衡量。从长期看，如果经济增长的同时还伴随着经济结构的变化，在单位 GDP 税收含量较高行业的增幅较大以及适用累进税率的自然人收入增长较快的情况下，减税降费政策甚至并不必然带来宏观税负水平的下降。

3. 税制优化与减税降费

在政策制定过程中，应明确区分税制优化与减税降费。如果减税降费政策更多地强调供给侧和结构改革，目标是调整政府与市场之前的资源配置格局和配置方式，则应采取永久性的制度性减税，此时减税降费与税制优化在很大程度上是内在一致的。而如果减税降费政策还要同时关注短期经济下行问题，目标是稳定总需求，则要注意长期税制优化与短期减税降费政策的协调。如何避免短期减税政策长期化干扰税制优化是需要高度关注的问题。

（二）减税降费的经济效应

经过市场机制调节后实际税负下降的收益究竟由哪些市场主体获得？这些市场主体在获得政府让渡的资源后，以何种方式配置这些资源以及由此产生的经济影响是减税降费关注的政策目标。

1. 减税降费政策的传导机制

根据减税降费的作用方式，可以将其分为选择性（结构性）与普惠性两种。作为选择性产业政策组成部分的税收优惠政策，如高新技术企业所得税优惠、研发投入的加计扣除等属于典型的选择性减税，这种减税方式政策目标明确、针对性强，但政策执行的成本较高。

普惠性减税降费的覆盖面广，政策力度大，具有简便易行、好操作的特点，但与针对特定行为的选择性减税相比，普惠性减税方式政策发挥作用的链条更长，政府主观政策意图与实际政策效果之间往往存在更大的不确定性。因此，减税降费政策在制定时要充分考虑在特定市场环境下的政策作用机制及其直接和间接的经济效应，慎重选择减税的税种和减税方式，才能更好地实现政策目标。

2. 减税降费方式选择对市场预期的影响

减税降费政策要通过引导和影响市场主体的决策才能发挥作用，而对未来经济发展前景的预期会对市场主体当期的决策，尤其是企业投资决策有重大影响。因此，减税降费政策不仅要关注政策本身对纳税人当期实际税负的影响，还要重视政策出台方式对市场主体预期的综合效应。

从减税方式看，主体税种的普惠性减税对"稳预期"的作用要优于操作比较复杂、针对特定行业或特定行为的税收优惠政策。从政策的出台方式看，整体性、一揽子方案对"稳预期"的作用要优于"切香肠""挤牙膏"式的出台方式。而且，整体性减税方案不仅可以扩大政策影响，也有利于通过增强政策的确定性进一步提高政策效果。

（三）减税降费与财政的可持续性

以供给侧结构性改革为指导的减税更多地采取永久性制度优化的方式，长期财政的可持续性是决定政策力度和规模时必须关注的重大问题。在理论上，服务于供给侧和结构改革的减税政策应配合财政支出规模的相应下调以保持赤字和国债发行规模的稳定。

但从西方成熟市场经济国家的政策实践来看，由于财政支出中对居民的福利性支出占有很大的比重，减税与减支面临的政治压力有很大差异，随着经济全球化和资本的自由流动，一国内部的收入分配差距持续扩大[1]，而在国际税收竞争的压力下，又无法通过增加对资本的税负进行调节[2]，就更加依赖于福利性支出以维持社会稳定。由此导致许多西方国家出现了严重的"结构性赤字"。

而随着近年来数字经济、自动化、人工智能等新技术的发展，以就业市场结构性变革为前导的整个经济社会的数字化转型方兴未艾，由此对政府来自劳动报酬的税费收入和用于失业救济和教育培训的支出将产生持续而深远的影响，加上人口老龄化的加速发展，这将对现行财政收支制度和结构以及财政的可持续性产生进一步的冲击。

---

[1]　实际上，收入分配差距的持续扩大带来的消费不足和储蓄过剩对经济运行也产生了重大影响，中产阶层和低收入阶层收入增长缓慢制约了消费的增长，而除了扩大政府的转移性支出以增加居民可支配收入外，金融机构对居民贷款规模的扩大也是支撑消费扩张的基本手段，由此导致整个社会总体杠杆率的持续增加，而收入增长缓慢的消费者支付能力不足产生的违约风险则进一步增加了金融市场的不稳定。

[2]　在国际税收竞争的压力下，在减轻资本税负以促进投资的同时，西方国家为获取财政收入开始重视增值税等间接税的作用，但间接税的累退性会进一步恶化收入分配。

因此，中国当前减税降费政策框架中最核心的长期问题是对财政可持续性的评估及其应对措施，这需要在充分总结西方国家减税政策实践的基础上，结合经济社会的数字化转型、人工智能等新技术应用以及人口老龄化等中国现阶段的具体国情，兼顾短期和长期做出合理安排。

三　中国减税降费政策的现实选择

在明确减税降费政策的理论维度与政策框架的基础上，中国现阶段减税降费政策要从当前政府收入结构、税收征管以及企业税费负担的特征出发，充分考虑人口结构、技术变革等因素对财政收支的影响，兼顾短期和中长期目标来制订具体政策方案。

（一）中国现阶段税费负担的特征

中国现阶段减税降费政策要立足国情制订符合实际的具体实施方案，需要关注当前政府财政运行与市场主体税费负担的三个基本特征。

1. 政府收入结构

作为从计划经济体制向市场经济体制转型的经济体，中国政府收入具有多样性和复杂性的特征。大量具有专款专用性质的收费项目背后是各政府部门的权力，复杂烦琐的涉企收费项目不仅增加了市场主体的缴费负担和遵从成本，同时也为各政府部门和政府工作人员直接干预企业运行提供了渠道，是影响"营商环境"的重要因素。因此，作为供给侧结构性改革的重要组成部分，在普遍性降费的同时，按照清费立税的思路彻底清理、取消一批收费项目，严格规范确有必要征收的收费项目是转变政府职能、优化营商环境、激发市场主体活力的必然要求。

从中长期看，国有资本经营收益、国有土地使用权出让收益、国有资产（资源）有偿适用收入等基于社会主义公有制的政府收入与基于强制性政治权力的税费收入如何布局也是影响未来中国税制改革和市场主体税费负担的重要因素。

2. 税式支出、财政补贴与"特惠制"

从市场主体税费负担的实际分布来看，我们不仅要关注选择性产业政策框架下的各类税收优惠政策对不同行业、不同类型企业实际税费负担的影响，还要关注地方政府在招商引资过程中通过降低土地成本对大企业的隐性补贴（蒋震，2014），通过财政支出方式对特定企业的"税收返还"以及通过产业投资基金以股权投资、贴息或直接补贴方式给予符合条件企业的财政补贴。各级政府以上述直接或间接方式给予企业的实质性税收优惠具有差异化、"一事一议"和不稳定、不规范等特征，而且大部分此类优惠都由具有谈判能力的大企业获得。

这种"特惠制"而非"普惠制"（白重恩，2018）的优惠方式体现了政府权力对市场配置资源机制的直接干预，是影响大企业与中小企业之间实际税费负担的重要因素，同时也是阻碍"市场在资源配置中起决定性作用"的关键因素。因此，以供给侧结构性改革为指导思想的减税降费政策应在规范清理各级政府各种直接和间接税收优惠政策、转变政府职能的基础上，更多地采用"普惠性减税"措施促进政府与市场关系的根本性调整。

3. 税收征管与减税降费的实现方式

税收征收率的变动及其在不同类型、不同规模企业及不同收入类型（个人所得税）之间的差异是决定市场主体实际税费负担的关键因素。由于国有企业、外资企业为主的大型企业的税收遵从度较高，因此在减税降费中受益较大；而未按法定税负足额缴纳税款，税收遵从度较低，在税收征管能力显著提升的背景下，以民营企业为主的中小企业的实际税负则有所增加。这是导致大量中小企业在减税降费后获得感不强的一个重要原因。

从总体上看，实际征收率的显著提升为更大幅度降低法定税负创造了空间，这也是推动税制优化、建立现代税收制度的必由之路。但从短期看，税收遵从度在不同类型企业之间有较大差异，在"稳增长""稳就业"压力增加的情况下，也确有必要采取临时性措施强调"所有行业税负只减不增"和稳定企业社保缴费方式和负担。而如何兼顾短期和中长期，处理好税制优化与应对周期性问题的短期政策之间的关系是现阶段制定和实施减税降费政策需要关注的重要问题。

（二）财政的可持续性与中长期税制优化

1. 更大规模减税降费对地方政府财政可持续性的影响

在现行财税体制下，减税降费政策同时减少了中央和地方政府的收入。近年来，随着减税降费规模的不断扩大，部分债务负担较重的地方政府已经出现了财政可持续性问题。实施更大规模的减税降费政策要充分考虑地方财政的承受能力，在相应扩大地方政府专项债券发行规模的同时，考虑到中央政府在增收节支政策空间和债务融资成本等方面的显著优势，实施减税降费政策导致的收支缺口应主要由中央负担。中央财政在加大转移支付力度的同时，应针对不同地区财政的承受能力采取更有针对性的政策措施。

2. 减税降费、税制优化与财政的可持续性

如何吸取部分西方发达国家陷入"负债国家"困境的教训，协调好当前减税降费政策与税制优化及财政可持续的关系是必须关注的重要问题。

首先，减税降费政策要坚持以供给侧结构性改革为主线，以推动经济结构调整、新旧动能转换，实现社会生产力水平的整体跃升为目标。同时，中长期税制改革还要充分考虑人口老龄化、经济数字化转型、自动化及人工智能发展对财政收支和征管带来的影响，减税降费政策的具体措施要与税制优化的趋势保持一致。

其次，减税降费政策要与税制结构优化相协调。通过扩大内需，尤其是居民消费需求进一步扩大中国的消费市场规模，使中国由国际分工链条中产品加工地逐步转换为可以与美国相媲美的最终产品消费地，从而提升中国在国际分工中的主导权是掌握经济发展主动权的关键措施。而要实现中国消费市场规模的持续扩大，以大力推进经济高质量发展增加居民可支配收入为基础，降低增值税等具有累退性的间接税的比重，推进税制结构优化将发挥不可替代的重要作用。

最后，考虑到中国人口老龄化等因素带来的财政支出压力，需要保持适度的宏观税负水平，而税收征收率提高和国有资产的存量和收益为减税降费创造的空间是有限度的。下一步要按照党的十九大报告对加快建立现代财政制度的要求推动预算制度改革，通过预算支出的公开、透明建立纳税人税收负担与享受的公共服务之间的有机联系，这是避免陷入"负债国家"困境，保证中长期财政可持续的制度基础。

参考文献（略）

（原载《财政研究》2019 年第 5 期，本文有删节）

财政学基础理论创新:重要但需审慎对待的诉求

马　珺

摘要:2013 以来,西方主流财政理论批判成为中国财政学术圈里的热门话题,在中国语境下,它被称为"财政学基础理论创新"。文章首先论述了这一话题的国际背景及其历史,随后分析了中国财政学者寻求理论创新的原因、现状及其存在的问题。通过对国内外财政学术批评的异同进行比较,文章认为,要成为西方主流财政理论合格的批评者,中国财政学者还有较长的路要走。最后,文章就中国实现财政理论创新应满足的前置条件做了说明。

关键词:西方主流财政理论;财政学基础理论;财政理论创新;中国

作者:马珺,中国社会科学院财经战略研究院税收研究室主任、研究员。

一　引言

作为一门系统的学科体系,中国的财政学源自国外,历史上曾长期沿袭苏联的教学、科研模式,后将眼光转向欧美并仿而效之,其中英美之风于今尤盛。面对一种主要是引进的知识体系,中国传统财政学者始终都有追求学科独立性和学术自主性的愿望。改革开放之后的 20 世纪 80 年代、向社会主义市场经济转轨之后的 20 世纪 90 年代，均见证了中国财政学者在不同阶段试图建立区别于苏联和英美财政学理论体系的努力。其主要诉求，涉及财政学学科属性的重新定位，认为财政学不应只作为经济学的应用分支，西方（尤指英美）公共经济学的现有研究不能涵盖财政学的全部内涵。然而，进入 21 世纪，由于英美公共经济学始被大规模引入，虽然传统财政学者在公共政策界依然风头强劲，但传统财政学本身始陷入沉寂。

　　2013 年，中国传统财政学迎来了新的发展契机。当年，中共十八届三中全会以《决定》的形式，赋予财政以"国家治理的基础和重要支柱"的定位，传统财政学者对财政的定位与之相当吻合，从而前所未有地激发了传统财政学者创新财政理论的热情。2016 年 5 月国家领导人号召加快构建中国特色哲学社会科学体系，对于强调财政学国情特色的传统财政学者，又是一针强心剂。新近召开的党的十九大，提出"新时代中国特色社会主义思想"，在经济学界催生了一大批依托新时代、构建有中国特色社会主义政治经济学的研究中心。传统财政学界长期以来追求学科独立和学术自主的自发努力，因此也自然而然地汇入了这股时代潮流中。

　　时下，关于建立有中国特色社会主义经济学及其与现代西方经济学的关系问题，已然引发了热烈的争论，吸引国内主流经济学家尤其是海归学者纷纷加入。然而，财政学领域的类似争论——比如，关于"财政学基础理论创新"、"建立财政学的中国学派"、"构建新时代中国特色社会主义财政理论体系"、基于中国国情和价值标准的"中国现代财政制度和财政学理论体系的构建"、建立"国家治理财政论"的基本框架等论题——远未发展到如此引人注目的程度。尤其是，遵循英美主流财政学范式的国内学者（含"海归学者"）基本上没有加入这场讨论，使得这一话题看上去像是传统财政学者圈子内的自言自语。

　　我们如何看待这一现象？如何理解传统财政学者对主流财政理论

的批评？是有备而来？还是纯粹的意识形态之争？抑或只是一些有待证实的、初步的学术想象？回答这些问题显然是有必要的。它帮助研究者确立这些问题之于时代和自身能力究竟有何意义，它决定稀缺的学术资源如何配置到有意义的研究方向上，它决定了学术界在进行学术批评时，应当遵循哪些必要的前提。

本文的主旨就是对上述问题做出回答。接下来，文章首先阐述财政学理论创新这一话题的时代背景，指出它并不只是一个应景的当下话题，而是有着深远的学术历史与重要的学术价值；随后引入财政学家里查德·马斯格雷夫的"三要素"说，建议作为后续探讨这一话题的理论框架；依据这一框架，第三部分分析中外学者对主流财政理论的批评有何不同，探讨从事财政学术批评时中国传统学者值得改进的地方；最后是结论，指出当前在中国进行财政学理论创新，需要先期完成的基础性工作是什么。

二　财政学基础理论创新："新时代"的老话题

（一）财政学研究"新时代"的来临

100多年前英国文学家狄更斯说过："这是最坏的时代，这是最好的时代"，把这句话用于描述当今的中国传统财政学研究十分恰当。之所以说它是最坏的时代，是因为近百年来，特别是近20年来，财政研究中新理论、新方法的引进日新月异，但财政学作为一门学科却有点找不着北。"财政学"这个古老的名词已基本上被"公共经济学"所取代，在综合性大学里，往日辉煌的财政学系（院）多数已经并入经济学系（院）或者公共管理学系（院），幸运地保留下来的那些财政学系（院）面临被边缘化的窘境，财政学作为一门学科的独立性和自主性遭遇前所未有的挑战。

然而，这似乎又是一个最好的时代。在中国，对财政学学科性质的自觉探讨至少可以上溯到10年前。2013年之后，又迎来了一波新的高潮。人们仿佛看到类似于20世纪八九十年代财政学界的热闹景象。到目前为止，财政学界的讨论至少已经达成某种程度的共识，比如：在学科名称上，学界对财政学独立存在的容忍度日益提高，激烈主张以"公共经济学"替代"财政学"的学者越来越少；再如，对主流财政学或公共经济学以市场失灵、公共物品等作为理论分析的起点表示质疑（刘晔、谢贞发，2008；周业安、王一子，2017；刘尚希、李成威、杨德威，2018），甚至提出反思西方主流研究范式（马珺，2015）及研究范式转换的需求（刘晔，2018），等等。然而，分歧的存在仍然远远大于共识，其焦点是财政学传统研究范式是否应当转型？应当往哪里转型？又当如何转型？这将涉及财政学体系中的核心概念、分析起点、方法论、分析工具、哲学基础、学科建构等一系列根本性问题。归根结底，中国自 20 世纪初引入西方财政理论以来，"财政学应该研究什么？如何研究？"这一困扰西方财政学界几个世纪的古老话题，在新时代来临之际，也开始困扰着中国的财政学人。这一现状意味着中国传统财政学者圈内正试图酝酿一场研究范式的变革。我们所关心的是，当前中国学者对财政学研究范式转换的要求，从其已知表现来看，是否也具备库恩意义上的革命性呢？

（二）"新全球化"背景下的全球老话题

1. 一个全球性的老话题

关于财政学研究范式的争论，并非中国所特有，更非中国传统财政学者迎合时下的意识形态，而刻意与主流财政学划清界限。这是一个全球性、历史性、学术性的话题。它的最早出现，可追溯至 19 世纪末 20 世纪初威克塞尔、塞里格曼与艾奇沃斯关于财政学研究的分歧（Johnson，2014a）；随后延续到布坎南提起的经济学研究方法论之辨（Buchanan，1964；Buchanan，1949），并由此波及财政学研究方法论的分野。最近一轮热潮则是上两波争论的延续，由数名欧美财政学者联合发起，并涉及包括中国在内的其他国家和地区。参与其中的学者，尽管所处的时代、各自的立场和观点不尽相同，甚至在有些方面分歧很深，但仍然存在诸多共通之处。其中最清晰的一点是，学术挑战者都有一个共同的参照系,也可以看作理论批评的"靶子"——即当时的主流财政学,在今天,这个参照系就是新古典主流财政学。

2. "新全球化"新在何处?

该问题此时在中国掀起新热潮有一定的特殊性,它产生于中国融入新一轮全球化的进程。之所以强调全球化之"新",是因为中国在这一波全球化进程中扮演了不同于以往的角色。如果说,16 世纪至 20 世纪早期以来,欧洲(主要是英国)主导的全球化过程,中国并不在其中,或者说只是无意识地被"卷入"而受其影响;而在 20 世纪中叶之后,美国从英国手中接棒主导了新一波全球化,中国不仅积极融入和参与其中(20 世纪 50 年代至 70 年代的那段曲折历史除外),其融入与参与的程度也越来越深。

透过历史进程我们发现,全球学术制高点的转换,与全球经济领导国身份的转换保持一致(熊彼特,1954)。随着中国融入全球化进程的加深,其要求全球治理规则制定权的努力也越来越明显,并进一步要求意识形态和学术话语权,官方推动构建具有中国特色的哲学社会科学体系的努力,则是这一进程的重要组成部分和结果之一。正因为如此,出于学术批评者所珍视的学术独立,当下确实有必要在学术史的框架内厘清该问题独立性的一面,说明该问题自身的重要性。

然而,在今天这样一个高度互联、互通和共享的世界中,知识以惊人的速度扩散,同时获取知识的成本无限趋零,仅仅通过提出几个标新立异的观点或者仅仅指出现有知识体系的一二瑕疵,即想全盘颠覆过去的知识体系,是不可能令人信服的。任何创新都不是无中生有,一门学科的创新,更应当站在前人的肩膀上。财政学理论创新的前提,是创新主体能够客观地认识学科现状、准确地把握学科前景,并审慎地发现和选取创新突破点。是故,有必要对财政学在过去几百年间的发展有全面的把握,对当前财政学的学术处境有设身处地的体察。但是,数百年的财政研究,主脉与斜枝旁蔓交织,当如何梳理辨别和加以把握呢?

三　回到财政学说史

（一）财政学说史为什么重要

即使从 1959 年理查德·马斯格雷夫出版《财政学原理》算起，正统财政学的成形距今也整整一个甲子了。这期间财政学该有多少变化！我们发现，国内针对英美主流财政学的某些批评，未能充分关注60 年来经济学、财政学的发展与自我革新，导致一些批评不够客观，某些理论"创新"亦并无新鲜之处，甚至不乏对被批评对象的误读。基于此，我们迫切需要一个能全方位透视财政学发展的思考框架，来容纳和梳理现有的各种财政研究。

也许，唯有财政学说史才能担当这一使命。一切学术传统都有自己的演化史，它的形成与发展，都是在种种内外部环境下实现的。学说史向我们展示了一个学科的全貌，包括它的主线与枝节，呈现了它的发展背景，以及在不同时期那些影响其发展进路的具体因素。总之，借由财政学说史，我们可以明白财政学科为什么是它现在的样子，这是我们客观认识财政学并从事理论创新的前提条件。另外，当一门学科变革的阻力和动力相持不下的时候，回到学科史，讨论过去的事实，把判断的权利交给读者，作为一种迂回的坚持，往往是持学术异见者的首选。由此可以理解，为什么非主流财政学者在财政思想史、学科史上往往比主流学者投入更多精力。

（二）影响财政学发展的三因素

马斯格雷夫（2005［1983］）在为《公共经济学手册》（第一版）写作的《财政学说简史》一文中论述了财政学说的演化，提到了影响财政学发展的三大主要因素。笔者认为，尽管马斯格雷夫所阐述的只是财政学的"断代史"，论述自亚当·斯密直至 20 世纪 60 年代财政学作为一门学科的发展，但是他所提出的影响财政学发展路径的三要素，作为理解财政学演进的一种分析框架，至今并不过时，仍然可以用于观照整个财政学科的发展。马斯格雷夫所强调的影响财政学发展的三大主要因素分别是：

1. 经济学的发展。财政学始终与经济学的发展紧密联系。经济学每一次大的变化，都连带着财政学的变化。其中最显而易见的，是为财政学提供更丰富的分析工具。罗森（Rosen，1997）曾说，"当代财政学，无论规范研究还是实证研究，都以经济学作为分析框架"。人们所使用的劳动工具，在很大程度上决定了他/她的工作方式，这在各行各业都不难理解。通过分析工具的输入，经济学也极大地影响了财政学家的工作方式，这一点在 20 世纪 40 年代以后越来越明显。

如果说 20 世纪 40 年代以前财政学的发展还是相对独立的，那么在此之后，主流财政学基本上亦步亦趋地跟随新古典主流经济学，成为经济学新理论、新工具的应用领域。如此一来，那些很少使用这些工具的研究，典型的如英、美制度主义和历史主义财政学，就越来越缺乏生存空间。很多经济思想史文献和文献计量学研究，都分别探讨过经济学和财政学各自的发展演化，但经济学与财政学是何关系、经济学如何影响财政学的发展，此类分析较为少见。而在笔者看来，忽略了这一点，就不可能全面把握当代财政学的学科定位、发展现状，不可能客观评估已有的工作是否真正推进了学科的发展。

2. 经济社会制度的变化。财政学研究必然会对经济社会制度的变革做出反应。例如，马斯格雷夫提到，"封建制度衰落，导致税收取代国王的财产收入成为政府主要财源，那么，税收就会成为现代财政学的重点分析对象之一"，这解释了为什么直到 20 世纪 50 年代，税收分析都一直是财政学分析的重中之重。"现代法律制度和财政制度的发展，使税制结构的分析更为复杂"，关于这一点，从税收分析在过去若干年里发生的巨大变化可见一斑。最初的税收分析只是关于国家征税原则的阐释，随着税制的日益复杂化，这类分析在财政学教材中所占的比重越来越少，取而代之的是税制对经济主体行为影响的分析（Rosen，1997），而且后者也经历由简入繁的复杂化过程。他还指出，"人民民主制度的兴起，使政府的职责范围发生改变，预算政策成为利益集团争夺的领域，这些都会对财政学的分析范围产生重要影响"。的确，60年代以后，不仅支出分析在主流财政学中的重要性越来越显著，而且将决策过程纳入分析范围。最初它只是公共选择学者的领域，目前已经被主流化，成为主流财政学研究（以新政治经济学名义进行的相关研究多可归入此类）的一部分。

3. 社会思想与价值观念。从早先的重农学派、官房学派，到后来约翰·洛克提出应得权利原则、杰米里·边沁提出功利主义原则乃至小密尔平等主义思想的出现和当代的罗尔斯正义理论等，不仅塑造了财政学里对税收和社会公正的看法，更直接奠定了不同财政学传统背后哲学观念的基础，从而对财政学说的发展产生重要影响。以现代税收理论为例，对当代税收理论影响最大的哲学观念是边沁的古典功利主义，艾奇沃斯之后最优税收理论的发展，从拉姆奇到戴蒙德、米尔利斯，均以此观念为基础构造社会福利函数。由于底层哲学观念不同，主流税收理论与古典自由主义者（从诺奇克、罗斯巴德，到米塞斯、哈耶克、布坎南，他们虽然在思想上同属一个大类，但仍然有重大的差别）、自由平等主义者（如小密尔、罗尔斯）、马克思主义者的税收理论有明显的不同。

从上述三方面可以看出，除了"经济学"这一较为客观的因素，经济社会制度、社会思想与价值观念都具有不同程度的相对性、主观性、历史性和地域性，这导致财政理论在某种程度上具有国别（地域特征）和历史特性。在这个意义上，国内一些学者倡导建立有中国特色的财政学基础理论，并非如坚持经济学科学主义的学者所认为的那样毫无意义。

四 财政学理论创新过程中的学术批评：中西方学者有何不同

创新是对主流理论的扬弃，没有批评就没有创新。同样是对主流财政理论提出批评，中外学者的表现有所不同。当然，这与二者的历史直接相关。西方的财政学术批评早在一个多世纪以前甚至更早就开始了,而在中国只是刚刚起步。西方的学术批评,是在主流财政理论充分发展的背景下展开的,批评者对被批评对象的各个侧面都有深入的把握;而中国的财政学术批评,是在主流财政理论被引入的同时发生的,批评者对批评对象本身,尚有一个充分熟悉、理解、审视的过程。

当前,对源自英美的主流财政学,中国的财政学人至少表现出下述三类态度:(1)大多数人学习、遵循,坚持在中国场景中应用;(2)一部分人边学习边批评;(3)还有一些人批评得多、学习得少,甚至不学习。第三种态度最为有害,它既不能推进原有的知识,更无利于产生新的知识,甚至制造了理论上的混乱,误导了财政学科的入门者。中国传统财政学者倡导理论创新,对第三种态度一定要有足够的自省并力戒之。在此,基于上文的"马斯格雷夫三因素",对中外学者在财政理论创新中的学术批评作一对比,是有益的。

(一)学术批评是否基于对学说史和学科史的全面把握

西方财政学者,无分主流、非主流,普遍较为重视学说史或学科史。当代著名的主流财政学者,如里查德·马斯格雷夫(Musgrave,1985,2008)、彼德·戴蒙德(Diamond,2002)、马丁·费尔德斯坦(Feldstein,2002)、阿兰·奥尔巴克(Auerbach,2009)、哈维·罗森(Rosen,1997,2002)、安东尼富·阿特金森和约瑟夫·斯蒂格里茨(Atkinson and Stiglitz,2015)等人,大多都曾在该领域发言,写过学科史或学科综述方面的文章。

非主流财政学者,如布坎南、朱塞佩和瓦格纳(Eusepi and Wagner,2009,2011;Wagner,1997,2012等)、勃特克(Boettke,2008等)等人对主流财政学的批评,也都基于学说史的整体把握,这一背景使得他们对于被批评对象及批评者自身的学术贡献和学术位置,都依据大致相同的事实做出判断。

相对而言,中国学者对主流财政学的批评,更多地基于经验和直觉,基于对主流财政学个别观点或概念的否定。即便是这样,与西方的批评者相比,依然缺乏对其所否定概念的系统的学理追踪,使得某些批评看上去基础不牢，难以服人。历史性和整体观上的欠缺，也极大程度地消解了批评者与被批评对象对话的力量与深度。

（二）学术批评是否追踪造成学科发展现状的原因

西方学者不仅关注学科发展的历史和现状，而且针对造成学科发展现状的深层原因，通常更为注重深入探求。其研究视野从经济、政治、社会、历史、思想、文化、偶然因素到研究者的个人境遇，甚至是学术圈政治，等等，几乎无所不包。其对学科发展来龙去脉的分析，有些方面虽然不乏猜想，但总体来讲是言之有据的。例如，巴克豪斯和瓦格纳（Backhaus and Wagner, 2005a, 2005b; Wagner, 2003）从全球政治性事件（特别是纳粹上台以后实施的知识分子政策）、布劳格（Blaug, 2003）从经济学转型（尤其是形式主义和科学主义的盛行）、莫斯（Moss, 2005）、罗利（Rowley, 2008）从学界政治生态等方面，就财政学的发展与现状进行了颇具说服力的分析。综合这些研究，就较为容易理解为什么主流理论有着明显的不合理之处，却又具有如此坚韧的惯性，不仅能够被广为接受，而且相比之下更受欢迎。

最近若干年以来，对财政学科在国际、国内的发展，来自中国学者的关注日益增多。从近年来的综述性文章看（晁酦欣，2010；刘晔、刘建徽，2012；卢洪友、祁毓，2013；马珺，2012，2015；樊丽明、王澍，2016；唐任伍、李楚翘，2017；朱军，2017，2018；丛树海、宋达飞，2017；周业安、王一子，2017；张永璟，2017），中国学者的研究具有以下几个特点：第一，多数中国学者更加注重对国内外财政学科发展现状的描述，但对其成因的关注（尤其是深入研究）还不够。第二，除了少数例外，大多数综述旨在"摸清情况"，并不以学术批评为目标，因此对非主流财政学少有提及。第三，从国内 19 种主要财经类代表性期刊 2011—2015 年研究主题的热度分布来看，关于财政学理论的研究是为数最少的（丛树海、宋达飞，2017），此一特征与财政学在西方的发展现状有某些共性。

任何一种社会科学理论或思想，只要它所依存的人文环境和社会土壤未发生改变，那么社会对这种理论的需求也不会发生实质性的改变。由此，我们可以预见，中国传统财政学者的学术批评，在未来的很长一个时期内，仍将只作为一种批评的声音存在，但很难对现有的财政学术生态产生根本性的影响。

（三）批评者是否提出了与批评对象竞争或互补的理论体系

西方学者在批评主流财政学的过程中，已经形成了自成系统、相互竞争、互为补充的诸多学术传统，包括公共选择学派（含弗吉尼亚传统与芝加哥—罗切斯特传统）、新政治经济学、财政社会学，等等。这些传统各有其明确的研究对象和方法论基础，作为主流财政学体系的竞争者，其基本理论框架是完备的，这决定了其与批评对象之间能够对话（最著名的如布坎南和马斯格雷夫 1998 年在德国慕尼黑进行的世纪辩论）。

尽管主流财政学几乎很少正面回应批评，但并不妨碍其悄悄地吸纳和同化批评者的观点。实际上，马斯格雷夫本人就是这样做的，其后的主流财政学也如法炮制。由于对批评者的理论只是选择性地采用，弃其灵魂而只采用其技术细节，招致后者愤愤不平（Moss，2005；Rowley，2008）。

相比之下，中国学者对主流财政学的不满，更多地体现为零星而局部的批评，少有系统而全面的替代性理论建构。这也是国内的财政理论批评之所以未成气候的重要原因。有学者（刘尚希，2018）尝试建构和提出了新的替代性理论，然而，这一努力还需要在国内、国际的学术市场和实践中经受检验，其生命力如何、能否获得国内外同行的认同，仍然有待观察；即使是该理论自身，也有一个从提出到修正和完善的过程，不可能毕其功于一役。另有一些已经明确提出来、尚未体系化的论点，有的刚一出台便已显露了难以立论的薄弱之处。还有一些所谓学术批评，由于无视既有的学术传统，因而缺乏学术价值，不足为道。学术批评不是"鸡同鸭讲"，不是各说各话，更不是信口开河，必要的共识性话语平台尤其重要。整体而言，中国的财政学术批评，还需要在理论视野和理论深度方面下苦功夫。

（四）能否以动态和发展的眼光从事学术批评与创新

追求突破和创新是学术研究的生命线，西方的主流财政学者并非无视自身的不足，更非一些批评者眼中的顽固不化、抱残守缺之辈。相反，在过去几十年里，主流财政理论不断从经济学的新发展、政府政策和社会观念的变化中汲取养分，以改变主流财政学的现状。切迪、阿特金森、斯蒂格里茨等当代财政学名家，对 2000 年之后主流财政学如何吸收和利用经济学的最新发展，均有较为权威的概括，从中可窥一斑（Chetty，Raj and Finkelstein，2012；Atkinson and Stiglitz，2015）。

切迪等（Chetty，Raj and Finkelstein，2012）提到了主流财政学迅速吸收经济学的新发展，形成一系列新兴研究领域。其中，从行为经济学中借鉴最多，行为财政学（Behavioral Public Finance）已经成为当前的热门研究领域，为政府干预社会经济提供了新的理由。实验室实验和田野实验（Lab and Field Experiments）也被引入财政学研究，用于检验传统理论的有效性。还有，借鉴宏观动态模型而形成新动态财政学（New Dynamic Public Finance），等等。此外，主流财政学还从经济社会发展中的新现象获得灵感，扩展自身的研究领域。比如，社会保险（Social Insurance）、金融危机及其他宏观事件都对当前财政研究产生影响。

除了行为财政学、实验财政学，阿特金森、斯蒂格里茨（Atkinson and Stiglitz，2015）还论及政治经济学、信息经济学自 20 世纪 70 年代以来的发展，及其对财政学研究的影响；提到了主流财政理论最受诟病的一般均衡分析框架的新进展，以及政治因素、收入分配与全球化、全球治理等命题在财政学研究中的反响。

批评者只有充分重视主流财政学的自我更新，跟踪主流财政学的新进展及其自我改进，在这个基础上才能开展有针对性的、公允的批评。这方面仍然是西方学者做得相对较好。对于财政学领域的新发展，他们更加注重辨别其是否属于研究范式及意义上的真正变革。例如，公共选择学派反对主流财政学中仁慈、全知全能的计划者假设,反对其整体主义、有机主义国家观,很多中国学人往往将它整体性地看作对主流财政学的反动。但实际上,在很多西方学者眼中,对公共选择创新性的看法是一分为二的。其中以芝加哥—罗切斯特传统为代表的实证公共选择分支,运用封闭的、一般均衡经济学思维和分析方法,追问与新古典经济学同样的问题,即"均衡是否存在? 如果存在,是否唯一? 均衡存在的条件是什么?",实质上就是新古典价格理论在政治问题上的应用,其关心的问题和提问题的方式都不具有真正的革命性(Wagner,2013)。公共选择传统中真正具有创新性的,是布坎南一手缔造和坚持的弗吉尼亚政治经济学。后者关心的问题超越了主流经济学的边界,不限于既定制度下的资源配置最优化问题,而探讨在现代民主制度下,专业分工体系中的个人如何互动与合作,以促成一个"好社会"。以阿西莫格鲁(Daron Acemoglu)、阿莱西纳(Alberto Alesina)、贝斯利(Timothy Besley)、佩尔松(Torstern Persson)、塔贝里尼(Guido Tabellini)等人为代表的新政治经济学,与主流化了的公共选择虽然略有差异,但实质并无不同,因此,也不能算是研究范式的创新(Boettke and Marciano,2015)。

(五) 是否重视批评中的反思与对话

西方的财政学术批评有更强的反思精神,相互之间存在理论交锋和对话。即使是在批评者群体内部,也并非完全同声同气。例如,针对新政治经济学者自称其取代了公共选择理论,是对公共选择的超越,布兰卡特和克斯特(Blankart and Koester,2006)批评前者根本就是主流经济学,认为它并没有超出最大化计划者范式,也没有扬弃一般均衡的分析方法,怎么能算是对公共选择的超越呢? 新政治经济学并没有对公共选择所不能解释的现象给出解释,在一些原有的问题上,其解释也没有比公共选择更令人信服。因此,即使它带来了一些新的观点,但并不能说超越了公共选择,至多只能算是两种竞争性的理论,与公共选择弗吉尼亚传统相比,甚至还退步了不少。阿莱西纳等(Alesina,Persson,& Tabellini,2006)随之进行反驳,你来我往非常热闹，读者在这个过程中，至少摸清了西方经济学中各门各派的底细。

而在中国学者中，这样的对话和交锋几乎为零。至今为止，笔者只看到朱军（2018）通过社交软件推送过一篇文章，对"财政学基础理论创新"中的浮躁心理和冒进行为提出批评。在一个缺乏对话与交锋的思想市场上，即使是作为知识消费者的学术人，都不可能对一份思想产品的新知识含量充分知情，更别说大众读者群了，这无形中为各种"伪创新"提供了生存的土壤。

五 结论：审慎对待财政学理论创新的学术诉求

我们处在一个"新"全球化过程之中，寻求全球治理的再平衡，其实质是要求国际政治、经济、文化话语权的再平衡。中国的政治、经济优势是在融入和参与全球化过程中取得的，学术上也是这样。在财政学术研究方面，经过多年的学习和跟随，我们认识到了英美主流财政理论的一些不足之处，也逐渐形成了本土问题意识，从而产生了超越英美主流财政理论的需求。当一个国家处于政治、经济、文化等影响力的上升阶段，这种反应是极其正常的。

上文论述了西方主流财政理论批判的国际背景、历史发展与学术内涵，探讨了这一话题于 2013 年以来在中国兴起的原因、现状与存在的问题。基于上述论述，笔者认为，财政学基础理论创新这一论题无疑是重要的，因此才值得中国学者审慎对待。无论中国传统学者想要做的是扬弃英美主流财政理论，还是完全以新理论取而代之，都需要对自己的处境和实力有客观的认知。在过去若干年里，面对外部创新的挑战，包括来自公共选择、政治经济学、财政社会学等批评者的竞争，英美主流财政学也在不断地自我革新。客观地说，到目前为止，中国传统财政学者所谈的和已经做到的"创新"，远远没有达到上述正反双方所达到的理论深度，一些学者由于对上述形势缺乏全面、深入的掌握，其提出来的一些问题显得站不住脚，回答问题的方式及提供的答案，也缺乏必要的学术价值与意义。在这个意义上，中国财政学者要想成为英美主流财政学合格的挑战者，的确还有一段较长的路要走。

作为结论，这里提出实现财政理论创新需要先期完成的一些基础性工作。它们包括但不限于以下三方面：

1. 反思财政学作为一门学科所要解决的基本问题到底是什么。这是因为，一门学科的性质，不是由它所使用的工具而是由它所试图要回答的问题来界定的。如果我们所说的理论创新对财政学科的基本问题不能提出新的、有意义的看法，那意味着真正的创新并没有发生。就像实证公共选择、新政治经济学那样，以新工具来解决老问题，尽管能在一些问题上提供新的视角、新的观点，但终归不能带来托马斯·库恩意义上的研究范式创新。

2. 详细地梳理财政理论在西方的发展，既包括它的主干（主流财政理论），也包括旁枝（各种竞争性和互补性理论）。这是极其繁复的工作，但思想史和学科史研究的重要性，恰恰在此凸显。充分地利用这些知识，既可做到"知己知彼"，也可以此为基础，发现新的研究方向，达到事半功倍之效。

3. 对财政理论的现有发展进行评估，在库恩的"范式"意义上，辨别其中真正推进了财政学科进步的因素。这对财政学术批评者的素养提出了极高的要求，在专业领域内，要求其既学有专精，还要视野开阔，熟谙本领域之外的学科全貌；此外，更要有科学哲学的高度，能够辨认本学科现有及潜在知识在人类知识体系中的位置，识别其对理解人类社会及其运行的贡献。

如果能够就上述三个基本问题上给出清晰的回答，即使我们做不出任何财政理论的创新性贡献，但至少具备了发现和欣赏创新性成果的眼光。

参考文献（略）

（原载《财政研究》2018 年第 8 期，本文有删节）

"扶教育之贫"的增智和增收效应

——对20世纪90年代"国家贫困地区义务教育工程"的效果评估

汪德华　邹　杰　毛中根

摘要： 投资基础教育硬件是否有利于学龄儿童的长期发展，在学术文献中是有争议的话题。本文基于2013年CHIP数据，运用截面数据双差法，评估了20世纪90年代中期二片地区"国家贫困地区义务教育工程"的政策效果，为此提供了来自中国的经验证据。研究发现，通过新建或改扩建小学与初中校舍、购置教学设备等措施，该工程较好地实现了"增智"的目标：受益儿童成年后的受教育年限显著提高0.7年左右；但工程的"增收"效果却十分有限，受益儿童成年后收入并未显著提高。计量分解分析发现，工程虽能提高受益儿童成年后外出务工收入水平，但未能提升其外出务工概率；可能受限于本地二、三产业发展滞后，成年后留在本地的受益群体从事非农职业的概率反而显著降低。这说明，中国的"扶教育之贫"政策，能够有效促进贫困地区基础教育发展；但要达到教育扶贫"增收"的根本目标，还需要积极引导外出务工、发展本地二、三产业等政策与之配套。

关键词： "义教工程"；教育扶贫；截面数据双差法

作者： 汪德华，中国社会科学院财经战略研究院财政审计研究室主任、研究员；邹杰，清华大学经管学院博士生；毛中根，西南财经大学中国西部经济研究中心教授。

一 引言

中国基础教育事业的发展，具有典型的"穷国办大教育"的特征：义务教育人口规模庞大，但经济发展相对落后导致教育经费相对短缺、教育基础设施差（翟博，2009）。如何减少校舍危房、增加校舍面积和教学设备，快速改善中小学的硬件设施，长期以来是中国发展基础教育的一个重大挑战。特别是区域发展不平衡的现实国情，使得中国政府非常注重采用特殊扶持政策，借助外力快速改善落后地区的校舍建设、教学设备等办学硬件，以此促进落后地区基础教育事业的跨越式发展。Atolia 等（2017）将这类促进特定地区教育事业跨越式发展的政策，称为社会基础设施领域的"大推进（Big Push）"政策。[①] 本文将中国这种促进贫困地区基础教育事业跨越式发展的政策，称为"扶教育之贫"。[②] 这类支持政策的显性效果在短期内即可呈现，诸如更为安全且宽敞明亮的教室，更为丰富的教学设备等；由此还可以引致入学率提升、辍学率下降等教育事业当期指标的改善。然而，政策支持下的教育硬件设施改善，从长期来看对于受益个体人力资本提升、收入增长等核心指标影响如何，却鲜有文献关注。

本文利用 2013 年 CHIP 调查数据，研究我国 1995 年末至 1997 年

---

① "大推进"理论由英国发展经济学家 P. N. Rosenstein-rodan（1943）提出。该理论认为，应当在欠发达地区对各个部门同时进行大规模投资，以促进这些部门的平衡增长，从而推动整个国民经济的高速增长和全面发展。Atolia, et al.（2017）侧重比较经济基础设施领域和社会基础设施领域实施"大推进"政策的效果优劣。

② 一般的说法是"教育扶贫"，指通过各种政策手段发展教育，进而帮助贫困人口脱贫。而本文提出的"扶教育之贫"的概念，特指扶持贫困地区教育发展的政策。显然，"扶教育之贫"的范围要小于"教育扶贫"，前者是后者的一个子集。

末实施的二片地区国家贫困地区义务教育工程（以下简称"义教工程"），对受益儿童成年后的受教育年限（即增智效应）和收入水平（即增收效应）的影响。1995年，针对当时中西部地区基础教育事业发展滞后、如期实现"两基"目标困难重重的现实，中国政府在中西部地区22个省选择了852个贫困县为项目县，实施以改善项目县小学、初中办学硬件为主要内容的"义教工程"。"义教工程"是中国有史以来中央专项投资最多、涉及区域范围最大的基础教育扶贫工程，是一项典型的"扶教育之贫"政策。个体能否受益于"义教工程"，第一取决于其是否在项目县接受中小学教育，第二取决于其是否在"义教工程"实施之后接受中小学教育。我们将CHIP调查县名单与二片地区项目县名单匹配，再结合调查个体1995年时的年龄信息，就可以利用截面数据双重差分方法，识别出"义教工程"对受益儿童成年后人力资本提升和收入增长的长期影响。

本文的实证结果发现，"义教工程"较好地实现了增智的目标：受益儿童成年后的受教育年限显著提高 0.7 年左右。但"义教工程"的增收效果十分有限，受益儿童成年后的收入并未显著提高。计量分解分析表明，如受益儿童成年后如外出务工，收入水平能相对提高，但"义教工程"未能提升其外出务工的概率；可能受限于本地非农产业发展滞后，成年后留在本地的受益儿童从事非农职业的概率反而显著降低，因而未能发现增收效应。也就是说，类似于"义教工程"这样的快速改善贫困地区基础教育硬件建设的政策，能够实现提升人力资本等增智目标，但要实现增收目标，还需要积极引导外出务工、发展本地二、三产业等政策与之配套。

二　研究背景与理论假说

地区间发展不平衡，是中国发展基础教育事业、普及九年义务教育必须重视的重大挑战。中国政府于 1995 根据各地教育、经济发展水平的差异，将全国划分为三个片区，对不同片区的"普九"工作进度要求不同。[①] 按照时任国家教委主任朱开轩的分析，普及贫困地区义务教育面临最突出的问题就是教育经费投入不足；如果没有中央和地方各级政府的重点扶持，这些落后地区要实现既定的"普九"目标有相当的难度。[②] 同时，这些地区发展潜力大，如期实现"普九"目标对于缩小地区发展差距具有十分重要的战略意义。

"义教工程"是中华人民共和国成立以来，中央财政投入资金最多、涉及范围最广的一个支持特定贫困地区教育事业发展的专项工程。工程的实施，借鉴了世界银行等国际机构项目管理的方法和经验，选择"二片"地区与"三片"地区中的 852 个县为项目县，其中，国家级贫困县 592 个，省级贫困县 260 个。[③] "义教工程"共计投入资金 127.56 亿元，其中，中央财政 39 亿元，地方配套 62.7 亿元，其他资金（城乡附加费和非财政资金）25.85 亿元，约占 1995 年 GDP 的 2%。[④] 所有资金均投向项目县。

三片地区受到了两次"义教工程"政策的冲击，为得到对"义教工程"政策效果的准确评估，本文选取仅受一次政策冲击的二片地区"义教工程"项目县为研究对象。二片地区"义教工程"的实施范围集中在中部十三个省（市）的 383 个县，其中，国家级贫困县 262 个，省级贫困县 121 个，覆盖人口 1.59 亿人；工程实施时间

---

① 一片地区是东部京、津、沪、辽、吉、苏、浙、鲁、粤 9 个经济发展水平较高的省市；二片地区是冀、晋、黑、皖、闽、赣、豫、鄂、湘、海南、川、陕 12 个经济发展程度居中的省份，属于"普九"攻坚省份；三片地区是西部内蒙古、桂、黔、滇、藏、甘、青、宁、新疆 9 个经济发展相对缓慢的省区省份，是全国"普九"工作的难点。参见《中国教育年鉴 1996》第 133—144 页，"'普九'工作分类指导"。

② 朱开轩：《加快普及义务教育进程的一件大事》，《中国民族教育》1996 年第 3 期。

③ 《功在当代，利在千秋——国家贫困地区义务教育工程综合效益分析》，海洋出版社 2002 年版，第 4—5 页。

④ 资金投入数据参见《功在当代，利在千秋——国家贫困地区义务教育工程综合效益分析》，海洋出版社 2002 年版，第 304 页。1995 年 GDP 为 61340 亿元，数据来自国家统计局。

为1995年底至1997年底。最终中央财政投入15亿元，省、市、县地方财政共配套29.38亿元，非财政配套21.31亿元。[①] 中央专项资金分配到省，省负责再向下分配资金。查阅各省分配"义教工程"中央专款和省级配套资金的资料（教育部财务司、财政部教科文司，2002），可以发现其一般坚持"雪中送炭而非锦上添花"的原则，根据项目县农民人均纯收入、财政收入、是否为民族县、贫困人口数量等因素进行分配，优先保证少数民族地区、革命老区、边境地区、产粮大县等困难落后地区的资金落实。

二片地区"义教工程"项目资金，主要用于新建与改扩建小学、初中，配置教学仪器设备与课桌凳等教育硬件建设上，购置图书、培训校长与教师等教育"软件"投入经费占比较少。各省用于改善小学教育条件的经费普遍多于初中，在实施过程中存在"先满足小学后满足初中"的规则。[②] 以河北省为例，"义教工程"项目资金总计约4.9亿元，其中用于新建或改扩建小学的占51.8%，新建或改扩建初中的占21%，购置教学仪器设备和课桌凳的占20%，购置图书的占4.4%，而培训校长和教师的资金不到4%。[③] 校舍等硬件建设的不足，是当时经济欠发达地区"普九"达标的主要障碍。因此，这种资金使用结构的安排，与当时二片地区基础教育事业发展的情况相适应。

1998年底，教育部和财政部对二片地区各项目县"义教工程"实施情况组织了验收和评估。按照中国政府（2002）的评估结论，工程的实施，"极大地改善了项目县中小学办学条件"，"提高了义务教育普及程度，加快了'两基'工作进程"。以校舍等办学硬件、入

---

① 《功在当代，利在千秋——国家贫困地区义务教育工程综合效益分析》，海洋出版社2002年版，第298页。1997年，重庆直辖市从四川省内分立出来，因此项目省份变为13个。

② 《教育部、财政部关于"二片"地区"国家贫困地区义务教育工程"项目完成情况的通报》，http://old.moe.gov.cn/publicfiles/business/htmlfiles/moe/moe_355/200409/3844.html.

③ 国家教育委员会财务司、财政部文教行政司编：《国家贫困地区义务教育工程管理手册》，高等教育出版社1997年版。作者根据第241—242页介绍材料整理所得。其他省份情况与河北省基本相同，不再赘述。

学率、辍学率等客观指标来看，"义教工程"对于二片地区项目县的教育事业发展起到了积极的推动作用。但在经济学文献中，一般用受教育年限衡量的人力资本以及受教育者未来的收入增长，作为教育发展的长期绩效指标。以此为对照，中国政府（2002）的评估结论，仅是"义教工程"的短期影响，且只是与受益县过去情况相比较的改善，尚不能作为"义教工程"提升受益地区人力资本的绩效证据。那么，二片地区贫困县在"义教工程"扶持之下的教育硬件改善，能否真正提升长期教育绩效呢？

三　数据与评估策略

本文使用的数据主要是 2013 年"中国家庭收入调查项目（CHIP）"的农村住户调查数据，主要评估策略是使用截面数据双重差分法。

CHIP 数据是中国最为权威的住户调查数据之一，已被大量研究文献所使用。[1] CHIP 数据的一些特点，例如满足了中长期评估的需要，包括长期外出务工乃至一些改变了户籍性质的家庭成员[2]，包含农村住户所有家庭成员的受教育经历、职业、收入等信息。CHIP 还公开了调查住户来源县的行政区划代码。将其与"义教工程"项目县名单相结合，便于识别哪些个体属于受益对象。

与 Duflo（2001）、Aaronson & Mazumder（2011）等文献类似，本文采用截面数据双重差分法。本文将"义教工程"项目县名单与CHIP 调查农户所在县名单进行匹配，得到个体是否属于项目县（program）这一重要变量。2013 年 CHIP 调查共有 201 个调查县，经

---

[1]　有关 CHIP 数据的基本介绍，参见 http://ciid.bnu.edu.cn/CHIP/index.asp.

[2]　按照 CHIP 调查手册的说明，农村住户指户主有农业户口（包括改为居民户口时的户口性质是农业户口）而且户口所在地是现住的乡镇（街道）内的住户；住户成员则是指居住在一个宅内，或与本户分享生活开支与收入的所有人员。样本包括住户非常住人口、外出务工和外出上学人员，一些改变了户籍性质（农业户口变为城市户口）的人员也包括在其中。参见吴晓刚（2007）对此的说明。

匹配后，其中 19 个县为二片地区项目县，10 个县为三片地区项目县，172 个县为非项目县。按前文所述，我们剔除了 10 个三片地区项目县包含的调查住户。由此，作为处理组地区的为 19 个二片地区项目县，作为控制组地区的为 172 个非项目县。

个体能否受益于"义教工程"，取决于个体的年龄。如前所述，"义教工程"的投入范围包括小学和初中。在中国，接受小学与初中教育的年龄一般为 7—15 岁。因此，1995 年时年龄小于或等于 6 岁的个体，为"义教工程"的完全受益年龄组；1995 年时年龄大于等于 16 岁的个体，由于在工程开始时已经完成了初中教育，为"义教工程"不受益年龄组。与 Duflo（2001）的处理方法类似，本文设置类似于普通双重差分法的政策实施前后虚拟变量 young，当个体在 1995 年年龄为 2—6 岁时值为 1，年龄为 16—20 岁时值为 0。①

由此，可设置截面数据双重差分模型（DID）如式（1）：

$$y_{ij} = \alpha_j + \beta young_i + \lambda program_j * young_i + X_{ij}\delta + \varepsilon_{ij} \qquad (1)$$

模型（1）中的 y_{ij} 表示户口所在地（或居住地）为 j 县的个体 i 的受教育年限或收入。$program_j$、$young_i$ 分别是个体是否属于项目县，是否属于受益年龄组的虚拟变量。此时，两个虚拟变量交互项的系数 λ，即为我们所关注的"义教工程"效应。X_{ij} 为若干县级特征变量。为控制影响个体受教育年限或收入的不可知地区因素，模型（1）中控制县级地区固定效应 α_j。

处理组和对照组间的事前平行趋势，是运用双重差分法的一个重要前提假定。但"义教工程"项目县的选择并非随机的，项目县大都是经济社会发展相对落后的贫困县。本文用两种方法缓解这一内生性问题：

方法一，在控制县级地区固定效应的同时，进一步加入若干 1990 年县级地区变量与是否为 2—6 岁人群的交互项，以控制事前

---

① 通用的做法是保证实验组、对照组年龄段的长度相同，因此本文的受益儿童年龄段设置为 2—6 岁，而不是 0—6 岁。

趋势。[①] 如果控制事前趋势后仍然能发现"义教工程"的显著增智和增收效应，结果无疑是高度稳健的。方法二，对事前平行趋势进行安慰剂检验，即验证项目县和非项目县在项目实施之前接受教育因而不受"义教工程"影响的个体，其受教育年限或收入的增长趋势是否有显著差异。与 Duflo（2001）的处理方法类似，我们重新定义 1995 年时年龄为 16—20 岁的个体为处理组，年龄为 21—25 岁的个体为控制组，再进行截面数据双重差分分析。如发现项目县和非项目县的16—20 岁群体和 21—25 岁群体，没有受教育年限和收入的系统差异，就可以作为事前平行趋势的一个证据。

　　CHIP 数据中记录了个体成年后的受教育年限，可直接用于衡量教育水平。同时，本文利用 CHIP 中的其他信息，计算出家庭的劳动力人均农业经营收入，并将家庭人均农业经营收入与工资性收入或非农生产性经营收入加总，得到个体包括农业经营收入的全收入。

四　"义教工程"的增智效应

　　表 1（A）为按照计量模型（1）所得到的增智效应基本回归结果。表中被解释变量均为个体的受教育年限。第（1）列加入"项目县"虚拟变量，是标准的截面数据双重差分模型，第（2）列则控制了县级固定效应以解决地区遗漏变量问题，第（3）列加入了 1990年农民净收入、人均财政收入、人均工业产值等县级特征变量与是否为 2—6 岁的交互项以控制事前趋势，第（4）列、第（5）列依次在第（3）列的基础上加入了人口密度、是否为民族县与个体是否为2—6 岁的交互项，第（6）列控制变量与第（5）列相同，但将控制组限定在"二片"地区。各列的是否为 2—6 岁个体与是否处于项目县的交互项系数（young * program）都至少在 5% 水平上显著为正。

---

　　① Moser & Voena（2009）给出了运用此种方法的理由及原理。控制事前趋势，应当采用"义教工程"实施前年份的县级变量。考虑到数据可获得性，本文选择了 1990 年的县级地区变量。

以上结果表明"义教工程"具有显著的增智效应。各列的交互项回归系数大小也较为稳定,经济含义是"义教工程"使受益儿童的受教育年限平均增长0.7年左右。①

表1 增智效应基本回归结果

	受教育年限					
	表1（A）	2—6 岁/16—20 岁				
	（1）	（2）	（3）	（4）	（5）	二片地区
交互项	0.693 *** (3.23)	0.753 *** (3.51)	0.694 *** (2.86)	0.679 *** (2.79)	0.625 ** (2.54)	0.778 *** (2.93)
是否为 2—6 岁	2.402 *** (29.00)	2.495 *** (31.42)	2.747 *** (12.46)	2.720 *** (12.35)	2.788 *** (12.23)	2.662 *** (7.14)
是否为 项目县	- 0.936 *** (- 5.89)					
县固定效应	否	是	是	是	是	是
事前趋势 交互项	否	否	是	是	是	是
常数项	8.560 *** (143.64)	9.000 *** (19.64)	7.524 *** (6.5)	9.175 *** (9.11)	9.211 *** (9.17)	9.250 *** (6.45)
N	5200	5200	4107	4107	4043	2619
R^2	0.1653	0.3188	0.3193	0.3214	0.3171	0.2725

---

① 本文计量分析中,均未控制父母的职业、收入等个体家庭背景信息。这与 Duflo (2001) 等评估政策长期影响论文的处理方式一致。原因在于,模型中需要控制的是政策实施时,即1995年或之前的家庭背景信息。但微观调查数据一般仅能提供调查时的家庭背景信息,很少有间隔时间很长的回顾性调查家庭背景信息。CHIP 数据中,可以通过使用家庭住户代码与"与户主的关系"这一变量,匹配出了个体的父母的受教育水平。如果父母的受教育水平在2013年时与1995年时没有多少变化,可以作为控制变量。我们做了这一尝试,但是仅有1201个个体匹配成功。计量分析发现,控制父母的受教育水平、县级地区固定效应后,是否为2—6岁个体与是否处于项目县的交互项系数为0.855,在10%水平上显著为正。如果进一步控制事前趋势,样本减少到978个,交互项系数为0.583,接近于10%水平上显著。我们认为,这里的显著性水平下降,主要是由于样本量大幅下降造成的。由于本文使用的是截面数据双重差分法,个体家庭背景在地区间、年龄组间的系统差异,已经被其他变量吸收,不加控制对于结果影响较微弱。加上样本量的限制,本文的所有分析均未控制个体家庭背景信息。

续表

表1（B）	16—20岁/21—25岁					
	（1）	（2）	（3）	（4）	（5）	二片地区
交互项	-0.198 （-0.94）	0.002 （0.01）	0.196 （0.86）	0.199 （0.87）	0.257 （1.11）	0.316 （1.25）
是否为 16—20岁	0.775*** （10.33）	0.722*** （10.28）	0.404** （2.04）	0.414** （2.09）	0.330 （1.64）	0.035 （0.10）
是否为项目县	-0.738*** （-5.35）					
县固定效应	否	是	是	是	是	是
事前趋势 交互项	否	否	是	是	是	是
N	5047	5047	3995	3995	3940	2484
R^2	0.0356	0.2217	0.1986	0.1991	0.1881	0.1372

注：（1）括号内的数值为稳健性标准误计算的t统计值；（2）***、**、*分别表示回归系数在1%、5%和10%的显著性水平上通过了显著性检验。

表1（B）的每一列都分别与表1（A）相对应，控制变量均相同，只是将处理组和控制组分别替换为"义教工程"实施前已完成义务教育的16—20岁个体和21—25岁个体，以进行安慰剂检验。从表1（B）可见，个体是否为16—20岁与项目县的交互项系数虽大都为正值，但都远小于表1（A），且均不具有显著性。这表明，事前平行趋势假定合理：虽然项目县和非项目县间存在系统性差异，但如没有"义教工程"的干预，两者不同年龄组间的受教育年限之差没有显著差异。

五 "义教工程"的增收效应及计量分解

以下分析增收效应时，均以1995年时7—10岁群体为受益年龄组，不受益年龄组依然是16—20岁。① 表2是增收效应的基准回归结果。从表3的前四列结果看，无论解释变量收入对数值是否包含农业

---

① 我们也以2—6岁年龄组为受益群体做过相关分析，基本结论与表2相同。

经营收入，是否限定样本为二片地区，交互项系数均不具有显著性。
也就是说，无法发现"义教工程"具有增收效应。考虑到家庭人均
消费与家庭收入高度相关，可以反映家庭收入状况，且其低报的可能
性较低，表2最后两列将被解释变量替换为家庭消费支出。表中可见
此时交互项系数依然不具有显著性。也就是说，从家庭消费角度看，
未发现"义教工程"具有增收效应。

表2　　　受益年龄组为7—10岁儿童时的增收效应基准回归结果

	收入（不含农业经营收入）		全收入		家庭消费支出	
	全样本	二片地区	全样本	二片地区	全样本	二片地区
交互项	0.096 (1.10)	0.0869 (0.93)	0.109 (1.26)	0.104 (1.13)	−0.057 (−1.04)	−0.0258 (−0.44)
是否为7—10岁	−0.028 (−0.43)	−0.0748 (−0.63)	0.060 (0.87)	−0.00446 (−0.04)	0.177*** (3.36)	0.0417 (0.45)
县固定效应	是	是	是	是	是	是
事前趋势交互项	是	是	是	是	是	是
N	2583	1529	2449	1470	3308	2075
R^2	0.1825	0.184	0.2156	0.231	0.3095	0.208

注：括号内的数值为稳健性标准误计算的t统计值；***表示回归系数在1%的显著性
水平上通过了显著性检验。

为何"义教工程"相对提升了受益群体的受教育年限，却未能
发现其提高受益群体成年后的收入？理解这一问题，对于未来进一步
推进教育扶贫事业具有重要意义。我们采用计量分解分析的方法，从
受益人群收入结构和就业特征两方面，初步探讨未发现"义教工程"
增收效应的原因。

中国农村居民成年后的就业选择主要有两个：外出务工和留在本
地从事农业或非农职业。外出务工，意味着参与全国劳动力市场竞
争；留在本地，意味着受限于本地劳动力市场。这两类人群，就业特
点和收入结构有明显差异，应当分组分析。按照CHIP调查问卷中的
界定，表3（A）的样本个体，均为2013年有到县外务工经历的人
群。回归结果显示，交互项（是否为7—10岁个体*是否为项目县）

系数均在5%—10%水平上显著为正，"义教工程"的增收效应在20%左右。表3（B）的处理组和对照组样本，均为2013年没有到县外务工经历的人群。回归结果显示，无论是以总收入还是仅以非农职业收入来考察，交互项系数符号都为负，但不具有显著性。

表3　　　　　外出人群与未外出人群增收效应分组回归结果

	（A）外出人群收入				（B）未外出人群收入			
	收入（不含农业经营收入）		全收入		收入（不含农业经营收入）		全收入	
	全样本	二片地区	全样本	二片地区	全样本	二片地区	全样本	二片地区
交互项	0.195 ** (2.06)	0.187 * (1.90)	0.207 ** (2.35)	0.194 ** (2.10)	-0.159 (-0.44)	-0.191 (-0.46)	-0.239 (-0.63)	-0.308 (-0.74)
是否为7—10岁	-0.053 (-0.64)	-0.131 (-0.87)	-0.056 (-0.70)	-0.103 (-0.71)	0.024 (0.18)	0.001 (0.00)	0.030 (0.24)	0.085 (0.23)
县固定效应	是	是	是	是	是	是	是	是
事前趋势交互项	是	是	是	是	是	是	是	是
N	1724	1147	1714	1141	834	564	825	525
R^2	0.187	0.182	0.176	0.167	0.346	0.334	0.343	0.356

注：括号内的数值为稳健性标准误计算的t统计值；**、*分别表示回归系数在5%和10%的显著性水平上通过了显著性检验。

比较表3（A）和（B）的结果可以发现，只要"义教工程"受益儿童成年后走出家乡，参与全国劳动力市场竞争，更高的教育年限确实提升了其收入水平，人力资本理论是成立的。但如果单独比较仅留在本地就业的群体，相对更高的受教育年限并未为其带来收入增长，未能发现"义教工程"具有增收效应。那么，"义教工程"是否提升了受益群体外出务工的概率呢？我们研究的结果显示，"义教工程"的受益群体并没有利用其受教育年限相对提高的优势，更多地选择外出务工。我们进一步对留在本地就业人群的职业选择进行分解分析。结果显示，项目县受益儿童成年后如留在本地就业，从事非农职业的机会反而减少了，其主要原因是从事有工资性收入的非农职业的机会减少，是否从事非农生产性经营职业的影响较小。

赵力涛（2006）的研究发现，农村教育收益率的提高，主要依赖农村地区快速的非农经济发展。在当前中国农村地区，非农职业的收入依然相对较高，是农村居民增收的主要影响因素。前文发现，可能受限于本地二、三产业发展滞后的影响，"义教工程"虽然提升了受益儿童的受教育年限，但并未使其从事非农职业的机会增加，反而更少了。留在本地受益儿童非农职业就业机会的减少，是前文未发现"义教工程"有增收效应的原因之一。我们的这一研究发现，与赵力涛（2006）的发现是一致的。

我们猜测，这是因为项目县的非农产业发展较为滞后。我们收集了 372 个二片地区"义教工程"项目县，与 1207 个非"义教工程"项目县的三次产业增加值的数据。比较发现，"义教工程"项目县的三次产业增加值，历年来均低于非项目县。但从发展趋势看，第二产业、第三产业的增加值，随着时间的推移则与非项目县的差距越来越大。甄小鹏、凌晨（2017）指出，相较于对年老一代，非农产业的发展对年青一代收入的影响更大。2000 年以后项目县的非农第二产业、第三产业发展相对滞后，无法提供充足的非农就业岗位，而这种影响对项目县的受益群体（2—6 岁群体）影响更大，也就导致"义教工程"有增智效应而无增收效应。

六　结论与政策含义

采用特殊扶持政策，借助外力快速改善落后地区的校舍建设、教学设备等办学硬件，以此促进落后地区基础教育事业的跨越式发展，是发展中国家经常采用的社会基础设施领域的"大推进"发展战略。但这种"大推进"发展战略的长期效果如何，现有文献还相对较少关注。中国 20 世纪 90 年代中期推行的"义教工程"，是典型的社会基础设施领域的"大推进"。本文使用 2013 年 CHIP 农村住户调查数据，研究"义教工程"的增智效应和增收效应，为检验社会基础设施领域"大推进"战略的长期效果，补充了来自中国的经验证据。

计量分析表明，"义教工程"的增智效应显著，受益儿童的受教育年限增加约0.7年。然而，计量分析未能发现"义教工程"对受益儿童具有增收效应。表面上看，这一发现与经典的人力资本理论相违背。但本文以外出务工样本的计量分析发现，"义教工程"能够提高受益群体的收入水平，这与经典人力资本理论一致。总体上未能发现"义教工程"存在增收效应，原因在于其未能有效提升受益儿童成年后外出务工的概率；而留在家乡就业的受益儿童，其成年后从事非农职业的概率反而显著降低。背后的可能原因在于，近些年来"义教工程"项目县的二、三产业发展相对滞后，无法为留在本地就业人群提供足够的非农职业岗位。这些结果说明，在当前中国，人力资本提升的价值，在非农的二、三产业劳动力市场上才能体现出来。本文未能发现"义教工程"具有"增收效应"，并非与经典的人力资本理论相冲突，而是并不存在一个能充分发挥人力资本优势的劳动力市场。

本文的政策含义很显然，采用"大推进"的思路促进贫困地区的教育事业发展，起到了积极效果，但要想通过"扶教育之贫"实现教育扶贫，还需注重政策间的协调配套，为贫困地区就业人口提供更多非农岗位，以充分发挥其人力资本相对提升的优势。这包括：积极引导农民外出务工，促使其融入市场大潮；通过产业政策促进贫困地区二、三产业发展，"扶产业之贫"与"扶教育之贫"相结合，为留在本地就业人员提供更多非农产业岗位。

参考文献（略）

（原载《经济研究》2019年第9期，本文有删节）

加快构建新发展格局的消费税改革探讨

张德勇

摘要： 加快构建以国内大循环为主体、国内国际双循环相互促进的新发展格局，为深化消费税改革提出了新要求。因此，深化消费税改革，需要着眼加快构建新发展格局，结合现代财税体制和税种属性，为全面促进消费、扩大内需进而形成强大国内市场进行有效制度安排。对涉及升级消费的消费品多做"减法"，以满足人民对美好生活的需要；对高耗能、高污染和非健康消费品多做"加法"，增强消费税的调节作用，促进产业结构全面优化升级；部分关键税目（品目）的消费税收入应归属中央，以利于经济循环的畅通无阻。

关键词： 新发展格局；消费税；扩大内需；现代财税体制

作者： 张德勇，中国社会科学院财经战略研究院英文刊编辑部主任、研究员。

党的十九届五中全会提出加快构建以国内大循环为主体、国内国际双循环相互促进的新发展格局。内需是我国经济发展的主动力。加快构建新发展格局，就必须牢牢坚持扩大内需这个战略基点，加快培育完整内需体系，形成强大国内市场。消费是内需的重要组成部分，在我国经济发展中发挥着基础性作用，因此，扩大内需，就应以全面促进消费为抓手，激发消费潜力，推动消费提质扩容。顾名思义，消费税作为我国税收制度中的一个重要税种，与消费联系紧密，是全面促进消费和扩大内需的有效制度安排之一。在此情形下，有必要深化消费税改革，借由促消费、扩内需这一路径，为加快构建新发展格局提供有力支撑。

一　加快构建新发展格局为深化消费税改革赋予新意

习近平总书记强调，加快构建以国内大循环为主体、国内国际双循环相互促进的新发展格局，是关系我国发展全局的重大战略任务，需要从全局高度准确把握和积极推进。从这个意义上看，深化消费税改革，必须着眼加快构建新发展格局，为畅通经济循环对税制作相应调整。

2020 年，全国税收收入 154310 亿元，同比下降 2.3%。其中，国内增值税收入 56791 亿元，同比下降 8.9%；国内消费税收入 12028 亿元，同比下降 4.3%；企业所得税收入 36424 亿元，同比下降 2.4%；个人所得税收入 11568 亿元，同比增长 11.4%。在有效应对疫情冲击和大规模减税降费背景下，国内消费税收入虽位居第三位，但降幅排在第二位，如果再考虑进口环节消费税的降幅，基本上反映了消费税与经济运行状况的密切相关性。这也意味着，加快构建新发展格局，推动经济持续稳定发展，消费税的制度安排是一项重要变量。

加快构建新发展格局的关键在于经济循环的畅通无阻。无论是以国内大循环为主体，还是国内国际双循环相互促进，其要义是畅通。要打通堵点、补上断点、解决难点，要贯通生产、分配、流通、消费各环节。消费税是以消费品的流转额作为征税对象，消费品的流转能不能畅通起来，将直接关系到经济是否循环起来和经济循环是否畅通起来。尽管我国消费税属于特别消费税，但征收环节涉及生产环节、批发环节和零售环节等，消费税既影响供给，也影响流通，还影响需求。所以，深化消费税改革，需要从加快构建新发展格局的战略高度去定位和谋划。

2020 年中央经济工作会议指出，形成强大国内市场是构建新发展格局的重要支撑。[①] 尤其是改革开放以来，经过多年经济发展，我国具备了形成强大国内市场的潜力。这突出表现在三个方面：一是经济总量稳居世界第二位，是最大的发展中国家，也是全球唯一拥有联合国产业分类中全部工业门类的国家，为形成强大国内市场奠定了坚实基础；二是随着人均国内生产总值突破 1 万美元大关，[②] 中等收入群体持续扩大，形成世界上最大规模的中等收入群体，其蕴含的消费潜力是巨大的，为形成强大国内市场提供了有力支撑；三是我国经济发展保持了持续性，具有强大的韧性、潜力和回旋余地，虽然疫情带来前所未有的冲击，但经济实现逆势增长，经济发展既有量的合理增长更有质的有效提升，为形成强大国内市场注入了充足动能。而要把强大国内市场从可能性转变为现实，就需要多方面发力，作为制度安排的一种形式，深化消费税改革自然要发挥应有作用。

坚持扩大内需这个战略基点，是形成强大国内市场的直接抓手，从而有助于加快构建新发展格局。一般而言，内需由消费与投资构成，故而扩大内需，注重需求侧管理，一方面是全面促进消费，另一方面是拓展投资空间。消费作为经济活动的最终环节，对投资具有引导作用，能够牵引生产端供给符合消费需求的产品。因此，从消费与投资的关系看，投资一定程度上要服务于消费，扩大内需，全面促进消费首当其冲；从需求与供给的关系看，实施扩大内需战略要同深化供给侧结构性改革有机结合起来，形成需求牵引供给、供给创造需求的更高水平动态平衡。由此，加快构建新发展格局的重要支撑是形成强大国内市场，而形成强大国内市场的直接抓手是扩大内需，扩大内需的重心是全面促进消费。根据这一逻辑脉络，要在合理引导消费、投资等方面进行有效制度安排，深化消费税改革则是重要的落脚点。

---

① 《中央经济工作会议在北京举行 习近平李克强作重要讲话 栗战书汪洋王沪宁赵乐际韩正出席会议》，（2020 - 12 - 18）［2021 - 02 - 07］. http://www.xinhuanet.com/2020 - 12/18/c_11268 79325. htm.

② 陆娅楠：《我国人均 GDP 突破 1 万美元》，《人民日报》2020 年 1 月 18 日第 1 版。

二　深化消费税改革需从三方面出发

从加快构建新发展格局出发，深化消费税改革必须体现在扩大内需从而形成强大国内市场上，这是一方面。另一方面，深化消费税改革是进一步完善现代税收制度的当然之举，需要在建立现代财税体制这个大盘子中进行统筹考虑。同时，消费税作为一种间接税，具有不同于其他税种的属性特点，因此深化消费税改革也需要将此纳入考虑之中。

（一）推动加快构建新发展格局

加快构建新发展格局，重中之重是扩大内需，而全面促进消费是扩大内需的重心。因此，深化消费税改革，要在如何激发消费潜力、全面促进消费上做文章。2020 年，虽然受到疫情的巨大冲击，但我国最终消费支出占 GDP 的比重仍然达到 54.3%，为近年来的较高水平。① 不过，如果单从社会消费品零售总额这个指标看，2020 年为391981 亿元，比 2019 年下降 3.9%。② 再从国际横向比较看，2013—2019 年我国最终消费支出对经济增长的平均贡献率为 60% 左右，与发达经济体 70%、80% 的水平相比还有不小差距。③ 上述几项数据意味着：（1）消费毋庸置疑地对我国经济发展起基础性作用；（2）疫情给消费市场带来严重冲击，导致 2020 年的消费与 2019 年相比出现负增长；（3）消费市场还有很大的成长空间，需要开拓更多消费增长点，提高居民消费能力。

加快构建新发展格局，扩内需、促消费要持续发力。消费税是间

---

① 《国家统计局局长就 2020 年全年国民经济运行情况答记者问》，（2021 - 01 - 18）[2021 - 02 - 07]．http：//www.stats.gov.cn/tjsj/sjjd/202101/t20210118_1812480.html.

② 《国家统计局贸易外经司司长董礼华：消费市场经受住疫情冲击消费结构持续升级》，（2021 - 01 - 19）[2021 - 02 - 07]．http：//www.ce.cn/xwzx/gnsz/gdxw/202101/19/t20210119_36237242.shtml.

③ 《国家统计局局长就 2020 年全年国民经济运行情况答记者问》，（2021 - 01 - 18）[2021 - 02 - 07]．http：//www.stats.gov.cn/tjsj/sjjd/202101/t20210118_1812480.html.

接税，税负可以通过价格机制转嫁给消费者，从而影响消费成本，起到引导消费的作用。一般而言，消费税重，消费成本高，限制消费；消费税轻，消费成本低，鼓励消费。当前，疫情仍在全球蔓延，国际形势中不稳定不确定因素增多，我国经济恢复基础尚不牢固，要以加快构建新发展格局为契机，扎实做好"六稳"工作、全面落实"六保"任务，努力保持经济运行在合理区间。鉴于消费是经济稳定运行的"压舱石"，就需要从影响消费的各种因素入手，尽可能地减少对消费的束缚，进而扩大内需。

因此，深化消费税改革，必须与加快构建新发展格局紧密结合起来，把有助于促消费、扩内需当作改革取向。一段时期以来，在论及消费税改革时，有学者将消费税"扩围"列为备选项，建议把诸如高档时装、私人飞机、高端家具、高档茶叶等高档消费品纳入征收范围，把诸如高档酒店、私人会所、高档美容健身院等高端服务也纳入征收范围。然而，在要有效发挥消费对经济发展的基础性作用之际，将过多的高档商品和高端服务纳入征收范围，很可能不利于扩大消费规模，更无助于升级消费和新型消费，反而会加剧消费外流。随着人民生活水平逐步提高和人民对美好生活的追求日益广泛，在满足了基本消费需求后，人们越来越追求品质化、个性化、多元化消费，从实物消费越来越向实物消费和服务消费并重转化，表明消费存在提质升档趋势。尤其是当前，疫情冲击之下要努力保持经济运行在合理区间，促消费、扩内需成为重要的宏观政策。因此，鉴于当前形势，近期，不宜将过多商品和服务纳入消费税征收范围。

（二）有利于建立现代财税体制

建立现代财税体制，既要巩固已取得的制度建设成果，也要在此基础上进一步深化和拓展。深化消费税改革，同样面临这样的任务。消费税自 1994 年设立以来，经历了几次重大调整，从设立之初的 11 个税目发展到目前的 15 个税目，如 2006 年税目增减的调整，2008 年的成品油税费改革，等等，在很大程度上反映了财税体制改革的进程和要求。

2013 年 11 月，党的十八届三中全会通过的《中共中央关于全面深化改革若干重大问题的决定》为全面深化改革时期的财税体制改革提出了目标要求、主要任务和实现路径，标志着财税体制改革进入新的时期。2014 年 6 月，《深化财税体制改革总体方案》出台，从国家治理体系和治理能力现代化的高度，提出了改革思路，明确了改革任务。在税制改革方面，改革重点锁定六大税种，消费税改革列入其中，即调整消费税征收范围、环节、税率，把高耗能、高污染产品及部分高档消费品纳入征收范围。此外，"十三五"规划在"加快财税体制改革"部分明确提出"完善消费税制度"，十九大报告提出"深化税收制度改革"，党的十九届五中全会提出"完善现代税收制度……优化税制结构"，等等，都直接或间接涉及消费税改革问题。值得指出的是，2019 年 6 月，国务院印发的《实施更大规模减税降费后调整中央与地方收入划分改革推进方案》中的"后移消费税征收环节并稳步下划地方"①，把消费税改革与拓展地方收入来源结合起来，体现了该税种改革与财税体制改革的协同性和系统性。

深化消费税改革是财税体制改革的一部分，其如何改必然体现财税体制改革的取向，从而才能以自身改革推动财税体制改革走向深入。在 2014 年《深化财税体制改革总体方案》出台后的一段时期里，财税体制改革的基本思路之一是稳定税负，也就是通常所说的税制改革是有的税种增税、有的税种减税的结构性改革。就消费税改革而言，征收范围向"三高"消费品拓展成为重要选项。时至今日，财税体制改革的背景发生了明显变化。受结构性、周期性、体制性因素影响，特别是受疫情的巨大冲击，我国经济面临较大下行压力，大规模减税降费成为财税体制改革的重要政策取向。例如，我国第一大税种增值税，2018 年 5 月 1 日起，制造业等行业增值税税率从 17%降至 16%，交通运输、建筑、基础电信服务等行业及农产品等货物

---

① 《国务院关于印发〈实施更大规模减税降费后调整中央与地方收入划分改革推进方案〉的通知》，（2019 - 10 - 09）［2021 - 02 - 07］. http://www.gov.cn/zhengce/content/2019 - 10/09/content_543 7544. htm.

的增值税税率从11%降至10%；2019年4月1日起增值税一般纳税人原适用16%税率的，税率调整为13%，原适用10%税率的，税率调整为9%。可见，要努力保持经济运行在合理区间，减税降费是当前及未来一段时期内财税体制改革的政策取向之一。由此，深化消费税改革，尤其是该税种与消费联系密切，也需要体现财税体制改革的政策取向，从而推动加快建立现代财税体制。

（三）凸显消费税的调节职能

学理上，增值税与消费税同属广义的消费税类范畴。增值税采取普遍性征收，体现中性；消费税则采取选择性征收，包括了对征收对象的选择和对不同征收对象不同税负的选择，体现"非中性"。总体而言，我国消费税主要面向三类消费品征税。一是不利于健康的消费品，如烟、酒；二是导致高耗能、高污染的消费品，如成品油、小汽车、鞭炮、木制一次性筷子、电池与涂料等；三是高档消费品，[①] 如高档化妆品、贵重首饰及珠宝玉石、高档手表、游艇等。消费税的这种制度安排，反映了消费税的调节职能——"寓禁于征"，体现国家的宏观政策，其财政收入职能倒是处于从属地位。

OECD成员国普遍征收特别消费税（Excise Duties），这与我国的消费税十分类似。据统计，OECD成员国特别消费税收入占税收总收入的比重，平均由1975年的10.5%下降为2018年的7.2%。[②] 其中，有26个成员国的特别消费税收入占税收总收入的比重在5%至10%；低于5%占比的国家有8个，即澳大利亚、加拿大、以色列、日本、新西兰、瑞典、瑞士和美国；高于10%占比的国家有5个，即爱沙尼亚、拉脱维亚、立陶宛、波兰和土耳其，而在2010年，这样的国家是12个。[③] OECD成员国特别消费税的征收对象主要集中在酒精饮

---

① 高档消费品是一个相对概念，随着收入水平和生活水平提高，一定时期的高档消费品很可能就变为普通消费品。比如，2006年后，取消了对"护肤护发品"征收的消费税。

② OECD. Consumption Tax Trends 2020：*VAT/GST and Excise Rates*，*Trends and Policy Issues*，Paris：OECD Publishing，2020：140.

③ OECD. Consumption Tax Trends 2020：*VAT/GST and Excise Rates*，*Trends and Policy Issues*，Paris：OECD Publishing，2020：140.

料、烟草制品、加热燃料（如无铅汽油、柴油和重质燃料油）等，其目的不仅是取得税收收入，更在于影响特定消费行为，减少对健康或环境有害的产品的消费。可以看出，OECD 成员国更看重特别消费税的调节职能。其他国家也有类似的政策取向。

就国内增值税、国内消费税、个人所得税和企业所得税占税收总收入的比重而言，2001—2020 年，我国国内消费税的收入占比大体上保持在 7.5% 至 8%。消费税虽具有一定的收入意义，但收入意义的显著性不强。从全国重点税源企业分行业消费税情况看，卷烟、酒、小汽车和成品油构成了消费税的最主要收入来源。以 2018 年为例，来自这四类产品的消费税收入分别为 6215.52 亿元、41.59 亿元、1033.37 亿元和 5941.85 亿元，分别比 2017 年增长 6.4%、9.6%、-2.1% 和 3.2%。而贵重首饰及珠宝玉石、高档化妆品、高尔夫球及球具、电池制造、涂料制造等贡献的消费税收入较少。这种情况，与 OECD 成员国特别消费税高度集中于某几类消费品的情况类似，也说明我国消费税是以调节职能为主。结合国际实践和我国现状，深化消费税改革，税目和税率的调整，仍应以着重发挥其调节职能为宜，在发挥调节职能的过程中，兼顾财政收入职能。

三　深化消费税改革的政策建议

加快构建新发展格局，为深化消费税改革提出了新要求，扩大内需、全面促进消费进而形成强大国内市场是深化消费税改革的主要目标。同时，结合消费税的"非中性"属性，对征收范围及税率进行结构性调整，进一步强化其对高耗能、高污染和非健康消费品的调节职能，弱化其对高消费的调节职能，不以片面增强它的财政收入职能为追求目标。

（一）为全面促进消费提供有效制度安排

加快构建新发展格局，坚持扩大内需这个战略基点，要把扩大消费同改善人民生活品质结合起来，因此深化消费税改革，需要在税率或税目上进行相应调整，以助力全面促进消费。目前，纳入消费税征收范围的 15 类产品中，高档化妆品、贵重首饰及珠宝玉石、高档手表，既不涉及高耗能、高污染，也不是非健康消费品，随着人民生活水平的逐步提高，这些消费品同改善人民生活品质密切相关，是老百姓满足基本消费后追求品质化、个性化、多元化消费进而升级消费的自然选择。高档消费品会随经济发展水平的变化而变为普通消费品。而且，高档消费品的高税负，也会排挤国内消费，导致消费者转向国外购买，造成消费外流。因此，应从人民生活水平逐步提高的现实出发，以全面促进消费为目标，多做"减法"，将当前所谓的高档消费品或逐步降低税率，或在时机成熟时移出征收范围。① 同时，也不宜将过多高端消费服务纳入消费税征收范围。只有不断进行动态调整，实现轻税或免税的制度安排，才能全面促进消费，满足人民对美好生活的追求和向往。

（二）进一步增强对高耗能、高污染和非健康消费品的"绿色"调节职能

进入新发展阶段，贯彻新发展理念，构建新发展格局，推动经济高质量发展，全面优化升级产业结构，形成更高效率和更高质量的投入产出关系，要求在深化消费税改革中，不断突出它的调节职能，在促进资源节约和生态环境保护方面以及抑制非健康消费方面多做"加法"。比如，烟、酒这类消费品，虽然与日常消费关系密切，但不利于人们的健康；再如，成品油、实木地板、木质一次性筷子、电池、涂料等，与生态环境保护和改善、减少资源消耗紧密相关。像这些消费品，都可在条件允许的情况下适当提高税率。此外，对于不可降解的一次性用品（如塑料包装物、塑料袋、塑料容器等）和其他高耗能、高污染消费品，应根据具体情况和消费税改革进程择机将其纳入征收范围，并且，对这部分税款实行专款专用，集中用于促进绿

---

① 2019 年 4 月，国务院关税税则委员会将酒、贵重首饰及珠宝玉石、高尔夫球及球具、高档手表、高档化妆品等进口税率调降 50%，从一个侧面给深化消费税改革提供了有益启示。

色发展和提高人民健康水平方面。需要指出的是，无论是对现有税目下的上述消费品增税，还是将更多高耗能、高污染和非健康消费品纳入征收范围，增加税收收入是次要的，更重要的是进一步增强对高耗能、高污染和非健康消费品的调节职能，直接从供给端或间接从需求端倒逼产业结构优化升级，提高经济社会发展的"绿化"程度。

（三）部分关键税目（品目）的消费税收入应归属中央，以利于经济循环的畅通无阻

目前消费税作为中央税，全部收入归中央所有。"营改增"后，地方因营业税退出历史舞台而失去主要税源，因此有学者建议将消费税改造成地方主体税种，充实地方财源。[1] 2019 年国务院印发的《实施更大规模减税降费后调整中央与地方收入划分改革推进方案》提出，按照健全地方税体系改革要求，在征管可控的前提下，将部分在生产（进口）环节征收的现行消费税品目逐步后移至批发或零售环节征收。这可视为借助消费税充实地方财源进行的探索。不过，我国目前税种划分原则是：将调节作用强、流动性强、税基分布不均衡、税基流动性较大的税种划为中央税，或中央分成比例多一些；将地方掌握信息比较充分、对本地资源配置影响较大、税基相对稳定的税种，划为地方税，或地方分成比例多一些。因此，从消费税税种属性和职能看，该税种不宜通过将征税环节后移的方式全面改造成地方税。否则，不仅不利于畅通经济循环，而且可能诱发地区间恶性竞争，加剧地区发展不平衡，扭曲地区产业结构。故而，在探索消费税后移征收环节、充实地方税源时，建议仍将高耗能、高污染和非健康消费品的消费税收入归为中央，如烟、酒、电池、涂料等，将贵重首饰及珠宝玉石、高档手表等的消费税后移征收环节，并下划给地方。至于地方财源不足问题，还需要通过加大中央对地方转移支付力度、进一步提高增值税、所得税地方分享比例来解决。

（四）有效提升税收征管水平

税制改革的成功，一定意义上取决于税收征管。没有高水平的征

---

① 张学诞：《关于消费税作为省级政府主体税种的探讨》，《财政科学》2018 年第 4 期。

管，税制改革很难达到合意目的。深化消费税改革，尤其是探索将现行消费税品目逐步后移至批发或零售环节征收，更需要有效提高税收征管水平作为有力支撑。就此，建议以消费税立法为契机，坚持依法治税理念，坚持创新引领，深入推进"放管服"改革，并借助大数据、云计算、区块链等高科技手段，加快推进新一代智能化电子税务局建设，持续推进涉税信息共享平台建设，逐步构建一体化、系统化的综合涉税信息管理系统，以高度智慧化税收征管推动消费税改革高质量推进。

参考文献（略）

（原载《税务研究》2021 年第 4 期，本文有删节）

交换权利、食品价格政策与价格改革

——食品价格管理与调控的政治经济学分析

张群群

摘要： 借鉴阿玛蒂亚·森有关贫困与饥荒研究中的交换权利理论，本文分析食品供求调节中政府与市场的互动关系，回顾食品政策目标的演变和食品价格政策的角色，研究食品价格稳定运行与有序管理的长效机制。在农产品价格领域，核心问题是处理好政府和市场的关系，发挥两方面的积极作用；应关注粮食价格对生产者和消费者的不同影响，贯彻落实"赋权"的指导思想，充分保障合理的交换权利；借鉴成熟市场经济体的有益经验，健全食品市场体系，完善农业收入支持政策体系。

关键词： 食品价格管理；交换权利；食品价格政策；价格改革

作者： 张群群，中国社会科学院财经战略研究院研究员。

食品价格上涨过程中政府与市场之间的互动关系十分复杂，食品价格政策的导向在不同历史阶段表现各异，政府对相关经济主体的利益诉求分别采取了不同的应对策略。除了分析食品市场供求关系和比较不同国家事后应对食品通胀的短期政策，为研究围绕食品价格和农业通胀所形成的经济利益关系，还须借助政治经济学视角所提供的理论工具，回顾食品政策的演变，借鉴一些经济体的成功经验，探索稳定食品价格的长效机制。借鉴阿玛蒂亚·森有关贫困与饥荒研究中的交换权利理论，本文尝试把交换权利、食品价格政策与价格改革联系在一起。我们的研究认为，在农产品价格领域，核心问题仍是要处理好政府和市场的关系，注意发挥两方面的积极作用；关注粮食价格对生产者和消费者的不同影响，贯彻落实"赋权"的指导思想，充分保障合理的交换权利；借鉴成熟市场经济体的有益经验，健全食品市场体系，完善粮食价格支持和农业收入支持政策体系。

一　食品价格、交换权利和免于饥饿的自由

在研究食品价格时，常见的供求分析是必要的，但还不足够。粮食供求总量平衡并不能保证粮食一定流向并满足需要它果腹的群体。国际学术界对世界范围内饥荒史的研究有惊人的发现，揭示了一些骇人听闻的大饥荒并不是发生在粮食供求出现巨大缺口的时候，反而是发生在粮食可供量足以满足需求的情况下。过于重视粮食供给量的统计数字，有时会导致政府无法预测到作为经济灾难而不是粮食危机的一场饥荒会夺走多少人的生命。

阿玛蒂亚·森（2001）对饥荒的研究思路与食品价格问题存在密切的关联。交换权利（Exchange Entitlement）是其发展问题和饥荒问题研究中的核心概念。在市场经济中，一个人用自己所拥有的商品，通过贸易、生产或两者的结合，转换成另一组商品。他以这种方式能够获得的各种商品组合的集合，就构成他的交换权利（第8页）。"即使饥饿是由食物短缺引起的，饥饿的直接原因也是个人交换权利下降。"更重要的是，"交换权利的恶化可能是由一般食物供给减少之外的原因造成的"（第9页）。交换权利取决于权利主体在社会经济等级结构中的地位和该经济体的生产方式。值得注意的是，"饥荒往往伴随着相对价格的剧烈变化——尤其是食品价格的急剧上升"（第11页）。交换权利依赖于市场交换，还依赖于社会保障。在森看来，饥饿是交换权利的函数，而不是粮食可供量（Food Availability）的函数。"在实际生活中，一些最严重的饥荒正是在人均粮食

供给（food availability per head）没有明显下降的情况下发生的。"
（第14页）森倡导人们重视权利方法，不能只考虑实际中存在着什么，而不考虑谁在实际控制着这些东西；只关注食物相对于人口的比率，会严重扭曲反饥饿和反贫困政策。

在食品和粮食领域内，的确应当充分发挥市场机制的作用。《中共中央关于全面深化改革若干重大问题的决定》（2013年11月）提出，要建设统一开放、竞争有序的市场体系，使市场在资源配置中起决定性的作用，为此必须完善主要由市场决定价格的机制。《决定》明确指出，要完善农产品价格形成机制，注重发挥市场形成价格作用。

在涉及食品特别是粮食的问题上，在推进市场化改革时，我们或许不该忘记中国过去在反贫困方面取得的成功。森（2001）在谈及交换权利还依赖于国家所提供的社会保障时，公允地指出，"社会主义国家——中国——在人均食物数量没有明显增加的条件下消灭了饥饿。这是先消灭饥饿，尔后增加人均食物数量的一个典型"（第13页）。而其背后的制度条件就是社会保障系统的建立——特别是就业保障，普遍地提高了人们抵御贫困、免于饥饿的经济能力。

在推进农产品价格形成机制市场化的过程中，必须注意到，在粮食领域内，不能只有市场这单一的力量，而置政府的力量于不顾。同时，更不能走向另一个极端，转而过分迷信市场的力量。尤其是要努力防止出现政府对市场持"不干预主义"的饥荒应对政策。完全相信可以依靠市场来解决粮食向受灾地区的流动是极端危险的，因为事实证明，在类似的情况下，市场往往不能提供足够的粮食。

在一国发生饥荒时，甚至会出现"饥荒正在蔓延，而受灾的国家或地区却正在出口粮食"（森，2001，第197页）。也就是说，粮食进出口发挥的有时甚至是逆向调节作用，即加剧而不是缓解了国内的饥荒；一边发生饥荒，一边出口粮食。市场机制反而促使粮食从遭受饥荒的地区流向其他地区，这种现象看起来难以理解，其实不然。森（2001）一针见血地指出："市场需求所反映的不是生物学上的需求或心理学上的欲望，而是建立在权利关系之上的选择。"（第197页）这种"反常"现象"是市场尊重权利而不尊重欲望的'自然'特性"（第198页）。虽然这看起来只是比较极端的例子，但我们身边则有更常见的例子，即粮食进出口贸易并不服从于国内粮食市场平衡的需求。人们常用"逆向调节"来概括，仿佛这是市场的"例外"，而这本来就是市场的"常态"。

饥荒不仅可能发生在经济衰退时期，而且可能发生在经济繁荣时期，尤其需要警惕经济繁荣时期的饥荒。为此，不能只关注一国经济体系中存有多少粮食，还要重视粮食生产者有多少权利直接消费他自己生产的粮食。充分保障粮食生产者对他自己生产的粮食的直接权利，无论何时都具有重要意义。

森的研究提醒我们，应充分理解不同阶层的人们对粮食的支配和控制能力，而不是沿袭仅仅保障食物供给的旧思路，以免导致灾难性的政策失败后果。当政府计划是一个经济体中配置资源的决定性机制时，一定要防止这种力量对粮食生产者直接权利的损害；而当市场力量是一个经济体中配置资源的决定性机制时，一定要避免使市场力量成为横亘于粮食供给与粮食权利之间的巨大障碍。

总之，在农产品价格领域，核心问题同样是要处理好政府和市场的关系，既要发挥市场配置资源的决定性作用，也要更好发挥政府作用。须时刻关注粮食价格的运行对生产者和消费者各自交换权利的影响，要充分保障合理的交换权利，同时注重不同利益群体之间在粮食和一般食品利益分享上的平衡。

二　食品政策目标的变化与食品价格政策的角色

在回溯有关食品政策与食品价格的研究文献时，我们注意到，国外单纯研究食品价格的文献三四十年前比较多，但后来随着经济形势的变化，有关食品价格的研究越来越被融入新的视角和框架之中。例如，比较突出的新视角和新框架是食品政策和食品安全。类似这样的新视角和新框架，使有关食品价格的研究不再局限于简单的市场供求及价格变动分析与产需预测，而是提供了分析食品决策部门的政策制定过程、评估政策效果和影响的综合性研究方法和框架。

（一）食品政策目标和重点的变化历程

经济合作与发展组织在其研究报告（OECD，1981）中曾明确指出，食品政策或粮食政策（Food Policy）被视为一项政府战略（a Government Strategy），提供了形成和评估政策工具的更具综合性的框架。

食品政策目标在不同国家、不同地区、不同时期经历了以下历史演变过程：

（1）类似于农业政策的食品或粮食政策。第二次世界大战之后，增加食品或粮食供给（例如"以粮为纲"的政策；食品或粮食总产量的扩张）与食品供应的平等分配（计划配给、平均分配或其他可以接受的分配方案）是许多国家农业政策的主旋律。部分国家出现农业部门的高价政策。有些国家出现保持城乡均衡增长、提高农民（生产者）收入的政治吁求，此时，"食品或粮食政策"类似于"农业政策（Farm Policy）"。增加食品或粮食供给之后才是扩大消费，包括采取促进出口或限制进口的措施。

（2）强调食品保障（Food Security）与通货膨胀的宏观政策含义的食品或粮食政策。20世纪70年代，汇率频繁波动，通胀高企，失业率上升，经济增长减速，大宗商品价格骤然上升，而且价格运行不稳定。发展中国家丧失了对其国内价格政策的控制。他们开始重视生产政策、消费政策与贸易和货币政策的联系，以确保未来能够获得稳定而充足的食品和粮食供应。中国目前阶段与欧美国家和许多发展中国家这一发展阶段有些相似。

（3）食品政策开始强调食品安全（Food Safety）与食品行业从生产到销售（生产、加工与流通）一系列规制措施等新维度、新内容。中国现阶段在这些方面正面临诸多新挑战。

回顾食品政策目标的演变过程，结合中国当前在食品和粮食领域的问题，可以认定在日后研究中，我们可以从涉及以下专题的研究成果里汲取营养：食品政策的分析框架、发展中国家的食品政策实践、发展中国家的食品补贴、粮食的公共分配体系、维系国际食品价格稳定和食品安全的金融措施、欧盟农业与食品政策、全球食品治理体系等。这些文献都需要学界同行进一步研究。

（二）食品价格政策在食品政策体系中的角色和地位

食品政策分析框架主要涉及生产、营养、政治和贸易四个层面。食品价格政策是食品政策的重要组成部分，也是把食品政策同宏观价格政策（通胀、汇率、利率、工资率）、预算政策、贸易政策联系起来的关键点和枢纽。在食品政策分析框架中，有关生产问题、价格政策决策的政治问题、反贫困视角下的农价问题的研究成果和方法，对学界未来深化对食品价格和食品政策研究，具有重要的参考价值。

Timmer（1986）曾对宏观经济政策与食品政策之间的重要联系进行图解，除有关食品价格的微观视角之外，还谈及食品价格政策与宏观问题的广泛关联。例如，在代议制下不同利益集团之间有关食品政策的预算安排的权衡，往往涉及的是增加补贴（常常是给予消费者食品补贴），还是为提高农业生产率而进行投资（如增加农业生产者的投入）；到底是把资源用于改善短期内的消费者福利，还是要保护农业生产者，对他们实行价格支持。这些争论的背后均涉及城乡利益群体之间的关系。鉴于许多发展中国家政府政治支持的来源，这些难题的解决方案往往有利于城市消费者的短期利益，同时牺牲长期的农业生产力和农民的利益。Timmer 指出，不利于农业部门的这种歧视性做法，仅仅是部分地公开展示了预算支出分配的真相。至少同样重要的是城乡商品和服务交换的基本比率，即城乡贸易条件，这取决于宏观价格政策的整体结构，尤其是取决于汇率政策。他认为，本币币值的高估是对农村生产部门的隐性税收，它压抑农业生产的积极性，限制农业生产的增长和农村居民收入水平的提高。

总之，宏观经济视角下的食品或粮食政策分析框架，有助于检讨宏观政策的扭曲组合，分析不利的宏观政策带给食品或粮食政策决策者的选择限制，把食品或粮食体系同经济增长的语境和减少贫困的努力联系起来，从而找到既能保障贫困消费者的福利，又能强化贫困的农业生产者与整个经济体系的联系，宏观措施与微观干预相互有效配合的减贫途径。灵敏有效、具有长期导向和激励作用的食品或粮食价格政策，有助于顺利解决农村、农业和农民问题。

（三）食品价格稳定目标的多种实现机制

稳定食品或粮食的价格可以有多种实现机制。例如，（1）以市场规制的方式，借助价格政策和配额制度，实现农产品的价格支持目标；（2）借助市场风险管理工具，通过市场方式而不是通过政府干预，实现价格和收入稳定目标；（3）实行直接的收入支持政策等。

为保护农业生产和增加农民收入，国际通行做法是对农产品实行价格支持政策，如针对粮食等主要农产品的目标价格支持体系。一些国家的成功实践证明，以粮食目标价格为核心的农业支持政策能够发挥保护农民收入、稳定农价的重要作用，可保障农业持续健康发展。

这里简要提及欧盟传统的市场规制方法中具有价格下限的市场组织形态（参见 Huib Silvis and Roald Lapperre，2010，第 170 页，尤其是可参照第 171 页图 8.2）。其中最主要的措施是在欧盟边境，对主要农产品（粮食、食糖、奶油、牛肉、葡萄酒和橄榄油）的进出口采取的规制。其进出口措施表现为，禁止第三国的产品以低于门槛价格或入门价格（Threshold Price）的价格水平进入欧盟边境，这个价格水平是根据目标价格得来的。只要欧盟外部市场报价低于入门价格，即对其征收可变进口关税，以弥补价格差额。对于出口来说，与进口关税对应的则是补贴，即所谓的"出口退税"，在世界市场价格低于欧盟内部价格水平时，促进向第三国的出口。

其实，这就是一种应用于进出口的具有价格下限（门槛价格）的目标价格体系。这种市场组织的目的是在市场中达到一个特定的价格水平，即"目标价格"，也就是农户应当能够从其产品上获得的平均价格。

除农产品价格支持政策之外，随着欧盟共同农业政策的变化，农产品的生产者面临着越来越大的价格风险和收入风险。在介绍欧盟农业、食品和农村地区的相关政策时，一些研究者也强调，农产品市场特别是远期市场和期货市场所提供的风险管理方法，在管理价格风险和稳定收入方面发挥着重要作用（参见 Oksam，Meester and Silvis，第 183—189 页）。至于欧盟在 20 世纪 90 年代初实行价格支持政策的改革，转而更多地采取直接的收入支持措施，这里不再赘述（详情可参见 Jongeneel and Brand，2010，第 191—205 页）。如今，这类直接的收入补助措施已成为欧盟农业中的核心政策工具，超过三分之二的共同农业政策预算是以此类直接补助形式发放给农户。

美国在 20 世纪 20 年代末和 30 年代初开始实施的粮食支持政策，表现为直接的资金支持和收购支持。此后在相当长的时期内，美国政府的政策重点转向通过支持价格，在控制粮食生产过剩的条件下保证农民增收。70 年代初，美国支持价格的政策改为目标价格制。80 年代前后，美国的粮食目标价格的含义和内容发生了变化。80 年代中期以前，美国的粮食目标价格更类似于最低收购价格，其目的是维持粮食价格的稳定。80 年代中期以后，美国的农业支持政策转变为收入支持政策。新的政策在保障农民稳定收入的基础上，缓解了政府的财政压力，同时减少了对市场的直接干预（张群群、温桂芳、王振霞，2014）。

在研究和借鉴国际通行的农产品价格支持政策时，屈校民等（2011，第 219 页）非常精准地概括了目标价格政策的基本内涵：其目的是坚持粮价由市场形成，在此前提下减轻市场波动风险，建立长效机制，保障农民获得合理而稳定的种粮收益；目标价格涵盖产品成本和合理盈利，反映产品价值；市场价格低于目标价格时启动直接补贴机制，根据目标价格和市场价格的差额，向农民核发补贴额；市场价格等于或高于目标价格时，不启动对价差的直接补贴政策。

除侧重于生产者权益保护的食品价格稳定机制以外，一些国家和地区为保障城市低收入群体的基本权利，还尝试推行了食物银行（美国、中国澳门）以及表现为食物券、餐厅项目或针对妇女和婴童的营养补充项目的营养行动计划（美国）等做法（刘娟，2011）。

三　启示与建议

交换权利理论把人们关注粮食和食物的目光从食物本身转移到同时作为生产者和消费者的人的身上。政治经济学视角的分析提醒我们，在农产品价格领域，核心问题是要处理好政府和市场的关系，既要发挥市场在资源配置中的决定性作用，也要更好发挥政府作用。为处理好两者的关系，必须时刻关注粮食价格的运行对生产者和消费者各自交换权利的影响，要充分保障合理的交换权利，同时注重不同利益群体之间在粮食和一般食品利益分享上的平衡。

食品政策目标在不同国家、不同地区、不同时期经历了多变的演进过程。食品政策和食品安全这样的新视角和新框架，使有关食品价格的研究不再局限于简单的市场供求及价格变动分析与产需预测，而是提供了分析食品政策部门的政策制定过程、评估政策效果和影响的综合性研究方法和框架。研究食品价格稳定机制问题，可以充分吸收食品政策方面的实践经验和研究成果。

食品价格政策在食品政策体系中扮演着关键角色。宏观经济政策与食品政策之间存在重要联系，其中食品价格政策居于枢纽地位。宏观经济视角下的食品或粮食政策分析框架，有助于把食品或粮食体系同经济增长和减贫目标联系起来，从而找到兼顾消费者福利与农业生产者激励的有效途径。灵敏而具有长期导向和激励作用的食品或粮食价格政策，有助于顺利解决发展中国家面临的十分突出的农村、农业和农民问题。

食品价格稳定目标拥有多种多样的实现机制。要稳定食品或粮食的价格，不能一味地依赖政府，而要充分发挥和借助市场机制的作用，特别要重视市场组织的潜能。既要发挥市场的作用，也不能完全依赖市场，而是要发挥好市场与政府两方面的积极作用。既要改进和完善市场规制措施，健全价格支持政策，也要切实改进补贴方式，优化财政补贴资金的使用效果，并要积极探索使用多种多样的市场避险工具和金融手段，通过多种渠道实现规避价格风险和稳定增加收入的目标。

近年来，中国粮食和食品价格上涨是向其价值的合理回归，具有明显的恢复性和补偿性。而要稳定食品价格、防止其大幅震荡，也不是仅仅管住货币就能做到的。相应政策须确保食品价格上涨的利益惠及农民，并保障城市低收入群体的生活质量。

首先，应在食品（粮食）的生产、分配、流通和消费等各环节积极贯彻"赋权"的指导思想。《中共中央关于全面深化改革若干重大问题的决定》明确提出，要加快构建新型农业经营体系，赋予农民对承包地的完整权能，赋予农民更多财产权利，维护农民生产要素权益，健全农业支持保护体系，改革农业补贴制度，完善粮食主产区利益补偿机制，推进城乡要素平等交换和公共资源均衡配置。"赋权"的指导思想颇具战略眼光，对构建中国食品价格稳定战略具有长远的指导意义。

其次，深化粮价改革，建立合理的粮食价格形成机制和补贴机制，更好地发挥价格机制对稳定供给和稳定价格的作用。同时，理顺粮食购销体制，引入并完善目标价格机制。解决过去由中储粮公司独自承担唯一托市收购主体的重责所带来的问题，借鉴发达市场经济体中的目标价格制。变"托市收购"和"临时收储"为"目标收购"，在政策性粮食领域构建具备一定竞争性的收储体系，每年制定好目标收购数量和目标收购价格，建立和完善政策性粮食运作的治理机制和管理体系。在构建竞争性粮食市场体系的基础上，逐步形成增加农民收入、保护农业生产、保障低收入群体权益三位一体的稳定食品价格的长效机制。

参考文献（略）

（原载《商业经济研究》2015 年第 3 期，本文有删节）

涨跌停、融资融券与股价波动率
——基于 AH 股的比较研究

王朝阳　王振霞

摘要：涨跌停制度实施 20 年来，已成为中国股市的一种习惯和依赖。本文综合比较 A 股市场、中国台湾市场与美国、中国香港市场的波动率，从宏观层面初步证明实施涨跌停制度并没有让市场变得更加稳定。基于 AH 股的微观分析发现，涨跌停制度是 A 股市场个股股价高波动率的重要原因；在实施涨跌停的 A 股市场，融资融券制度的引入在现阶段也加剧了股价波动。与传统观点认为的散户占比高是市场剧烈波动的原因不同，本文还发现大户交易者才是 A 股市场高波动率的诱因，而散户占比高只是提供了更合适的土壤。促进中国股市健康发展，需要进一步完善交易制度，让市场发挥决定性作用；注重监管协调，更好地发挥政府作用；渐进推行，逐步实施改革；重视对大户投资者交易行为的监管；严厉打击违法交易行为，建立公开、公正、公平的市场环境。

关键词：涨跌停制度；融资融券；磁吸效应；波动率

作者：王朝阳，中国社会科学院办公厅，研究员、博士生导师；王振霞，中国社会科学院财经战略研究院副研究员。

一 问题提出

价格波动是股市的天然属性，但过度波动则不利于股市功能的发挥。2015 年中国股市的剧烈波动引起了广泛关注，从相关讨论来看，现行交易制度中的涨跌停制度、"T＋1"交易制度、上市公司"任性"停牌、杠杆融资的监管、现货与期货市场的联动等纷纷遭到质疑。其中，涨跌停制度受到的诟病尤为突出。杠杆融资、金融衍生品交易等本身属于金融创新的范畴，在实施初期必然伴随着较为突出的交易风险，出现问题或许还能被理解和接受。但是，涨跌停制度设计的初衷就是通过暂停交易来稳定投资者的情绪，促进信息有效传播以降低股价波动，从而更好地保护投资者利益。那么在当前的市场环境下，涨跌停制度的稳定器作用是否还能有效地发挥呢？特别是，在引入融资融券这一杠杆交易制度后，涨跌停制度在一定程度上导致交易中断和价格发现滞后等问题，使得市场流动性进一步被限制，两者相结合之后又会如何影响股价波动呢？此外，中国股市的一个基本特征是散户投资者为主，这一基本面与相关交易制度结合在一起，又会对股价波动产生什么影响呢？

近年来，学术界和相关部门多次呼吁，应适时进行涨跌停制度的改革，致力于提升股票市场活力。当前，中国股票市场的规模、技术条件、监管水平和定价效率均有了明显的提升，更好地发挥市场机制在股票市场的决定性作用，是资本市场改革的重要组成部分。2019 年中央经济工作会议提出，要打造一个规范、透明、开放、有活力、有韧性的资本市场，涨跌停制度改革是这一改革事业的重要方面，值得深入探索。

二 研究假设

涨跌停制度是典型的价格稳定机制。金融市场价格稳定机制自实施以来，对其作用和效果的争论一直存在。赞同实施价格干预的研究认为，价格稳定机制可以有效减少交易者成本，并缓解剧烈波动导致的恐慌交易。在外部冲击导致金融市场价格剧烈波动时，价格稳定政策为信息充分传播提供了时间，使投资者有机会进行冷静思考，从而减少冲动交易和恐慌交易，防止资产市场暴涨暴跌（Greenwald & Stein，1991；Ma & Sears，1989）。但是，在价格稳定政策实施以后，金融市场价格剧烈波动依然屡有发生，全球或区域性的股市、债市危机并没有被消除。由此，涨跌停等价格限制政策稳定交易者情绪、缓解市场波动的作用也在不断受到质疑。总体来看，质疑的理由可以概括为以下三个方面：一是延迟价格发现假说（Delayed Price Discovery Hypothesis），即在稳定政策的限制下，如果市场供需出现不平衡，价格将很容易到达限制值，调整供求不平衡的交易将被迫推延至下一个交易日甚至更长的时间，从而延迟市场的价格发现功能；二是波动外溢假说（Volatility Spillover Hypothesis），由于涨跌停制度的限制，投资者被迫在之后的交易日进行买卖，导致之后交易日的价格波动更加明显；三是交易干扰假说（Trading Interference Hypothesis），即当达到价格上下限时，交易被迫暂停，干扰了市场交易的连续性，同时也极大限制了市场流动性，导致市场恢复均衡的难度加大。Chen、Kim 和 Rui（2005）对相关内容进行了概括。从实践上看，中国大陆、中国台湾等实施涨跌停的股票市场，也并未表现出明显的价格稳定性。

　　为了深入分析上述问题，本文提三个方面的研究内容：一是考察涨跌停制度对整个股市和个股股价波动率究竟有何影响。二是以存在涨跌停制度的 A 股市场为基础，考察在引入融资融券、股指期货等金融创新交易之后，股价波动率将发生何种变化。三是探究在实施涨跌停制度的股市中，投资者结构与市场波动率之间是什么关系。图 1 给出了这三个问题的关联关系及相互之间的影响机制。

　　与熔断机制相类似，涨跌停制度也存在"磁吸效应"。进一步的研究显示，涨跌停制度产生的磁吸效应在散户为主的市场中表现得更

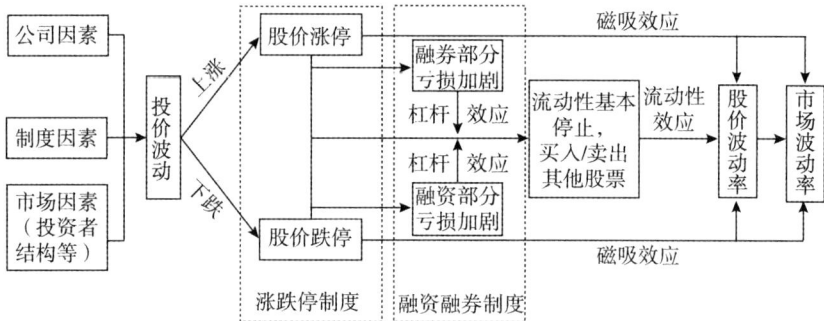

图 1 涨跌停、融资融券影响个股股价和市场波动率的机制

加明显。对中国沪市涨停板事件的研究证实了所谓的"涨停敢死队"现象，即涨停事件吸引个人投资者的关注，使得主动交易的个人投资者购买之前没有建仓的股票；聪明的交易者在 T 日买进，T＋1 日卖出，日收益率可达 1.16%，但相关股价一周内显著向均值回调。本文认为，AH 股是同一家公司在两个市场分别上市，经营业绩等公司层面因素对其价格波动的影响应基本一致，在考察股价波动时可以忽略；在把市场波动等作为控制因素后，两个市场股价波动率的差异基本可以反映交易者行为特征以及交易制度的影响。据此，我们给出假设 1。

H1：涨跌停制度难以稳定股价波动，其与股价波动率正向相关

现代金融产品创新的重要目标是增加流动性，改善资产定价效率，建立有效市场。但是，现有研究对中国市场融资融券效果的考察大多存在样本期偏短的问题，因此难以真正揭示其实践效果，特别是大多研究的时间范围都没有覆盖 2015 年的市场剧烈波动。国外文献的实证研究显示，卖空机制对股价波动率影响的三种情形都可能出现，即加剧波动、降低波动和对波动率没有显著影响。我们认为，在实施涨跌停制度的市场引入杠杆交易，可能会加剧个股股价波动。一方面，在引入杠杆交易之后形成了"杠杆效应"，市场交易规模和非理性信息被进一步放大，此时设置价格限制可能导致更加明显的"磁吸效应"，加速股价达到上下限的速度，加快流动性枯竭的速度；

另一方面，在涨跌停制度下，使用杠杆交易可能加剧市场交易者情绪波动，导致市场和股价剧烈波动。可以想象得到，当股票价格下跌至接近10%时，投资者要保持流动性，只能卖出其他未跌停的股票，这反过来又进一步加剧了其他股票的价格波动，这一机制可以理解为涨跌停和融资融券制度共同作用下的"流动性效应"。为此，我们给出假设2。

H2：对于实施涨跌停的 A 股市场来说，融资融券制度会加剧股价波动

按照上述假设，实施涨跌停的股市中股价的个体波动率更高，主要原因是当市场供求关系变化时，交易制度因素使得价格不能完全立即调整到位，信息没有得到有效传播，加剧市场交易者情绪波动，导致"非理性"交易增加，并进一步限制流动性。对于这个逻辑，传统研究大都隐含地认为，这主要是机构投资者占比偏低而散户交易者占比偏高引起的。但是，这一判断在中国 A 股市场上可能并不成立。我们认为，由于散户交易者持股规模较小，"串谋"的可能性极低，基本上只能成为市场跟随者，而不可能成为市场交易的引导者。因此，探究散户信息来源以及散户交易行为背后的引导者是更有政策意义的做法。在当前的 A 股市场上，大户投资者（包括机构投资者）可以平滑市场风险的方法和工具并不充足，这导致中国内地股市的大户投资战略趋同，主要依靠仓位控制风险，其行为特征与散户有相似之处，也具有非理性的特征。由于掌握资金量较大，大户的交易行为更容易被市场捕捉和识别，成为散户跟风的主要依据。简单来说，散户"羊群效应"的"头羊"不是散户而是大户，其背后的信息来源可能是大户的"非理性"交易或者"有意识"的操控。特别是在实施股指期货等杠杆交易之后，大户"非理性"交易的作用被放大，导致市场波动加剧。对此，我们提出假设3。

H3：在现阶段的 A 股市场上，大户占比与市场波动率表现为正向相关

三　研究发现

本文实证研究涉及四项内容：一是对存在涨跌停限制和不存在该制度的国家或地区的股市波动率进行直观比较，初步判断涨跌停制度是否能够起到降低股市波动率的作用；二是引入 AH 股对比后的微观分析，论证涨跌停对个股股价波动率的影响；三是引入融资融券制度后的进一步讨论；四是分析投资者结构对市场波动的影响机制。

第一，我们计算出美国道琼斯指数、香港恒生指数、中国上证指数以及台湾加权指数的日收益率进行对比分析。可以初步看出，实施涨跌停制度的中国上证指数和台湾加权指数并没有表现出更加稳定的特征。EGARCH 模型的结果表明：（1）利空消息对中国股市收益波动率的影响更大，即在股市下跌周期的波动率更加明显。这个趋势与美国、中国香港和中国台湾股市相似，从系数值看，利空信息对中国股市波动率的影响程度低于其他三个市场。（2）中国股市波动率对利好（或利空）信息的敏感度仍然高于其他三个市场。（3）与美国股市相比，中国股市消化冲击的时间更长。（4）在没有利空或者利好消息的冲击下，中国股市自身波动率高于其他三个市场。总之，实施涨跌停制度的中国股市和中国台湾股市，其波动率并没有比不实施涨跌停制度的美国和中国香港股市更低。

第二，从基于 AH 股的微观分析来看，（1）在考虑市场因素的条件下，个股股价波动率与实施涨跌停制度有显著的正相关关系。（2）导致股价个体波动率的因素比较复杂，除了共性的公司经营业绩等基本面因素（AH 股可以忽略），还可能与两个市场交易者的行为有关；将个股换手率、个股 A 股溢价率以及涨跌停制度纳入分析框架，实证结果仍支持上述结论。（3）反映交易者行为的换手率因素，涨跌停制度与市场波动率放到同一框架中进行回归，实证结果表明上述结论依然成立。通过这个检验，加之第一部分直观验证的结论，我们基本验证了假设 1，即涨跌停制度与波动率是正相关的。实施涨跌停制度的 A 股市场，不仅表现出整体"高波动"的特征，个股股价波动率也明显高于同一家公司在 H 股市场的波动率。此外还能发现，换手率和 A 股溢价对股价波动率具有显著的正向影响，这验证了高流动性和对短期收益的敏感确实会加剧 A 股的波动率。

第三，引入融资融券交易后的进一步分析可以发现，（1）个股融资融券余额与个股股价波动率、AH 股波动率差异之间表现出显著的正相关关系，说明在实施涨跌停制度的市场，引入融资融券加剧了个股股价波动率。（2）将融资制度与融券制度分开后，可以发现融资规模与个股波动率、AH 股波动率差异之间有明显的正相关关系，但是融券规模与这两者之间没有显著的相关关系，说明融券制度（卖空机制）的作用在 A 股市场还没有得到充分发挥。中国股市引入融资融券制度以来，一直存在"多空不平衡"的问题：一是融券占融资融券余额的比例过低，长期维持在 1% 左右；二是与融资相比，融券手续更加复杂、途径更少、成本更高。这一结果还意味着，我们应正确看待做空机制的功能与作用，均衡发展融资制度和融券制度，为稳定股票市场提供保障。（3）在实施涨跌停的 A 股市场，股指期货交易规模与股价波动率、AH 股波动率差异依然显著正相关。至此，我们验证了研究假设 2 的结论，即在实施涨跌停制度的市场，引入杠杆交易会增加个股股价波动率。特别是在买空卖空交易不平衡的情况下，市场交易量被进一步放大，涨跌停的"磁吸效应"更加明显，市场可能会更加不稳定。

第四，从投资者结构与市场波动率的关系来看，（1）如果不考虑杠杆交易的因素，仅通过市场成交量、市盈率等基本面信息和交易者结构来分析股市波动率，那么交易量、市盈率与 A 股溢价等基本面信息可以较好地解释市场波动率；同时，大户占比与市场波动率有显著的正相关关系。（2）在引入融资融券交易之后，这个相关关系发生了显著的变化。上证市场波动率与大户占比以及散户占比均有显著的正相关关系，但是大户的影响作用更加明显。同时，融资融券机制的引入显著加剧了市场波动率，这也进一步印证了上述对个股股价波动的研究结论。（3）如果将融资和融券机制做区分，大户占比依然与市场波动率有显著的正相关关系，且影响程度依然高于散户的作用。同时，融资机制有加剧市场波动的作用，但是融券机制与市场波动率没有显著相关关系。这进一步验证了无论是对个股还是整个市场，中国股市的做空机制还没有得到较为充分的运用。需要说明的是，虽然实证结果表明无论是否引入杠杆交易，大户都是市场波动的主要诱因，但是这并不必然意味着"发展机构投资者"是一个错误的方向。我们猜测，在 A 股市场上，投资者结构与市场波动率之间或许存在着一个拐点。

四　对策建议

1. 遵循市场化的改革原则。现阶段，应认真研究和总结涨跌停制度、"T + 1"交易制度、上市公司停牌制度以及指数熔断机制短暂试运行的效果和缺陷，探索构建一套更加成熟、更加定型的管理制度；力求做到既要坚持资本市场发展的目标和方向，又能善于集思广益，从经验教训中学习提高，形成改革的合理路径；切实保持和维护市场信心，以有力措施和实际行动，引导各界形成对改革前景的乐观预期。我们建议，选择适当时机，在市场情绪相对平稳、交易秩序比较正常的条件下，逐步取消涨跌停制度；同时，协调发展融资融券制度，探索引入更加科学、合理的交易机制，也包括重新考虑熔断机制。

2. 注重监管协调，更好地发挥政府作用。资本市场的稳健运行绝离不开政府的有效管理，特别是在预防系统性风险方面，政府的重要作用无法替代；但是，政府也要尊重和敬畏市场规律，高度警惕和防范"越俎代庖"的行为，避免以行政管理的手段频繁干预市场。在金融市场融合联动和交易技术快速发展的环境下，应不断强化监管部门之间的协调与沟通机制，建立与现代金融市场发展相匹配的监管体制；进一步强化监管部门对上市公司信息披露的要求，提高信息的可靠性、透明度和传播效率，不断加强投资者教育和权益保护，为资本市场健康发展打下良好的基础。

3. 循序渐进，逐步稳妥推进改革。从改革的具体步骤看，应首先探索放松新股上市首日涨跌停幅度限制，在此基础上逐步扩大其他股票交易当日的幅度限制。小幅放开波动幅度的限制，密切关注改革过程中出现的问题，逐步推进，直至取消价格波动幅度限制。

4. 高度重视对大户交易者的行为监管。散户的羊群效应和追涨杀跌行为并不是来自散户本身，而是来自股价的异常波动。这种异常波动往往是由大户操纵的，散户本身并没有实力导致股价的异常波动。换言之，散户只是市场波动剧烈的土壤，大户的交易行为才是波动的诱因。因此，就短期来看，市场监管的重点应该向大户特别是向法人机构倾斜，重点监管信息披露、减持、内部操控等行为；重点管理上市公司董事、监事、高管的持股比例变动情况；重点关注个股股价的异常波动，并形成相应的干预和预警机制。

5. 严厉打击违法交易行为，建立公开、公正、公平的市场环境。在资本市场上，通过操纵股价、内幕交易等行为的获利巨大，但与之相应的惩罚措施却失之以宽、失之以软。乱时当用重典，在资本市场混乱之时更应该强化打击力度和提高惩罚标准，使各类非法交易"不敢"发生；随着市场环境的日益改善，或将达到"不能"和"不愿"发生违法交易的境界。

参考文献（略）

（原载《经济研究》2017 年第 4 期，本文有删节）

数字金融生态系统的形成与挑战
——来自中国的经验

黄　浩

摘要：世界范围内，中国数字金融的发展水平和普及程度都处于领先地位。在十几年的发展过程中，数字金融的生态系统逐步在中国生长、形成，并融入了传统的金融体系，深刻地改变了中国原有的金融版图。本文分析了数字金融在中国经历的主要阶段，以及它的产生与发展过程，回顾了数字金融发展进程中的标志性事件。通过对中国案例的研究可以发现，数字金融是如何改变中国传统金融系统的支付和清算结构，以及金融信息匹配的方式。从中可以总结出具有普遍意义的经验，即数字技术并没有改变金融的核心内涵，监管部门需要认清新兴数字金融业态的本质，并把它们放入传统的监管体系中，实现分类监管。另外，中国案例也为其他国家的监管部门如何平衡金融风险与创新，以及不同群体之间的利益诉求提供了宝贵的经验。

关键词：数字金融；Fintech；互联网金融；P2P；第三方支付

作者：黄浩，中国社会科学院财经战略研究院服务经济与互联网发展研究室副主任、研究员。

数字金融或者说 Fintech，它是金融（Financial）与科技（Technology）结合的产物。经过十几年的发展，中国数字金融生态系统已经初具雏形。目前，数字金融涉及中国信、贷、汇几乎所有的金融业务，成为金融体系中不可或缺的组成部分，它代表了未来金融业的发展方向。中国数字金融系统的发展具有自身独特的地方，但是，它也反映了数字金融发展过程中普遍存在的规律性。从中国案例获得的经验和教训，无论对于拉美各国，还是世界其他国家数字金融体系的发展和完善，都具有一定的启发意义。它有助于进一步激发数字金融生态系统的活力，推动金融行业的业态升级。

一　中国数字金融生态系统的生长过程

在中国，信息技术与金融行业的融合大体经历了两个阶段：

第一个阶段是 20 世纪 80 年代初到 2003 年，这段时期主要是金融机构发起和主导的金融电子化和信息化的过程。各类金融企业积极引入先进的信息技术，这些技术被广泛应用在金融业务的执行过程中，大大提高了金融业务的实现效率。但是，在这个阶段，信息技术的应用并没有改变传统金融的业务模式，至多仅仅是业务流程的变化。并且，信息技术企业、互联网公司主要是金融业的技术提供商或服务提供商，它们并没有进入金融体系，更没有向消费者提供任何金融产品和服务。金融业与互联网公司是服务与被服务的关系。

第二个阶段以 2003 年支付宝（Alipay）诞生为标志，它开启了互联网、信息技术改变中国金融商业模式的进程。这一阶段主要由互联网企业发起，以去中介化、智能化为主要特征。互联网公司以外来者的角色深度参与传统金融体系，提供了更好的金融产品和服务，改变了传统金融业的结构。历史总是惊人的相似，传统金融服务产生自商业交易，同样，支付宝作为早期的互联网金融服务，也发端于互联网商业交易的需求。2003 年 5 月，淘宝网（www.taobao.com）成立，它主要服务于个人之间或者消费者与小企业之间的交易。由于缺乏足够的商业信任，陌生个体之间通过互联网的商业交易很难达成，买方害怕付钱之后受骗，卖方也顾忌发货之后无法收到货款。在这样的情况下，为了帮助交易双方建立信任，推动陌生个体之间网络交易的发展，2003 年 10 月，淘宝网推出了支付宝（Alipay）的业务。它以淘宝公司作为信任中介，买方把货款打到支付宝账户，验货通过之后，货款才由支付宝账户转到卖家账户。通过这种第三方的支付安排，建立起了交易双方的信任，个体之间的 C2C 交易随之在淘宝网迅速发展起来。可以说，没有支付宝就没有淘宝网的快速发展。淘宝网的市场占有率不断攀升，其市场交易额已经超过中国消费品零售总额的10%。如此之大的交易体量绝大部分是通过支付宝完成的。因此，可以说随着淘宝网的发展，支付宝也成为消费者认可的主要支付工具之一。利用支付宝通道，消费者之间、消费者与商家逐步发展出淘宝网交易之外的支付，支付宝逐渐脱离了淘宝网，它不仅服务淘宝网交易，还可以提供各种商业环境下的支付功能。至此，支付宝作为互联网公司的业务闯入了传统的金融支付领域。支付宝的成功吸引了大批互联网公司和传统金融企业的目光，它们也纷纷模仿支付宝推出了第三方支付业务。最知名的是腾讯（Tencent）2005 年推出的财付通。但是，它们都没有达到支付宝的市场效果。因为，支付宝被大量消费者接受是以交易中介和信用中介作为基础的，其他的互联网企业都不具备支付宝的发展基础。但是，2013 年之前，支付宝主要是通过 PC 端实现支付服务，因此它还没有对于基于银行卡的移动支付产生更大的冲击。

2007 年，苹果 iPhone 的出现开启了移动互联网的时代，大量基于移动手机的软件应用被开发出来。在这样的背景下，手机等移动终端完全有可能取代传统的 POS 机，成为新的支付工具。腾讯公司2011 年成功推出了移动社交软件——微信（WeChat），在中国，它覆盖了超过 80% 的消费群体。2013 年 8 月，微信添加了支付功能，但是，支付通道具有双边市场的属性，它必须达到一定的用户数量之后才能形成正反馈，从而强化它的市场地位，形成稳定的支付渠道。2014 年春节，通过"抢红包"的社交活动，微信成功地吸引了大量消费者采用微信支付进行个体之间的转账、支付，培养了消费群体利用微信进行支付的消费习惯，并且成功地把微信支付拓展到其他的商业支付领域。至此，微信支付成为与支付宝并列的中国两大互联网支付渠道。支付宝是通过商业交易建立了互联网的支付渠道，而微信则是依靠社交建立了互联网的支付渠道。

伴随着互联网公司进入金融支付领域，互联网小贷、P2P互联网金融和互联网众筹等新兴的金融模式也发展起来，数字金融生态系统开始在中国金融系统内生根发芽，并迅速向金融业的各个领域蔓延。

二　数字金融生态系统挑战了中国传统的金融体系

1. 数字金融挑战传统的支付与清算结构

支付渠道和金融产品的销售渠道是传统银行的两大渠道业务，但是，数字金融的发展改变了传统金融的渠道结构。互联网是渠道的革命，它可以传递信息、产品和服务。金融是一种产品和服务，因此它也可以通过互联网的渠道实现传递。在支付宝和微信支付出现之前，消费者直接通过银行渠道实现资金支付和金融产品的购买。当互联网第三方支付渠道成为主流支付渠道之后，消费者直接面对的是第三方支付软件，软件后面挂的是不同的银行，银行已经退居支付渠道的后端，仅仅负责结算和清算工作，成为第三方支付的后台。互联网支付工具走向支付渠道的前端，屏蔽了传统银行与消费者的直接联系。这种变化之所以重要，是因为支付可以进行数据的收集。支付渠道了解消费者的交易习惯和信息，有了这个基础，互联网支付渠道就可以提供更多的金融服务。与之相反，银行退居渠道后端将丧失许多数据资源和客户资源，这也是传统银行最担心的地方。

另外，第三方支付渠道可以沉淀消费者的资金。支付宝和微信支付拥有自身的账户体系，沉淀了大量的小额闲散资金，整合这些资金可以提供更多的金融服务。比如余额宝，它把闲置在第三方支付渠道中的小资金汇聚起来，传递给基金公司集中购买基金产品，提高了客户的资金回报率，也增加了第三方支付对于资金的黏性。余额宝业务体现了互联网金融渠道强大的资金汇聚能力。相比传统线下的金融渠道，互联网金融渠道无论是在成本还是体量上都具有较大优势。随着支付宝和微信支付的发展，中国消费者对于现金的使用量越来越少，现金使用量的减少降低了消费者对于传统线下金融渠道的依赖，传统银行在实体网点方面的优势将进一步被削弱，线下金融渠道也将随之萎缩。

在中国互联网第三方支付的发展过程中，传统金融清算与转接的结构也发生了变化。一直以来，中国银联（UnionPay）作为不同银行之间的转接清算组织，在市场中具有垄断地位。使用支付宝的消费者拥有不同银行的账户，因此，他们之间的交易需要转接与清算，这个工作本来应该在传统银联的体系框架下完成，但是，在支付宝发展的早期阶段，银联并没有接纳支付宝。这逼迫支付宝不得不与上百家的银行分别谈判，实现了支付宝与银行的直连。这个结果无形中使得支付宝具备了传统银联在转接、清算方面的功能，挑战了银联的市场地位。随后发展起来的第三方支付也大都绕开银联采用与银行直连的方式。出乎意料的是，这种情况反而推动了中国转接清算的市场化进程，得到了银行的欢迎。但是，随着以微信支付和支付宝为主的第三方支付发展，第三方支付的交易笔数超过了支付总量的60%。大量消费者交易与清算的数据分散在各个第三方支付机构，直连模式绕开了央行的清算系统，使银行、央行无法掌握具体的交易信息和准确的资金流向，给反洗钱、金融监管、货币政策调节、金融数据分析等工作带来很大困难。为了加强监管，2017年中国央行清算中心组织成立了网联清算有限公司（网联），其主要职能是要为支付宝、财付通这类非银行的第三方支付机构搭建一个共有的转接清算平台。这样，所有的第三方支付机构都必须取消与银行的直连，通过网联实现转接与清算。至此，中国金融系统形成两个转接清算机构，银联负责传统网下银行间的资金清算，非银行支付机构网络支付的转接与清算业务由网联负责。

展望未来，对金融支付系统冲击最大的可能是区块链技术的发展。其在支付领域的创新应用，使点对点的直接支付成为可能，从而使银行彻底失去在支付体系中的核心作用。从技术上讲，这是完全可以做到的。但是，我们是否应该允许这种支付模式的产生，它的利弊有哪些，这些都是需要监管部门深入思考的问题。

2. 数字金融挑战金融业传统的信息匹配方式

金融行业的重要功能之一是资金的融通，即借贷业务。它是资金在借款人和贷款人之间的匹配，匹配的是资金的数量、利率、期限、风险等因素。金融机构作为匹配的中介，可以整合借款人（投资者）的需求，卖给贷款人，也可以整合贷款人的需求，寻找借款人。这个过程中，金融机构作为借贷信息匹配者的角色，通过借贷利息差盈利，也可以通过收取服务费的方式盈利。

P2P互联网金融出现之后，作为金融信息匹配的中介，同样具备了金融媒介的功能，它能把大量个体之间的借贷需求直接对接在一起，这是传统金融模式无法实现的。民间个体之间的借贷只能在小范围内完成，但是互联网P2P平台实现了大范围内个体之间的直接借贷，成本低、效率高。因此，P2P互联网金融的发展有效促进了金融信息的对称，降低了融资成本，推动了普惠金融的发展。同样，互联网众筹也是利用信息技术在匹配供需信息方面的优势进行的一项金融创新。项目融资方通过互联网平台发布项目信息，向众多中小投资者募集资金，并给予投资者股权、利息或产品等方面的回报。很难想象，如果没有互联网平台，大量的创业者和创业项目是否会得到中小投资者的关注。因此，互联网改变了传统金融信息的匹配方式，降低了借贷双方的成本，提高了金融业的效率。它的发展也加速了传统金融脱媒的进程。

3. 数字金融挑战传统金融业的数据优势

金融业本质上是关于风险和信用的行业，风险和信用的评估高度依赖于数据。没有征信数据，就无法做信贷，比如信用卡、信用贷、小额贷款等业务都需要征信的支持，而征信的核心是数据及其分析方法。因此，金融业是数据密集型行业。

与金融业一样，互联网企业经营的也是数据。许多互联网公司都是信息服务企业，它们是信息媒介或者是信息中介，通过提供互联网交易、社交、搜索等服务掌握了大量的消费者数据，这些数据资源使得互联网公司能够非常容易地建立起自己的征信体系，从而进入金融行业。比如：中国的电子商务企业利用掌握的交易数据为供应链上游的供应商提供小贷服务，也为消费者提供信用消费，这些金融服务都是建立在其拥有的大数据资源基础之上的。

而且，金融业与互联网公司掌握的数据类型不同。银行获取用户信息的渠道来自线下的门店，它们拥有更多的消费者资产数据；而互联网企业则通过网络获取消费者的交易数据和行为数据。随着线下交易逐步向线上交易迁移，以及消费者在互联网上停留时间的增加，互联网企业将获得更多的消费者数据资源。目前，互联网企业数据资源的特点不同，电子商务企业（Alibaba，Amzon）的交易数据较多，搜索引擎（Google，Baidu）拥有大量不同行业的企业数据以及用户行为数据，社交服务软件（如腾讯、Facebook）拥有社交关系链数据。这些数据仍然相互孤立，没有有效整合。未来，互联网公司中有可能形成数据同盟，几家大公司共享一部分数据，同时和银行等金融机构合作，共同开放征信，组建数据庞大的第三方征信体系。互联网企业与金融业在数据共享方面的合作将更加准确、全面地刻画消费的信用水平，从而大幅提高金融行业的效率。这将是互联网企业与金融业融合的焦点，体现了数字金融未来发展的方向。

三　中国数字金融生态系统发展的经验

1. 数字金融没有改变金融的本质

数字金融促进了金融业务的创新。但是，迄今为止，还没有一项数字金融的业务改变了金融的功能和本质。第三方支付没有改变支付的功能和本质，P2P 也没有改变投融资的功能和本质，比特币更没有改变货币的本质属性。这些数字金融模式主要是在技术、交易渠道和交易方式方面的创新，但其功能仍然主要是资金融通、发现价格、支付清算等，它们并未超越现有金融体系的本质范畴。数字金融改变更多的是金融业的实现手段和商业模式。就此而言，数字金融并不会像有些人预言的那样会彻底颠覆现有的金融体系。

鉴于数字金融并没有超出现有金融体系的本质范畴，因此，它应当被纳入已有的金融监管体系，并对传统的监管体系进行相应的调整，适应数字金融新业务的产生。比如：移动支付并非全新的支付体系，它是一种借助新的通信工具接入传统平台的新方式，可以尝试将现有对 ATM、信用卡的监管规则扩展并覆盖到移动互联网支付领域，完全没有必要全新立法。

应当从"业务实质"而非"称谓"实施监管。虽然被称为第三方支付机构，但实际上，一些互联网第三方支付机构的业务范围已经涉及了银行非支付领域。因此，应该把它相应的业务纳入银行的监管体系，要求其遵照对"银行"的监管要求，否则，必须改变业务模式退回到真正的"支付机构"。另外，虽然被称为"币"，但是，比特币在中国被界定为一种可以被投资的虚拟商品而不是货币。因此，它自然作为金融投资品而不是货币接受金融部门的监管。

2. 宽松监管，平衡风险与创新

中国数字金融的应用水平在世界范围内处于领先地位，造成这种情况的原因很多。一是，中国的传统金融仍不发达，竞争能力和服务水平不完善，留下了很多市场的空白使得数字金融具备了足够的成长空间。比如：美国的信用卡使用非常普及，而且对消费者来说十分便利，有很多优惠，因此互联网第三方支付很难大规模成长起来。造成中国数字金融快速发展的另一个重要原因是，相比美国和欧洲发达国家，中国数字金融生态系统在成长过程中受到的来自传统金融监管的压力要远远小于其他发达国家。在数字金融生态体系的形成过程中，监管当局的作用至关重要。其监管方式和力度将会直接影响一个新兴行业的走向，甚至关系到行业的生死存亡。总体来看，中国对于数字金融的发展采取了支持或者较为宽容的态度，适当放松数字金融创新产品和服务的监管约束，激发创新活力，以鼓励和促进数字金融体系的形成。例如：在互联网第三方支付发展的早期阶段，由于受到银联的打压，网络第三方支付普遍采用了与银行直连的方式，虽然它违规涉及金融业的转接与清算业务，但监管部门长期宽容这一做法，使得互联网第三方支付最终成长起来。直到 2017 年网联成立才规范了网络第三方支付的转接和清算业务。同样，P2P 互联网金融在中国发展的过程中，高峰期有上千家 P2P 的网络借贷平台，它们很多属于非法机构，具有道德或业务上的风险，但是中国央行并没有急于对 P2P 互联网金融进行规范。在经过充分发展，展现出它的创新和问题之后，中国的监管机构才给予它明确的定位，即 P2P 平台只能作为信息中介，不能有资金池，不能有担保。与之对比，监管部门对于比特币和 ICO 业务的容忍度明显下降了很多，经过短短不到 5 年的发展，监管部门已经叫停了比特币和 ICO 业务。中国政府对于数字金融的监管体现了"监管沙盒"（Regulatory Sandbox）的思想。根据不同的业务，这个沙盒可能大也可能小。监管部门允许互联网公司在这个沙盒里面进行各种创新，但是，一旦感到这种创新已经带来了很大风险，或者监管部门在看清了这种业务本质的情况下，就会画出一道红线进行必要的规范和约束。

3. 平衡不同利益群体的诉求

2003 年之前，中国数字金融的发展体现为传统金融的数字化、电子化和网络化，互联网和信息技术企业服务于传统金融业，提升了金融业的绩效，金融企业与互联网企业没有矛盾和冲突。但是，以 2003 年支付宝的出现为标志，大批互联网公司和信息技术企业逐步进入了传统的金融体系，提供了新的金融渠道、新的融资平台，甚至是新的货币形式。这些新的金融服务方式改变了传统金融业的利益格局，不同国家的监管机构都面临着平衡新旧利益集团利益冲突的问题。微软公司由于长期为金融业提供应用软件的服务系统，从技术能力和资金实力出发，微软一直希望进入银行业，但是由于传统利益集团的游说，监管机构没有给予微软公司金融牌照，这极大地保护了传统金融业的利益。在中国，余额宝的出现也威胁了银行的利益，它汇集大量闲散资金并通过协议存款的方式为客户带来了更多的资金回报率，但这无形之中抬高了银行的资金成本。另外，2017 年初，中国人民银行出台了更为具体的支付机构客户备付金的管理办法，界定了客户备付金的缴存比例、监管方、利率等问题，这些规定削弱了互联网第三方支付机构的盈利能力。它涉及传统金融业、互联网第三方支付机构和消费者等各方利益，也是监管部门平衡多方利益诉求的最终结果。因此，可以说，未来融合了数字金融的新型金融体系将是各方利益博弈的结果。

　　总之，数字金融在中国不断生长，它逐步走进了传统的金融生态系统，并深刻地改变和塑造了传统的金融体系，在这个过程中既有冲突也有融合。回顾过去十几年数字金融的发展，无论是第三方支付、P2P 金融还是比特币的交易，在世界范围内中国都是属于非常具有活力的地区。中国数字金融生态的形成过程有着典型的案例意义，它所揭示的经验和教训为其他国家应对数字金融系统的挑战提供了宝贵的新思想。

　　参考文献（略）

　　　　　　　（原载《经济学家》2018 年第 4 期，本文有删节）

第二部分

贸易经济

马克思世界市场理论及其现实意义

——兼论"逆全球化"思潮的谬误

杨圣明　王　茜

摘要：世界市场理论在马克思"六册计划"中占有十分重要的地位，是马克思希望完成但未完成的政治经济学整体理论体系的重要组成部分。本文通过探析英法古典政治经济学家的世界市场思想，梳理马克思有关世界市场的论述，阐述了对马克思世界市场理论主要思想的理解，认为该理论揭示了世界市场形成的基础、条件、原因、规律与作用，是对全球化的预见和前瞻性认识，对人们认识全球化、国际经济秩序和贸易自由化都具有重要指导意义。目前"逆全球化"思潮暗流涌动，形成与全球化发展趋势相违背的一种现象。运用马克思世界市场理论反思"逆全球化"现象中存在的问题，才能揭开"逆全球化"谜团，为推进全球化发展和进一步增强中国在世界市场发展中的影响力提供正确指引。

关键词：世界市场；自由贸易；国际秩序；逆全球化

作者：杨圣明，中国社会科学院学部委员、财经战略研究院研究员；王茜，工业和信息化部中国电子信息产业发展研究院副研究员。

回顾 1859 年 6 月公开出版的《政治经济学批判》，马克思在该书的《序言》中第一次公开宣布了其政治经济学研究的"六册计划"："我考察资产阶级经济制度是按照以下的顺序：资本、土地所有制、雇佣劳动；国家、对外贸易、世界市场。"① 马克思将世界市场作为其政治经济学逻辑体系的较高阶段进行研究，足以证明对世界市场问题的高度重视。马克思指出，他已将其政治经济学理论的精髓部分——《资本一般》呈现于世人，希望后人在此基础上对其他部分进行探讨。② 这充分说明了马克思对后人完善其理论体系寄予的期望。通过对马克思世界市场理论相关文献的梳理和总结，可以看出这个领域的研究已经得到了国内外学者的关注，并取得了一定的成果，但还存在不足及相应的研究拓展空间，本文尝试以马克思世界市场理论为全新视角剖析"逆全球化"思潮的谬误。

一　对马克思世界市场理论主要思想的理解

（一）马克思世界市场理论的溯源

从《巴黎笔记》中可以看出，马克思当时认真钻研了许多经济学著作，特别是古典经济学著作。关于资产阶级古典政治经济学，马克思曾对它做了经典的说明："我断然指出，我所说的古典政治经济学，是从威·配第以来的一切这样的经济学，这种经济学与庸俗经济学相反，研究了资产阶级生产关系的内部联系。"③ 同时也指出："古典政治经济学在英国从威廉·配第开始，到李嘉图结束，在法国从布阿吉尔贝尔开始，到西斯蒙第结束。"④ 这其中还包括使英国资产阶级古典政治经济学得到巨大发展的亚当·斯密。

威廉·配第（1623—1687）的世界市场思想一方面具有局限性，他仅仅将英法贸易所及之地视为"整个商业世界"；但另一方面，其思想也具有一定的开创性，如配第认识到了航海对于开拓世界市场以

---

① 《马克思恩格斯选集》第 2 卷，人民出版社 2012 年版，第 1 页。
② 参见《马克思恩格斯〈资本论〉书信集》，人民出版社 1976 年版，第 170 页。
③ 《马克思恩格斯全集》第 44 卷，人民出版社 2001 年版，第 99 页。
④ 《马克思恩格斯全集》第 31 卷，人民出版社 1998 年版，第 445 页。

及世界市场对于资本主义发展的重要性。

亚当·斯密（1723—1790）在其名著《国民财富的性质和原因的研究》中阐述"世界商场""大商业共和国货币"等思想，这是古典政治经济学家对于世界货币和货币流通规律在世界市场上的应用的最初认识。

大卫·李嘉图（1772—1823）有关世界市场的论述是为扩大资本主义自由竞争而提出的，在其名著《政治经济学及赋税原理》中，他提出了"世界各民族形成统一的社会"，这即是李嘉图对于初步形成的世界市场的认识。

西斯蒙第（1773—1842）站在小资产阶级的立场上提出了世界市场概念，具有局限性，但他还指出了生产过剩危机的必然性，揭露了生产与消费的矛盾，认识到了航海业的发展对促进世界市场形成的作用，可以说是资产阶级经济学家研究世界市场问题的重要一笔。

（二）马克思世界市场理论的主要思想

马克思在对前人成果批判性吸纳的基础上，形成了对世界市场的相关论述。目前，已有研究提炼出马克思世界市场理论的部分思想并在学术界形成较为一致的看法，本文在此基础上归纳总结马克思世界市场思想的其他内容，形成对该理论主要思想的八点理解。

1. 集市的兴起与城市的发展是世界市场形成的基本前提。马克思认为，那些商品交汇并进行交换的地方就是美洲大陆被发现之前，世界市场的主要存在形式。他在 1847 年 12 月的《需求》一文中写道："凡是这些产品汇集以便进行交换的地方，都变成了世界市场的城市；在发现美洲大陆以前，世界市场主要是以这种形式存在的。在十四世纪和十五世纪，这就是君士坦丁堡、意大利各城市、布鲁治和伦敦。"①

---

① 《马克思恩格斯全集》第 42 卷，人民出版社 1979 年版，第 382 页。

2. 新航路的开辟是世界市场形成的历史条件。14—15 世纪欧洲封建主和商人对金银货币的需求及土耳其扩张导致的东西方贸易危机促成了地理大探险。这一事件对世界市场的形成意义重大。新航路的开辟不仅促进了地中海、波罗的海等区域性贸易，也带动了欧洲与美洲、亚洲的跨洋贸易，改变了世界各地区过去较为封闭的状态。这是世界市场得以最终形成的重要历史条件。

3. 工业革命是世界市场形成的主要原因。18 世纪 60 年代，影响整个世界经济发展的工业革命首先在英国兴起，马克思、恩格斯指出："在 17 世纪，商业和工场手工业不可阻挡地集中于一个国家——英国。这种集中逐渐地给这个国家创造了相对的世界市场。"① 随后，美国、法国、德国、比利时等国家相继发生了工业革命。机器大工业在促进技术革新、生产的发展的同时，还使资本主义获得了极大的推动力和加速力，为世界市场的形成和发展起到了重要作用。

4. 交通运输、通信的发展是世界市场形成的技术条件。运输交通工具的发明和国际交通通信条件的改善，将世界各个地区都卷入了世界市场，为世界市场的真正形成提供了必要的物质技术条件。

5. 世界市场既是资本主义生产方式的前提和基础，又是它的伴侣和结果。首先，世界市场加速形成，助力资本主义战胜封建主义。同时，资本主义生产方式一方面要有市场提供的原材料、劳动力和资本，另一方面要有市场为生产出的产品提供最终的商品销售场所，世界市场的形成和发展无疑为这些条件提供了坚实的基础。再次，资本不断扩张的本性使资本主义生产处于不断扩大的运动当中，资本主义生产又使世界市场的范围逐渐扩大。总之，世界市场的逐步扩大与资本主义生产方式向世界的扩展是紧密关联的。

6. 世界市场危机是资产阶级经济一切矛盾的现实综合和强制平衡。一方面，世界市场的有限性产生世界性经济危机。当世界市场的扩展速度跟不上资本主义的生产速度时，便会产生商品的相对过

①《马克思恩格斯全集》第 3 卷，人民出版社 1960 年版，第 67 页。

剩，进而发生世界性经济危机。另一方面，世界市场的相对无限性在一定程度上缓和经济危机。世界市场的相对无限性就使得资本主义国家往往通过对外贸易将国内的经济危机转移到国外市场，即世界市场上寻找最有销路的市场，通过世界市场来克服经济危机，为过剩商品寻找出路。然而，即使过剩的商品能够在世界市场上暂时找到出路，资本主义社会最根本的矛盾仍然没有解决，危机最终仍然会爆发。

7. 世界市场为共产主义最终战胜资本主义准备物质基础和阶级条件。首先，世界市场的形成和发展促使生产力不断进步，各国的生产和消费也都变成了世界性的，当世界市场的扩大和深化使生产力发展到足够高的水平时，无产阶级便可以借助资本家创造的物质基础来战胜资本主义。其次，资本主义生产方式使资本家在造就自己的同时也造就了自己的掘墓人——无产阶级。因此，世界市场是资本主义生产方式的基础也就决定了资本家剥削无产阶级是以世界市场为基础的，同时也决定了无产阶级推翻资产阶级的斗争是以世界市场为基础的。

8. 国际价值规律是世界市场运行的基本规律。当价值规律在世界市场运行时，则被称为"国际价值规律"。首先，商品国际价值量是由生产商品的国际社会的平均必要劳动时间决定的。其次，商品交换要以商品国际价值量为依据，实行等价交换。遵循国际价值规律的要求，不同国家在国际市场上按照等价交换原则进行商品的交换活动是正常的国际商品交换秩序。然而，由于不同国家经济发展水平不同，劳动生产率有高有低，使得等量国际价值包含不同的劳动时间，于是出现了马克思所说的"一个国家的三个工作日也可能同另一个国家的一个工作日交换"[①] 的现象。这将等价交换转换为不等价交换，产生了国际剥削行为。

---

① 《马克思恩格斯全集》第26卷（第三册），人民出版社1974年版，第112页。

二 马克思世界市场理论的现实意义

（一）马克思世界市场理论是剩余价值理论和劳动价值理论在国际上的延伸与应用

世界市场运行的基本规律是国际价值规律，而国际价值理论是马克思在对资本主义生产方式的批判中提出的。只有在世界市场中，在对外贸易中，才能充分显现出资本追求剩余价值的本性。商品是马克思政治经济学的逻辑起点，而对外贸易和世界市场则是其逻辑归宿。就商品而言，在其两个构成元素"价值"和"使用价值"中，价值作为凝结在商品中的一般的、无差别的人类抽象劳动，只有在充分比较劳动的社会属性的前提下，也就是在包括各民族经济活动在内的世界市场上，才能完全展现出来。调节商品生产的价值规律，只有到世界市场上，才真正具有普遍意义（杨圣明，2011a）。因此，世界市场理论是揭示国际剥削的理论，是国际范围的剩余价值理论和劳动价值理论，或者说是剩余价值理论和劳动价值理论在国际上的延伸与应用，其对当今国际经济问题仍具有很强的解释力和指导力。

（二）马克思世界市场理论是经济全球化发展的理论支撑

经济全球化的实质就是以世界市场为载体的普遍交往过程中资本主义基本矛盾的全球化，世界市场与经济全球化最本质的联系就是两者形成与发展的动因均是由资本的无限扩张性引起的。资本对于利润的追逐使得资本家作为市场的主体不断开拓市场，这种开拓的结果就是世界市场的形成与发展。同样，经济全球化的各类表现背后是各经济主体间的利益追求，这种追求导致市场经济利益分配的全球化以及价值生产与分配的全球化。全球化的发展是客观的历史进程，不是硬推出来的，也是不可逆转的。一方面，世界市场是经济全球化发展的基础。另一方面，经济全球化是世界市场形成、发展、运行的结果。可以说，马克思的世界市场理论是我们深入认识全球化发展趋势、揭开"逆全球化"谜团的理论支撑点。

（三）马克思世界市场理论是国际经济秩序建立的重要依据

在全球经济日益市场化的条件下，国家与国家之间的经济关系从本质上说是商品的交换关系，国际经济秩序则是世界市场的交换秩序（杨圣明，2010）。国际经济秩序伴随着世界市场的形成而形成，伴随着世界市场的发展而发展。由于在世界市场的发展过程中，发达资本主义国家一直处于主导地位，因此国际经济秩序始终是由发达资本主义国家建立的商品交换制度和规则，导致世界市场上的交换往往违背国际价值规律，使得国际经济旧秩序一直主导战后世界市场的发展，严重损害了发展中国家的经济利益。因此，存在剥削和压榨的国际经济旧秩序必须被废除，公平、合理的国际经济新秩序亟待被建立。

（四）马克思世界市场理论是贸易自由化推进的理论指南

根据世界市场的实际发展情况来看，每一轮技术进步和经济增长都会推动贸易自由化趋势的发展，而每一次世界经济的衰退和危机引发的萧条都会引发强烈的贸易保护需求。随着新兴技术的推进和经济全球化的发展，国际分工日益深化、跨国投资日益活跃，越来越多产品的价值实现依赖于世界市场，表明贸易自由化是世界市场发展的必然趋势，也是世界经济全球化发展的必然要求。然而，这里所说的贸易自由化是建立在国际经济新秩序的基础之上的，是要求各国以平等、互利、共赢的原则进行商品（服务）等价交换的自由贸易。显然，这一目标的实现还有待时日。

三　从马克思世界市场理论视角看"逆全球化"现象

（一）全球经济危机的爆发及由此产生的相关问题均是由资本主义的根本矛盾引起的

2008年国际金融危机爆发以来，经过十年的调整，全球经济并未实现理想复苏，反陷持续低迷，贸易保护主义不断加码，"逆全球化"思潮暗流涌动。2016 年，以"英国脱欧"和特朗普当选美国总统为标志，"逆全球化"潮流进入了一个新的发展阶段。尤其是美国，从推行全球化和自由贸易的主导者开始转变为主张"逆全球化"和保护贸易的推动者，对经济全球化发展将带来负面冲击，也极大地阻碍了全球贸易的自由化进程。此轮"逆全球化"浪潮中，美英等发达资本主义国家尚未认清危机爆发的根本原因，因此错误地以为通过贸易保护、推行"逆全球化"，就可以解决危机爆发带来的一系列经济、社会问题。实际上，马克思早于 1857 年在其《政治经济学的方法》中就已认识到资本主义的全部矛盾和危机将在世界市场这个最复杂最具体的体系当中爆发出来。

马克思认为世界市场的相对有限性和生产供给的无限性会带来市场或生产性过剩危机。危机背后隐含的根本矛盾是资本主义社会自身难以克服的，即使过剩的商品能够在世界市场上暂时找到出路，资本主义社会最根本的矛盾仍然没有解决，危机最终仍然会爆发，而且可能会以更激烈的方式爆发出来。科技的发展、交通运输业的进步和国际分工的产生使得各国的生产和贸易状况紧密相连，经济危机表现出越来越明显的世界性特征，且危害程度越来越深。2007 年美国次贷危机引发的世界性经济危机，突破实体经济领域，向虚拟经济领域蔓延，其严重程度更加深刻地说明了这一点。因此，只要资本主义的根本矛盾没有解决，危机及其引发的一系列经济、社会问题就难以消除。

（二）全球经济的不平衡发展是国际经济旧秩序造成的

当前美欧等国家认为本轮经济危机带来的发展非均衡化是产业转移造成的，即发达国家将制造业转移至发展中国家使得其本国产品缺乏国际竞争力，本国产业工人受到失业、经济利益损害等冲击，因此通过推行"再工业化"计划实行隐蔽的贸易保护措施，助长"逆全球化"势头。特朗普在竞选时曾说："从中国加入 WTO 的 2001 年开始，我们失去了 7 万个生产基地。应把中国制定为汇率操纵国，向中国产品征收 45% 的惩罚性关税。"① 然而，在美国大力推行"制造业回流"政策后，美国经济增长率和全要素生产率依然徘徊不前，这充分说明了其尚未认清经济非均衡化发展的本质。

世界市场中的全球化发展在本质上具有非均衡的性质。所谓非均衡，指的是全球化的推进和发展并非整齐划一地涉及世界的每一个角落；同样作为世界经济的主体，发达国家和发展中国家在全球化进程中的地位和作用是悬殊的和不平等的，发达国家和发展中国家在全球化进程中的经济收益也存在巨大反差。全球化进程的非均衡化是国际经济旧秩序直接导致的（杨圣明，2011）。而国际经济旧秩序则是伴随着资本主义政治经济体系的发展和资产阶级在世界范围的扩张而逐步形成的。以中世纪地理大发现为起点的早期殖民国家对海外殖民地的暴力掠夺，不仅是资本主义国家早期开拓世界市场的方式，是资本主义原始积累的主要因素，也是国际经济旧秩序的开端。到了 18 世纪后期资本主义制度的建立时期，西欧国家凭借工业革命逐渐发展壮大，进一步加紧了对外侵略和剥削，将殖民地半殖民地市场全部卷入国际商品流通当中，充当其海外原料产地和销售市场，不合理的国际分工体系由此得以建立，国际经济旧秩序也由此得以发展。19 世纪末 20 世纪初，帝国主义宗主国将剥削渗透到殖民地、附属国的各个领域，以低价收购其原材料、以高价出售制成品，控制了殖民地和附属国的主要经济命脉，国际经济旧秩序由此深化。第二次世界大战结束后，世界市场上的广大受压迫国家先后摆脱了帝国主义殖民地和附属国的地位，获取了政治上的独立。然而，发展中国家和发达国家之间不平等的经济关系却未能因此而得以改变，这主要是因为历史因素造成的国际经济旧秩序不仅没有被消除，还在生产国际化不断扩大、国际分工日益深化的情况下被赋予了新的内容。

"发达国家产业链高端—发展中国家产业链低端"是不合理的国

---

① 郭晨琦：《美国准备用 30 年前遏制日本发展的方法对付中国？》，《经济观察报》2017 年 1 月 10 日。

际分工的进一步延续。随着经济全球化与跨国公司大发展、产业内和产品内分工不断深化,发达国家开始将劳动密集型的生产组装环节转移到发展中国家,部分发展中国家虽然摆脱了最初的资源密集型分工地位,但也只是零部件的生产国或进口零部件的组装国,获取的利润非常微薄,处于全球价值链的低端;发达国家则掌握着核心技术,凭借雄厚的资金在研发设计和品牌营销环节中获得高利,处于全球价值链的高端。这种国际分工模式在逐步加深发展中国家对发达国家依赖的同时,也加剧了发达国家对发展中国家的控制和剥削。时至今日,中国制造业向产业链中高端攀升,触碰了美国为代表的发达国家的利益。因此,美国在"制造业回流"政策对经济增长率和全要素生产率尚未起到实质性提升作用后,又频频对中国制造业发起知识产权诉讼和"双反"调查,限制中国企业在美投资,这实际就是要限制中国制造业向高水平发展,维护世界市场中的国际经济旧秩序,保护美国制造业的自我"核心"利益。

(三)对资产阶级而言,保护贸易政策和自由贸易政策都是其维护统治阶级利益的工具

自由贸易政策曾造就了资本主义自由竞争时期英国的"世界贸易中心"地位,也造就了第二次世界大战后美国的"超级大国"地位,但具有讽刺意味的是,英国和美国转而成为此轮"逆全球化"潮流的推动者。这再次印证了前述"世界市场发展历程中,每当资本主义国家需要扩张时,都会主张自由贸易政策;而每当危机过后国内市场需要保护时,则会主张保护贸易政策"的不变规律。

当前,WTO多边贸易体制的建立和经济一体化趋势的发展也并没有阻止贸易保护主义的势头,探究资本主义国家保护贸易的本质,它依旧是资产阶级维护自身利益的武器。在发展中国家不具备竞争优势而发达国家具备竞争优势的领域,如高科技产业、知识产权领域,发达国家推崇贸易自由化;而在发展中国家具备竞争优势但发达国家已丧失竞争优势的领域,如纺织业、加工制造业,贸易自由化却被排除在外,且贸易保护的不公平性依旧突出。

根据马克思和恩格斯的观点，对于资产阶级而言，无论是保护贸易政策还是自由贸易政策，都是其维护统治阶级利益的工具。运用马克思唯物辩证法看问题，从反面来说，这就决定了对于无产阶级而言，无论是资产阶级的保护贸易政策还是自由贸易政策，只要能够促进生产力的发展，从而加速资本主义制度的灭亡，都应该予以支持。而从生产力的发展角度来看，保护贸易"不仅阻碍外国工业品的输入，而且阻碍本国工业的发展"[1]，自由贸易则使"蒸汽、电力、机器的巨大生产力能够获得充分的发展"[2]；从各国经济增长的角度来看，保护贸易"保护一个工业部门，同时也就直接或间接地损害了其他一切工业部门"[3]；自由贸易则"是现代资本主义生产的正常条件"[4]。因此，自由贸易较保护贸易更能加速生产力的发展，从而加快资本主义的灭亡。这与马克思提出世界市场是社会主义代替资本主义的条件和基础的思想一脉相承，因为只有自由贸易才能使世界市场得以充分发展，也只有在这样的前提下，社会主义取代资本主义的设想才会实现。从这一点来说，贸易自由化是世界市场发展的要求。

（四）阻碍区域一体化进程就是阻碍全球一体化进程

特朗普当选美国总统后，履行了当时的竞选承诺，宣布美国退出"跨太平洋伙伴关系协定"（TPP），但实际上，其遵循的高标准理念不会就此废弃。英国通过全民公投方式脱离与其相伴 43 年的欧盟，对欧盟一体化进程造成深远影响，但与此同时，英国又宣称要成为一个"全球的英国"，是否表明英国认为欧盟一体化制约了其更好地参与全球化进程呢？根据马克思世界市场理论，工业革命的发生将各国卷入世界市场的发展浪潮中，新兴国家和新兴部门、殖民地半殖民地市场都难以逃脱，无一例外地成为世界市场的有机组成部门。资本的无限扩张性使其不断突破现有市场的界限，寻找更加广阔的市场范

---

① 《马克思恩格斯全集》第 4 卷，人民出版社 1958 年版，第 283 页。
② 《马克思恩格斯全集》第 21 卷，人民出版社 1965 年版，第 416 页。
③ 《马克思恩格斯全集》第 21 卷，人民出版社 1965 年版，第 419 页。
④ 《马克思恩格斯全集》第 21 卷，人民出版社 1965 年版，第 416 页。

围，因此，国别市场发展为地区市场，并最终形成世界市场是资本主义发展的必然结果。反过来，国别市场和地区市场又成为世界市场形成的前提和条件。

随着世界市场的不断发展、国际分工的不断深化，以国际贸易、国际投资等方式为纽带而形成的经济一体化表现为两大趋势：经济的全球化和区域化。如同地区市场是世界市场形成的前提和条件，经济的区域一体化则是世界经济走向全球化的必要阶段；而经济全球化是生产力发展和国际经济交往的必然结果，以多边合作机制为标志，是经济区域化的高级阶段。只是由于区域经济一体化建立在地缘优势的基础上，凭借相接近的经济发展水平和毗邻的地理位置，区域内的国家更易达成一体化的经贸协议，要素的自由流动和关税壁垒的减少也更易实现。经济全球化则由于其范围更广、包含成员更多、成员间发展差异更大，利益协调更困难，因此一体化程度较区域化低，发展进程比区域化慢。于是，当一些国家的贸易开放要求在关贸总协定或世界贸易组织的多边贸易谈判中无法得到满足时，就会促成建立在双边或诸边贸易体制上的区域经济一体化组织的创建。由此，经济区域化便成为通向经济全球化的必经阶段。

然而，必须承认的是，资本主义国家出于本国战略利益的考虑，使得目前的区域经济合作组织呈现出排他性，在一定程度上阻碍了经济全球化的进程。但区域经济的蓬勃发展，必然会推动经济全球化的进程。这是因为区域经济合作集团的出现，会促使整个世界的社会生产力水平达到新的高度；而区域之间占有资源和生产要素的不平衡性也必然要依托世界市场的优化配置作用达到协调，这就蕴含了经济全球化的必然趋势。

四　启示

马克思世界市场理论告诉我们，只有顺应经济全球化发展趋势，引导各国共同参与推进互利共赢的国际政治经济新秩序，才是正确之路。

一是要积极参与全球化，进一步扩大对外开放，大胆吸收和借鉴世界各国的一切文明成果。资本主义全球化具有两面性：一方面加快资本主义体系的全球化，另一方面促进了生产力和生产关系的变革。参与到全球经济化的浪潮当中，意味着有机会吸收这一过程当中的有益成果，否则只能因落后而被世界市场所"抛弃"。全球经济和贸易的高速增长是所有参与国共同努力的结果，因此，要实现国家的发展，就必须积极参与全球化，主动扩大世界交往，成为世界经济的一部分。对于社会主义国家，通过参与经济全球化和世界市场，吸取、占有资本主义文明的积极成果，才可积累促进自身发展和向更为高级的社会经济形态过渡的物质基础。

二是提高国家自身的劳动生产效率，推进公平合理的国际经济新秩序的建立。马克思指出的"一个国家的三个工作日也可能同另一个国家的一个工作日交换①"的现象的出现，是因为世界市场上的不同国家由于经济发展水平、技术能力和劳动生产率的差异，使得创造等量国际价值需要花费不同的劳动时间，发达国家用一个劳动日创造的国际价值需要发展中国家花费三个劳动日才能创造出来，这是国际经济旧秩序中不等价交换的实质。为了改变这种不平等的交换局面，建立起公平合理的国际经济新秩序，根本途径就是提高发展中国家的劳动生产率和技术水平。只有当发展中国家的经济发展状况和生产效率达到与发达国家相当的水平时，才有可能实现发展中国家用一个劳动日创造的国际价值与发达国家用一个劳动日创造的国际价值进行等价交换的国际经济新秩序。

三是强化中国在世界市场发展中的示范引领作用，推动发展更高层次的开放型经济。中国作为崛起中的经济体，在世界市场中影响力越来越大，作用越来越重要。目前，中国经济总量位居世界第二，货物贸易进出口总额位居世界第一。这是中国将互利共赢的合作思想付

---

① 《马克思恩格斯全集》第 26 卷（第三册），人民出版社 1974 年版，第 112 页。

诸实践的结果，也是中国坚持改革开放政策的重要成果。中国向世界市场提供了物美价廉的制造品，以开放的姿态向世界各国提供了广阔的投资和消费市场，帮助落后国家渡过难关、共同发展，为世界经济和世界贸易的发展做出了积极的贡献，为国际经济新秩序的建立起到了良好的示范作用。面对经济全球化发展中出现的新形势和新趋势，党的十九大提出了"主动参与和推动经济全球化进程，发展更高层次的开放型经济"[①] 的战略部署。这不仅说明了构建开放型经济体制对中国融入下一阶段经济全球化的重要性，也向全世界展现了发展更高层次的开放型经济的姿态。中国的经济实力和贸易实力决定了在世界市场的舞台上，中国必将为经济全球化浪潮的推进、贸易自由化的发展和国际经济新秩序的建立发挥重要和关键的作用。

参考文献（略）

（原载《经济研究》2018 年第 6 期，本文有删节）

[①]　习近平：《决胜全面建成小康社会　夺取新时代中国特色社会主义伟大胜利——在中国共产党第十九次全国代表大会上的报告》，人民出版社 2017 年版，第 21 页。

全球价值链变化新趋势及中国对策

荆林波　袁平红

摘要： 本文从全球价值链研究现状出发，对全球价值链变化新趋势进行分析。研究发现：全球价值链的驱动机制已经发生变化，人工智能、大数据、物联网等方兴未艾，全球价值链转型正在进行。全球价值链突破现有的物理空间局限，太空经济正成为新的增长点。发达国家主导区域贸易协定新规则，全球价值链重构内生化趋势明显。全球价值链分层逐步形成，附加值获取日益固化。针对全球价值链变化的新趋势，中国应当以新旧驱动力融合为着眼点，培育数字经济的中国优势；以中国空间站建设为契机，抢占太空经济制高点；以"一带一路"倡议为抓手，加速全球贸易网络构建；以复杂全球价值链打造为核心，提升附加值获取能力。

关键词： 全球价值链；数字经济；区块链；区域贸易协定；太空经济

作者： 荆林波，中国社会科学院评价研究院院长、研究员；袁平红，安徽财经大学国际经济贸易学院副教授。

一　引言

从全球范围来看，超过 2/3 的世界贸易通过全球价值链发生。全球价值链呈现多极化、分工精细化、专业化、服务贸易地位日益重要等新的特征（程健、王奎倩，2017）。全球价值链对一国竞争力、经济发展、劳动力市场和贸易成本都存在影响（Jones et al.，2019）。全球价值链获取能力不断向微笑曲线两端倾斜，全球价值链对宏观经济的影响日益增强（袁平红，2016），已成为左右世界贸易发展的决定性力量。嵌入全球价值链尤其是提高在全球价值链中的参与率，正成为许多国家融入全球化的重要方式。中国也不例外。2005—2015年，中国在全球价值链中的平均参与率达到10%，远高于亚洲发展中经济体6.5%的平均水平（World Trade Statistical Review，2019）。这为中国奠定了世界贸易大国的基础。然而，全球价值链的发展并非一帆风顺。随着美国将多家中国企业列入出口管制实体清单，中国制造业全球价值链攀升遇到多重障碍（黎峰，2019）。中国能否应对突如其来的全球价值链断裂危机，巩固简单全球价值链网络核心地位，逐步培养向复杂全球价值链网络迁移的能力，这是关系中国经济未来走向的重大问题。

二　全球价值链变化新趋势

（一）驱动机制发生变化，全球价值链升级出现了新方向

随着全球经济的发展，物联网、大数据分析、3D打印技术、机器人、人工智能、云计算方兴未艾。它们不仅对生产者进行重塑，同时也对消费者产生影响，正成为全球价值链的新驱动力。世界经济从服务经济主导型，逐步向知识主导型、数据驱动的经济转变，数字经济时代开启。

在数字经济中，公民—消费者（Citizen-Consumer）被赋予新的角色，它们成为活跃市场参与方、内容生产商、分销商以及经济价值形成的一个重要来源（Lammi & Pantzar，2019）。数据的产生、获取、沉淀、挖掘等正成为各种商业模式创新的要素，数据甚至被视为新的生产资料，计算则被视为新的生产力（马云，2016）。全球数据

治理应运而生（苏海河，2019）。数字驱动的升级正成为全球价值链升级的新方向。

在全球价值链新驱动力的作用下，消费市场对最终产品的价格影响力正在逐步增强。具体来说，企业是否对全球价值链的上游或者下游环节实现一体化，取决于该企业的最终产品的需求价格弹性（Alfaro et al.，2019）。人工智能、大数据、云计算等的广泛使用，能帮助生产企业更好地响应消费者需求，引导企业优化流程，为消费者提供满意的商品和服务。值得注意的是，数字经济并不是简单地等同于工业4.0或者中国制造2025。换句话说，采用工业4.0并不必然意味着实现了数字化。工业4.0虽然有助于运营升级、功能升级，但是这并不能缩小行业总公司和制造分公司在价值创造上存在的差距。与此形成对照的是，数字经济有助于总公司在变幻莫测的市场环境中脱颖而出，有助于引导总公司发现市场机会并孕育差异化竞争战略，进而打造面向未来的竞争优势，这对于价值捕获来说更加重要（Szalavetz，2019）。

（二）突破物理空间局限，太空经济成为新的增长点

如果说20世纪全球价值链主要覆盖陆地和海洋，那么21世纪全球价值链则突破原有的物理空间局限，正快速向太空延伸。根据高盛集团统计，自2000年来，太空领域的投入活动有3/4来自最近5年（詹媛，2018）。

1. 全球对太空探索的研发支出不断增加，众筹融资成为新模式

全球范围内不同国家和地区对太空预算支出的投入力度正在加大，这在金砖国家和新钻11国上表现尤为明显。尽管到2030年，美国太空预算支出占GDP比重虽然有所下滑，但它依旧是美国预算支出的第一大领域。

按照购买力平价，以2010年不变价格测算，2016年美国在太空探索和利用上的研发支出为11638.393百万美元，远远超过日本、法国、德国、瑞士等发达国家。2015年英国在太空探索和利用上的研发支出虽然只有美国的3.8%，但是英国对太空经济的投入力度正在

不断加大。继 1986 年《外太空法案》颁布以来，2018 年 3 月 15 日英国又通过《航天工业法案》，以此引导英国太空经济的发展。

从全球范围来看，无论是发达国家还是发展中国家，利用太阳系的物质资源和能源资源，对太空经济和相关基础设施的可持续发展具有重要意义（Crawford，2016）。然而，对太空进行探索需要耗费巨额资金，并且需要强大的科研能力作支撑，仅仅依靠政府的投入是远远不够的。从全球来看，政府和企业合作已经成为太空经济开发的主导模式。比如，英国政府将通过与英国企业合作，计划到 2030 年将英国在太空领域的全球份额从 6.5% 提高到 10%（中国国防科技信息中心，2018）。随着太空开发从政府主导型逐步向政府企业合作型的转变，针对太空开发的新融资模式应运而生，比如众筹。康奈尔大学的 KickSat 项目、南星公司的 SkyCube 项目、行星资源公司的 Arkyd - 100 太空望远镜项目就是代表性的针对太空探索的众筹项目（黎开颜、许屹，2015）。Caleb 等（2019）对莫斯科、硅谷的太空众筹项目的调查发现，尽管众筹这种融资方式并不能解决研发资金难题，但是众筹方式有助于更加民主的探索环境的形成，将对太空科学研究以及太空产业的权力结构产生影响。

2. 太空被视为未来国际竞争的新战场，攀爬太空科技阶梯成为关注焦点

以美国为代表的发达国家甚至将太空作为全球竞争的新领域，并将其纳入军事战略。2018 年 8 月，美国宣布在 2020 年新增第六大军种——太空部队。2018 年 12 月，美国太空司令部正式成立。2018 年 12 月 18 日，日本在内阁会议上正式通过了 2019 年以后的《防卫计划大纲》和《2019—2023 年度中期防卫力整备计划》，将太空作为关键战略军事领域，新增太空、网络和电磁等新领域的战斗力，试图打造多次元统合防卫力。2019 年 3 月，印度利用其研制的反卫星武器成功击落了一颗印度的低轨道卫星，印度成为全球第四个掌握反卫星技术的国家。2019 年 7 月 13 日，法国宣布批准在法国空军内部成立太空司令军。北大西洋公约组织则计划在 2019 年底将太空列为与陆、海、

空、计算机网络并列的新战场。

基于太空经济的极端重要性，不少发展中国家也在积极探索，试图在太空科技阶梯上进行攀爬。太空科技阶梯概念由 Wood 和 Weigel（2012）提出，这是一个专门针对发展中国家太空能力发展的标准路径。阿根廷等国家正以此为基准，不断探索，并计划在 2020 年底发射第一颗近地轨道卫星（Lopez et al.，2018）。

（三）发达国家主导区域贸易协定新规则，全球价值链重构内生化

自 20 世纪 90 年代以来，世界贸易组织成员方不断增加，目前拥有 164 个成员方。这为世界多边贸易体制建设奠定了良好的基础，为全球价值链提供了广阔的发展空间。与此同时，全球贸易呈现出新的特点，区域贸易协定的增加就是其中一例。

1980—2019 年，全球区域贸易协定数量增加非常明显，尤其是进入 21 世纪后，区域贸易协定保持快速增长态势。截至 2019 年 10 月 3 日，全球累计生效的区域贸易协定达到 302 个，其中仅涵盖货物的区域贸易协定 149 个，仅涵盖服务的区域贸易协定 2 个，既涵盖服务贸易协定又涵盖货物贸易的区域贸易协定 151 个。从全球范围来看，欧洲地区的区域贸易协定数量最多，高达 100 个。对 2004 年以后加入欧盟的成员国来说，越是靠近全球价值链的枢纽或者中心，这些成员国的企业生产率增长越快（Criscuolo & Timmis，2018）。

区域贸易协定对签约国的经济增长和人民福利水平提高都将产生影响，但是这种影响在发达国家和发展中国家之间具有显著差异。条款覆盖率高、法定承诺率高的区域贸易协定对发达国家经济增长的效应明显，发达国家从区域贸易协定中获得了更大的利益。为了巩固这些利益，发达国家正积极推动区域贸易协定条款从"WTO＋"向"WTO—X"转变（孙瑾等，2018）。这是由于按照不同规则制定的区域贸易协定，将会带来不一样的效应。超出当前 WTO 强制执行的条款（如投资和竞争政策）驱动南—北零部件贸易的贸易协定效应，隶属于 WTO 的条款（关税减让和通关便利化）则驱动南—南零部件贸易的贸易协定效应（Laget et al.，2018）。

值得注意的是，并不是所有已经签署的区域贸易协定都是根据经济决定因素进而"自然而然的"，这是因为贸易谈判可以作为外部政策工具来使用。从这个角度来说，区域贸易协定涵盖的地理范围具有内生属性（Fontagne & Santoni，2018）。全球价值链模式正在改变最优贸易协定的地理演变，区域贸易协定地理内生性受全价值链塑造的影响。这在双边自贸协定中表现得尤为明显。随着贸易成本水平的下降，双边贸易对于贸易成本的弹性增加，这是由于价值链的内生重构引起的。然而，世界贸易对于贸易成本的弹性并没有因为多阶段生产而放大（Johnson & Moxnes，2019）。这就说明，随着区域贸易协定的增加，全球价值链的核心环节在不同区域沉淀。美国、欧盟、日本等为首的发达国家正依靠不断增加的"深度"区域贸易协定，对全球生产网络进行切割和重新组合，使其朝着有利于巩固它们自身在全球价值链中优势地位的方向发展。

（四）全球价值链逐步分层，附加值获取日益固化

随着时间推移，全球价值链分层凸显。以制造业为例，中国主要以单一连接的形式参与全球价值链并处于下游环节，并且在向技术密集型部门上游移动；日本主要以单一连接形式加入全球价值链并处于上游环节，同时在技术密集型部门享有优势；美国则在全球价值链的上游环节建立多重连接，同时在高科技部门享有优越地位；欧盟主要参与中间产品以及最终产品的生产和出口（Lai & Zhong，2017）。

首先，全球价值链的参与率提高，并不一定能改善一国的经常项目收支。从目前来看，并没有证据表明全球价值链参与率直接提高经济体经常账户头寸。相反，后向参与率对经常账户差额产生负面影响。尽管全球价值链参与率使得出口兴旺，但是这种增长既不能带来价格竞争能力的提升，也不能带来更高的储蓄率（Antonia & Valerie，2018）。

其次，全球价值链的高参与率实际上加大了发展中国家对发达国家的依赖。以欧盟为例，1995—2011 年，德国是 10 个中欧和东欧国家的主要贸易伙伴，中东欧国家成功地参与了全球价值链。德国成为这

些国家所嵌入的全球价值链网络的枢纽,成为全球价值链不断一体化的引擎(Lukasz,2018)。但是与南欧以及西北欧相比,中东欧国家对全球生产网络的依赖程度显著提高(Grodzicki & Geodecki,2016)。

最后,受制于无形资本,全球价值链的经济增长效应具有国别差异。这里的无形资本包括研发、广告和市场研发(品牌)、培训和组织资本等。通常来说,一个国家或者某个产业的无形资本密度越高,那么其在全球价值链的参与率对这个国家的增长或者产业增长带来的边际效应就越大(Cecilia & Valentina,2019)。然而,无形资本恰恰是全球价值链上游企业所拥有的主要优势。一个企业在价值链的给定阶段的一体化倾向受该企业所处上游而不是下游阶段的相对缔约能力影响(Alfaro et al.,2019)。相比较来说,无形资本密度较低的发展中国家由于研发创新能力受到抑制(吕越等,2018),一体化倾向大大降低。因此,它们既难以实现预期的技术升级,也难以实现预期的经济增长效应,最终导致发展中国家对全球价值链附加值的获取能力逐步下降。

三 中国应对全球价值链变化的对策

(一) 以新旧驱动力融合为着眼点,培育数字经济的中国优势

全球价值链的驱动力虽然发生了变更,并不意味着生产者驱动型价值链或者说消费者驱动型价值链不复存在。恰恰相反,中国经济要充分利用利用中国庞大的产能、日益增长的内需市场,实现新旧驱动力的有效融合,培育数字经济的中国优势。

数字经济将主要围绕数据的产生、传输、储存、挖掘、利用以及治理等一系列活动展开。数据的产生离不开连接。中国要高度重视并发展所有与连接有关的产业,比如运输业、通信业、新媒体等,打造新的时空观,以争夺中国用户的注意力为核心,以区块链为基础,打造中国数字经济生态系统。以中国自主的跨境电子商务平台为依托,整合支付宝、微信支付等移动支付工具,适时推出中国自主的数字货币,掌握全球数字支付话语权。继续加大改革开放力度,提高上海证

券交易所、深圳证券交易所、香港交易所对中国资本、国际资本的吸引力。中国要继续推动人民币国际化，提高其在国际贸易中的计价、结算以及储备地位，将人民币打造为世界货币。与此同时，中国要积极挖掘国内数字经济实践，将其提升到理论层面，为全球数据治理规则的制定贡献中国智慧。

（二）以中国空间站建设为契机，抢占太空经济的制高点

2019 年 1 月 3 日，中国月球探测器在月球背面成功登陆。2019 年 7 月 19 日天官二号空间实验室圆满完成离轨，标志中国将正式进入空间站时代。中国要以此为契机，做大做强中国的太空产业，抢占太空经济的制高点。

首先，以航天科技集团与航天集团为核心，推动中国航天关键技术领域的重大突破。以"双一流"高校建设为契机，加强校企合作，建设中国航空航天人才梯队。以中国国际航空航天博览会为依托，发挥平台功能，打造国际交流、合作平台。

其次，落实《2016 中国的航天》白皮书精神，引导民间资本和社会力量有序进入火箭开发和商业卫星发射等领域。以文昌卫星发射中心为依托，将海南省作为商业航天军民融合示范省，发展商业航天科技产业生态。

再次，加快《航天法》的出台。推动航空航天科技民用化，比如加快北斗导航系统建成并促进其民用化等。将航天航空科技与民用领域相结合，推动中国农业、医疗行业等从全球价值链低端走向高端。

太空经济的发展离不开教育，离不开人才梯队的培养。对中国来说，要特别重视中小学教育在人才培养中的基础性作用。在中小学教育中，要以强身健体为基础，以刘慈欣的小说《三体》《流浪地球》等为抓手，以钱学森、邓稼先等航空航天人的典型事迹为榜样，培养广大中小学生对太空探索的兴趣，鼓励他们从小打下扎实的科学基础，号召他们为中国太空探索接续奋斗。

（三）以"一带一路"倡议为抓手，加速全球贸易网络构建

坚定不移地维护多边贸易体制的同时，中国要充分利用"一带一路"倡议合作平台，加快区域贸易协定的谈判签署以及落实工作。对于中国来说，区域贸易协定不能仅关注数量，而且要关注区域贸易协定的质量。这就要求中国在区域贸易协定谈判中，既要关注条款的详细和覆盖程度，也要关注参与签订区域贸易协定的各国条款的执行效力和惩罚机制及其对经济增长的实际效果（孙瑾等，2018）。因此，无论是对计划进行谈判的区域贸易协定，还是准备升级的区域贸易协定，中国要高度重视区域贸易协定条款的质量，尤其是区域贸易协定的条款覆盖率和法定承诺率。

从已有研究来看，亚太自贸区和区域全面经济伙伴关系协定对中国和世界的积极效应最突出（李春顶等，2018）。中国要审时度势，推动区域全面经济伙伴关系协定的谈判，与海合会进行积极磋商，争取早日达成中日韩自贸区谈判。与此同时，中国要推动与斯里兰卡、以色列、挪威、毛里求斯、巴拿马、摩尔多瓦、巴勒斯坦等国家的自贸协定谈判，通过以点带面的方式，采取逐个击破的方式，加速区域贸易网络构建，为中国全球贸易网络构建打基础。

（四）以复杂全球价值链打造为核心，提高贸易利益获取能力

中国要继续对外开放，以开放性思维拥抱快速变化的世界，以欣赏的眼光看待本土市场需求的变化，以审慎的眼光看待发达国家市场的需求反馈，以包容的眼光看待非洲等欠发达国家和地区普通民众的消费需求。捕捉本土与海外市场的需求动态，着眼于未来需求，打造以技术进步主导的"全产业链"发展模式（黄光灿等，2019）。中国政府要积极整合社会资本、民间力量，通过多连接方式，打造以中国自主知识产权为核心的复杂全球价值链。复杂全球价值链的打造要围绕改变全球经济格局的主要驱动力进行。具体来说主要围绕能源、运输、通信、粮食和医药等领域展开。

参考文献（略）

（原载《管理世界》2019 年第 11 期，本文有删节）

对外投资与企业异质性产能利用率

李雪松　赵宸宇　聂　菁

摘要：本文使用中国上市公司数据，从企业角度测算了产能利用率。在考虑异质性效应和内生性选择的基础上，基于内生转换回归模型和边际处理效应的参数估计方法，考察了对外投资对中国企业产能利用率的影响。结果显示融资成本较低、所得税率较低及规模较小的企业，产能利用率相对较高。对外投资对企业产能利用率影响的平均处理效应为 4.1 个百分点，总体上有助于提高企业的产能利用率。越倾向于进行对外投资的企业，对外投资对提升其产能利用率的边际处理效应越高；然而，那些不具备比较优势的企业如果选择对外投资，反而可能会降低其产能利用率。

关键词：对外投资；产能利用率；异质性；边际处理效应

作者：李雪松，中国社会科学院数量经济与技术经济研究所所长、研究员；赵宸宇，中国社会科学院大学博士生；聂菁，中国社会科学院数量经济与技术经济研究所助理研究员。

一　引言

当前中国经济发展面临严重的产能过剩问题。传统制造业产能普遍过剩，特别是钢铁、电解铝、水泥、平板玻璃、电解铝等高消耗、高排放行业尤为突出。国内学者关于产能过剩问题的研究主要集中于三个方面，一是产能过剩测度、特征表现和风险的研究（张新海，2010；周劲和付保宗，2011；杨振兵和张诚，2015；程俊杰，2015）。二是产能过剩的成因和形成机制研究（林毅夫等，2010；韩国高等，2011；江飞涛等，2012；干春晖等，2015；范林凯等，2015）。三是产能过剩的化解和治理方法研究（韩秀云，2012；盛朝迅，2013；李正旺和周靖，2014）。但是既有文献大多是站在国内视角来研究产能过剩问题，在"走出去"和"一带一路"战略背景下，我们自然会思考对外投资化解产能过剩的效果如何？能否带来企业产能利用率的提高？这是本文关注的核心问题。

　　受贸易保护主义的影响，中国长期面临贸易壁垒和反倾销问题，对中国企业产品出口造成了非常不利的影响。因此，对外投资已成为企业发展的重要战略手段。通过对外投资可以绕开贸易壁垒、保持并扩大市场份额以及更好地为客户提供服务，从而促进产品的海外销售，消化国内的过剩产能，提高中国企业的产能利用率。各国产业结构和要素禀赋的差异性为国际产能互利合作提供了条件。小岛清（1987）提出的"边际产业扩张理论"认为，在国内逐渐丧失比较优势的企业，可以选择对外投资，以利用东道国更廉价的要素投入（劳动力、土地和环境等），从而更好地提高企业的经营效率。国际上一些欠发达经济体在推进城镇化过程中伴随着大规模基础设施建设投资，电解铝、钢铁、水泥、玻璃等国内过剩产能可以借助这一有利机会加快国际产业转移，提高整个行业和企业自身产能利用率。另外，随着国内产业结构转型升级和国际竞争的加剧，获取先进技术、知名品牌和管理经验等日益成为中国企业海外投资的重要目的。这些战略性资源的获取会产生逆向技术溢出效应，有助于促进企业技术创新，提高母公司的生产效率和产品质量，提升企业产品的国际竞争力，扩大市场需求，提高企业产能利用率（蒋冠宏等，2013；毛其淋和许家云，2014）。尽管已有不少文献探讨对外投资或者产能过剩问题，但是对于两者关系的定量研究还较少。

本文的主要工作和贡献是：梳理了对外投资化解产能过剩，提高企业产能利用率的途径和作用机制，基于随机前沿生产函数方法测算了中国上市公司的微观产能利用率；在考虑了异质性效应和内生性选择的基础上，基于内生转换回归（Endogenous Switching Regression，ESR）模型和边际处理效应（Marginal Treatment Effect，MTE）的参数估计方法，从企业的角度估计了反事实产能利用率，定量估计了对外投资对中国企业产能利用率的异质性影响。本文的研究有助于引导对外投资健康发展，具有一定的政策参考意义。

二 对外投资影响企业产能利用率的经验分析模型

（一）对外投资影响企业产能利用率的 ESR 模型及企业反事实产能利用率

为了检验企业对外直接投资是否显著提高了产能利用率，我们构建了以下计量方程：

$$Y_i + X_i\beta + \alpha \cdot OFDI_i + \varepsilon_i \tag{1}$$

其中，被解释变量 Y 表示企业产能利用率，$OFDI$ 为对外投资决策虚拟变量。需要注意的是，模型（1）中对外投资决策变量 $OFDI$ 不应被视为外生变量。是否对外投资是上市公司基于自身成本收益分析的自选择，存在不可观测因素同时影响着对外投资决策和产能利用率。于是可以考虑为 $OFDI$ 构建如下的决策机制模型：

$$\begin{cases} OFDI_i^* = Z_i\gamma + \varepsilon_{vi} \\ OFDI_i = 1 & if & OFDI_i^* > 0 \\ OFDI_i = 0 & if & OFDI_i^* \leq 0 \end{cases} \tag{2}$$

其中，$OFDI_i^*$ 表示潜在的对外投资净收益。每家公司 i 基于不同的对外投资决策，具有不同的产能利用率，不同选择下企业对外投资行为表现的机制可能是不同的。两种对外投资决策下的潜在产能利用率结果（Y_{1i}，Y_{0i}）可以表示为：

$$Y_{1i} = X_i\beta_1 + \varepsilon_{1i} \qquad if \qquad OFDI_i = 1 \qquad (3)$$

$$Y_{0i} = X_i\beta_0 + \varepsilon_{0i} \qquad if \qquad OFDI_i = 1 \qquad (4)$$

采用 OLS 直接对方程（3）和方程（4）进行估计将产生样本选择偏差问题，无法得到一致的估计结果。若记 $\sigma_v^2 = var\ (\varepsilon_v)$，$\sigma_{1v} = cov\ (\varepsilon_1,\ \varepsilon_v)$，$\sigma_{0v} = cov\ (\varepsilon_0,\ \varepsilon_v)$ 将 σ_v^2 标准化为 1，则 ε_1 和 ε_0 的条件期望可表示为：

$$E\ (\varepsilon_{1i} \mid OFDI_i = 1)\ = E\ (\varepsilon_{1i} \mid Z_i\gamma + \varepsilon_{vi} > 0) = \sigma_{1v} \cdot \frac{\phi\ (Z_i\gamma)}{\phi\ (Z_i\gamma)} = \sigma_{1v}\lambda_{1i}$$

$$(5)$$

$$E\ (\varepsilon_{0i} \mid OFDI_i = 0)\ = E\ (\varepsilon_{0i} \mid Z_i\gamma + \varepsilon_{vi} \leqslant 0) = \sigma_{0v} \cdot \frac{-\phi\ (Z_i\gamma)}{1 - \phi\ (Z_i\gamma)} = \sigma_{0v}\lambda_{0i}$$

$$(6)$$

其中，λ_{1i} 和 λ_{0i} 分别表示 OFDI 与非 OFDI 企业两种不同区制下的逆米尔斯比率。方程（2）、方程（3）和方程（4）构成了对外投资影响企业产能利用率的内生转换回归（ESR）模型（Maddala，1986）。它借助两种投资决策的转换方程分别对 OFDI 企业（处理组）和非 OFDI 企业（控制组）决策状态下的样本进行刻画。

ESR 模型的两阶段估计思路为：首先用 MLE 方法对方程（2）做 probit 回归并计算 λ_{1i} 和 λ_{0i}；然后基于方程（3）至方程（6），分别运用 OFDI 企业和非 OFDI 企业两个子样本，估计如下的方程（7）和方程（8），就可得到 β_1、β_0 的一致估计。

$$Y_{1i} = X_i\beta_1 + \sigma_{1v}\lambda_{1i} + w_{1i} \qquad if \qquad OFDI_i = 1 \qquad (7)$$

$$Y_{0i} = X_i\beta_1 + \sigma_{0v}\lambda_{0i} + w_{0i} \qquad if \qquad OFDI_i = 0 \qquad (8)$$

基于方程（7）和方程（8），对外投资企业与非对外投资企业的产能利用率可以表述为方程（9）和方程（10），它们的反事实产能利用率可以表述为方程（11）和方程（12）。这四个结果变量的条件期望可以表述为：

$$E\ (Y_{1i} \mid OFDI_i = 1)\ = X_i\beta_1 + \sigma_{1v}\lambda_{1i} \qquad (9)$$

$$E\ (Y_{0i} \mid OFDI_i = 0)\ = X_i\beta_0 + \sigma_{0v}\lambda_{0i} \qquad (10)$$

$$E\ (Y_{0i}\ |\ OFDI_i=1)\ =X_i\beta_0+\sigma_{0v}\lambda_{1i} \tag{11}$$

$$E\ (Y_{1i}\ |\ OFDI_i=0)\ =X_i\beta_1+\sigma_{1v}\lambda_{0i} \tag{12}$$

（二）对外投资影响企业异质性产能利用率的 MTE 模型及参数估计方法

ESR 模型考虑了样本选择偏差，但是没有考虑企业不可观测的异质性。此时，需要使用 MTE 模型方法来进行估计（李雪松和赫克曼，2004；张巍巍和李雪松，2014）。我们可以将方程（1）表示为更一般的随机系数形式：

$$Y_i=X_i\beta+\alpha_i\cdot OFDI_i+\varepsilon_i \tag{13}$$

整理方程（3）和方程（4），可以将企业 i 的产能利用率表示为：

$$\begin{aligned}Y_i&=OFDI_i\cdot Y_{1i}+\ (1+OFDI_i)\ \cdot Y_{0i}\\&=OFDI_i\cdot\ [X_i\ (\beta_1-\beta_0)\ +\varepsilon_{1i}-\varepsilon_{0i}]\ +X_i\beta_0+\varepsilon_{0i}\\&=OFDI_i\cdot\beta_i+X_i\beta_0+\varepsilon_{0i}\end{aligned} \tag{14}$$

其中，$\beta_i=X_i\ (\beta_1-\beta_0)\ +\ (\varepsilon_{1i}-\varepsilon_{0i})$，表示企业 i 选择对外投资对其产能利用率的异质性影响。若 $\beta_1\neq\beta_0$，则存在可观测到的异质性影响 $X_i\ (\beta_1-\beta_0)$；若 $\varepsilon_{1i}\neq\varepsilon_{0i}$，则存在不可观测到的异质性影响 $(\varepsilon_{1i}-\varepsilon_{0i})$。

区别于方程（2），企业选择对外投资的决策机制还可以表征为如下成本收益比较的形式：

$$\begin{aligned}OFDI_i^*&=\mu_s\ (Z_i)\ -u_{si}\\OFDI_i&=1\quad if\quad OFDI_i^*>0\\OFDI_i&=0\quad if\quad OFDI_i^*\leqslant0\end{aligned} \tag{15}$$

定义 $u_{di}=F_U\ (u_{si})$，假设 u_{di} 服从 [0，1] 均匀分布，方程（15）可改写为：

$$\begin{aligned}OFDI_i^*&=P_i\ (Z_i)\ -u_{di}\\OFDI_i&=1\quad if\quad OFDI_i^*>0\\OFDI_i&=0\quad if\quad OFDI_i^*\leqslant0\end{aligned} \tag{16}$$

　　边际处理效应为企业 i 在选择对外投资和不选择对外投资的临界状态下，如果选择对外投资对企业产能利用率的促进效应。

　　参数 MTE（Parametric MTE，PMTE）的估计方法假设是，在全样本条件下，随机误差项（ε_1，ε_0，u_s）服从三元联合正态分布。令 $\sigma_s^2 = var\,(u_s)$，$\sigma_{1s} = cov\,(\varepsilon_1,\,u_s)$，$\sigma_{0s} = cov\,(\varepsilon_0,\,u_s)$。由 $P_i\,(Z_i)$ 的定义有：

$$P_i\,(Z_i) = Pr\,(OFDI_i = 1 \mid Z_i = z_i) = \Phi\,(\frac{\mu_s\,(z_i)}{\sigma_s}) \quad (17)$$

　　对方程（3）和方程（4）分别取期望，可得方程（18）与方程（19）：

$$E\,(Y_{1i} \mid OFDI_i = 1,\,X_i = x_i,\,Z_i = z_i) = x_i\beta_1 + \rho_1 E\,(\frac{u_{si}}{\sigma_s} \mid \frac{u_{si}}{\sigma_s} < \frac{\mu_s\,(z_i)}{\sigma_s})$$

$$= x_i\beta_1 + \rho_1\left(-\frac{\phi\,(\mu_s\,(z_i)\,/\sigma_s)}{\phi\,(\mu_s\,(z_i)\,/\sigma_s)}\right) \quad (18)$$

$$E\,(Y_{0i} \mid OFDI_i = 1,\,X_i = x_i,\,Z_i = z_i) = x_i\beta_0 + \rho_0 E\,(\frac{u_{si}}{\sigma_s} \mid \frac{u_{si}}{\sigma_s} \geqslant \frac{\mu_s\,(z_i)}{\sigma_s})$$

$$= x_i\beta_0 + \rho_0\left(-\frac{\phi\,(\mu_s\,(z_i)\,/\sigma_s)}{1 - \phi\,(\mu_s\,(z_i)\,/\sigma_s)}\right) \quad (19)$$

　　其中，$\rho_1 = \sigma_{1s}/\sigma_s$，$\rho_0 = \sigma_{0s}/\rho_s$。

　　若采用企业 i 选择对外投资的概率 $P_i\,(Z_i)$ 表示，可以将方程（18）与方程（19）表示为：

$$E\,(Y_{1i} \mid OFDI_i = 1,\,X_i = x_i,\,Z_i = z_i) = x_i\beta_1 + \rho_1\left(-\frac{\phi\,(\phi^{-1}\,(P_i\,(Z_i)))}{P_i\,(Z_i)}\right) \quad (20)$$

$$E\,(Y_{0i} \mid OFDI_i = 0,\,X_i = x_i,\,Z_i = z_i) = x_i\beta_0 + \rho_0\left(\frac{\phi\,(\phi^{-1}\,(P_i\,(Z_i)))}{1 - P_i\,(Z_i)}\right) \quad (21)$$

　　对于处于临界状态的企业 i，有：

$$E\,(Y_{1i} \mid u_{si} = \mu_s\,(z_i),\,X_i = x_i,\,Z_i = z_i) =$$

$$x_i\beta_1 + \rho_1 E\left(\frac{u_{si}}{\sigma_s} \mid \frac{u_{si}}{\sigma_s} = \frac{\mu_s\,(z_i)}{\sigma_s} = x_i\beta_1 + \rho_1\Phi^{-1}\,(P_i\,(Z_i))\right) \quad (22)$$

$$E\ (Y_{0i}\ |\ u_{si}=\mu_s\ (z_i),\ X_i=x_i,\ Z_i=z_i)\ =$$

$$x_i\beta_0+\rho_0 E\left(\frac{u_{si}}{\sigma_s}\ \bigg|\ \frac{u_{si}}{\sigma_s}=\frac{\mu_s\ (z_i)}{\sigma_s}=x_i\beta_0+\rho_0\Phi^{-1}\ (P_i\ (Z_i))\right)\quad(23)$$

基于方程（22）和方程（23），参数法的边际处理效应可以表示为（Björklund 和 Moffitt，1987；Heckman 和 Vytlacil，1999，2001，2005，2007）：

$$PMTE=E\ (Y_{1i}-Y_{0i}\ |\ u_{si}=\mu_s\ (z_i),\ X_i=x_i,\ Z_i=z_i)$$
$$=E\ (Y_{1i}-Y_{0i}\ |\ u_{di}=P_i\ (Z_i),\ X_i=x_i,\ Z_i=z_i)$$
$$=x_i\ (\beta_1-\beta_0)\ +\ (\rho_1-\rho_0)\ \Phi^{-1}\ (P_i\ (Z_i))$$
$$(24)$$

PMTE 方法的估计思路是，首先采用全样本对方程（17）进行 probit 估计，得到 $P_i\ (Z_i)$。基于 $P_i\ (Z_i)$ 估计值，对方程（22）和方程（23）进行 OLS 回归，即得到 β_1 和 β_0 的一致性估计。在此基础上，由方程（24）得到企业 i 的边际处理效应。其中，ATE 表示对于随机一家企业，对外投资决策对其产能利用率影响的平均处理效应；ATT 表示实际对外投资企业假如不进行对外投资对企业产能利用率影响的平均处理效应；ATU 表示实际非对外投资企业假如对外投资对企业产能利用率影响的平均处理效应。根据边际处理效应公式，估计 ATE、ATT 和 ATU 的表达式为（Heckman 和 Vytlacil，1999，2001，2005，2007）：

$$ATE=\int_0^1 MTE\ (u_d)\ du_d \quad(25)$$

$$ATT=\int_0^1 MTE\ (u_d)\ (\frac{1-F_p\ (ud)}{E_{P_i}})\ du_d=\int_0^1 MTE\ (u_d)\ \left(\frac{\int_{u_d}^1 f(p)dp}{E(P_i)}\ du_d\right)$$
$$(26)$$

$$ATU=\int_0^1 MTE\ (u_d)\ (\frac{F_p\ (ud)}{E\ (1-P_i)})\ du_d=\int_0^1 MTE\ (u_d)\ \left(\frac{\int_0^{u_d} f(p)dp}{E(1-P_i)}\ du_d\right)$$
$$(27)$$

三　样本数据与变量说明

（一）样本数据

本文采用中国 A 股上市公司与商务部《境外投资企业（机构）名录》（以下简称《名录》）匹配后的数据作为研究样本。经过一系列处理最后得到企业的有效样本数为 5345 个，其中对外投资样本数为 828 个。另外，OFDI 企业主要集中于制造业，占全部 OFDI 样本的79.2%。

（二）变量说明

产能利用率一般指企业或行业实际产出占潜在生产能力的比重。按照生产所涉及的范围，一般将产能划分为微观、中观和宏观三个层次。微观产能指企业一个作业单元满负荷生产时所能处理的最大限度（史蒂文森，2000），或者参与生产的全部固定资产，在既定组织结构和技术条件下，所能生产的最大产量（王关义，2005）；中观产能指某个产业所拥有的生产能力；宏观产能指整个国家、整个国民经济所拥有的生产能力。国内学者对产能过剩、产能利用率的研究大多针对中观和宏观层面，如沈利生（1999）、孙巍等（2009）、董敏杰等（2015）和韩国高等（2011）。近几年，国内学者开始尝试从微观视角度量企业的产能利用率，如赵黎黎和黄新建（2010）选择总资产周转率作为绩效评价指标衡量企业资产经营质量和使用效率；修宗峰和黄健柏（2013）采用固定资产收入比作为制造业企业的产能利用率指标；国务院发展研究中心课题组等（2015）采用成本函数法对企业产能利用率进行了测算，发现产能利用率直接影响企业的销售净利率和总资产周转率，产能利用率主要和企业总资产周转率相关；曲玥（2015）基于企业数据，采用随机前沿生产函数法测算了中国工业近年来的产能利用率水平。相比随机前沿生产函数法，估算成本函数法需要确定企业各项投入的取值作为模型参数，而这些变量都需要推算，需要的基础数据较多；另外直接从生产角度确定产出前沿面的做法更为直接，因此本文参考曲玥（2015）的做法，在经验分析中使用随机前沿生产函数法，把实际产出与前沿产出水平的比值看作企业产能利用率。由于上市公司不披露工业总产值，本文采用主营业务收入近似替代。利用公司主营业务收入、总资产和企业人数来构建随机前沿生产面，从而计算上市公司的产能利用率水平。基于国务院发展研究中心课题组等（2015）的研究结果，考虑到产能利用率主要和企业总资产周转率相关，本文还采用了总资产周转率作为企业产能利用率的替代指标进行了稳健性检验。其他控制变量的构造及描述性统计结果参见表1。从表1可以看出，OFDI企业产能利用率的平均值为0.728，高于非OFDI企业（0.698）；OFDI企业资产周转率的平均值（0.598）也比非OFDI企业（0.539）高6个百分点。

表1　　　　　　　　　　主要变量定义及描述性统计

变量	定义	总样本		OFDI企业（处理组）		非OFDI企业（控制组）	
		均值	标准差	均值	标准差	均值	标准差
产能利用率	实际产出与前沿产出水平的比值	0.703	0.135	0.728	0.126	0.698	0.136
资产周转率	营业收入/总资产	0.548	0.210	0.598	0.202	0.539	0.211
对外投资决策	对外投资取值1，否则取0	0.155	0.362	1.000	0.000	0.000	0.000
融资成本	$(t-1)$期利息支出/$(t-1)$期营业收入	0.020	0.026	0.016	0.022	0.021	0.026
企业规模	$(t-1)$期企业总资产的对数值	21.770	1.088	22.161	1.138	21.698	1.064
研发费用占比	$(t-1)$期研发费用/$(t-1)$期营业收入	0.030	0.025	0.037	0.026	0.028	0.025

续表

变量	定义	总样本		OFDI 企业（处理组）		非 OFDI 企业（控制组）	
		均值	标准差	均值	标准差	均值	标准差
资产负债率	（$t-1$）期总负债/（$t-1$）期总资产	0.469	0.207	0.458	0.202	0.471	0.208
销售费用占比	（$t-1$）期销售费用/（$t-1$）期营业收入	0.061	0.057	0.058	0.051	0.061	0.058
所得税率	（$t-1$）期所得税/（$t-1$）期利润总额	0.193	0.111	0.178	0.101	0.196	0.113
海外市场接近度	省会城市到海岸线距离倒数乘100	0.749	0.860	0.818	0.796	0.737	0.870
政府补贴率	（$t-1$）期政府补贴/（$t-1$）期总资产	0.004	0.005	0.005	0.004	0.004	0.005
高管年龄	（$t-1$）期企业高管团队平均年龄	48.451	3.048	48.915	3.284	48.366	2.996
企业上市年龄	当年年份—企业上市年份	9.949	5.453	8.236	5.193	10.264	5.442
所有制性质	中央及地方国企取值1，否则取0	0.471	0.499	0.385	0.487	0.487	0.499

四 企业对外投资决策的影响因素分析

本部分首先就上市公司对外投资决策的影响因素进行实证分析。模型 A 表明，融资成本、企业规模、资产负债率、研发费用占比、销售费用占比、海外市场接近度、高管年龄以及所有制性质等变量会显著影响企业对外投资决策。此外，模型 B 的 IV probit 结果表明，融资成本和研发费用占比在对外投资决策方程中都不存在内生性。

表 2 企业对外投资决策影响因素的估计及内生性检验

解释变量	模型 A	模型 B（IV probit）	
		模型 B1	模型 B2
融资成本	− 3. 5601 ** （1. 8156）	− 12. 5547 （11. 1317）	− 3. 3063 * （1. 9065）
企业规模	0. 4030 *** （0. 0387）	0. 3782 *** （0. 0522）	0. 4041 *** （0. 0389）
资产负债率	0. 4772 ** （0. 2412）	1. 1341 （0. 8345）	0. 4897 ** （0. 2429）
研发费用占比	10. 0013 *** （1. 4688）	9. 2577 *** （1. 7898）	12. 2713 ** （5. 3830）
销售费用占比	− 1. 3413 ** （0. 5690）	− 1. 5584 ** （0. 6182）	− 1. 4246 ** （0. 6000）
所得税率	− 0. 3338 （0. 3061）	− 0. 2924 （0. 3092）	− 0. 2555 （0. 3546）
政府补贴率	10. 2315 （6. 6826）	12. 1192 * （6. 9956）	8. 7089 （7. 5364）
海外市场接近度	1. 3321 *** （0. 4054）	1. 3215 *** （0. 4033）	1. 3248 *** （0. 4055）
高管年龄	− 0. 5298 *** （0. 2035）	− 0. 4937 ** （0. 2086）	− 0. 5358 *** （0. 2041）
高管年龄平方	0. 0055 *** （0. 0021）	0. 0051 ** （0. 0021）	0. 0056 *** （0. 0021）
上市年龄	− 0. 0058 （0. 0291）	0. 0104 （0. 0352）	− 0. 0053 （0. 0292）
上市年龄平方	− 0. 0009 （0. 0013）	− 0. 0015 （0. 0015）	− 0. 0009 （0. 0013）
所有制性质	− 0. 4126 *** （0. 0772）	− 0. 4771 *** （0. 1067）	− 0. 4179 *** （0. 0782）

续表

解释变量	模型 A	模型 B （IV probit）	
		模型 B1	模型 B2
样本数	5345	5345	5345
Wald 统计量		0.65	0.19
p 值		0.42	0.66

说明：括号中为标准误；＊、＊＊、＊＊＊分别表示在 10%、5%、1%的水平上显著，下表同。

五　对外投资影响企业产能利用率的经验分析

（一）对外投资影响企业产能利用率的基础回归与内生性检验

本文运用 Pool OLS 方法对模型（1）进行估计，表 3 模型 C 的结果显示，企业对外投资决策与企业产能利用率在 1% 显著性水平上正相关，表明企业"走出去"有助于提高自身产能利用率。为了检验对外投资决策的内生性，本文利用模型 A 的估计结果预测对外投资决策的概率，将其作为对外投资决策的工具变量。模型 D 结果表明，对外投资决策在 5% 的水平上显著提高了企业产能利用率。

表3　　　　对外投资对企业产能利用率影响的估计及内生性检验

解释变量	模型 C OLS	模型 D IV	模型 E ESR （OFDI）	模型 F ESR （非 OFDI）
对外投资决策	0.0197＊＊＊ （0.0054）	0.0853＊＊ （0.0341）		
其他变量	控制	控制	控制	控制
$\hat{\lambda}_1$			−0.1918＊＊＊ （0.0305）	
$\hat{\lambda}_0$				−0.1192＊＊ （0.0126）
样本数	5345	5345	828	4517
R^2	0.21	0.17		
DWH 检验		4.06		

续表

解释变量	模型 C OLS	模型 D IV	模型 E ESR（OFDI）	模型 F ESR（非 OFDI）
p 值		0.04		
识别力检验		74.99		
p 值		0.00		
弱工具变量检验		75.64		
10%临界值		16.38		

（二）对外投资影响企业产能利用率的反事实分析与异质性效应估计

针对模型 C 的自选择问题，运用 ESR 模型（7）与模型（8）分别对 OFDI 企业与非 OFDI 企业的产能利用率方程进行估计，估计结果分别见表 3 的模型 E 和模型 F。图 1 和图 2 分别为 OFDI 企业和非 OFDI 企业的拟合产能利用率与反事实产能利用率。可以发现，实际对外投资的企业如果没有进行对外投资，其产能利用率会降低；实际未对外投资的企业如果进行对外投资，其产能利用率会提高。综合来看，企业对外投资会显著促进企业产能利用率的提高。

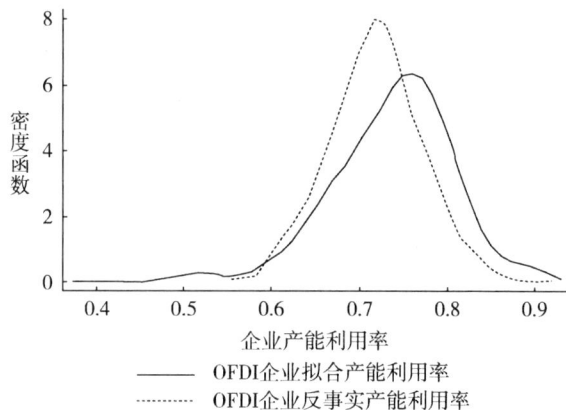

图1　拟合与反事实产能利用率（OFDI 企业）

图 3 的 MTE 曲线表明，企业基于自身比较优势进行对外投资决策，越倾向于对外投资的企业，对外投资提升企业产能利用率的

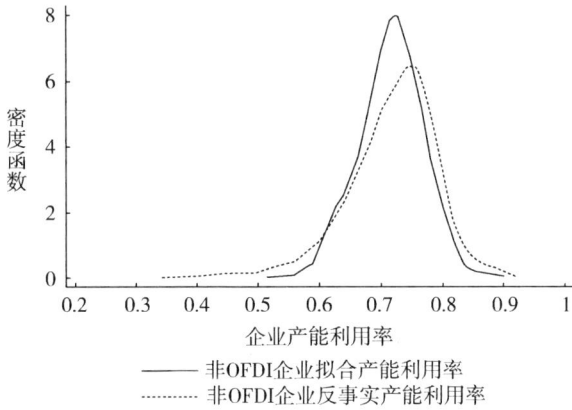

图 2　拟合与反事实产能利用率（非 OFDI 企业）

边际处理效应越高。曲线右端显示，那些不具备比较优势的企业对
外投资不仅不能提高，反而会降低企业的产能利用率。表 4 给出了
根据 PMTE 方法估算出的 ATT 值与 ATU 值，可以发现 ATT > ATE >
ATU，即 OFDI 企业对外投资决策对企业产能利用率提升的平均处理
效应显著高于非 OFDI 企业，企业基于比较优势原理进行对外投资
决策。

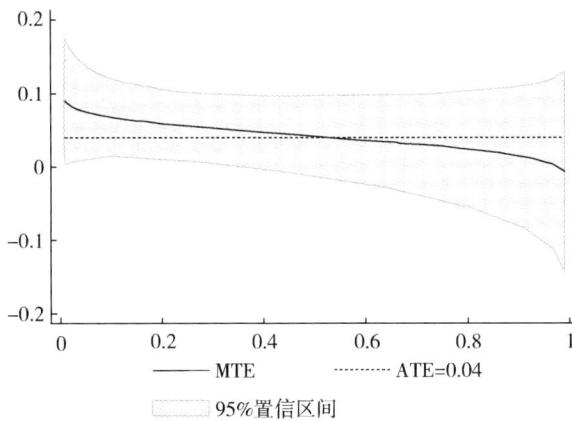

图 3　参数方法估计的 MTE 曲线

综合来看，OLS、IV 和 PMTE 方法的估计结果均表明，企业对外

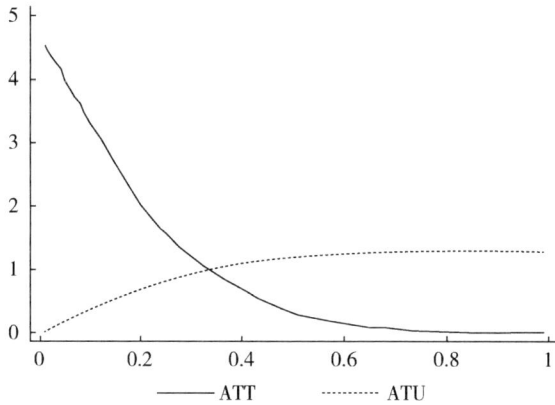

图4 参数方法的 ATT 与 ATU 权重

投资可以显著提高企业产能利用率,只是提高的程度不一样。运用 PMTE 方法估计的平均处理效应 ATE 大于 OLS 估计结果,小于 IV 估计结果,这是因为 PMTE 方法同时考虑了样本选择性偏差和不可观测异质性的影响,可以得到一致性估计值。

表4　　　不同方法估计出的对外投资影响企业产能利用率

处理效应的结果对比 (%)

参数	OLS	IV	PMTE
ATE	1.97	8.53	4.13
ATT			6.25
ATU			3.49
偏差			-2.16
选择偏差			-4.28
分类效应			2.12

六　政策建议

基于本文研究结论,提出以下几点政策建议:

第一,建议政府分类做好企业对外投资的合理引导工作。首先,加快推动双边投资协定的谈判，积极参与全球投资框架的建立。其次，鼓励企业在海外建设工业园区，推动纺织、钢铁、水泥、家电等边际产业实现海外转移，消化国内过剩产能。最后，大力支持技术寻求型对外投资，鼓励企业设立海外研发中心和并购海外研发机构，提升企业的技术竞争力。

第二，企业需要基于自身的市场比较优势进行对外投资决策，政府需要加强对企业发展的评估，支持那些真正具有比较优势的企业对外投资，着力解决其在对外投资过程中面临的障碍。同时，把推进对外投资便利化和防范风险结合起来，按有关规定对一些企业对外投资项目进行核实，促进中国产业转型升级和对外投资持续健康发展。

第三，建议政府加快推进投融资体制和财税体制改革，着力降低对外投资企业的融资成本，切实降低国内企业的税务负担，促进企业产能利用率的提升和企业主体的良性发展。

参考文献（略）

（原载《世界经济》2017年第5期，本文有删节）

美欧"双反"情形下中国光伏产业的危机与出路

史 丹 白 旻

摘要：2011 年以来，中国光伏产业接连遭受美国、欧盟的"双反"调查，这使得过度依赖出口的中国光伏产业的发展面临严峻的挑战。造成这一问题的原因是多方面的，所谓的政府非法补贴只是直接原因，深层次原因是 2011 年以来全球经济低迷以及光伏产品产能严重过剩导致的欧美光伏企业的大面积破产，而根本原因则是发达国家回归制造业，特别是高端、新兴制造业，进而加强对战略性新兴产业的贸易保护。面对空前危机，中国光伏产业的出路在于，短期内要积极应诉争取有利结果，加快实施"走出去"战略；中期内要严格规范中国光伏产业扶持政策，加速行业整合；长期内要大力提升中国光伏产业的技术水平，加速扩大光伏产品国内市场应用规模。

关键词：美欧光伏"双反"案；中国光伏产业；危机；出路

作者：史丹，中国社会科学院工业经济研究所所长、研究员；白旻，中国社会科学院财经战略研究院博士后。

近年来，世界太阳能光伏发电市场保持高速平稳增长，2011 年全球新增光伏装机容量 28GW，累计装机容量达到 67.4GW，近 6 年年均增长率超过 50%。2011 年，全球太阳能光伏电池产量达到了 37.2GW，其中，中国产量超过 21GW，占到当年全球产量的 56.5%，中国光伏组件全年出口量 15.3GW，占当年全球新增光伏装机容量的

54.6%，中国已成为世界最大的光伏组件生产和出口国。2011 年，中国向欧洲市场出口光伏组件 11.4GW，占据全部出口量的 74.7%；其次为美洲（美国占据 90% 以上份额）市场，全年进口中国光伏组件 2.1GW，占中国光伏组件出口市场 13.9% 的市场份额。从国别看，德国、荷兰、意大利、美国、比利时、澳大利亚、法国、印度、日本和西班牙为在中国光伏组件出口市场前十位的国家，以上十国占据中国光伏组件出口总量的 91.3%。伴随中国光伏产业的飞速发展，特别是出口量的大幅增长，2011 年下半年以来，中国光伏产业屡遭国外"贸易救济"措施制裁，其金额之大，影响之广令人震惊，中国光伏产业发展面临空前危机。如何全面、客观地认识此次"双反"的深层原因，进而找出中国光伏产业应对和走出危机的出路，是本文研究的主要内容。

一　美欧"双反"使中国光伏产业面临空前危机

1. 美国对华光伏产品征收高额反补贴、反倾销税

2011 年 10 月 19 日，总部位于德国的"太阳能世界"美国分公司（Solar World Industries America Inc.）和其他 6 家未披露身份的公司向美国政府提起调查申请，指控中国公司对美倾销晶硅光伏太阳能电池，并收受中国政府的不当补贴，要求美国政府发起反补贴、反倾销调查。美国国际贸易委员会（ITC）于申请当天对本调查立案。2011 年 11 月 8 日，美国商务部（DOC）宣布对中国输美太阳能电池立案，展开针对中国清洁能源产品的首个"双反"调查，接受调查的具体产品为中国输美晶体硅光伏电池、模块、层压板、面板及建筑一体化材料等。

2011 年 12 月 5 日，美国国际贸易委员会宣布，该委员会以 6 票对 0 票的结果认定中国输美太阳能电池对美相关产业造成实质性损害。2012 年 3 月 19 日，美国商务部已经针对反补贴和反倾销调查中的反补贴部分作出肯定性初步裁决，认定中国产品存在幅度为 2.9%

至 4.73% 的政府补贴，其中，尚德电力和天合光能两家公司的补贴幅度分别为 2.9% 和 4.73%，其他相关生产商或出口商的补贴幅度为 3.61%。2012 年 5 月 16 日，美国商务部称，中国企业以不公平价格向美国出口太阳能电池及组件，倾销幅度在 31.14% 至 249.96%，其中，尚德电力和天合光能两家公司的倾销幅度分别为 31.22% 和 31.14%，另外 59 家应诉企业的倾销幅度为 31.18%，其他相关生产商或出口商的倾销幅度为 249.96%。另外，初裁认定存在紧急情况，将征税措施向前追溯 90 天。

2012 年 10 月 10 日，美国商务部发布针对中国光伏产品"双反"终裁的声明，确定尚德电力的反补贴税率为 14.78%，反倾销税率为 31.73%，总合为 46.52%；天合光能的反补贴税率为 15.97%，反倾销税率为 18.32%，总合为 34.29%；其他 59 家应诉企业的反补贴及反倾销税率分别为 15.24% 及 25.96%，总合为 41.2%；除上述以外的中国光伏出口企业，其合并税率达到 265.2%。

2012 年 11 月 7 日，美国国际贸易委员会以 6 票对 0 票的结果做出肯定性终裁，认定从中国进口的晶体硅光伏电池及组件实质性损害了美国相关产业，美国由此将正式对进口自中国的此类产品征收反补贴和反倾销关税。根据美国国际贸易委员的最终裁定，针对此类产品"双反"关税令不适用追溯原则，因此，美国对华光伏产品"双反"关税将分别从美国商务部初裁声明之日起征收。同时，美国国际贸易委员会最终裁定，采用第三国制造的电池在中国境内完成封装的组件将不会被征收反补贴和反倾销关税。

在反补贴或反倾销税征收令颁布后不迟于 5 年，法律规定商务部和委员会要进行日落条款审查，以决定如果取消反补贴或反倾销税是否"可能导致补贴或倾销的延续和实质性损害情况的再度发生"。商业部在审查之后会取消征收反补贴或反倾销税的命令，除非其认为补贴或倾销将延续或再次发生并且委员会也认为实质性损害可能再次发生或延续。

2011 年中国涉案产品对美出口金额约为 31 亿美元，约占同期中国该产品出口总额的 10%，此次关税决定将主要影响到 61 家中国太阳能公司。

2. 欧盟对华光伏产业展开"双反"调查

2012 年 7 月 25 日，以德国光伏企业巨头"太阳能世界"公司（SolarWorld AG）为首的欧洲光伏制造商联盟 EUProSun 向欧盟委员会（以下简称欧委会）发起反倾销诉讼申请，指责中国制造商在欧盟以低于成本的价格销售晶体硅片、光伏电池片及组件等光伏产品。2012 年 9 月 6 日，欧盟对中国光伏电池正式发起反倾销立案调查。由于欧盟反补贴调查期限比反倾销调查短 2 个月，按照以往惯例，通常反补贴的申诉申请在反倾销申诉申请提交后的 2 个月（对于本案，为 9 月 24 日左右）递交。2012 年 9 月 25 日，EUProSun 又向欧委会提起新的贸易诉讼，指控中国光伏制造商获得"非法"政府补贴，根据欧盟法律，欧委会将在 45 天内就这宗最新诉讼是否应正式立案调查作出决定。2012 年 12 月 8 日，欧委会发布公告，从即日起对中国光伏产品发起反补贴调查，这标志着欧盟对华光伏产品"双反"调查正式成形。与美国仅针对电池片及组件进行"双反"调查不同，欧盟的"双反"调查范围扩大至上游的晶体硅片产品，因此，中国的硅片生产企业也将受到打击。

2011 年中国光伏电池对欧出口金额 204 亿美元，约占同期中国该产品出口总额的 73%。这起涉案金额高达 200 多亿美元的案件，是中欧双方迄今为止最大的贸易纠纷，也是全球涉案金额最大的贸易争端。

3. 美欧对华光伏产业"双反"的不利影响

（1）已处于困局中的中国光伏产业将面临空前危机

2006—2010 年的 5 年间，中国光伏产品出口额年平均增速为 317.23%，2011 年，在全球经济疲软、欧洲债务危机蔓延、主要光伏产品进口国纷纷下调光伏补贴的背景下，自 2006 年起迅猛增长的中国光伏产业开始降温。2011 年，中国光伏产品出口额为 358.21 亿美元，同比仅增长 17.38%，而 2012 年上半年，中国光伏产品出口额在保持了 6 年的连续快速增长后首次出现负增长，出口总额 128.94 亿美元，同比下滑 31.49%。

在光伏产业日趋严峻的发展形势下，中国的光伏企业也面临着严重的生存危机。2011 年度在美上市的中国光伏企业净利润普遍由盈转亏，同比出现大幅下滑。2011 年，10 家在美上市中国光伏企业中有 7 家报亏，累计亏损 26 亿美元，盈利的 3 家企业净利润同比也有大幅下降。其中，尚德电力 2011 年度亏损高达 10.06 亿美元，赛维 LDK 亏损 8.6 亿美元，英利新能源亏损也超过 5 亿美元。2012 年第一季度，在境外上市的光伏企业全部亏损，总额 6.12 亿美元，其中赛维 LDK 亏损达 1.85 亿美元，尚德电力亏损 1.33 亿美元，晶科新能源则亏损了 5660 万美元。国内上市公司的境遇也同样惨淡，A 股上市公司 2011 年全行业收入同比增长 31.52%，净利润同比下滑 32.40%，2012 年第一季度收入同比下滑 33.82%，净利润同比下滑 99.74%。2012 年上半年，中国最大的 10 家光伏企业的债务累计已高达 175 亿美元，其中江西赛维和尚德电力已接近破产的边缘。江西赛维在上海清算所发布的 2012 年上半年业绩显示，公司上半年负债总额为 266.76 亿元人民币，截至第一季度末，尚德负债总额已达 35.82 亿美元。

在中国光伏产业全面进入寒冬的困难局面下，又相继遭遇了美欧对华光伏产品的"双反"调查，这对于中国光伏产业无疑是雪上加霜，对于中国光伏企业则是致命一击。自美国对华光伏产品"双反"以来，中国光伏对美出口增速出现明显下滑，2012 年第二季度，中国对美国市场的出口量下降到 287MW，同比下降了 18.23%，出口量较第一季度的 766MW 下降了 62.53%；2011 年中国光伏电池对欧盟出口金额为 204 亿美元，占同期中国光伏电池出口总额的 73%。与此前美国对中国光伏产品的反倾销调查相比，此次欧盟立案范围更广，囊括了光伏产业上下游的几乎全部产品，其不利影响会更大。

（2）美欧对华光伏产品"双反"的连锁效应已经逐渐显现

"双反"调查，特别是反补贴调查，具有很强的连锁效应，因为在一成员方反补贴调查中被认定的补贴措施，可以直接被其他成员在反补贴调查中援引。因此美欧对华光伏"双反"对其他国家有着很强的示范效应，而且欧盟对华光伏"双反"案是中国迄今涉案金额最大的贸易救济案，其示范效应尤为显著。果不其然，距离欧盟企业提交反倾销申请不到2个月的时间，2012年9月15日，印度反倾销局收到印度业界申请，对原产于马来西亚、中国和美国或从上述国家和地区出口的太阳能电池组件或部分组件进行反倾销调查。拉美市场是2012年上半年中国光伏产品出口地区中唯一出现增长的国外市场，如果拉美国家再跟风，那中国光伏产品的出口就更为艰难了。

对欧美国家而言，美欧对华光伏"双反"对其国内其他行业也有示范效应。继美国对华光伏"双反"后，2012年9月17日，美国总统奥巴马宣布，美国已向WTO提起申诉，指控中国政府对汽车及汽车零部件出口提供补贴。

（3）反补贴争端使得中国的新能源产业政策受到挑战

补贴是政府行为，反补贴的应诉主体为政府，反补贴的调查对象是政府的政策措施。反倾销和保障措施的威胁主要针对企业和特定行业，而反补贴则会影响被调查国的贸易和产业政策、宏观经济政策甚至总体经济战略。如，在美国2011年10月6日向WTO反映中国补贴的申诉书里，列出了100多项中国政府的补贴措施。关于绿色技术的补贴，一共列出了43项，中央政府层面的37项，包括《中华人民共和国可再生能源法》、《可再生能源发展专项资金管理暂行办法》、《国家高技术研究发展计划（863计划）》、"可再生能源发展'十一五'规划"等；地方政府层面的6项，包括"山东能源基金""宁夏工业新一轮技术改造规划（2008—2012）"等。① 入世十年以来，中国政府和其他政府间的贸易谈判议题也大部分集中在重大体制性难题上，如人民币难题、市场经济难题、政府采购难题、中国国家的产业

① WTO Committee on Subsidies and Countervailing Measures, Request from the United States to China Pursuant to Article 25.10 of the Agreement., G/SCM/Q2/CHN/42, 11 October 2011.

政策、中国自主创新的知识产权政策等。因此，此次美欧对华光伏"双反"案，将对中国目前的新能源产业政策提出严峻挑战。

二　美欧对华光伏"双反"原因解析

1. 政府扶持政策成为美欧对华"双反"的直接原因

美国商务部的终裁认为，中国企业接受了中国政府的非法补贴，主要包括金太阳示范工程、优惠政策性贷款、低于适当的报酬提供多晶硅、低于适当的报酬提供土地、低于适当的报酬提供电力、外商投资企业"两免三减半"、高新技术企业优惠政策、企业研发费用加计扣除企业所得税政策、进口设备免除进口关税和增值税政策、外资企业购买国产设备退税政策、出口买方信贷政策等。欧委会反补贴调查通知中指控的中国政府的非法补贴项目与美国商务部终裁结果中的内容基本一致。

上述几项涉及中国补贴机制的核心问题。中国光伏产业的迅速崛起以及光伏产品的大量出口，与各级政府部门，特别是地方政府部门的支持和推动是紧密联系的。光伏产业具有很多诱人的光环，既是战略性新兴产业中的新能源产业，又具有项目投资大、能创造高额GDP的特点，还是国内重要的出口产业，这些都是地方政府出于政绩考量所看重的。在这一指导思想下，各地纷纷出台各类优惠政策招商引资，鼓励出口，这些政策都很容易被指责为违反WTO《补贴与反补贴措施协定》（以下简称SCM）的补贴行为。

2. 全球经济低迷是导致美欧对华光伏"双反"的深层次原因

2011年，全球光伏市场增速为67%，已并网光伏新增装机达到27.7GW，虽然市场需求依然强劲，但由于光伏产品供需失衡导致产品价格下滑，行业附加值下降，全球光伏产业整体盈利能力大幅下滑。2011年，全球的光伏组件产能约为50GW，接近同期产品需求量的2倍，严重的产能过剩导致太阳能产品价格大幅下滑，多晶硅销售价格从2011年初的70—80美元/千克下降至2012年中的20—30美元/千克,太阳能组件价格从 1.7 美元/瓦降至 0.85 美元/瓦,行业整体毛利率不足 10%,利润空间的大幅下降导致欧美大量光伏企业破产,仅在 2011 年 8 月,美国就有三大光伏企业先后宣布破产。

2012 年,伴随全球经济低迷和欧债危机的持续,欧洲各国相继不断削减上网电价补贴,其中,德国的 10MW 以下的光伏系统的上网电价补贴从 0.32 欧元/千瓦时,降到 2012 年初的 0.135 欧元/千瓦时,且从 2012 年 5 月起,德国将按照每月 0.15 欧分/千瓦时的幅度逐月削减光伏补贴。与此同时,欧洲各国也在收紧予以补贴的光伏电站安装量上限,如法国确定年度补贴安装量上限为 500MW,德国 2012 年的安装目标为 2.5GW 到 3.5GW,相比 2011 年全年 7.5GW 的安装量已经下降了约一半。不断下行的上网电价补贴和欧洲各国不断收紧的光伏产业政策使得 2012 年的全球光伏市场开始出现萎缩,加之 2011 年的供需失衡状况依旧延续,全球光伏企业普遍陷入经营困境。2012 年前 8 个月,已有 20 多家欧洲光伏制造企业申请破产。

据统计,2011 年以来,至 2012 年 8 月,全球光伏领域的 60 家顶级厂商,已有 12 家关闭和破产。大量欧美本土光伏企业破产,导致其将问题的矛头对准了占世界光伏产品出口量五成以上的中国光伏企业,并加速了美欧对华光伏产品"双反"的进程。

表 1 2011 年至 2012 年 6 月破产及申请破产的部分欧美光伏企业

时间	国家	企业名称	事件
2011.7.26	奥地利	BlueChip Energy	经济危机,陷入财政困境,宣布破产
2011.8.15	美国	Evergreen	因一直亏损经营,宣布破产
2011.8.19	美国	SpectraWatt	经营问题,亏损,宣布破产保护
2011.8.31	美国	Solyndra	全球需求下降,竞争激烈,亏损经营,宣布破产
2011.9.6	德国	SolarWorld	控制成本,为增加竞争力,关闭了美国和德国的两条传统组件生产线

续表

时间	国家	企业名称	事件
2011.10	德国	Solon	为减少负债，增强竞争力，10月拟关闭美国图森的组件装配工厂
2012.7.2	美国	Abound Solar	全球需求下降，竞争激烈，亏损经营，宣布破产
2012.2.8	德国	SunConcept	竞争激烈及补贴不断下滑，出现巨额亏损，宣布破产保护
2012.5.22	德国	Inventux Technologies AG	申请破产，被一家不愿透露姓名的南美投资集团收购
2012.7	美国	Konarka	继美国 Konarka Technologies，Inc. 申请破产一个月以后，其全资德国子公司 Konarka GmbH 也已步其后尘向纽伦堡（Nuremberg）地区法院申请破产
2012.3.21	德国	Solarhybrid	总部位于德国布里隆的 SolarhybridAG（SHL）宣布，由于缺乏流动性，公司将进入破产程序
2012.7	德国	SunStrom GmbH	SunStrom 是 Solarwatt AG 旗下的子公司，已于近日申请破产
2012.2.14	美国	Energy Conversion DevicesInc	在密西根东区破产法庭依据破产法第11章申请破产保护
2012.6	德国	Global Solar Energy Deutschland GmbH（GSED）	总部位于美国的 Global Solar 正在整顿业务，其旗下全资子公司 GSED GmbH 正在申请启动德国破产程序
2012.4.6	意大利	SolardaySpA	据意大利光伏组件制造商 SolardaySpA 的官网公布，公司正在资产清算中
2012.3.1	德国	ScheutenSolar	由于光伏组件"严重"供应过剩，导致价格下滑、利润收窄，Scheuten 因此无力偿还债务，德国 ScheutenSolar 申请破产

续表

时间	国家	企业名称	事件
2012.4.17	美国	First Solar	由于欧洲光伏市场的不断恶化，全球最大的薄膜组件制造商 First Solar 将裁员 30% 左右，并关闭其位于德国法兰克福的工厂。此外该公司位于马来西亚工厂的四条生产线也将闲置

资料来源：笔者根据有关资料整理。

3. 对战略性新兴产业的保护是美欧对华光伏"双反"的根本原因

以新能源产业为代表的战略性新兴产业是未来世界各国，特别是大国发展的战略重点。从经济角度看，大力发展以新能源产业为代表的战略性新兴产业是后金融危机时代发达国家应对金融危机、推进国内经济可持续增长的重要战略安排，同时，大力发展新能源产业还可以实现调整能源供应结构确保能源安全、减少温室气体排放、增加就业岗位等重要经济目标。新能源产业不仅是个经济问题，更是一个政治问题，比如，美国需要借助新兴优势产业改变国际资源的分配体制，继续控制国际战略技术市场，通过降低对传统能源的依赖来提高自身行动的灵活性，为超强的军力提供不受干扰的后勤保障，并在围绕气候变化的全球博弈中占据道义制高点，以维护其在世界上的领导地位。美国劳工部长希尔达·索利斯在参加第二次全美清洁能源峰会时，就以一场新的"工业革命"来描述未来的新能源产业，充分表达出美国政府对此的重视程度。挽救能源联盟主席查拉罕则表示："在能源效率和清洁能源技术的基础上进行重建经济以及保护环境，是美国重获并且保持全球经济领导地位的最佳途径，也许也是唯一的办法。"[①] 可见，欧美国家出于经济，特别是政治目的而进行的对战略性新兴产业的保护才是欧美对华光伏"双反"的根本原因。

---

① 刘卫东：《锁定新能源产业的美国布局 新能源利用全面铺开》，《瞭望》2010 年第9 期。

三　中国光伏产业应对危机的出路

1. 短期内要积极应诉，争取有利结果，加快实施"走出去"战略

（1）积极斡旋，积极应诉，争取有利结果

中国政府应该积极斡旋。目前欧盟自身深陷债务危机，急需中国的援助，同时，欧盟也担心中国出台反制措施引发中欧贸易大战，进一步影响汽车、飞机等其他重要行业的贸易往来，造成两败俱伤的结果，中国政府可以在这方面向欧盟施压，并做好利用 WTO 争端解决机制保护我国企业利益的准备，争取对我方有利的结果。

中国光伏企业应当积极应诉，力争在诉讼过程中获取市场经济地位，同时要从规模经济和劳动力成本两个方面进行不存在倾销的抗辩，在判决中争取获得不存在倾销、只存在轻微倾销或者无实质性损害的裁定。

（2）到海外设厂或投资海外光伏电站，加快实施"走出去"战略

到海外设厂或投资海外光伏电站是中国光伏企业短期内规避贸易壁垒、消化庞大过剩产能的主要途径之一。2011 年，中国已有及在建的光伏组件产能总量约在 30GW，占全球总产能的 60%，而 2011年全球新增的装机容量只有 29.7GW，以此计算，2011 年中国的产能就能满足当年全世界的需求。中国目前有约 20GW 的产能处于过剩状态，产能过剩导致企业巨量库存，关闭产能已成为中国光伏企业的无奈选择。转移部分产能到海外，虽然会增加企业的生产成本，但短期内，可以规避贸易壁垒，也可以解决部分产能过剩的问题。

投资海外光伏电站也是中国光伏企业实施"走出去"战略的重要方式。目前，由于欧美等发达国家对于光伏产业的补贴金额较高，所以投资海外光伏电站的收益率要高于国内；同时，处于产业链下游的光伏电站建设和运营环节的利润率也高于位于产业链中游的光伏电池生产环节；更重要的是，在海外投资和运营光伏电站可以更好地树立中国光伏企业在海外的品牌和形象。

2. 中期内要规范中国光伏产业扶持政策，加速推进行业整合

（1）严格遵守 SCM 的理念和原则，全面规范中国的补贴政策和措施

首先，要取消禁止性补贴，减少可诉补贴。中国加入 WTO 谈判时，已经承诺取消禁止性补贴，目前存在的禁止性补贴大都是由地方政府制定和实施的，要加大对各级地方政府出台政策的监管力度，逐步取消禁止性补贴；要合理、合法、有限度地使用可诉补贴。

其次，中国要严格遵守 SCM 的理念和原则，大力改革当前的经济管理体制，全面提升政府推动产业发展的手段和途径。由政府直接介入企业的经营活动转向对全社会提供公平的竞争环境；由政府直接或者变相操控企业的经济活动向提供符合 SCM 规则的基金性、前移性支持为主转变；加大对技术研发工作的支持力度，在更高层次上推动中国光伏产业的健康、快速发展。

（2）以"双反"案为契机，加速推进市场主导的光伏产业整合

在经历了爆发式增长后，中国光伏产业已经进入了兼并整合期，目前，大部分企业仍在苦撑待变，大规模的兼并整合还未出现。但是随着危机的逐步深入，不少光伏企业将面临资金链断裂、成本居高不下、库存难以消化的问题，部分企业破产在所难免，光伏产业的大规模整合是必然趋势。中国光伏产业应当以这次欧美"双反"案为契机，加速推进光伏产业重组和整合，在整合过程中，要遵循市场规律实现优胜劣汰，优化资源配置，形成一批生产规模大、技术水平高、生产效率高、生产成本低的光伏企业，进一步提升中国光伏产业的核心竞争力。

3. 长期内要大力提升中国光伏产业的技术水平，加速扩大光伏产品国内市场应用规模

（1）侧重补贴光伏产业链上游环节，提升自主创新能力和产业技术水平

缺乏核心技术是中国光伏产业屡遭国外"双反"的根本原因。所以，在光伏产业补贴环节上，要从目前侧重补贴技术含量低、附加

值低的中下游环节向技术含量高、附加值高的上游环节转变。通过加大对技术研发工作的支持来加快光伏产业上游环节的发展，这既可以规避国外的反补贴调查，更重要的是可以有效地提升中国光伏产业的技术含量和整体竞争力，由完全竞争的市场结构转变为垄断竞争的市场结构，避免低水平竞争格局的不断恶化。

　　侧重补贴光伏产业链上游环节，提升自主创新能力和产业技术水平也是中国光伏产业发展的必然选择。一方面，光伏产业的核心技术不是我们花钱可以买来的，其跨国交易成本极高；另一方面，中国目前是世界人口第一大国，经济总量第二大国，能源消费第二大国，同时也是世界经济增长速度和能源消费增长速度第一大国。作为名副其实的超大规模国家，中国有着未来世界上规模最大的能源消费市场，从能源供给的角度讲，中国的国内市场足以支撑中国光伏产业实现规模经济发展。还有，相对于同等发展水平的国家，中国有着比较完整的产业体系和极强的产业配套能力，所以，一旦中国突破了光伏产业的核心技术，中国光伏产品将真正成为世界上成本最低、竞争力最强的产品。因此，通过加大对光伏产业上游环节研发工作的支持，中国完全有条件、有能力在新能源产业实现赶超。

　　（2）采用上网电价补贴政策，迅速扩大国内光伏装机规模

　　上网电价补贴政策是目前发达国家发展太阳能光伏产业的普遍做法，并且在扩大国内光伏装机规模方面取得了很大的成功。2007 年之前，德国一直是世界上最大的光伏市场，2008 年，西班牙超过德国成为世界最大光伏市场。德国与西班牙光伏装机的快速增长，很大程度上得益于两国政府推出的可再生能源固定电价上网政策。德国自 2000 年《可再生能源法》实施以来，已多次修订了上网电价标准，最新的一次修订是 2012 年 1 月 1 日起生效的《可再生能源法 2012》（EEG 2012），是经过第三次修订的法案。EEG 2012 调整了电价以及电价与市场规模联动的幅度，鼓励自发自用，调整地面电站政策和接网管理政策。这种长期、稳定的激励体系，保证了德国光伏装机量的稳定增长。

　　中国目前还没有出台太阳能光伏的度电补贴制度，这严重影响了国内光伏装机的发展，也在一定程度上助长了中国光伏产品的出口。如果是对于一个小国，从发达国家进口原材料，在本国进行技术含量较低环节的生产，再以低廉的价格出口产品到发达国家的这种发展模式是合理的，也是别无选择的，但对于像中国这样的超大规模国家，如果也遵循这样的发展模式，其庞大的生产能力都用于出口，那对世界的冲击将是巨大的，其他国家是绝对承受不了的，这即是中国光伏产品屡遭国外"双反"的重要原因。另外，根据中国"可再生能源发展'十二五'规划"，2015年中国光伏装机规模将达到21GW，由此推算，"十二五"时期，中国的光伏市场年均增长率为63%，而根据 EPIA 的预测，"十二五"时期末，中国的光伏装机总量乐观数字为29.1GW，将占同期世界总量的11%（2011年这一比例仅为4.5%）。由此可以看出，中国国内光伏市场的潜力是巨大的。所以，实行光伏电价补贴将是中国的必然选择，如此，中国成为世界光伏装机大国则指日可待。

　　参考文献（略）

　　　　　　（原载《国际贸易》2012年第12期，本文有删节）

商贸流通业重灾区真相剖析与破解良策

宋　则

摘要： 如果说传销是商业的邪教，那么联营就是商业的鸦片。触目惊心的沉痛经验教训充分证明，长期以来对吸食鸦片的过度依赖，使得我国商贸流通业领域的体制机制弊端丛生、既得利益固化，已形成了大型联营企业的市场垄断，滋生了滥用市场支配地位、控制盘剥大批供应商、以联营为生的食利者。借助日益烦琐的中间环节链条，大型联营企业盘剥为数众多的中小供应商、侵犯消费者权益。中国商贸流通业实体企业急功近利、逃避责任担当、见利忘义、拼命敛财，迷失了强身健体的历史机遇期，损毁了我国本该拥有高效畅通的现代流通体系的微观基础，酿成了全国罕见、令人担忧的行业性重灾区。

关键词： 自营；联营；现代流通体系

作者： 宋则，中国社会科学院财经战略研究院研究员。

一　引言

"自营"，是指零售企业"做买卖"自己经营采购，先买而后卖，以自有商业资本先行垫付（俗称"本钱"），承担商品所有权转移商业风险为主要特征的商业经济活动。这是商业资本周而复始完成商品买卖和商业循环、资本周转所不可缺少的最基本、最重要的表现形式。因而是流通产业或商贸流通服务业商业企业安身立命、生存发展的基础形式、原生形态，也是零售企业与之俱来最重要的原生载体。规模化、批量采购的竞价控制优势是自营零售企业当年收入的主要源泉与核心竞争力。

在"自营采购"的原生形态之外还有"联营"形态。联营是自营基础上的派生形式，它是指零售企业"不做买卖、自己经营，也不需要自行从事商品采购、储存和销售等基本运营。因而不必自筹资本并承担商品所有权转移引发的原生性商业风险"，只需向生产厂家、供应商收取租金、进场费。因此，租费几乎成为联营企业年收入的唯一来源。后文我们将要反复分析比较，详细阐述自营与联营在核心要义上存在的本质区别，以及在经济贡献影响力上包含的巨大差别。

遍查古今中外就可发现，"企业自营是商业之本"。一部自营史就是漫长厚重的商业发展史。而两相比较，这些年人多势众、甚嚣尘上、误入歧途、一再热衷上演的所谓联营诡异闹剧毫无说服力和代表性，只不过属于昙花一现、短暂的一瞬，完全可以忽略不计。

从古至今硬碰硬、实打实做买卖，真刀真枪甘冒风险、实行"自营采购"是商业企业追求的目标，是供过于求激烈竞争状态下零售企业必须具备的看家本领，也是利润丰厚的最大商机。长期历经充分激烈竞争不断洗牌脱颖而出的强势企业，才逐步形成化解自营风险的竞价优势，集中展示了商业资本大规模实现工业产品和利润的特定定分工。这些自营零售企业通过批量订单机制来实现稀缺资源的市场化配置，通过大胆冒险的自营采购化解不确定市场风险，促进经济活跃与繁荣，引领生产与消费，提升国民经济运行效率，完成着自营商业企优化经济流程和产业结构等社会化专业化所无可替代的特定职能。

批发零售企业自我投资、自我积累、自我运营历来是古今中外的商业之本，是夯实现代流通体系微观基础的核心要害，是马克思商业资本学说的精髓基石。也是移动通信、互联网时代中国流通创新的基石，不仅没有过时，而且仍然具有很强的时代针对性和历史批判性。重温马克思商业资本学说，对于我们揭露长期以来普遍联营酿成的商贸流通服务业重灾区的真相原委，拨乱反正，批驳种种借口、歪理邪说，"铲除饮鸩止渴的联营依赖症"，强身健体、亡羊补牢、"成功补考"，以重振创新企业自营为基础，构建新时代代高质量发展的现代流通体系，实现从贸易大国走向贸易强国的宏伟目标，具有重大战略意义。也是以有错必改的实际行动对中国改革开放四十周年的最好纪念。

必须指出，零售企业放弃自营、普遍联营由来已久、争论不休、成因复杂、危害严重，已经演变成我国商贸流通服务业改革与发展中遭遇过的巨大障碍和最为突出的一道难题。因而绝不容掉以轻心，必须追根溯源、穷追不舍、寻求破解。

如果说传销是商业的邪教，那么联营就是商业的鸦片。触目惊心的沉痛经验教训充分证明，长期以来对鸦片的过度依赖，使得我国商贸流通业领域的体制机制弊端丛生、既得利益固化，已形成了大型联营企业的市场垄断，滋生了滥用市场支配地位、控制盘剥大批供应商的联营式的食利者。大型联营企业借助日益烦琐的中间环节链条，寄生盘剥为数众多的中小供应商、侵犯消费者权益。中国商贸流通业实体企业急功近利、逃避责任担当、见利忘义、拼命敛财，迷失了强身健体的历史机遇期，损毁了我国本该拥有高效畅通的现代流通体系的微观基础，直至酿成了全国罕见、令人担忧的行业性重灾区。这种趋势与新时代高质量发展目标任务南辕北辙、格格不入、背道而驰，越走越远，已经到了非解决不可的时候。

二　判定商贸流通业重灾区的主要依据

1. 流通业长期背离自营宗旨，我国商贸企业"做买卖"天经地义的基本功、必修课已被荒废。

一是商业流程陈旧、年久失修，长期失察、基本损毁。人多势众的联营垄断势力恶性膨胀（国家多部委曾联手打击、专项治理，收效甚微），以挤压牺牲自营商业之本为代价，批发零售联营企业层层加价注水、击鼓传花转嫁逃避商业风险；二是商品所有权被架空虚置；商品交易责任义务主体不明、监管追溯难寻；三是商贸业粗放发展、拼数量外延扩张有余、讲质量内含严重不足，流通环节多、半径小、环节碎、成本高、效能低、东西贵；四是本末倒置、喧宾夺主、反客为主，长期普遍"不做商业做物业"，批发零售业做买卖、集中采购销售收入占比断崖式下跌，自有流动资本几近归零，每年直接来自起早贪黑诚实劳动、承担巨大风险"经商做买卖"挣辛苦钱的业务收入平均不足1%，几乎全部依赖逃避责任、不劳而获、凭借优势商业地段或虚拟电商平台的排他性独占，滥用市场支配地位出租柜台场地、收取高额场租费、扣点提成等垄断式、寄生性生存。更为严重的是，企业收入来源和使用去向令人生疑，缺少透明度。联营实体企业除了长期依赖、违规占用供应商货款，自有流动资本循环周转已成为无源之水，各种敛财所得几十年如一日全部挥霍消费殆尽，几乎没有任何投入用于再积累滚动补充扩大企业经营规模，已俨然蜕化变质为典型的盘剥食利者。而国外同行投资买断自营的业务收入平均所占比重50%左右，因业态不同，最高可达80%以上，最低也在20%—30%。我国商贸企业"做买卖"天经地义的基本功、必修课已被荒废。比照最起码的"三有"标准，基层企业从业素质基本不达标。一没本钱、二没本事、三没道德底线的所谓"三无人员、三无企业"随处可见、比比皆是，从深层次损毁动摇、直接威胁到现代流通体系的微观基础。联营垄断主导之下的欺诈盛行、假货横行、屡禁不止、防不胜防、隐患丛生、事故频发、纠纷不断。

2. 老百姓过舒心放心日子的美好生活长期遭遇潜在侵蚀，真相却被百般蒙蔽。

与轻松联营相比，艰难做好自营的企业，能够几十年如一日保持

"天天低价"绝非易事。千方百计、信守承诺，为消费者省钱，做顾客的"守护神，"必须全凭做好自营采购销售的真本钱、真本事，依靠大批量、规模化订单集中采购供应链的商业实力。大凡诚实守信商业规矩、努力本分做好自营，"硬碰硬、实打实"，真刀真枪、真金白银，都能比联营企业节省10%以上的花销。可以说，一个是堂堂正正、辛辛苦苦为老百姓省钱，深得赞誉；另一个则是鬼鬼祟祟、讳莫如深，却经年累月以10%的扣点比例从消费者口袋偷钱，屡遭痛斥。里外虚实之间的成本价格相差30%—40%。由于批发零售企业公开透明的规模化、竞争性集中采购定价机制优势被严重损坏，致使流通总成本长期虚高，至少同比高出10%—20%，并且无一例外，全部转嫁传递到最终销售价格，严重损害了消费者的总福利。而国内外收入、商品价格形成"里外里"的"剪刀差"，已经肥水外流，照顾了"别人的生意"，把每年数万亿元国内质次价高的商品和服务需求购买力驱赶到了国外。

3. 被联营主导，以土地财政为支撑，热衷于圈地式的场所建设，忽视了影响力巨大的企业规模化高质量成长，忽视了大批发商、大零售商和大物流商的培育。

零售业高楼大厦豪华林立、批发业市场集群块头越做越大、物流业园区遍地开花，实际上却是表面繁荣、整体低质量、无效率、没效益，低水平重复建设，城乡连片大面积圈地做房地产，吞噬最宝贵稀缺的土地耕地资源，"在商不言商"、"不做商业作物业"、主业缺失。最冤枉的额外流通成本叠加，保守估计约占总成本的20%—25%。其中，体制层面的制度性交易成本，含已经剔除和有待剔除的，至少高出10%；流通行业层面成本，即普遍联营发生的额外成本，至少又高出10%—15%。这种质次价高、商业欺诈、商业贿赂、效率低、成本高、品种少麻烦多、东西贵等隐性损失慢性病，严重阻碍了高质量消费意愿和高质量消费购买力的充分实现，已经成为不平衡、不充分主要矛盾在流通领域的突出表现、集中体现，拖了全局的后腿，妨碍了高质量发展。

4. 编造"一网就灵"的神话谎言，打着流通创新的旗号向后倒退。

在互联网时代，线上线下融合跨越发展是大势所趋，本该抓住机遇，以"互联网＋"为引领，除了方便众多小微企业在电商平台创新创业以外，更要推动大型自营流通企业突出主业、快速发展、补齐短板。实际情况却是还在继续把实体流通业打碎、打散，更加碎片化。供应链也因大企业缺失，利益纷争不断，集中代表先进生产力的大制造商，本来更应该讲求与集中代表先进消费力、先进消费方式的大自营商建立起密切联系，相互匹配。但是联营企业逃避大规模采购的商业风险，难以造就代表先进消费力和消费方式的商贸界航母、大国重器。出现了"市场（场所）畸大，商人畸小"的奇特反差。批发业成了自然人个体户小商贩自生自灭的"鱼虾业"，零售业沦落为东拼西凑的"零碎业"。在"经营商品的商人"群体中异化出了一批"经营商人的人"。他们算计盘剥商人，以敛财为专门职业。流通理论长期不接地气，无视联营损毁实体流通业的事实真相，甚至失去学者起码的诚实态度，直接参与掩盖事实真相，偷换概念搅浑水，干扰阻挠揭露真相。原先所谓基础产业、先导产业、桥梁纽带等商业功能和影响力都早已被掏空，徒有虚名。

5. 国际市场边缘化，虚拟经济和实体经济相互脱节背离、国内大型实体批发零售企业成长受阻、长期徘徊，落入中等规模陷阱，跨地区的大型企业极少，国际化企业空缺，落后差距越拉越大。

虚拟经济泡沫化，虚假繁荣，脱实向虚、避实就虚、野蛮生长，跨境电商平台发展缺少自营采购式的商贸物流实体企业根基支撑。从国际化角度看，海外自营主导的商业存在空间遭遇挤压，影响力是负数，服务贸易长期逆差，仍然是"国际竞争国内化，肥水遍流他人田"。本该率先"走出去"大显身手的商贸流通业长期"自废武功"，至今"做不大、做不强、出不去、走不远"。中国自己开辟主导的"一带一路"诱人商机就在身边游荡，国内商家只配眼睁睁当"看客"。大批量商业采购的价格主导权长期被国外同行把持，大好商机竟被拱手"相送"。不久前我国进口商品大幅降税却没能降价，同样原因也在于商品进出口企业自营为本的主渠道价格话语权，没有真本事牢牢掌管在自己手里。于是我国在国际市场上频频遭遇"买啥啥贵、卖啥啥贱"，"里外里"给别人赔钱倒贴的窝囊尴尬局面。而长此以往大面积"无偿献血"，自己注定严重失血，国计民生势必蒙受惊人损失和巨大伤害。

三　互联网并没有颠覆反而必须遵从经济学常识铁律

科技进步威力无穷，互联网移动互联推动经济技术变革值得高度关注，目前最要紧的是回归理性和经济常识，增强抵御诱惑的定力和韧劲，克服急功近利、短期行为、投机心理和渴望一夜暴富的焦虑心态。应当重申，在互联网时代，新情况、新问题层出不穷，瞬息万变，但是市场经济条件下的经济学早已揭示的诸多铁律不会改变，也没有过时，最多只是改变了存在形式。诸如价值规律、供求规律、商业自营采购、等价交换、公平竞争、投入产出、平均利润率、利润率平均化、等量资本获取等量利润等仍然是铁律。所有的利益好处归属从一开始就被市场经济游戏规则限定了，从一开始就是有约定的，契约精神、合约协议不是儿戏废纸，宪法法律必须受到尊崇、如影随形，不容践踏撕毁，不容剥夺，不容变更，不容破坏。公平竞争，自愿交易，受到充分竞争下资本转移造成的平均利润率规律支配，总的结果就是等量资本获取等量利润。这些都不会因为互联网的出现而有丝毫改变，反会规范互联网交易遵循这一规律，健康发展。

占据"半壁江山"京东领跑企业电商化采购市场就是自营大规模采购必然发挥经济规律支配作用的最新动向和典型案例。自 2018 年初以来，"互联网＋"的产业领域渗透已成为一股不可逆转的大潮，随着数字化转型不断提速，企业市场正成为各方竞逐的超级风口。工信部赛迪研究院、中国国际电子商务中心正式发布的《中国企业电商化采购发展报告（2018）》（以下简称《报告》）显示，2018 年我国企业电商化采购市场规模约为3600亿元，同比增速达80%。与此同时，综合型平台交易额远高于垂直型平台，交易额近2000亿元，复合增长率83%，不仅如此，《报告》分析认为产业互联网未来的规模将达到十万亿元甚至百万亿元量级。

笔者必须强调指出，京东盈利的做法更接近亚马逊。它绝对不同于阿里巴巴向登录平台的小商小贩收费模式，而是堂堂正正依赖商业巨头凭借先行垫付巨额的自有资本，大批量竞价采购、赚取高风险的巨额差价和丰厚利润。这些最新动向表明，实体经济中自营之本和派生的联营同样存在本质区别，这就是电商平台正在经历相同的、迅速的分工深化和细化，并且自营采购为本的商业活动行为正在重新成为主导力量。

可以说线上和线下、实体和平台都在顽强表达同样不以人的意志为转移的客观经济规律性。这就是从古至今商品交换、商业存在的基石。因此根本不存在一网就灵、一夜暴富的神话。从偶然个案看，祈望无本万利的零售企业联营尽可以借船出海、借鸡生蛋，用别人资本空手套白狼，无偿占有别人财富。但是因为任何时代、任何社会都不可能依赖互相欺诈而皆大欢喜，凭空增加财富的总量，更不可能无中生有，指望去套并不存在的"白狼"。经济无论虚实，都要以自有资本为基础，亲兄弟、明算账，零售企业的他人资本与自有资本必须泾渭分明、不容混淆。现实经济中的衣食住行等基本物质生活资料没办法虚拟掉，互联网再发达、创新，也不可能把家家户户实实在在的消费生活、消费需要、消费行为都搬到互联网上去。互联网包打不了天下，对过度虚拟化应当警惕。社会秩序遵循高风险、高回报，谁投入，谁受益，包括共享经济，各种形态的投入和付出必须获得契约承认和保障，必须可识别、清晰完整可信，必须获益有据，补偿有理，获利合法。借鸡生蛋，前提是有鸡可借，有借有还，连本带利，还鸡还蛋，不可能无偿使用，无偿占用，无中生有。实体交换与互联网交易本质是一样的，即资本所有权、商品所有权，要经过转手，转移，派生的经营权、使用权、受益权转移也都不容虚置。责权利要对等，泾渭分明，毫不含糊。同样道理，遵从契约的零售企业自营理应受到鼓励和保护，扰乱市场秩序、侵害消费者权益的行为必须受到监管和惩处。

这些年众口一词、为联营溃败找到的替罪羊，就是有来自互联网冲击。其实做好自营才是硬道理，才更有资格面向未来、拥抱互联网。根本不存在放弃自营、普遍联营的捷径。因此，似是而非的借口根本站不住脚，即使没有互联网冲击，食利型、寄生性的联营同样会垮掉，跨境电商也帮不了没有本事的联营。前几年精明的浙商试图撇开自营走捷径，搭建阿里巴巴平台，采用虚拟零售取代实体零售的办法，凭借浙江跨境电商先行先试的政策优势，绕开联营短板直接走出去。到头来仍然不过是个泡沫幻影。道理很简单，联营的流程松散、采购碎片化、高成本、低效能等违背规律的先天弊端，与讲求实体零售企业自营采购供应链整体性、安全性、稳定性、规模化、高效率、低成本的竞价体系优势不可同日而语，所以最终注定同样不可持续、行不通。

归纳起来，自营还是联营的经济学分析的最终结论是，随着互联网技术进步和行为监管力度加大，浑水摸鱼、欺诈盛行、规模不足、碎片化小散乱的联营企业也将走到尽头。以往零售业企业放弃自营、热衷联营、讳疾忌医，也将注定同吸食鸦片一样。即使上瘾形成依赖，也是饮鸩止渴，最终越陷越深，不能自拔。唯一的办法只能是揭露联营势力自我沉迷、贻害国家、害人害己的真相，采取断然措施，痛下决心、刮骨疗毒、狠下猛药、多措并举、标本兼治、破解难题、铲除毒瘾。总而言之，中国零售企业必须丢掉幻想、迷途知返、重新振作起来，练好基本功、做好必修课、改变形象、成功补考，交出一份合格的答卷。

四 应择机推出强基固本的流通创新良策

第一，官产学研对重灾区危害和成因要形成新共识。自营才是商业发展的中流砥柱、人间正道，联营是不折不扣的歪门邪道、商业鸦片。当务之急就是要把被全面破坏的自营才是"商业之本"的共同的商业文化和理想信念全面振兴、恢复重建起来。一定要知难而进，精准施策，亡羊补牢、狠用重典，优先解决老百姓深恶痛绝决的由普遍联营衍生出来的价格欺诈、质次价高、商业贿赂、效率低、成本高、品种少麻烦多、东西贵等痼疾顽症、突出问题，知耻而后勇，找准严重阻碍高质量消费意愿和高质量消费购买力实现不平衡、不充分的主要矛盾在流通领域拖累全局的突出表现，以自营为本的企业高效益、高质量发展作为新时代的新方向，创造各种环境条件促使零售企业放弃联营，回归自营。

第二，重申和遵从商业规律商业之本，商业法则。商人通过自己的诚实辛勤劳动与付出，垫付自有资本、承担批量采购风险赚取合理差价和利润并不断积累、滚动发展始终是主流和基础。自营是商业之本，其他都是基础派生末端表层形态，不能喧宾夺主、反客为主，成为变异原生形态。否则注定会导致积重难返的一系列后果。为此，就是要政策导向态度鲜明、赏罚分明，重奖自营、重罚联营，对国企和上市公司要依法、依规加强全方位监督监管和社会舆论监督。

第三，从自营为本的教学科研队伍源头抓起，从舆论导向抓起。还原自营历史真相和人间商业正道。要拿出真行动恢复自营为本的商业记忆，把自营之本从商业字典中请回来"恢复名誉地位"，彻底清算联营流毒影响，批驳歪理邪说，实现中华灿烂的商业文化、商业文明、商业自信、商业自营事业的伟大复兴。而以往某些"业内人士"编造所谓"存在的即合理"舆论借口，反对正确的政策导向，坚称自营联营不分好坏、没有好坏，无所谓优劣存废。其实都是假冒公允，暗拉偏手、颠倒黑白、推波助澜，反对自营、代言联营。种种歪理邪说不攻自破、不值一驳。曾经不遗余力帮腔代言联营的"业内人士"，最终都会为昙花一现的不光彩表演而留下很难自证清白、越描越黑的巨大污点。

第四，从全面恢复失去久远的做好自营商业基石抓起，从不敢做买卖、不想做买卖、不会做买卖的商业文化传承记忆入手，唤醒老一代，警醒中生代，培育新生代，维护商业薪火相传的接续进程。要以自营企业员工骨干、高管以及正规院校和职业培训为基础，重编教科书，回归正道，重建自营为本的完整概念、学术研究框架话语体系和统计分析评价指标体系。给出鼓励自营、限制监管联营的强烈政策信号，要参照国内外自营企业样板的成功经验加快自营队伍的重建，制定以自营为本的统计考核评价体系新标准，考核评价监管新的指标体系和门槛。对凭借联营起家、毫无自营经验和自营业绩的所谓职业经理人要从严考核、宁缺毋滥。对民营企业家要坚持市场化导向、双向选择，要针对联营严重损毁流动资金的状况，深入研究自营和联营零售企业财务状况指标及其对比分析和成本价格监审。

第五，正面鼓励线上自营与线下自营紧密融合而成的大型实体自营化企业，注意防范虚拟化、联营化倾向，防止避实就虚联营化企业过度膨胀。

第六，为实现从长期普遍联营到普遍重建自营的平稳过渡，要因势利导，着力解决好因长期联营，转型自营暂时受制于资金、买手等具体困难，尤其要多渠道搭建筹资平台，满足自营实体零售企业自有商业资本需求和培育自我积累的造血能力。

第七，实体零售自营供应链要借助"互联网＋"和物联网、人工智能科技成果提升精准采购定制水平，创建自营采购供应链反周期稳定市场供给实验室，促进实体零售自营企业和消费者大数据反馈、深度参与制造业精准定制创新体系。以重振提升创新企业自营为基础，构建中国新时期高质量发展的现代流通体系。

第八，要按照"国进民升"的创新互补思路，推进国有企业混合所有制改革，商贸流通服务业国企改革仍然应该将振兴、创新自营作为全新的着力点，同时，要把上市公司、国企央企民企振兴自营的改进状况纳入重建结构质量效益的评价指标体系进行全方位重点监管，以全面振兴自营企业为抓手，构建完备可靠的大批量采购的竞价优势，促进消费结构转型升级，让老百姓得到物美、价廉、便捷的福利实惠，实现消费购买力的充分释放。

第九，在自营采购领域努力创造人工智能技术应用普及的环境条件。人工智能固然意义重大，但研发人工智能也要遵循、服务于自营是商业规律之本。人工智能技术逐渐成熟、应用普及不会轻而易举、一蹴而就、自动实现。因而还有很多事情要做。例如巨额的先期研发投入，相关基础设施建设，以及培养通晓人工智能采购技术的高端专门人才。

参考文献（略）

（原载《财经智库》2019 年第 4 期，本文有删节）

举足轻重之欧盟

——中国与欧盟贸易战略定位

冯　雷

摘要：欧盟是世界上最为发达的区域性经济集团，同时又构成了我国出口贸易三个主要的区域性市场之一欧洲市场的主体。世纪之交，美国经济的减缓，日本经济的下滑，使得与欧盟贸易成为关系我国对外贸易发展的一个重要因素。我们充分依托世界贸易组织规则提供的制度框架，利用欧盟双层利益结构的特点开拓欧盟市场，探索出口方式的多元化，扩大欧盟市场。

关键词：世界贸易组织；欧盟市场；对外贸易；战略定位

作者：冯雷，中国社会科学院财经战略研究院研究员。

一　与欧盟的双边贸易政策

1. 中国与欧盟贸易的总量分析

第一，中国对欧盟贸易的发展。中国与作为一个区域性经济集团的欧共体及欧盟的贸易关系，经历了一个长期的发展过程。自我国改革开放以来，双边贸易有了长足的发展。近 20 年来，我国对欧盟的出口增长了 11 倍，进口增长了 8 倍，进出口总额增长了 9 倍。

第二，中国对欧盟贸易的阶段性发展。中国对欧盟的贸易在过去的近 20 年间形成了阶段性的发展。从总量上看，形成了三级台地，1985 年以前进出口总额在百亿美元以下徘徊，1986 年至 1992 年在百亿美元阶段逐步走高，向上发展，1993 年以后，增长速度明显加快，短短七年间，在高水平上实现了翻番。此外，如果与欧盟在这一期间扩张的进程结合起来，1986 年和 1995 年的数字分别与前一年相比，增长率达到 39% 和 28%，可以主要看作欧盟吸纳了新的成员所产生的影响。从进出口的对比关系上看，以 1997 年为界可以分成两个阶段：之前我国对欧盟的贸易表现为逆差，其间又可以分为三个波段：1984 年以前，双边贸易基本持平，逆差不大；1984 年以后，贸易的增长伴随着逆差的扩大，1989 年达到峰值，入超接近 43 亿美元；其后的七年中有五年维持在 20 亿—30 亿美元。自 1997 年开始，我国对欧盟贸易长期的入超现象得以改变，这一现象在 1996 年已经显现征兆，该年逆差接近零，并在来年迅速转变为数十亿美元的顺差。1996—1997 年我国对欧盟进出口对比关系的转变主要是由从欧盟进口额的减少造成的，到 1998 年和 1999 年进出口的增长保持了相近的增长比例，即出口方面的 18% 和 7%，进口方面的 8% 和 23%，合计两年间增长分别为 27% 和 32%。

　　第三，中国与欧盟的双边贸易地位。在我国对外贸易中，欧盟与美国和日本齐名为三大市场。在出口方面，我国的三大主要出口市场依次是美国、日本和欧盟，1999 年占我国出口额的比重分别为21.5%、16.6% 和 15.5%，三者共计 53.6%，如果考虑到经我国香港地区转口这三大市场的份额，则比重还会上升。欧盟位居美日之后，为我国出口第三大市场。在进口方面，我国的主要货源地依次为日本、欧盟和美国，1999 年分别为 20.4%、15.4% 和 11.8%，三者合计 47.6%，加上我国香港地区的转口，也可以达到 50% 以上。欧盟位居日美之间，为我国进口商品的第二大来源地。从进出口两方面来看，我国与这三大市场的进出口超过了我国进出口总额的一半。1999 年我国对这三个市场的依存度分别为：日本占 37%，排名第一；美国占 33%，排名第二；欧盟占 31%，排名第三。这一位次与 1997

年的日美欧排序（分别是，出口为美国占 17.9%，日本占 17.4%，欧盟占 13.1%；进口为日本 20.4%，欧盟 13.5%，美国 11.5%；进出口合并为日本占 37.8%、美国占 29.4%、欧盟占 26.6%）相比，欧盟的地位没有发生变化，仍排在第三。但是，从依存度的动态发展来看，对日本的依存度基本未变，对美国的依存度提高了近四个百分点，对欧盟的依存度提高了近五个百分点。在这种情况下，考虑到美国自去年国内经济开始减缓，日本经济长期不振的国际大环境，欧盟经济的相对平稳发展，使得我国对与欧盟的贸易关系具有更大的依赖性，欧盟市场对我国出口贸易的稳定与增长具有更为重要的意义。

我国对欧盟的进出口贸易在欧盟的进出口贸易中所占的地位可以揭示欧盟对华贸易政策的特征。根据 1997 年的数据，欧盟向主要贸易伙伴的出口，美国占 19.6%，瑞士占 7.4%，日本占 5%，俄罗斯占 3.5%，中国占 2.3%，仅排在第五位，且与排在第一位的美国相差七八倍，就是与瑞士这样的小国相比，也仅为其的三分之一；欧盟从主要贸易伙伴的进口，美国占 20.5%，日本占 8.9%，瑞士占 6.7%，中国占 5.6%，排在第四位，与排名第一的美国相比，约为其四分之一强，与瑞士还有一个百分点的差距。这一状况决定了我国国内市场在目前双边的贸易发展中能够对欧盟贸易政策产生影响的水平。

综合上面的分析，可以得出这样一个结论，即欧盟市场对我国进出口贸易发展的重要性超出了我国市场对欧盟进出口贸易发展的重要性，显示出在双边贸易政策调整以及贸易谈判中，我国处于不利的地位。

2. 中国与欧盟的贸易关系

贸易政策与贸易发展状况是平行的两条线索，相辅相成。贸易政策是以贸易实际为基础的，同时也会构造贸易发展的实际水平。

第一，我国与欧盟（包括其前身欧共体）贸易关系的回顾。我国与欧盟的经贸关系可以分为几个阶段：在 1975 年建交之前，双边的贸易发展属于民间交往的性质，由于与欧共体没有外交关系，双边贸易发展也只能通过与各个成员国分别进行。1975 年至 20 世纪 90 年代中期，双边贸易关系正式建立，1978 年签署了贸易协定，成立了贸易联合委员会，并定期举行年会；1985 年签订了经济与贸易合作协定。1994 年欧盟开始实施亚洲新战略，并相继制定了三个专门针对对华关系的政策性文件，1995 年通过了《中欧关系长期政策》，1996 年通过了《欧盟对华合作新战略》，1998 年欧盟理事会通过决议，把中国从"非市场经济"国家的名单上删除，并通过《与中国建立全面伙伴关系》，把欧盟的对华政策提高到与美俄日同等重要的地位，标志着中国与欧盟经贸关系进入了一个成熟稳定的发展阶段。一系列文件的主导思想是确立欧中关系为欧盟亚洲新战略的核心。

第二，我国与欧盟贸易关系的特点。双边的经贸合作规模与双方的地位不相称。欧盟已经在战略上认识到亚洲以及我国是世界未来的重要市场，亚欧会议机制充分显示出欧盟各国政府观点的转变。但是，从双边贸易发展的实际情况来看，相互在经贸方面的依赖程度并不高，没有上升到主导的地位。我国与欧盟在世界经济中的地位及特点各有千秋。我国是一个发展中的大国，一个经济转型中的国家，一个正在申请加入世界贸易组织的国家；而欧盟的成员大多数是 OECD 国家，经济发展水平较高，人均国民收入水平高，是世界三个最大的经济体之一，对产品的品质要求较高。这就决定了双方相互需要在程度上的差异。正如前面的贸易数据所揭示的那样，欧美之间的贸易是欧盟贸易的主要组成部分，日本等其他非欧国家的贸易来源，在一些重要商品上欧盟成员国原殖民地国家的产品来源，仍然占据着较为重要的位置，然后才是与我国的贸易往来。而欧盟市场对我国的进出口贸易的重要程度就要高得多了。这种相互依存的程度差别，决定了在贸易关系中我国尚处于下风，较为被动。贸易关系的基本特征决定了双边贸易关系发展的基本面貌，突出地表现在我国与欧盟之间贸易摩擦的启动方以及在处理贸易摩擦过程的态度及立场等许多方面。

第三，我国与欧盟间贸易存在的问题。我国对欧盟贸易的主要问题集中表现在反倾销调查、单方面数量设限、普惠制和市场准入等方面。①反倾销调查。根据世界贸易组织的最新统计，我国是世界上出口产品受到反倾销调查最多的国家，自1978年以来，已经有29个国家和地区对我国出口产品发起了422起反倾销调查，其中，欧盟占90起，排名第一。此外，欧共体也是对我国出口产品提出反倾销调查的第一个经济体。在欧盟的反倾销法中对我国的国有企业存在明显的歧视，认定国营企业享受政府的补贴，不接受相关企业提供的成本数据，而采取所谓的按照市场经济第三国同类产品成本的方法来判断与推算我国产品的倾销事实与幅度。②单方面数量设限。1994年颁布了对从非市场经济国家进口的产品进行配额管理的办法，以欧盟统一的配额管理取代了国别限制，提高了数量限制的力度。对我国出口欧盟的鞋、陶瓷器皿等七大类最优竞争力和发展潜力的商品设置了进口数量限制。③非关税壁垒。在我国向欧盟出口的部分农产品中，通过农药残留等技术标准限制我国部分农产品对欧盟的出口，如1996年停止了从我国进口禽肉和部分水产品。④普惠制问题。1980年欧盟给予我国出口产品以普惠制待遇，促进了我国对欧盟的产品出口。但是欧盟于1995年开始分三个阶段实施为期十年的新普惠制度，旨在限制竞争力强的国家和地区享受这一待遇，只提供给最穷的发展中国家。我国被列入第二类国家即属于竞争力较强的国家，被划在不再给予待遇的范围内，我国的部分产品已经在第一个阶段（1995—1998年）中"毕业"，如我国出口产品在第二阶段（1999—2001年）中的规模继续扩大，有可能导致国家"毕业"。⑤市场准入。市场准入是欧盟手中持有的一个重要的谈判筹码，以正在逐渐扩大的欧盟市场的开放为条件，来换取对方国家开放市场。欧盟的贸易壁垒法规是采取市场准入措施的基本法规，据此欧盟可以单方面地暂时停止其所承诺履行的义务，单方面采取提高进口关税、实施数量限制的措施，作为对方开放市场的要价。

二　促进对欧盟贸易的战略对策

1. 充分依托世界贸易组织规则提供的制度框架

我国加入世界贸易组织已经成为定局，这对于发展我国向欧盟的出口贸易是有利的。在欧盟对我国出口商品所采取的不公正待遇中，数量限制是一种直接违背世界贸易组织规则的贸易保护措施。这一措施在双边贸易关系中是不受约束的。入世后我国在名义上不会再受到欧盟以及来自其他成员可能采取的这种歧视性待遇，即使发生这种情况也可以通过世界贸易组织的法律框架进行协调。

此外，1998年，欧盟宣布不再把我国列入非市场经济国家名单，这对于解决我国与欧盟之间贸易摩擦有所帮助。欧盟早在1979年就开始对我国产品实施了反倾销调查，其后愈演愈烈，发展成双边贸易中最为突出的问题之一。反倾销已经成为当今世界上较为流行的一种保护贸易手段。在我国对外贸易关系上，处理反倾销问题最早的症结可能是在国内企业对待应诉的态度上，由于体制等多方面因素的制约，放弃了应诉的机会而自动败诉的事例很多。近些年来，我国政府大力呼吁国内企业积极应诉，越来越多的企业也已经意识到这个问题，开始进行有组织的应诉，同时，胜诉的消息鼓舞了越来越多的企业直面国外的反倾销调查。但是，欧盟在上述宣布中并未确认我国是市场经济国家，从而在确定我国出口欧盟的产品价格时，模糊了今后是否继续按照替代国价格与结构价格标准来判断的歧视性做法。

在处理贸易摩擦问题时，世界贸易组织为我国提供了一个全球化的制度环境，作为世界贸易组织的成员，一方面，可以启动争端解决机制，维护我国的贸易利益。但是，另一方面还要尽快培养一批懂得世界贸易组织规则、了解争端解决程序、既有法律知识又有语言能力的人才队伍，应对可能产生的大量的贸易争端，维护我国正当的贸易利益，避免针对世界贸易组织成员方的贸易保护主义措施对我国可能形成的不公正待遇。从这一点来看，加入世界贸易组织对我国的进出口贸易既是机遇也是挑战。

2. 利用欧盟双层利益结构的特点开拓欧盟市场

欧盟的双层利益结构，一方面会形成对非成员国的贸易障碍，用成员国内部的贸易替代与非成员国之间的贸易；另一方面也会为非成员国提供有潜力的市场机会，通过欧盟整体的贸易政策带动对个别成员国的贸易流量。

欧盟成员国之间在经济发展水平和生产结构方面的差异，为成员国之间的供求关系打下了基础。启动贸易转移与贸易创造机制的是那些与非成员国产品具有竞争关系的供方国家，如在农产品供应方面，法国与德国的态度就有很大的差异，法国希望通过欧盟的共同农业政策，维护欧盟内部市场对其农产品的需求，而德国更希望以其对非成员国农产品的需求带动其工业品的出口。结果必然是在维护集团内部的经济利益时，削弱部分成员国在供应渠道方面的选择权力。可以看到的是，这种驱动力会随着新成员的加入而逐渐增强。欧盟未来的新成员们主要是一些经济发展水平相对较为落后的国家，其经济结构与原成员之间形成了较好的互补关系，如农产品等初级产品比重较大，劳动力成本较低等。但是，我们也应该看到，这些国家的加入使得欧盟的共同农业政策必须加以改革，否则，就很难从财政的角度来支撑这种政策的实施。较为灵活的共同农业政策，肯定会为非成员国的产品提供更加丰富的市场机会。

区域性经济集团的双层利益结构之间往往会形成一定的摩擦，欧盟内部发达国家与经济尚不够发达的国家之间在许多问题上的分歧必然会反映在不同成员对集团目标的认知上面。这些分歧会通过集团运行机制的调整为非成员国家创造更多的贸易机会，这一点在欧盟的共同农业政策的调整上充分表现出来。我国应该利用这种双层利益结构的特点，趋利避害，把握欧盟贸易政策的整体变动以及对个别成员的约束作用。

此外，作为一个区域性的经济集团，欧盟在其内部已经实现了商品的自由流通，而这正是通过一个成员国进入另外一个成员国市场的重要的便利条件。只要我们的产品进入了一个国家市场，从大环境上来讲就可以直接进入所有欧盟成员国的国内市场了。

3. 扩大出口商品范围，实现商品结构多元化

改革开放使我国劳动生产力水平和产品的国际竞争力都大大提高，20 年间，我国进出口贸易从 380 亿美元提高到 4700 亿美元，增长了 11 倍，在世界商品贸易中的地位也上升到第七位，成为世界贸易的大国。但是，我国还只是个贸易大国，而不是贸易强国，出口商品的竞争力包括商品结构还不足以有效地抗击国际市场包括各种贸易保护手段的冲击。

调整优化出口商品结构是提高我国对外贸易地位的一个重要方面。在优化出口商品结构方面，除了要提高我国出口商品的优势要素禀赋和高新技术含量，针对欧盟实施普惠制政策中产品"毕业"的约束，还要实施出口商品结构的多元化以及目标市场的多元化，尽量避免在促进我国对欧盟贸易发展的过程中形成在单一品种和目标市场中占有过高市场份额的两难局面。要充分发挥政府主要是商会或行业协会的作用，在对欧贸易方面进行协调，沟通欧盟市场信息、贸易环境信息，避免不利的贸易环境。

单一产品的过度出口或在一个目标市场中份额的高度集中，会导致所谓的出口贫困化增长。对于出口量增加、收益下降可以从两个方面着手：一是从企业经营行为上要维护出口市场秩序，避免竞相压价；二是从政策环境上提高监控能力，防止贫困化增长由企业的经营行为向政策环境动因的转化，即由市场竞争导致的出口价格下降，引起我国出口的收入或效益下降，转化为欧盟政府对我国输欧产品的反倾销调查，恶化我国出口环境。商会或行业协会可以通过对国内供应能力与目标市场的前景预测，分析出有关商品出口的临界区间，通报给国内的厂商和出口商。

出口市场的开发可以分为政府、行业和企业三个层面。政府主要着眼于市场环境的塑造，通过各种形式的高层往来，为企业和产品提供良好的市场环境。企业开发市场的特点在于沿着现有产品向市场纵

深拓展，少数企业可能会在小范围内进行横向的扩展，这是由我国传统的分工模式决定的。不论是生产企业还是经营企业，一旦被固定在某一个行业中，就很难从中转移出来。政府层面很难深入商品多元化上，而企业层面又难以扩展到多元化上。行业层面的市场开发活动对出口商品的多元化具有重要的意义。其特点是通过对市场的了解，针对新的市场需求，在国内寻求具有比较优势或竞争优势的产品，满足市场的需要。从我国出口市场的开发模式来看，开发活动主要集中在企业层面，对商品多元化的开发力度不够，政府的市场开发日渐增加，但是，行业的开发活动相对较少。因此，要从政策上鼓励针对避免少数产品占有过高市场份额引起贸易摩擦或贸易环境恶化的商品多元化的市场开发活动，这在我国发展对欧盟出口贸易中具有重要的战略意义。

行业性的市场开发活动是各国促进出口的特征，这种活动为我国商会或行业协会提供了一个崭新的活动空间。行业性的市场开拓活动是为全行业提供服务的，其特点是以发现新的市场机会为主要内容。大力推动市场开发活动也是改善我国商会和行业协会工作，促进其正常发展的一项重要举措。

针对欧盟市场开发市场机会，应该沿着我国出口商品的现有水平向高位推进。依照欧盟的主要成员国收入水平与消费水平较高的特点，在我国向出口欧盟的商品中努力实施"以质取胜"的战略，提高输欧产品的档次，瞄准欧盟市场中最有吸引力的高消费和高盈利领域。向高位推进的商品多元化战略是企业发展中必然的战略选择，同时也符合在产业链条中寻求高利润环节竞争优势地位的国际化趋势。在继续发挥我国出口比较优势产品的同时，根据不同区域性市场的特点，积累我国的竞争优势。

4. 探索出口方式的多元化

针对欧盟在实施普惠制政策中强调国家"毕业"的情况，避免我国在欧盟进口市场中直接占有过于明显的市场份额，在开拓对欧盟的贸易中，除了直接向欧盟出口商品，还应该大力开发多种进入欧盟市场的方式，在生产层面、批发层面、零售层面上进行创新，建立双边多层次的出口战略联盟。

在生产层面上，注意跨国公司在我国投资的取向，优化外商直接投资结构，发展定牌生产方式。

在利用外资的政策层面上，鼓励以全球生产布局为主的跨国公司投资，利用跨国公司的市场内部化策略，通过跨国公司的内部调拨进入欧盟市场，带动我国的出口，为中欧贸易提供新的增长点。这要求我国利用外资政策导向作用的深化，不仅通过外商投资的产业目录引导投向，还要对跨国公司的战略特点有所了解，并根据不同的战略提供相应的政策条件。

定牌生产是国际上一种较为流行的生产加工方式，是国际分工在行业内部的深化。这种方式通过合作各方在生产投入要素方面的比较优势的结合，如劳动成本、无形资产、技术、流通渠道等，形成一种利益关系上的战略联盟，有助于避免或解决贸易摩擦问题。我国一些家电产品就是以这种方式较为隐蔽地打入并占领欧洲市场的。

在批发层面上，切入国际采购网络，构造出口贸易的新渠道，建立相对稳定的采购供货关系。国际采购网络是许多欧盟跨国企业或国内企业进货的主要渠道之一，采购代理也是许多中小企业或行业集中采购的一种方式，属于一种批发贸易的行为。与国际采购商建立起长期的供货关系，有助于为我国的产品提供稳定的国际流通渠道和出口市场。这种方式与我国传统的人员巡回销售及交易会方式相比，优点在于可以拥有稳定的客户关系和需求水平，成交效率高，风险小，交易成本低，市场机会大。只要能够把企业的产品列入国际采购商的商品目录，就可以扩大市场接触面，在某种程度上提高商品本身的市场地位，有益于成交。

在零售层面上，向跨国零售企业直接供货。对于消费品制造企业来说，直接进入跨国零售企业的采购网络，是进入国际市场最为便捷而有效的途径。从世界零售业的发展趋势来看，零售业的发展空间已经开始突破国家疆域的界限，走向全球化，沃尔玛零售公司在20世纪90年代初期就开始实质性地进军欧洲市场，在德国等地建立起滩头阵地；零售业的规模越来越大，已经在世界500强中名列前茅；零售业的主导业态为连锁超市，规模效益高，竞争力强，市场集中度高，欧洲市场中位居前十名的零售企业拥有零售市场90%以上的份额。因此，通过跨国零售公司在我国国内市场上的直接采购，直接进入其全球化的零售网络，实现我国商品出口的飞跃。

参考文献（略）

（原载《国际贸易》2001年第5期，本文有删节）

构筑"一带一路"国际产能合作体制机制与政策体系

夏先良

摘要：中国以国际产能合作方式参与共建"一带一路"具有多方面的重要意义。当前中国对外产能合作已经取得初步成效，但实际推进中遇到了一些困难。其中最大的障碍就是没有构筑起体制机制和支持政策体系。中国参与共建"一带一路"的国际产能合作既有许多优势，也有一些劣势，需要扬长避短，塑造起促进体制和合作机制，构筑相应的支持政策与服务体系。

关键词：国际产能合作；"一带一路"；促进体制；合作机制

作者：夏先良，中国社会科学院财经战略研究院研究员。

一 以国际产能合作方式参与共建"一带一路"的重要意义

1. 国际产能合作开创对外开放新方式、新局面

"一带一路"战略是未来我国对外开放的重大战略，它传承以自愿、平等、包容、合作为核心的古丝绸之路精神，顺应求和平、谋发展、促合作、图共赢的时代潮流，是一个包容性、开放性的战略构想，具有多元的国家战略诉求，多重的对外开放功能，呈现出广阔的

地域延展性。战略的远期目标是构建区域合作新模式，近期目标是道路联通与贸易畅通，着重加强贸易、交通、投资及金融领域的合作。丝绸之路经济带的交通运输体系正逐步形成，将加快经贸、人员交往的速度，缩短交通时间，扩大交往规模，降低运输成本，畅通贸易渠道，促进骨干铁路、公路和机场港口互联互通及配套，扩大产业产能合作领域。

国际产能合作是一种国家间产业互通有无、调剂余缺、优势互补的合作方式，是一种国际产业转移与对外直接投资相结合的新模式。国际产能合作是中国参与共建"一带一路"的重要实现形式，是中国对外开放新方式的重要创新，是中国国际经济合作的新模式。可以说，国际产能合作契合"一带一路"的合作共赢精神，是升级版中国"走出去"。

国际产能合作应运于全球经济发展的新变化。全球经济正处于深度调整和转型之中。中国国际产能合作和装备制造"走出去"正好迎合金融危机之后各国都想通过基础设施建设拉动本国经济恢复的这种需求（吕铁，2015）。发达国家致力于再工业化和基础设施更新升级。发展中国家正加紧实现工业化、城市化进程，对发展工业能力和城市交通等基础设施的需求强劲，需求规模巨大。这种需求是传统贸易、投资方式所能够满足的，东道国期望通过合作方式实现优势互补和合作共赢。而且中国劳动力和资源密集型经济承受着较重的成本和资源环境压力。传统产业生产方式和贸易方式难以为继。李克强总理曾指出："过去那种'大进大出'的老路已经难以为继。要加大支持中国装备'走出去'，推进国际产能合作，使我国对外贸易从'大进大出'转向'优进优出'。"① 国际产能合作相较于跨国直接投资具有促进优势互补、资源优化配置和产业结构优化升级的作用。产能合作投资的市场定向更优于比较盲目的跨国直接投资方式。国际产能合

---

① 李克强：《中国外贸要从"大进大出"转向"优进优出"》，《新京报》2015年4月5日。

作还有助于各国推进结构性改革和调整，将为全球经济和各国发展带来新的增长点，完成调整走出低迷。国际产能合作可以说是当今全球经济发展方式的新特征、新趋势。中国以国际产能合作方式参与共建"一带一路"将开创未来我国对外开放新局面，适应全球经济发展新趋势。

2. 国际产能合作促进国内经济发展，推动产业转型升级，跨越中等收入陷阱

近年来，一些长线产业产能过剩问题严重。跨境产能合作就可以将这些过剩产能转变成优质产能，盘活和带动整体经济发展。国际产能转移是国际产业梯度转移，符合国际经济原理，不是转移所谓落后的产能。中国过剩产能都是优质产能，并非淘汰的落后产能。过去中国也曾承接由美国、日本、韩国转移过来的非核心的夕阳产业，在此基础上逐步靠引进产业而发展起来。国际产能合作将成为当前跨国投资合作的重点工作和重要目标。目前我国国际产能合作主要任务是抓好大型项目，包括产业园区和装备制造业合作项目，尽快把我国产业过剩的产能、非核心的产能转移出去。因此，做好国际产能合作将会有力弥补我国外贸和经济增长下行压力，推动世界经济复苏，也有助于我国经济向智能、绿色发展的转型升级，促进产业迈向中高端水平，更加聚焦国际分工的关键核心业务，打造以中国制造业为中心的体系。

推进国际产能合作符合国际产业发展的基本规律，历史上英、美、日等国都曾推动过国际产业转移（邢厚媛，2015）。中国要发展成一个发达国家，摘掉发展中国家的帽子，必须要有发达的产业经济，才能跨过中等收入陷阱。跨过中等收入陷阱必须要有能够承受较高收入的较高生产力和较高的产业水平。国际产能合作既解决了当前中国存在的一些过剩产能，也为产业结构调整、产业转型升级提供了战略机遇。因此，国际产能合作与国际直接投资能够推动中国产业实现转型升级，通过持续不断的科技、制度与管理创新推动产业迈向中高端水平，大幅度提高劳动生产力，跨越中等收入陷阱。比如中国与

法国开展第三方核能合作，探索一条三角产能合作模式，利用和消化中国的产能资源，逐步提高工业技术水平和组织水平，推动中国整体产业水平提升。

3. 国际产能合作拓展了产业发展新空间，推动经济全面深度融入全球化

国际产能合作是国际直接投资、国际经济合作的创新方式，利用这种新方式可以把中国经济与欧美技术、亚非拉市场需求结合起来、紧密联系起来，促进中国与全球产业链对接和分工合作，成为全球产业链条的重要组成部分，从而把过去囿于国内的产业融入全球产业链之中，极大地扩展了产业发展空间。

市场经济的一般趋势是生产相对过剩、总需求不足、利润率持续下滑。商品生产过剩、消费不足、国民收入资本化比重过高，各产业的市场空间非常狭窄，反映产业资本过剩，这是一个一般趋势，过剩产业资本必须要对外输出，寻找新的广阔发展空间，以提高资本利用效率。我国不少制造业产能利用率不高（梅新育，2015），产能过剩表明"走出去"受阻，产能国际调节渠道不畅通。加强国际产能合作这种国际合作方式，可以加快我国过剩产能、过剩资本的疏解，缓解国内市场空间有限的限制，同时促进我国经济与全球经济以及产业链之间的联系。

而且我国长期以来外贸盈余和引进外资积累了大规模的外汇储备资金，这个风险储备资金规模超出了实际需要的规模。超出部分的资金利用效率不高，有必要从金融资产转换为实体产业资金进入国际投资市场。因此，我国要在保持商品出口和劳务对外输出增长的基础上，特别要保持资本净输出规模的持续增长和扩大，加快对外直接投资增长速度，转移过剩产能，这样可以缓解制造业出口困难，避免制造业价格过快下行、服务业价格保持高位而陷入结构性通货紧缩的长期危机之中。

4. 国际产能合作打造经济增长新动力，超越传统的 GDP 概念

过去我国经济增长主要依靠国内投资与消费以及出口的规模

增长。国际产能合作则带来新的经济增长动力，不仅国内增加投资支撑这种产能合作，而且要有持续不断的技术创新、商业创新、管理创新、制度创新，形成新的经济增长动力来源。中国经济增长模式将逐步从数量、规模扩张转换为质量、效益型经济发展方式。

我国要超越传统的 GDP 概念，从过去重视 GDP 和对外贸易转变到重视 GNP 和对外投资的发展方式上来。GDP 是指一个国家之内的总产值，强调领土范围内发生的产出。GDP = 消费 + 投资 + 政府开支 + 净进口。① 而 GNP 是按一国国民收入所有权计算的全球总产值，强调发生产出的所有权。GNP = GDP + 海外资产净收入 − 外国资产的净支出。如果在一个国家的外国人发生经济活动，增加了收入，虽然这些经济活动算入 GDP 中，但不算入 GNP。

GNP 概念更能准确反映一个国家真实的全部经济能力和经济规模。美国海外投资规模很大，不仅 GDP 大，而且 GNP 也非常庞大；日本海外投资规模也相当大，日本 GDP 中外资创造的比例很小，虽然比中国规模小，但日本 GNP 规模很大；中国 GDP 中有相当部分是外国资本生产的，中国海外资本规模相对较小，中国 GNP 规模并不算大。

另眼看 GNP 概念就是要超越我国过去过分强调 GDP，只看引进外资和发展对外贸易，今天更要强调中国资本输出，在全球市场上发现有利商机，特别要抓住国家推进"一带一路"战略中的大量商机。中国通过扩大对"一带一路"沿线国家的直接投资和产能合作，从而可以外国直接投资方式扩大在东道国的中国 GNP 规模，提高中国经济占世界经济的比重。即使由于国内资本流出可

---

① GDP 概念尽管在世界各国得到广泛应用，但它并不能够准确、科学计量经济规模。影响经济规模的因素除了消费、投资、政府开支、进出口，还有很多影响经济规模的生产力、生产关系因素，比如地理位置、土地、矿产、水等资源，制度创新、技术创新等，这些因素也会影响经济规模的衡量。它还有很多局限性，仅仅反映经济发展规模，不能反映经济发展水平、经济结构和经济增长质量、效益，更不能体现分配的公平性。故而，一个国家政府在发展经济的战略中要把视野放得更宽广一些，不能只看到四个因素。

能导致国内 GDP 减少，甚至连 GNP 也没有增长，但是中国资本在全球经济中的资产价值肯定比不开放情况下资本限制在国内的资产价值要增大。

5. 中国对外产能和装备制造合作惠及"一带一路"沿线各国，增强中国经济影响力

国际产能合作实质上是一种对外直接投资代替原有对外贸易的双向互惠互利合作方式。互通有无、互补性强的产能合作比贸易方式更受欢迎。当贸易成本很高、投资准入门槛较低、投资风险较小时，以产能合作的直接投资方式，优于以出口贸易满足东道国市场。具有高度产业互补性的国家开展产能合作，可以充分利用两国资源和两国市场，减少长距离、大规模贸易带来的浪费，有效增加两国要素和资源利用效率，增加就业和国民收入。跨境投资为东道国不仅带来扩大就业和税收收入的利好，而且促进当地产业发展，这是投资比贸易更受东道国欢迎的重要原因。如果东道国本土产业较弱，外资进入东道国的幼稚产业往往会不受欢迎。

国际产能合作惠及双方，更受东道国欢迎。中国把过剩的产能转移到一些缺少这些产能的国家，可以推动东道国产业发展，填补当地市场需求，减少进口，可以增加当地税收，促进当地经济发展，还有利于降低基础设施建设成本，也有利于扩大内需、增加就业，提升工业化水平，是一举两得的事。利用东道国廉价劳动力和资源，开展产能合作，可以提高资源配置效率，形成（东道国＋投资国＋第三方的庞大市场）规模经济，降低产品平均生产成本，提高国际竞争力，促进经济增长，增加东道国及全球福利。

以国际产能合作方式共建"一带一路"可以促进各国经济发展，实现共同富裕，增加中国经济在全球经济中的份额，提高中国经济的全球影响力，还可以赢得沿线各国对中国崛起的信任，认识到中国的勇于担当、愿意分享，而且通过经济发展有效抑制地区恐怖主义和"三股"势力，给区域经济社会发展带来巨大的战略收益。

二　中国参与共建"一带一路"国际产能合作的优势与劣势

1. 中国参与共建"一带一路"国际产能合作的主要优势

第一，中国具有完整的、较强的工业体系，对能源、资源进口需求庞大。中国对亚非拉广大发展中国家谋求开发能源资源，实现本国工业化、城市化，具有同时输出工业装备、开发并进口能源资源的优势。

第二，中国已经在许多装备制造业以及大型工程领域显示出较强的技术创新能力，逐渐在国际市场上创造出了具有一定知名度的品牌和标准，实现了从单一产品输出到成套输出的转变。

第三，中国装备正在引领出口结构从一般消费品向资本品升级，体现出较强的国际竞争力。

2. 中国参与共建"一带一路"国际产能合作的主要劣势

第一，中国对外产能和装备合作的质量与技术服务水平同最发达国家仍有一定的距离。

第二，西方发达国家已经形成促进国际合作的比较完善体制机制以及政策支持体系，中国至今没有形成初步的促进体系。

第三，中国公司对国际项目运作和工程承包的经验不足。国际产能合作是一种复杂的系统工程，与当地政府、政党、工商界、学术界、宗教界以及各种社会中介或团体都有或多或少的联系。任何一个方面公共关系没有做好，都可能导致合作项目失败。因此，中国商务、产业各有关部门要分国别、分产业做好国际产能合作的各项风险调查与预警。加强国家外交在国际产能合作项目争夺中的重要作用，不仅要重视政治、军事、文化外交，更要重视经济外交，把外交功能扩展到国际经贸和国际合作等领域。

三　构筑国际产能合作的体制机制与政策支持体系

国际产能合作体制机制塑造和政策服务体系建设必须充分认识国

际产能合作的时代背景和重大意义，考虑国际产能合作发展形势和面临的实际困难，发挥自身优势，扬长避短，充分发挥政府在国际合作中的核心作用。各级政府要高度重视完善国际产能合作的体制机制和支持政策的战略性作用。

1. 塑造适合共建"一带一路"国际产能合作的促进体制

研究发现，西方国家海外投资走过包括限制阶段、自由阶段、促进阶段和调控阶段的历史进程，相应采取与这些阶段要求的管理体制和战略。目前最发达国家海外投资已经进入调控阶段，实行"再产业化"战略，以防止进一步的产业空心化。

中国长期以来一直采取程度不同的审批限制管理体制，近年来，海外投资与国际合作的管理体制改革迈出较大步伐，试图建立与市场经济体制相适应的海外投资备案与审批并行体制，这个体制依然没有达到自由投资管理体制的阶段上。这种海外自由投资体制与西方资本主义自由竞争阶段所要求的管理体制相一致，可见目前我国海外投资与国际合作的管理体制还停留在西方资本主义初期的阶段上。

世界投资自由化发展程度远不及世界贸易自由化水平，投资市场竞争远不及贸易市场透明、平等。而且当今国际投资环境变了，已经不是自由投资时代，而是进入国际投资垄断时代。因此，国际产能合作仍需要国家鼓励、促进和支持，这些国家鼓励、促进和支持政策就是战略性投资政策，这个理论就是战略性投资政策理论。

此外，跨国直接投资是一项较长时间的产业投资交易，不同于短期内完成的商品交易所冒风险较小，这种国际产能合作性质的直接投资需要政府出面填补当地政治动荡、法律不健全、经商环境差、交通基础设施薄弱以及文化环境差异等方面不足的缺陷，政府起到政治担保、弥补法律缺失、友好经商环境等方面的作用。许多大型国际产能合作项目必须要有国家领导人以及外交层面进行协商和决策以及推动，才可能得到落实。这时国际产能合作必须采取战略性促进措施，没有这种措施单个企业无法开展跨境产能合作。所以，这种情况下国际产能合作采取自由投资战略不能够取得实效，必须转变为促进体制。

国家对国际投资合作和国内企业"走出去"给予战略性支持、税费减免以及资助补贴等措施，才能使其有能力克服跨国投资与合作的信息障碍，承担得起跨国投资合作的成本与风险，并且能够把产业扩张到国际市场上获得适当的利润，企业才有动机和动力开展对外产能合作。

所以，我国要全面深化经济体制改革，塑造与市场经济体制相适应的对外投资与国际合作管理新体制，加强制度创新，尽快把对外投资体制从审批制转变为备案制为主、审批为辅落到实处，并在此基础上构建对外投资和国际合作的促进体制。下一步对外投资与国际合作管理体制改革的目标是如何构建对外投资和国际合作的促进体制。促进体制下要把握促进的"适度"，注意防止走过头，防止我国产业空心化。

2. 形成国际产能合作互利共赢的合作机制

国际产能合作机制要以国际产能合作的管理体制为前提，对中国来说就是以国际产能合作的促进体制为前提。中国国际产能合作的促进体制执行主体就是中国政府，它行使促进职能。由于国际产能合作完成的项目一般是当地重大工程项目，涉及重大国计民生，当地政府必然是项目顶层设计者、领导者、决策者，同时由于项目一般价值较大、项目质量要求较高，项目竞标方政府会非常关心项目、引导项目、推动项目。所以，在国际产能合作机制中政府应发挥项目促进、引导和推动作用。

国际产能合作中双方政府虽然起着重要作用，但实施项目的主体不是政府，而是市场主体企业。因此，中国要深化市场化改革，特别是确立国有企业市场主体地位，建立起市场调节资源配置的机制。在政府促进国际产能合作中，企业具有自主选择权，不再是政府的附庸和代表。具有独立地位和利益的企业参与对外产能合作项目必须能够实现自身利益和价值，在合作中获得属于自己的利益。

国际产能合作实现机制必须是双方发挥经济互补性优势，使双方从合作中实现互利共赢。它不仅可以让两方，甚至可以让多方主体参与共同完成一个项目。所以，国际产能合作机制就是合作双方遵循市场原则，资源共享，优势互补，非零和博弈，协作而不对抗，依据双方平等协商达成的协议，或通过市场竞标而签署的项目协议，体现共商、共建、共享精神，双方以优势资源开展合作，并使双方需求得到满足，经济资源得到最优配置，双方合奏而非单方面的独奏，共同协作做成合作项目，共享利益，共担责任和风险。

3. 制定与国际产能合作体制机制相配套的支持政策和服务体系

在形成国际产能合作促进体制、合作机制基础上，政府要制定与体制机制相一致的支持政策和服务体系。国际产能合作项目投资成本高，风险大，政府投资促进政策可以降低成本和风险，增加投资项目成功率，提高投资利润率和投资积极性。

政府各部门要加快转向服务型政府，一切为企业发展服务。中国在实行海外投资与国际合作促进体制下，政策支持体系设计要防止产生过度对外扩张的不良后果，不仅要防止国家对外扩张，也要防止企业过度对外扩张，任何超过自身能力的过度扩张，都是不能持久的，必然会失败。对外产能合作和产业转移不仅不能过度扩张，而且要防止产业空心化（桑百川，2015）。中国对外产能合作要以满足东道国需求为原则，照顾东道国利益和关切，以不对东道国产业和经济造成冲击和伤害为限。

参考文献（略）

（原载《国际贸易》2015 年第 11 期，本文有删节）

数字贸易、产业结构升级与中国出口技术复杂度:基于结构方程模型的多重中介效应

姚战琪

摘要: 提高出口技术复杂度能显著提升我国创新能力,而发展数字贸易是促进我国出口技术复杂度提高的重要途径。因此,研究数字贸易的影响因素以及数字贸易通过哪些途径对我国出口技术复杂度产生影响是理顺数字贸易与出口技术复杂度之间关系的关键任务。实证结果发现:信息化水平、政府科技支出占比、进出口贸易、劳动生产率通过数字贸易对出口技术复杂度产生显著的间接效应,但政府科技支出对我国数字贸易综合竞争力的影响最小;不但数字贸易通过人力资本对出口技术复杂度产生显著的间接效应,而且R&D强度在数字贸易与出口技术复杂度之间起中介作用;不但数字贸易通过R&D强度对我国产业结构升级产生显著的间接效应,而且数字贸易对产业结构的作用能通过人力资本、R&D强度传导。因此,要加快推动数字贸易高质量发展,大力提升信息化水平,不断提升政府科技支出对数字贸易综合竞争力的促进作用。

关键词: 数字贸易;出口技术复杂度;结构方程;产业结构

作者: 姚战琪,中国社会科学院财经战略研究院研究员。

一 数字贸易对出口技术复杂度的驱动路径与相关假设

（一）数字贸易在各因素与出口技术复杂度间的中介效应

数字贸易发展优势能促进我国出口贸易的国际竞争力不断提升。数字贸易、数字经济与区块链技术深度融合，能够不断推动对外贸易转型，数字贸易依赖于互联网与互联网技术，互联网和互联网技术在数字贸易的交易环节发挥重要作用，而企业互联网能显著促进出口企业技术创新活动。互联网技术促进加工贸易企业的创新活动有限，但互联网技术能促进一般贸易的出口企业重置企业内资源从而显著提升企业创新绩效。

财政政策能助力数字经济快速发展，在消费层面财政政策能拓展数字产品和数字服务的消费市场；在生产层面财政政策能促进传统企业从供应链转向数据链、鼓励企业核心技术运用、促进供应链中的上下游企业生产协作；在市场建设层面财政政策通过大数据中心建设等方式推动数字经济发展；在产业发展生态层面财政政策能通过审慎监管的方式来纠正机会主义行为。

传统贸易与数字贸易紧密关联，传统贸易加快向数字贸易转型，一半以上的全球服务贸易已实现数字化，当前传统贸易体系正在向以数字贸易为代表的新型国际贸易体系转型升级。与传统贸易相比，数字贸易的内在动因、行为本质和贸易利得并未变化，数字贸易是传统贸易在数字经济时代的延伸和拓展，可以提高企业生产率。

信息化水平能显著促进数字贸易发展，并降低数字贸易成本。章迪平和郑小渝选用4个指标并使用主成分分析法测算了浙江省信息化指数，并使用 TOPSIS 评价方法对数字贸易发展水平进行测度，发现信息化水平能显著促进浙江省数字贸易发展，信息化水平降低了数字贸易成本。

地区人均 GDP 能显著促进出口技术复杂度。吕延方等学者认为，我国进出口贸易对生产率、收入的影响效应存在基于劳动生产率的门槛特征,当劳动生产率达到或超过第一个门限值时,进口贸易对生产率的正向影响迅速降低,但当劳动生产率达到或超过第二个门限值时,进口贸易对生产率的正向影响快速回升。同时,地区人均 GDP 与出口导致的农村人均收入和城镇人均收入显著正相关,并且我国地区人均 GDP 与进口导致的城镇人均收入显著正相关。因此,地区人均 GDP 与出口技术复杂度显著正相关。据此,本文提出假设 H1a、H1b、H1c、H1d:

H1a:数字贸易在信息化水平与出口技术复杂度间存在中介效应

H1b:数字贸易在政府科技支出占比与出口技术复杂度间存在中介效应

H1c:数字贸易在进出口贸易总额与出口技术复杂度间存在中介效应

H1d:数字贸易在劳动生产率与出口技术复杂度间存在中介效应

(二) 数字贸易通过人力资本投入与 R&D 投入等多渠道促进出口技术复杂度的提升

数字贸易将给传统产业带来冲击,应通过大力发展包括服务贸易新业态在内的数字贸易,促进我国出口技术复杂度不断提升。不但知识密集型服务业与制造业协同集聚促进出口技术复杂度,而且人力资本能显著提升我国出口技术复杂度。人力资本对出口技术复杂度的促进作用主要表现为三个方面:首先,人力资本通过优化产业结构来促进出口贸易结构不断优化;其次,人力资本能显著提升高技术产业出口技术复杂度;最后,人力资本能够通过提高劳动生产率来提升出口技术复杂度。朱福林的研究发现,国际研发资本溢出能显著促进出口技术复杂度,因此,一国可以通过获取国际 R&D 溢出来提升出口技术复杂度。从经济学角度看,国际化就是产业和服务的跨国界转移,国际化包括基于市场需求的国际化、基于竞争优势的国际化、基于效率寻求的国际化,数字化技术也使得不可贸易的服务产品具有可贸易性,国际化的外部性使得发展中国家能获得技术上的溢出效应。因此,在数字经济背景下各国劳动力资源都有向其他国家转移的意愿,数字贸易会促使企业人员的培训和教育水平不断提升，而人力资本对企业研发行为具有关键作用，人力资本能显著促进高科技产业和知识密集型产业发展，人力资本能显著促进企业研发行为，并且自主研发能显著提升制造业出口技术复杂度。所以，人力资本投入在数字贸易与出口技术复杂度间起中介作用，R&D 强度在数字贸易与出口技术复杂度间起中介作用，数字贸易对出口技术复杂度的促进作用来源于人力资本、R&D 强度的中介作用。据此，提出如下假设：

H2：人力资本对 R&D 强度起正向促进作用，人力资本、R&D 强度在数字贸易与出口技术复杂度间起多重中介作用

（三）数字贸易通过 R&D 投入等渠道促进我国产业结构升级

数字经济对第三产业的渗透程度超过第一产业和第二产业，数字经济将促使产业结构不断提升。同时，由于数字经济对第一产业的深度渗透相对滞后，而中部地区和西部地区第一产业占比显著高于东部地区，因此数字经济对中部地区和西部地区产业结构升级的促进作用大于东部地区。包则庆和林继扬通过研究发现，企业技术创新能力的提升能显著促进产业结构升级，企业技术创新行为能促进新兴产业形成，技术创新能够通过改变需求结构从而促进产业结构升级，技术创新促进产业发展多元化。

信息化以新技术、新模式、新市场等方式促进传统产业结构升级，信息化也能促进产业融合，信息化能通过传统产业改造升级和不同产业（或同一产业不同行业）相互渗透、相互交叉等方式，促进产业结构合理化和产业结构高极化，信息化不但能促进本地区产业结构转型升级，也能显著促进相邻地区产业结构转型升级。仲颖佳等学者的研究发现，虽然当前财政预算支出占比不能促进产业结构合理化，但能显著促进产业结构高极化，同时增加财政预算支出中教育支出占比也能促进我国产业结构高极化。测算产业结构变迁的方法有多种，包括使用三产比重加权平均值计算的产业结构层次系数、产业结构合理化指标、二产产值占比、三产产值占比等方法。因此，在数字经济背景下，数字贸易能促进人力资本不断增长，人力资本能显著促进企业研发行为，而企

业研发投入能显著促进地区产业结构升级。据此,提出如下假设:

H3:数字贸易对产业结构升级的促进作用来源于人力资本、R&D 强度的中介作用

二 方法与数据

(一) 样本与变量测量

数字贸易 (*Digde*)。从电子商务基础设施、数字化技术、数字产业化规模及贸易交易额、数字产业化贸易、依赖于对外贸易的程度 5 个维度选取 11 个二级指标,构建各省、自治区和直辖市的数字贸易发展水平综合指标体系。将熵权法 (熵值法) 与 TOPSIS 法相结合计算各省、自治区和直辖市的数字贸易发展水平综合指标体系的方法如下:首先进行数据处理,对我国专利机构受理的国内专利申请受理数、软件产业的参加经济活动的人口数、使用主流的宽带接入方式的用户数、电子商务交易额等二级指标进行正向化处理,用光缆线直线量度为单位衡量的两点之间的距离、互联网宽带接入端口数量、用于基础研究、应用研究和试验发展的实际支出均值化进行标准化处理,对软件开发企业的销售收入、地区电话机总数与该地区的人口总数之比、人均国内生产总值、进口额占国内生产总值比重进行均值化处理;其次使用熵权法计算各评价指标项的权重值;最后以权重值对数据进行加权后 (即使用 TOPSIS 法) 就会得到各个评价对象的 TOPSIS 评价计算结果,即得到各省、自治区和直辖市数字贸易综合评价指数。

表 1 数字贸易发展水平综合指标体系

一级指标	二级指标
电子商务基础设施	用光缆线直线量度为单位衡量的两点之间的距离
	互联网宽带接入端口数量
数字化技术	用于基础研究、应用研究和试验发展的实际支出
	我国专利机构受理的国内专利申请受理数
	软件产业的参加经济活动的人口数

续表

一级指标	二级指标
数字产业化规模及 贸易交易额	使用主流的宽带接入方式的用户数
	电子商务交易额
数字产业化贸易	软件开发企业的销售收入
	地区电话机总数与该地区的人口总数之比
依赖于对外贸易的程度	人均国内生产总值
	进口额占国内生产总值比重

信息化水平（*Infor*）。根据各省、自治区和直辖市的固定电话普及率、互联网普及率、移动电话普及率、邮政业务总量4个指标并使用主成分分析法计算信息化水平。首先，使用主成分分析法得到 KMO 和巴特利特球形度检验结果、初始特征值、成分矩阵，其次新建数据文件并根据因子载荷矩阵中各个载荷值计算特征向量（主成分载荷矩阵），再次对原始数据进行标准化，最后，使用标准化后的各变量和特征向量计算主成分变量。

政府科技支出占比（*Figy*）。选取国家财政科技支出与国内生产总值之比来计算各省、自治区和直辖市的政府科技支出占比。

进出口贸易总额（*Trade*）。选取进出口贸易总额来反映我国对外贸易总规模。

劳动生产率（*Labty*）。选取各省、自治区和直辖市的国内生产总值与劳动力人口数之比来计算劳动生产率。

人力资本（*Hupal*）。选取各省自治区和直辖市的人力资本计算。

产业结构升级（*Indy*）。借鉴霍忻的方法计算产业结构层次系数，*Indy* 越小，表明该省产业结构高极化程度越低。

R&D 强度（*Rdin*）。使用 R&D 经费支出与国内生产总值之比来计算各省自治区和直辖市的 R&D 强度。

出口技术复杂度（*Expt*）。使用许治、王思卉的方法测算我国出口技术复杂度，$Expt_s = \sum_i (EXP_s^i / EXP_s) \times PRODY_i$，$s$ 代表省份，i 代表行业，（EXP_s^i / EXP_s）代表我国 s 省 i 行业出口额占 s 省出口总额

的比重，$PRODY_i$ 为 s 省 i 行业劳动生产率。

（二）描述性分析

表 2 为各变量的均值、标准差和相关系数，可以看到 Cronbach's α 系数均大于 0.7，同时 Cronbach's α 系数均大于各变量之间的相关系数，表明内在一致性较强。同时，信息化水平、政府科技支出占比、进出口贸易总额与数字贸易显著正相关，并通过 1% 的显著性检验，初步支持了本文提出的假设 1。

表 2 　　　　　　　　　　变量的均值、标准差和相关系数

		Trade 1	Infor 2	Labty 3	Rdin 4	Digde 5	Expt 6	Hupal 7	Indy 8	Figy 9
1	Trade	—								
2	Infor	0.486**	**0.847**							
3	Labty	0.441**	0.650**	**0.788**						
4	Rdin	0.588**	0.451**	0.488**	**0.864**					
5	Digde	0.670**	0.580**	0.569**	0.554**	**0.845**				
6	Expt	0.406**	0.670**	0.696**	0.437**	0.465**	**0.852**			
7	Hupal	0.316**	0.547**	0.569**	0.393**	0.469**	0.523**	**0.839**		
8	jiegou1	0.284**	0.422**	0.506**	0.471**	0.420**	0.443**	0.431**	**0.835**	
9	Figy	0.128*	0.207**	0.152*	0.229**	0.188**	0.203**	0.117	0.306**	**0.822**
	M	26.4479	0.0001	10.7873	1.6179	0.2151	11.1211	6.8838	2.3575	0.0044
	SD	1.4861	1.3254	0.3956	1.1267	0.1995	0.3714	0.0934	0.1212	0.0025

注：＊和＊＊表示分别表示 5% 和 1% 的显著性水平，黑体字为 Cronbach's α 系数。

三　研究结果

（一）测量模型比较

表 3 为 9 因子基准模型以及模型 1 至模型 7 的测量模型比较结果。可看到，包含信息化水平、政府科技支出占比、进出口贸易总额、劳动生产率、人力资本、数字贸易、R&D 强度、出口技术复杂度、产业结构升级 9 因子基准模型的 χ^2/DF（1.42）小于 3，RMSEA（0.0593）小于 0.8，SRMR（0.0209）小于 0.05，因此与单因子模型 1、单因

子模型2、单因子模型3、两因子模型4、两因子模型5、两因子模型6、三因子模型7相比，基准模型能更好地拟合数据。

表3 测量模型比较

	χ^2	DF	χ^2/DF	TLI	CFI	NFI	RMSEA	SRMR
基准模型（9因子）	19.8526	14	1.4180	0.9887	0.9956	0.9855	0.0593	0.0209
单因子模型1	34.4488	15	2.2966	0.9651	0.9855	0.9749	0.1044	0.0295
单因子模型2	20.1668	15	1.3445	0.9907	0.9961	0.9853	0.0538	0.0209
单因子模型3	45.2397	15	3.0160	0.9457	0.9774	0.9671	0.1302	0.0345
两因子模型4	34.7642	16	2.1728	0.9684	0.9860	0.9747	0.0993	0.0302
两因子模型5	45.4432	16	2.8402	0.9505	0.9780	0.9669	0.1244	0.0349
两因子模型6	45.2442	16	2.8278	0.9508	0.9781	0.9671	0.1239	0.0345
三因子模型7	45.5265	17	2.6780	0.9548	0.9787	0.9669	0.1187	0.0352

注：基准模型为包含进出口贸易总额、信息化水平、劳动生产率、数字贸易、人力资本、政府科技支出占比、产业结构升级、出口技术复杂度、R&D强度9因子的模型；单因子模型1为合并进出口贸易总额、信息化水平、劳动生产率、数字贸易、人力资本、政府科技支出占比的模型；单因子模型2为合并数字贸易、人力资本、政府科技支出占比、产业结构升级、出口技术复杂度、R&D强度的模型；单因子模型3为合并进出口贸易总额、信息化水平、劳动生产率、产业结构升级、出口技术复杂度、R&D强度的模型；两因子模型4为合并进出口贸易总额、信息化水平、劳动生产率、数字贸易、人力资本、政府科技支出占比，合并数字贸易、人力资本、政府科技支出占比、产业结构升级、出口技术复杂度、R&D强度的模型；两因子模型5为合并进出口贸易总额、信息化水平、劳动生产率、数字贸易、人力资本、政府科技支出占比，合并进出口贸易总额、信息化水平、劳动生产率、产业结构升级、出口技术复杂度、R&D强度的模型；两因子模型6为合并数字贸易、人力资本、政府科技支出占比、产业结构升级、出口技术复杂度、R&D强度，合并进出口贸易总额、信息化水平、劳动生产率、产业结构升级、出口技术复杂度、R&D强度的模型；三因子模型7为合并进出口贸易总额、信息化水平、劳动生产率、数字贸易、人力资本、政府科技支出占比，合并数字贸易、人力资本、政府科技支出占比、产业结构升级、出口技术复杂度、R&D强度，合并进出口贸易总额、信息化水平、劳动生产率、产业结构升级、出口技术复杂度、R&D强度的模型。

（二）完全中介效应检验

为了检验人力资本、R&D强度是否在数字贸易与出口技术复杂度和产业结构升级之间起到完全中介效应，本文在主体结构模型的基础上，删减了数字贸易与出口技术复杂度和产业结构升级之间的直接路径。完全中介效应结构模型的卡方值/自由度 = 1.382，RMSEA = 0.058，低于标准阈值0.08，SRMR = 0.019，小于标准阈值0.05，NFI = 0.992，大于0.9，IFI = 0.998，CFI = 0.998，也大于0.9，因此该模型可以接受。同时，各变量之间的标准化路径系数均显著。（1）数字贸易与人力资本显著正相关（$\beta = 0.752$，$p < 0.001$），且人力资本与 $R\&D$ 强度显著正相关（$\beta = 0.176$，$p < 0.05$）。（2）$R\&D$ 强度与出口技术复杂度显著正相关（$\beta = 0.288$，$p < 0.001$），且 $R\&D$ 强度与我国产业结构升级显著正相关（$\beta = 0.336$，$p < 0.001$）。（3）人力资本与出口技术复杂度也显著正相关（$\beta = 0.532$，$p < 0.001$）。

（三）部分中介效应检验

依照主体结构模型，数字贸易不仅直接影响我国产业结构升级和出口技术复杂度，还通过我国 $R\&D$ 强度分别影响产业结构升级和出口技术复杂度。部分中介效应结构模型的卡方值/自由度 = 1.313，小于标准阈值3，RMSEA = 0.054，小于标准阈值0.08，CFI（0.999）和 NFI（0.996）均大于0.9，并且 SRMR（0.01）小于标准阈值0.05，因此模型具有较好的拟合优度，各变量之间的标准化路径系数均显著。（1）数字贸易与产业结构升级显著正相关（$\beta = 0.429$，$p < 0.001$），数字贸易与出口技术复杂度也显著正相关（$\beta = 0.275$，$p < 0.01$）。（2）数字贸易与 $R\&D$ 强度显著正相关（$\beta = 0.625$，$p < 0.001$）。（3）$R\&D$ 强度与产业结构升级显著正相关（$\beta = 0.302$，$p < 0.01$），且与出口技术复杂度显著正相关（$\beta = 0.233$，$p < 0.01$）。（4）数字贸易与人力资本显著正相关（$\beta = 0.579$，$p < 0.001$）。（5）人力资本能促进 $R\&D$ 强度（$\beta = 0.164$，$p < 0.05$）。

（四）稳健性检验

为了增强研究结果的可靠性，具体地使用数字化经济规模替代数字贸易来测算数字经济发展水平对产业结构升级和出口技术复杂度的影响，研究结果发现，本研究的所有假设并没有因为参数设定的改变而发生变化，因此本文提出的假设是稳健的。

表4　　　　　　　　　　稳健性检验结果

间接效应作用途径	间接效应值	间接效应	结果
数字经济→人力资本→$R\&D$ 强度→出口技术复杂度	0.0177	[0.0018，0.0508]	显著
数字经济→人力资本→出口技术复杂度	0.2035	[0.1475，0.2676]	显著

续表

间接效应作用途径	间接效应值	间接效应	结果
数字经济→R&D强度→出口技术复杂度	0.1016	[0.0411, 0.1679]	显著
数字经济→R&D强度→产业结构升级	0.1401	[0.0636, 0.2247]	显著
数字经济→人力资本→R&D强度→产业结构升级	0.0244	[0.0005, 0.0716]	显著
信息化水平→数字经济→出口技术复杂度	0.2337	[0.1760, 0.2973]	显著
政府科技支出占比→数字经济→出口技术复杂度	0.0389	[0.0141, 0.0685]	显著
进出口贸易总额→数字经济→出口技术复杂度	0.0593	[0.0268, 0.1013]	显著
劳动生产率→数字经济→出口技术复杂度	0.1480	[0.0880, 0.2189]	显著

四 结论与建议

本研究采取结构方程模型对数字贸易、人力资本、R&D强度对出口技术复杂度的影响进行了实证分析，也研究了数字贸易、人力资本、R&D强度对产业结构升级的影响，发现：

第一，不但数字贸易在信息化水平、政府科技支出占比、进出口贸易总额、劳动生产率与出口技术复杂度之间起中介作用，而且信息化水平、政府科技支出占比、进出口贸易总额、劳动生产率通过数字贸易对产业结构升级产生间接效应。

第二，进出口贸易总额通过数字贸易综合竞争力对我国出口技术复杂度影响最大，而政府科技支出占比通过数字贸易综合竞争力对我国出口技术复杂度影响最小。

第三，不但R&D强度在数字贸易与出口技术复杂度之间起中介作用，而且R&D强度在数字贸易与产业结构升级之间起中介作用。第四，不但数字贸易通过人力资本、R&D强度对产业结构升级产生显著的间接效应，而且数字贸易通过人力资本、R&D强度对出口技术复杂度产生显著的间接效应。

为进一步推动数字贸易对我国产业结构升级和出口技术复杂度的促进作用,应采取以下措施:

第一,要大力提高数字贸易竞争力。根据本文的测算,数字贸易综合平价指数排名前十位的省份分别是上海、北京、广东、天津、江苏、福建、辽宁、浙江、山东、海南,其中仅有上海、北京和广东的数字贸易综合平价指数大于0.5,其他各省的数字贸易综合平价指数均小于0.5,因此必须增强我国数字贸易国际竞争力,通过数字经济和数字贸易促进区域协调发展,进一步缩小中西部地区与东部地区数字经济发展差距,发展网络经济。

第二,虽然政府科技支出占比会通过数字贸易变量对出口技术复杂度产生间接影响,但是政府科技支出对我国数字贸易综合竞争力的作用最弱,因此应调整我国财政科技支出政策,推动数字经济和数字贸易高质量发展。应大力发挥政府科技支出的引导作用,促进各地区创新投入和创新产出不断增长,我国已出台财政支出政策虽然鼓励中小企业进入政府采购市场,但是该项政策不能使得中小企业有效进入政府采购市场,因此应加强财政支出对中小企业的扶持力度。

第三,大力提升信息化水平,促进数字贸易竞争力不断提升。促进信息共享,加快信息化建设步伐,提升信息化建设的使用效能。进出口贸易总额和信息化水平对我国数字贸易综合竞争力的影响最大,其次为劳动生产率和政府科技支出占比,因此应不断提高我国信息化水平,大力推动信息化技术在各行业数字化建设中的应用,同时推动数字化服务在国际贸易领域的广泛渗透和应用,促进我国进出口贸易快速发展。

参考文献（略）

（原载《改革》2021 年第 1 期,本文有删节）

流通体制改革战略思路与对策研究

依绍华

摘要： 本文结合"十二五"以来将扩大内需作为经济长期发展战略的背景，从政策环境、管理体制、统一市场等方面，提出流通体制改革目标："无缝衔接"的管理体系；良好的宏观政策环境；完善的法律体系；统一高效的市场体系。在此基础上，指出流通产业目前面临的问题及原因，进而提出对策措施：提升流通产业地位；改革税收体系，降低流通成本；对中小流通企业进行政策倾斜和扶持；完善政策法律体系；实施创新战略，提高产业竞争力。

关键词： 流通体制改革；流通成本；战略思路

作者： 依绍华，中国社会科学院财经战略研究院市场流通与消费研究室主任、研究员。

一 引言

随着我国经济总量跃升为世界第二大经济体，内需逐渐成为经济发展的重要支撑，尤其是国际金融危机以来，国际、国内经济环境发生很大变化，扩大内需已经成为我国经济发展的长期目标。流通产业作为连接生产与消费的纽带，在扩大内需、促进产业结构调整和产业升级方面发挥着重要作用。党的十八大报告指出，"要牢牢把握扩大内需这一战略基点。"因此，大力发展流通产业，通过流通体制改革，降低流通成本，提高流通效率，引导消费需求，实现内需拉动经济增长的目标。

实际上，在改革开放30多年的时间里，大批学者对流通产业发展进行了探讨，并取得一些突破性进展，包括：著名经济学家刘国光提出"推进流通改革，加快流通业从末端行业向先导性行业转化"，打破了传统观念下对流通产业地位的认识，黄国雄进一步提出流通产业不仅是先导产业，更是基础产业，首次明确了流通业的基础产业地位。吴敬琏在《中国流通业的缺陷与出路》中指出，流通业存在总体规模小、企业效率低，竞争力不足等问题；文启湘等从组建大型流通企业集团、加快流通现代化、加强市场宏观体系建设等方面，提出流通产业的发展方向；宋则认为，流通业天然具有调整结构所无可替代的重要功能，中国结构调整效果不够理想，同流通业受到轻视、忽视和发展滞后有极大关系，因此应通过流通现代化，提升流通竞争力。

本文结合"十二五"以来将扩大内需作为经济长期发展战略的背景，从产业定位、管理体制、统一市场、提高产业竞争力等方面，提出流通体制改革的目标、解析存在的问题及原因，给出对策措施。

二　流通体制改革目标和使命

流通产业涵盖面很广，除了狭义概念下的商贸、物流、批发、餐饮，还包括第一、第二产业及涉外经济中商品流通等诸多领域，因此，一方面流通产业与市场紧密相连，属于竞争性行业，需要由市场自发进行资源配置和调节；另一方面又肩负着满足人民群众基本生活需要的重任，在一定程度上具有准公共物品属性，需要政府统一规划和政策扶持。近年来，我国对流通产业非常重视，出台了一系列政策措施推动流通业发展，但仍然面临很多问题，在这种情况下，如何发挥政府的作用，通过流通体制改革，转变政府职能，在提供流通产业基础条件和运行环境方面创造良好条件，消除体制和政策障碍，提高流通效率和效益，显得尤为重要。

因此，流通体制改革目标需要从两个层次体现：一是有效推进流通产业持续健康发展，二是推动国民经济整体效益和素质的提升，并以建立成熟的市场体系为核心，提供公平有序的竞争环境。具体包含四个方面：①"无缝衔接"的管理体系；②良好的宏观政策环境；③健全完善的法律体系；④统一高效的市场体系。

（一）建立"无缝衔接"的管理体系

长期以来，我国行政管理实行条块分割，流通产业涉及领域多，行政管理权十分分散，商务部、发改委、农业部、工商总局、卫生部、交通部等十多个部委都有管辖权，且每个部门基本各管一段，其中既有交叉重叠也有许多监管盲点，使监管措施难以真正落到实处，经常出现政出多门、互相扯皮的现象。因此，应建立综合性行政管理体系，实行联动机制。以商务部为主导，由发改委、财政部、税务总局、商务部、卫生部、工商总局等部门组成流通产业监督与促进委员会，对流通产业进行综合管理，统一行动，实现"无缝衔接"的管理体系。在管理中，主要从三个方面入手：一是出台综合性产业发展政策，对流通产业发展进行引导和规制；二是严格执法，通过法律手段维护市场环境和流通秩序；三是为企业提供信息，助力企业健康发展。

（二）建立良好的宏观政策环境

发达国家流通产业的发展模式，大致分为两类：一是市场主导型发展模式，以美国为主；二是政府主导型发展模式，以日本、韩国等亚洲国家为主，美国的政策重心是保障市场公平竞争，确保不同规模企业机会均等。日本以规制企业行为为主，涉及各个方面：产业结构和产业组织、进入规制、区域分布、人才、信息化政策等，并根据产业发展的不同阶段调整相应内容。

我国流通产业政策总体上缺乏整体性和连贯性，许多政措施缺乏实施细则，影响了实际效果。例如，我国流通领域缺乏全国性的商业网点布局规划、全国性的物流园区发展规划，导致这些设施在一些地方过度集中，而在另一些地方供给不足。因此应尽快完善流通业宏观政策体系，针对不同产业，制定全国性发展规划，对产业布局、规模、发展方式等进行细化，并制定导向性政策鼓励相关产业发展，同时为了防止资源配置效率低下或过度竞争，制定流通产业规制政策，建立完善的进入和退出机制。

（三）打造健全完善的法律环境

法律是规范市场行为的最高准则，一个国家流通法律是否健全直接关系到能否构建一个公平竞争的市场环境。发达国家中，无论是完全市场化的美国模式，还是以政府管理为主的日本模式，流通产业法律法规都比较健全，美国以反垄断法为主，建立了完备的规范市场行为的法律体系；日本则以《大店法》《商调法》为主，出台了一系列规制法律、劝告令以及取缔令等，通过法律规范企业行为和市场秩序，保障流通产业的健康发展。

目前我国已出台了《反垄断法》，但是还应制定相应的配套法规，消除各种体制性和政策性障碍，打破地区间行政性或行业性垄断，同时防止大型跨国零售企业进入我国市场后形成市场垄断。与此同时，还应出台规范合同行为的法律，以及维护商业信用的法律、禁止不正当竞争行为的法律，规范新型交易方式和交易行为的法律，等等。

（四）建立统一高效的市场体系

市场是流通领域的核心部分，尽管我国已初步建立了市场经济体系，但是仍然存在地区市场、内外市场分割，还有市场秩序混乱、不正当竞争等问题，现阶段，建立市场体系包括三方面内容：

1. 建立全国统一市场、内外统一市场

由于受地方保护和部门利益保护的影响，流通企业跨区域、跨行业发展面临各种阻碍，应规范各地方政府和各部门的利益行为，划定严格的责任界限，将推动流通企业跨区域发展作为激励政策之一，建立和完善区域利益共享和协调机制，以促进区域市场融合为切入点，

逐步建立全国统一市场。同时，积极为外销企业创造进入国内市场的条件，帮助企业建立内销渠道，为企业在国内市场销售提供各种便利服务，降低其适应国内市场运作环境的成本，推进大市场体系的形成。

2. 规范的市场秩序，反不正当竞争

目前，行业垄断在很多领域仍然事实存在，垄断企业在获取资源和市场竞争中具有绝对优势，同时国有企业在金融、税收等方面也享有天然优先权，比如银行贷款都倾向于发放给国有企业，中小企业则往往"无处可贷"，而且，国有流通企业还享有较为优越的政策优势和市场资源，严重影响了企业间的正常竞争。因此应出台改革措施，打破现有利益格局，真正对所有企业一视同仁，对需要扶持的中小流通企业进行政策倾斜，使所有企业都有在市场上平等竞争和发展的机会。

3. 良好的市场环境，反欺诈

"诚信缺失"是我国市场面临的主要问题，目前很多企业缺乏诚信，制假售假、以次充好等现象屡禁不绝，尤其一些著名企业屡屡曝光制售不合格产品，极大地打击了公众信心，还有一些企业利用各种方式欺瞒消费者，损害消费者合法权益。因此应加大惩处力度，提高违法成本，并利用媒体监督和社会监督，对违法企业曝光并持续跟踪，通过社会舆论倒逼违法企业尤其是著名企业承担社会责任，强化诚信意识；同时还应注重保障消费安全，维护消费者权益，尤其注意保护老人、儿童和农村群体等群体的消费权益，加强消费者教育，提高消费安全意识。

三　流通产业存在的问题及原因

（一）流通产业地位与经济发展水平不匹配

在市场经济中，流通是实现商品、信息、服务等经济要素传输的重要载体。流通产业的发展水平和运营效率决定着整个经济的运行效率，可以说，也是市场经济成熟程度的反映。改革开放以来，我国流通产业迅速发展，目前流通业的增加值已占到国内生产总值（GDP）的 10.6%，是第三产业的重要产业，但与其他国家相比，我国流通产业的发展质量和水平仍然相对落后，发达国家在 20 世纪 90 年代中期就达到 15% 以上①。显然，流通业的发展水平已经无法满足经济发展的需要。

党的十八大报告提出要"把推动发展的立足点转到提高质量和效益上来，着力激发各类市场主体发展新活力，着力增强创新驱动发展新动力，着力构建现代产业发展新体系，着力培育开放型经济发展新优势，使经济发展更多依靠内需特别是消费需求拉动"，突出强调了流通的作用，同时也对流通产业赋予了新的内涵，提出了更高要求。因此，要通过流通体制改革，形成社会化大流通，使其成为国民经济发展的助推器，这是产业发展的需要，更是整个国家经济发展的要求。

（二）政府"缺位"与"越位"并存

我国改革开放以政府主导为特征，构建了现代市场体系制度体系。但由于处于转型期，旧的体制已经打破，完善新的体制尚需时日，政府经常出现"越位""缺位"现象，这一点在流通领域表现得比较突出。主要是，市场经济条件下政府在流通领域的职能发生变化，资源配置主体由政府转移到市场，政府应在市场竞争环境等方面提供制度保证，而不再是直接参与资源配置。

但在实践中，政府部门往往很难界定清楚自己的位置和角色，一方面，相关部门出台多项法律法规和政策措施，对企业行为进行规制和管理，在好多不该管的地方管得较死，束缚了企业发展；另一方面，很多领域缺乏相关政策规制以及政府投入，该管的地方没人管，加重了企业负担。

（三）政策法律体系不健全

在建立市场经济的过程中，流通领域存在着比较严重的不公平竞

---

① 资料来自商务部市场运行和消费促进司发布的《2011/2012 年中国流通产业发展报告》。

争现象，为此，我国颁布了《反垄断法》，但是只规定了反垄断的一些基本原则和制度，缺乏其他配套法规；而且我国流通企业以中小企业为主，面对强大的大型跨国流通企业处于绝对弱势地位，地方政府为追求政绩，不顾本地实际，大量引进外资流通企业，给予各类优惠条件，给本土流通企业造成挤压，致使流通企业生存困难，行业利润率不断下降。像美国、日本等国都有保护中小流通企业的相关法律，美国的《罗宾逊波特曼法案》，禁止大型零售商对供应商采取大小有别的政策，日本颁布《大店法》《中小企业指导法》《中小零售企业振兴法》等，对大企业进入进行规制，同时对中小企业的发展进行扶持。

因此我国应出台相应法律规制大型跨国流通企业行为，制定扶持中小流通企业政策，以避免过度竞争，保护中小企业生存发展，使不同规模、不同业态的流通企业良性发展。

（四）税费负担重导致流通费用高

我国税收制度一直实行流转税体系，也就是说，商品税收主要体现在流通环节，具体来看，一件商品在流通过程中，企业需要缴纳消费税、增值税、营业税、企业所得税、城市维护建设税、印花税、车船使用税、城镇土地使用税等多种税费；除了缴纳各项税收，还要负担各项收费，如教育费附加、地方教育费附加等，以及其他各行政部门的各类收费，这些税费在流通的每个环节都需要缴纳，多重叠加导致流通费用占到商品总成本的50%以上，使流通成本居高不下。

（五）流通环节多导致流通成本高

由于我国流通企业规模普遍偏小，自采能力比较弱，自主品牌商品发展也比较滞后，因此大多数企业都需要经过批发环节从制造商厂家进货，也很少委托制造商生产自有订单商品，也就是说，流通企业大多仍然仅停留在商业环节，既没有向前延伸到生产领域，也没有向后延伸到消费者领域，尚未形成一体化供应链，因而导致商品从制造商到零售商的流通链条过长，环节较多；对农产品而言，我国农业以小农生产方式为主，产品分散，品种多而单位数量少，而且农业组织化程度较低，使农产品从产地到最终消费者手中要经过比工业品更多的流通环节，每个环节都要缴纳税费并获取正常利润，层层传递的结果推高了最终零售价格。

（六）产业集中度低导致整体竞争力弱

我国流通产业组织结构总体呈现"小、散、弱"的格局，表现为产业集中度低，规模偏小，企业竞争力差。以零售企业为例，2011年百强零售企业销售总额为2万亿元，占社会消费品零售总额的比重为10.9%，其中，苏宁、国美、百联集团和大商集团销售额突破千亿元规模。而美国零售百强销售额占全美商品零售总额的比重达到40%，2011年沃尔玛销售额为3160亿美元，我国零售业冠军苏宁的销售额（1947亿元）仅相当于其十分之一左右。而且我国流通企业集团化、规模化程度偏低，多数企业仅限于本地市场，甚少"走出去"，反映出我国流通企业整体竞争力较弱。

四　对策措施

（一）提升流通产业地位

进一步提高政府及全社会对流通产业重要性的认识，通过提高流通业的产业定位，转变地方政府对流通业的固有观念，提高重视程度。建议将流通业提升为国民经济战略性支柱产业，并出台相关鼓励政策措施，在融资、税收、用地等方面给予流通产业优先权，激发地方政府发展流通产业积极性，通过明晰政府职责，限制"有形之手"的权限和范围，以政策服务代替行政管理，以科学规划、法律法规和相关政策为流通企业提供公平的市场环境，并引导企业不断良性发展，争取到"十二五"期末，流通产业增加值占到GDP的15%—20%，在国民经济中发挥更大作用。

（二）改革税收体系，降低流通成本

按照税制改革"简税制、宽税基"的原则，进一步推进结构性减税，取消重复交叉税目，逐步由流转税向财产税转变，降低流通过

程中的税收负担，并对流通企业区别对待。对物流企业，针对因"营改增"导致很多企业税收负担不降反升的问题，应采取按一定比例返还或减免等措施，同时完善增值税抵扣链条，将涉及的行业尽可能多地纳入增值征税范围；对具有准公共物品属性的农产品批发市场，建议由国家投资或主导兴建一批公益性批发市场，免除税收、免收或者收取低额租金等，并提供冷库、码头等设备，为农产品销售提供更多的公共服务，降低流通成本，同时发挥批发市场价格发现功能，为零售价格提供指导，从而稳定物价。

（三）对中小流通企业进行政策倾斜和扶持

我国中小流通企业众多，由于缺乏有效保护和经营指导，面临着巨大的过度竞争压力，举步维艰。应借鉴美国等发达国家经验，在商务部下面设立中小企业发展局，维护中小企业的利益，提供资金、技术、管理等方面援助，帮助中小企业在税收减免、获得贷款方面等获得均等机会，推动中小流通企业健康发展。同时应进一步进行金融体制改革，拓宽融资渠道，降低中小企业贷款门槛，获取更多融资优惠。建议设立中小流通企业风险基金，对有创新能力和发展潜力的流通企业提供资金支持，鼓励中小企业进行技术创新，并给予风险担保，激发企业活力。对将风险基金挪作他用的企业给予严厉处罚，除追回所提供的资金外，还将给予处罚。

（四）完善政策法律体系

由于我国流通产业政策不健全、相关立法滞后，导致流通领域的规范化、法制化程度比较低，因此应完善政策法律制度：①颁布保护中小企业相关法律。我国流通企业目前普遍面临来自国外大型流通企业的竞争压力，承受着各类不合理收费，虽然有关部门出台了监督管理办法，但是并未起到约束作用，因此应借鉴日本《大店法》和美国《罗宾逊波特曼法案》等成熟法案，制定相关法律，约束大型零售企业的行为，为国内中小企业提供更大生存空间，同时规范交易秩序，禁止大企业对中小供应商的盘剥和压榨，保护供应商的合法权益。②健全进入与退出机制。政府应制定适当的产业进入标准，根据不同地区和不同行业，设置不同的市场进入标准；对新建大中型流通企业实行审批制度，并按照不同地区情况，制定总体规划，引导企业布局和发展规模。同时，应尽快完善流通企业退出机制，降低退出成本。

（五）实施创新战略，提高产业竞争力

创新是产业发展的源泉和核心动力，流通创新战略主要包含两个方面：一是借助信息技术的发展提升流通产业现代化水平，运用信息技术、电子商务、云计算等对传统营销渠道进行改进，实现从流通方式到支付方式整个交易过程的电子化，提高流通速度，降低经营风险，提高产业竞争力。二是创新流通方式，提高流通企业社会供给能力。将现代科技和社会化服务运用到流通企业中，提高流通供给和配送能力，实现供应链管理创新，优化供给流程，建立安全、高效的配送体系。同时整合物流资源，大力推进第三方物流的发展，建设共同配送中心，提高物流资源的使用效率，通过资产联合重组和专业化改造，充分利用和整合现有物流资源，打破行业界限和地区封锁，鼓励提供配送服务的社会化物流企业跨区域发展，提高流通产业整体效率。

参考文献（略）

（原载《财贸经济》2013 年第 5 期，本文有删节）

第三部分

服务经济

疫情下的中国服务业:冲击、分化与创新发展

夏杰长

摘要: 在中国经济基本面转向服务业为主的背景下,新冠肺炎疫情大流行对服务业产生巨大冲击。疫情大流行对依赖客源和物理场所的特定服务业发展和就业冲击十分严重,对基于"互联网 +"的新兴服务业冲击比较有限,有些线上服务业甚至获得了更多的发展机会。疫情冲击,正在逐渐改变中国居民消费行为和方式,从而对服务业发展有着深刻的影响,"无接触式服务"正在成为服务供给和消费的重要形式。服务业供应链薄弱、工时过于刚性、发展模式粗放、社区治理松散等是中国服务业遭受疫情严峻冲击的主要原因。疫情大流行是外生因素,改变不了中国服务业长期向好的大趋势。要科学谋划服务业发展战略,积极推进服务业数字化、平台化和智能化,引导服务业创新发展,提升服务业抗击疫情冲击能力。

关键词: 疫情冲击;分化;服务业数字化;创新发展

作者: 夏杰长,中国社会科学院财经战略研究院副院长、研究员。

一 疫情下的第三产业:冲击与分化

(一) 对依赖客源和物理场所的特定服务业冲击严峻

本次疫情期间,餐饮、航空、旅游、娱乐、零售等严重依赖客源

和物理场所特别是封闭物理场所的那些服务业行业受到了严重冲击，这类企业的收入几乎是断崖式下跌，相关从业人员暂时失去了工作。2020年春节以来，全国铁路、道路、水路、民航共发送旅客比上年同期大幅度下降，文化娱乐、体育和旅游相关行业（旅行社、住宿酒店和景区等）几乎陷入冰冻状态。服务业门类众多，性质迥异，疫情冲击的影响差异较大。由于掌握的材料限制，我们只选择航空业、娱乐业、餐饮业、旅游业，估算疫情冲击可能造成的经济损失。这四个行业是人口高度集聚和流动的行业，也是需要特定物理场所甚至是在封闭的物理场所才能完成消费的服务业行业，当然也是疫情大流行影响最严重、冲击面最广、冲击力度最大的服务行业。因此，选择这四个服务业行业进行分析，具有较强的代表性。

1. 疫情对航空业的影响

机场，作为公共服务属性强且人流密集的公共场所，在疫情期间具有较高的病毒传染风险，必须采取得力措施加强安全管理和公共卫生防疫，大幅度减少这个特定场所的人群流动，就是必然的选择。无论是机场，还是航空公司，或者是一些相关企业，2020年第一季度的2、3月都将遭遇严重亏损。根据《中国民航2020年2月主要生产指标统计》有关数据：2020年2月，国内航线旅游运输量同比下降84.8%，国际航线则下降82.4%。2020年第一季度，航空业运输总周转量同比下降46.6%；航空旅客运输量同比下降53.9%，全行业累计亏损398.2亿元，其中，航空公司亏损336.2亿元。4月30日，北京宣布疫情风险调低为二级，极大提振了航空业复苏，国内航空业5月有可能逐渐恢复正常运营。但由于疫情全球大流行短期内很难遏制，各国纷纷关闭边境以及出台飞行禁令，国际航班大幅度下滑甚至处于停摆状态。对国内外因素的综合考量，中国航空业2020年因受新冠肺炎疫情影响的损失有可能高达900亿元。

2. 疫情对娱乐业影响

根据工信部《2019中国泛娱乐产业白皮书》有关数据，2019年我国泛娱乐核心产业产值约 4155 亿元。疫情的持续影响对各行业不尽相同，娱乐业很有可能是最晚复工复市的，即便按照 4 个月计算，该行业的损失也将达到 1385 亿元。根据《中欧商业评论》发布的调查结果显示，娱乐企业的现金流普遍很紧张，34% 的企业现金只能维持 1 个月，33.1% 的企业可以维持 2 个月，17.91% 的企业现金可以维持 3 个月。根据陆旸和夏杰长的分析：假设疫情 4 月之前得到控制，几乎 67% 的企业将会面临倒闭风险。即使假设只有 30% 的企业存在倒闭风险，最终对全年经济的影响将达到 831 亿元。因此，关停和后续由此带来的倒闭，全年娱乐业经济损失可能高达 1741 亿元。疫情对娱乐业的冲击影响可见一斑。

3. 疫情对旅游业影响

旅游业是国民经济综合产业，涉及"吃住行游娱购"诸多方面，既包括国内市场，也包括国际市场，疫情大流行对其影响是全方位的。旅游业收入包括两类，国内旅游收入和国际旅游收入。受疫情影响，很多国家已经停飞国内航班，并宣布了旅游警告，国际旅游收入将锐减。根据陆旸和夏杰长的估算：2018 年国际旅游外汇收入 1271.03 亿美元，按照疫情持续影响 4 个月来计算，2020 年国际旅游收入将至少减少 424 亿美元，约合 2968 亿元人民币。疫情正在全世界大流行，对国际旅游的影响很可能超过 6 个月，国际旅游收入将减少 636 亿美元，约合 4448 亿元人民币。此外，2018 年全年国内旅游总花费是 51278 亿元，从 2020 年疫情暴发蔓延的情况看，疫情影响旅游业的持续时间很可能是 4 个月左右，据此推算，国内旅游全年收入将减少三分之一，约合 17076 亿元。2020 年，旅游市场萎缩在所难免，会展、会议、游学、商务旅游、体育旅游和医疗旅游等相关业务被迫相继延期或取消。疫情对旅游业的影响还具有"长尾效应"，有一定的滞后性。消费者在遭受疫情冲击后，心理恐惧短期内难以消除，出游意愿很可能有所下降。疫情全球大流行，欧美国家控制疫情的时间节点很可能明显晚于国内，所以，出境游和入境游或将经历近一年的低迷，影响程度取决于疫情后果和境外反应措施、旅游重振计划的实施。

4. 疫情对餐饮业的影响

民以食为天，中国也是美食之国。餐饮业，在中国有着特殊的地位。随着人们收入水平提高，在外就餐越来越普遍，单笔费用也在不断提高。餐饮业是典型的劳动密集型服务业，在吸纳服务业就业和解决地方税收等方面发挥了重要的作用。这几年，外卖已经渐成气候。因此，部分餐饮行业在疫情期间可以通过送餐服务减少部分损失，因此与航空业、旅游业和娱乐业有所不同，疫情冲击的损失会相对少一些。2019 年 1—12 月全国餐饮业收入 46700 亿元，平均每月 3892 亿元。春节前后，一般是餐饮业收入增长最快的时节，然而受疫情冲击的影响，全国各地的大型酒店、连锁餐饮企业、小餐馆在 2—3 月都普遍停业。即使未来疫情缓解，由于心理恐惧等因素，居民在外面就餐的意愿普遍下降，众人聚餐这种国人偏爱的习惯很有可能不会再现。餐饮业的正常运营，可能要等到疫情全面消减后才会完全恢复。考虑到外卖的发展程度，我们假设餐饮业连续三个月的损失为 50%，这期间餐饮业的损失大约为 5840 亿元。

（二）分化冲击传统服务业和新兴服务业

1. 对传统服务业冲击巨大

疫情大流行，直接冲击了服务业的供需或产消两端。一般，我们可以把服务业分为传统服务业和新兴服务业。疫情对传统服务业冲击的是需求端。疫情对交通运输、旅游、餐饮和酒店等传统服务业带来的负面影响将更为直接和明显。疫情冲击导致服务业短期负增长在所难免。第一季度，我国服务业下降 5.2% 就是明证。我国服务业占比超过经济总量的一半，服务业从业人员占比 47% 左右，疫情严重冲击有可能导致服务业数以千万计的从业者暂时失去就业岗位。待疫情解除和服务业修复性增长后，这些人员可能重返就业岗位，也可能因为原来的企业转型升级而减少就业机会，也有部分从业者因为这段时期企业倒闭而失去了就业岗位，就业压力异常严峻。传统服务业，比如交通运输、物流、旅游业和会议会展服务等，需要异地流动才能完成其服务行为，但因为各地有严格隔离或管制措施而几乎停滞；对那些既需要地理空间集聚又需要闲暇时间的行业，比如商贸业、餐饮、体育赛事和娱乐业等，因为担忧人群密集而引发病毒传播，这些服务业行业基本是停业状态或有限分时开放，它们遭受的冲击特别严峻。

2. 对数字服务业冲击较小，甚至孕育了新的发展机遇

与此同时，此次新冠疫情对数字服务业的冲击则不大。网络与数字技术缓解了疫情对新型服务业的影响，也给数字服务业提供了新的发展机会和环境。新冠肺炎疫情发生在一个网络与数字时代，基于现代信息技术的数字经济、共享经济和平台经济飞速发展，网络信息技术与数字经济技术正在深度和全方位融入服务业发展，技术进步和商业模式创新，既深度改造了传统服务业，又催生了许多新兴服务业业态。目前，我国服务业数字化改造和升级备受重视，发展迅猛，正在重构服务供应和消费方式。服务业数字化转型，可以缓解一些服务业的经济损失，使得原本必须通过自然人流动或者异地消费而实现的消费行为和生产活动，可以通过互联网远程这样的"无接触式服务"实现。

在新冠肺炎疫情影响下，由于网络和数字技术大大降低了服务业成本，反而有可能使得疫情期间远程服务行业更加繁荣，如远程教育、在线娱乐、线上广告、网络直播、视频会议、云会展和云旅游等。此外，由于疫情为网络空间的服务活动带来发展机会，有助于网络空间的服务业规模扩大，有助于继续帮助我国相关服务领域形成自己的竞争优势，不断升级技术和产品创新，从而得到更好的发展机会和前景。比如，在这次疫情影响下，酒店、景区等旅游业各环节及时推出了网络预约、机器人等无接触服务。国内疫情基本控制之后，景区即将有序开放，为了防止人群过度集聚，必将更多地依赖那些对行业具有颠覆性变化的无接触服务。这样做，既促进了旅游业提质升级，又开辟了旅游业新业态，培育了旅游业新增长点。通过对互联网和网络技术的应用，有些旅游目的地在疫情期间推出了许多各具特色的网络"云旅游"活动，消费者可借助微信或微博平台，足不出户就可以

"云游"我国著名景区。线上旅游项目拓宽消费者的视野，为疫情解除后的线下旅游积蓄了动能。从在线观看到互动直播，形式多样的"云旅游"为旅游业提质升级做了全新尝试，旅游业全面复苏之后将会为线下旅游大量引流。又如，2020年春节之后"全民隔离"期间，传统影视公司遭遇寒冬，但直播视频、手机游戏和在线影视则逆势增长，游戏、直播和短视频行业迎来新一轮发展机遇。

国家统计局公布的2020年第一季度服务业发展数据也印证了上面的分析和判断。根据国家统计局新闻发言人的介绍：2020年第一季度，服务业下降5.2%，但信息服务和公共卫生等服务业较快增长，部分冲抵了传统服务业大幅度下降的影响。比如，疫情防控期间，电子商务、在线教育、网上会议、手机游戏、网络直播和远程诊疗等信息需求大幅增加，以互联网技术为依托的信息服务业增长较快，信息服务业增加值同比增长了13.2%，发展势头非常迅猛。但是，传统服务业下降较多，住宿和餐饮业、批发和零售业、交通运输仓储和邮政业增加值则同比分别下降了35.3%、17.8%和14.0%。可见，疫情冲击中国服务业，总体影响很大，但结构性体征特别明显，疫情下的中国服务业，很有可能在发展中分化和裂变，我们要因势利导，把握其结构升级的趋势，不断完善服务供给和消费方式。

（三）严重冲击服务业就业吸纳能力，改变服务业就业方式

应对疫情大流行，"隔离"是最有效的抗疫手段。但较长时间的"隔离"或"不接触"，对生产、市场交易、商务交往和居民生活有较大抑制作用，导致部分从业者失去就业岗位，尤其是在受冲击较大的交通运输、文化娱乐、教育培训、体育赛事、餐饮服务和旅行酒店等行业。2018年全国服务业的就业人数约3.6亿人，假如这次疫情使得服务业领域6%左右的从业人员因此失去工作或处于半失业状态，涉及就业人口就至少有2000万人。当然，如果疫情较快被控制，市场和商务活动得以基本恢复，大部分暂时失去工作岗位的从业者，有可能再次返回原来岗位或者寻找新的就业机会。

疫情大流行以来的一段时间，教育培训、餐饮、旅游和酒店住宿等服务业几乎进入停业状态，这些服务业的停业带来大量劳工闲置，而这些行业基本是劳动密集型产业，陡然增加了就业压力。而本地外卖、物流等生活服务行业，由于大量需求转移到线上导致订单暴涨，出现员工短缺的现象。疫情期间，不同类型的服务业企业达成共享用工合作，一定程度上缓解了就业市场的压力，创新了就业形式。疫情期间，远程线上办公兴起，线上协作成为普遍的工作模式，这一做法很可能催生复工后用工模式的变化。可以预计，疫情期间工作方式的改变以及随着平台经济、分享经济的发展，"灵活就业""自雇型劳动者"等非正规就业，将成为许多服务业领域就业的新方式，从而不断丰富就业形式，减轻劳动就业压力。

二　疫情冲击不改服务业稳中向好大趋势

（一）正视疫情对服务业的严重冲击

新冠肺炎疫情大流行作为第二次世界大战以来最严重的全球公共卫生事件，对全球经济社会正常运行和人员流动带来了难以估量的影响，对我国经济社会发展的冲击前所未有。4 月 17 日国家统计局公布的第一季度宏观经济数据也验证了疫情的严重冲击。2020 年第一季度国内生产总值同比下降 6.8%，其中，第一产业下降了 3.2%，第二产业下降了 9.6%，第三产业下降了 5.2%，其他宏观经济指标都出现了明显下滑。但是，我们不能简单地或机械地跟以往对比经济数据，更不能以此就判断中国经济从此步入萧条或遭遇经济金融危机。更何况，中国本土疫情已基本阻隔，经济和生活秩序正在逐渐恢复，复工复产复市正在全面推进，曾经被冲击的产业链和供应链也正在有效修复。根据国家发改委 2020 年 4 月 20 日新闻发布会介绍的数据：自 3 月以来，用电量、货运量等实物量指标明显恢复，3 月工业指数降幅比 1—2 月收窄了 12.4 个百分点，服务业生产指数降幅收窄了 3.9 个百分点，4 月上旬用电量已同比增长 1.5%。3 月制造业采购经理指数（PMI）、非制造业商务活动指数分别回升 16.3 个、22.7 个百分点，双双重回荣枯线以上。这意味着，中国经济度过了疫情以来最困难的时期，遭受重创的服务业修复性增长指日可待。

（二）疫情冲击不改服务业总体向上大趋势

毋庸置疑，疫情对经济社会发展的冲击十分严峻，对占据中国经济半壁江山的服务业影响更加凸显。但是，经过 40 多年的改革开放，中国服务业发展有了长足的进步，有强大的韧劲和回旋空间。疫情冲击，是一个外生因素，短期的重挫不改服务业发展的厚实基础。更何况，疫情对服务业的冲击更多的是结构性的影响。随着"互联网＋"的快速推进，餐饮、出行、酒店、旅游、家政、洗浴、金融保险等行业正加速拥抱互联网无接触外卖、生鲜到家、在线娱乐、在线教育、互联网金融、视频会议和云会展等，新兴服务业态被社会广泛接受，是下一轮服务业发展的新动能。

2019 年我国人均 GDP 首次超过 1 万美元，标志着我国居民生活水平提升进入新的发展阶段。国际经验表明，人均 GDP 步入 1 万美元关口，是迈入消费升级和服务提质的新阶段，中国服务业正迎来发展史上千载难逢的历史机遇期。服务业线上线下深度融合，新模式、新业态层出不穷，业态和内容不断推陈出新，创新在一定程度上抵消了疫情冲击的影响。依托庞大的国内市场、渗透力更强的技术进步、日益宽松的市场准入机制以及丰富的人力资源，中国服务业稳中向好、创新升级的态势依旧可期，服务业持续稳定健康发展的格局不会改变。人类社会发展历史进程中，经历过多次传染病大流行，疫情的大流行对经济社会的冲击巨大且影响长远，但社会经济活动并不会因疫情冲击而长久停滞不前，经济社会进步的步伐不会因此而停顿。

蔡昉认为，突发公共事件及经济社会发展中广泛运用现代信息技术，很可能扭转这些年在结构调整中出现的"逆库兹涅茨过程"。库兹涅茨（Simon Kuznets）把经济发展中产业结构变化看作劳动力等要素从低生产率部门转移到高生产率部门，因而是劳动生产率不断提高的过程。因此，随产业结构变化而生产率提高的过程被研究者称为库兹涅茨过程，而未能导致生产率提高的产业结构变动，则被称为逆库兹涅茨过程。服务业比重不断超过工业是不争的事实，但从生产率视角看，服务业生产率始终低于工业，服务业生产率相对偏低的根本原因还是技术进步相对较慢、服务创新不足和服务品供给的非规模经济。这次疫情冲击改变了服务的生产和交付方式，有可能更加广泛运用现代信息技术，从而提高服务业生产率。这正是我们追求的高质量发展目标。所以，我们既要正视疫情冲击的巨大影响，更要善于在"危机"中发掘"新机遇"和"新动能"，保持服务业持续稳定发展。

三　创新服务业发展，增强服务业抗击疫情能力

1. 加快服务业数字化改造

（1）加快服务业供给侧数字化改造。技术进步和商业模式创新催生了服务业数字化转型。要在加强信息通信服务业发展的基础上，大力推动数字中国建设，重点加快数字技术与金融、科技服务、设计创意、现代物流、人力资源开发和售后服务等行业的融合发展，加快形成"互联网＋"生产服务体系，促进生产模式和组织方式变革，形成网络化、数字化和协同化的产业发展新生态。生活性服务业数字化同样重要和紧迫，这次新冠肺炎疫情更加凸显了生活性服务业数字化供给的重要性。生活性服务业数字化，不仅提升了城乡居民的消费便利和效率，还可以从需求端的消费数据反哺精准生产，互联网消费平台端的大数据就可以支持工业互联网发展，实现个性化定制或柔性制造。数字技术在公共服务业领域的运用和普及也日益紧迫。加强公共服务业的数字化改造，实现基础教育、基本医疗和社会化养老等公共服务更便捷、更高效供应，更好满足人民群众对美好生活的期望，提升民生福祉。

（2）推进服务贸易数字化。世界经济格局和贸易方式正在发生巨大变化，发达国家纷纷走上数字化转型的快车道，致力于推动服务贸易的数字化，抢占新的战略竞争点。中国是贸易大国，也是数字经

济大国，互联网网民高居世界第一，信息基础设施显著改善，处在全球比较领先的水平，具备加快发展数字贸易的基础条件。服务业的数字化提供，意味着企业或居民可以将原本不可贸易的服务可贸易和可交换，从而轻松地进行跨境服务与数据的购买、消费与支付。数字贸易的崛起势所必然，但在中国的发展还是起步阶段，数字贸易的主体内容还是跨境电商，数字内容贸易还很薄弱，加快和提升数字贸易发展，必须从丰富数字内容服务、打破数字贸易壁垒、参与数字贸易规则等多方面着手。

（3）加强数字化人才队伍建设。数字服务业是现代服务业发展方向，数字贸易则是主导全球价值链的核心内容。但是，对这些迅速崛起的新兴领域，我们还缺乏足够的要素支撑和制度储备。人才短缺，是这个领域的最大短板，亟须加强数字服务和数字贸易领域专业人才的培养和引进。要从资金配套、激励机制和税收制度安排等多方面对这些紧缺领域的人才进行全方位支持，特别要重视人才培养模式的创新，加快建设数字服务和数字贸易人才网络培训平台。

2. 以平台经济引领服务业转型升级

（1）生产性服务业平台化。走平台化发展道路，是提升生产性服务业控制力的重要途径。要以龙头企业为依托，打造基于互联网的生产性服务业发展平台，引导上下游企业参与，构建集信息、采购、物流、金融、电商等于一体的网上服务平台，实现物流、资金流、信息流、工作流集成，提高研发、制造、服务等环节协同发展能力。

（2）生活性服务业平台化。随着大数据、移动互联网、人工智能等现代信息技术的发展，生活性服务业平台化现象越来越凸显。生活性服务业平台化将分散的海量供给和需求通过自身的平台进行撮合成交，服务供应和需求时空分离成为现实，改变服务业本地化产消的局限，提高了资源配置效率，扩大了服务和交易的边界，是生活性服务业转型升级的重要突破。生活性服务业平台，发育相对成熟，部分领域还存在过度竞争。完善生活性服务业平台的重点是打破平台的单边垄断，着力保护消费者权益，促进平台有序竞争，建立更加完善和透明的诚信体系。

(3)创新对平台经济的治理方式。营造服务业创新发展的良好环境,构建有利于平台经济发展的生态圈。网络技术和大数据广泛运用,对政府履行经济调节、市场监管、社会治理等基本职能有积极的影响,同时也带来若干问题和挑战,需要与时俱进。刘奕和夏杰长认为,要顺应服务经济发展新趋势,改革监管思维、创新治理方式,按照统一高效、开放包容、多方参与、协同制衡的原则重新构筑服务业监管体系,提倡"政府管理平台、平台自律、多方参与共治"的原则来监管平台经济等新兴服务形态。

3. 提升服务业智能化水平

(1)充分认识服务业智能化战略意义。人工智能技术在服务业的渗透已非常广泛。无论是交通运输、金融、零售、医疗、教育和网络安全等数据密集型行业,还是在诸如法律服务、人力资源管理、翻译等劳动密集型领域,人工智能的替代服务,正在崛起。智能服务带来的积极效应和可能冲击,正在被社会认知和接受,培育人工智能的产业生态圈刻不容缓。

(2)积极推动大数据分析、机器学习、物联网等人工智能技术与服务业的渗透和融合。人工智能技术在金融、零售、医疗、教育等数据密集型行业已经广泛运用,取得了初步成效。人工智能在服务业领域的运用,还有很长的路要走,下一步的重点则是推动人力资源优化、辅助预测、资产定价和个性化定制服务等基于人工智能技术的服务业智能化模式发展壮大,促进人工智能服务规模化,丰富移动智能服务内容,以服务业智能化推动服务业提质升级,丰富居民消费方式,优化消费结构,拓宽消费领域,提高服务业生产率。

4. 实施科学的数据管理政策

数据是服务业数字化、平台化和智能化的核心要素,建立良好的数据生态是发展基于数字经济的服务创新核心支撑。互联网的数据主要来源于研发、设计、仿真、采购、销售、供应链、金融保险、物流配送、消费、订单、支付与社交等各个过程。这些行为形成的大数据，对定制化生产和精准营销、优化供应链、降低交易成本，有着重要的作用。但是，现实中还存在许多应用障碍。这些数据到底应属于哪个主体，是生产企业、消费者还是互联网系统的运营商、数据收集方，需要在政策法律层面进行明确，必须建立适应互联网发展的数据权利、交易、共享等方面的法律政策规则，打通各种数据来源，构建良好的数据治理环境，从而形成发展合力。

5. 稳定服务业供应链体系

（1）积极有序复工复市、保持服务产业链稳定。服务业应率先在做好防控工作的前提下，全力推动民生类服务业企业复工复产，恢复生活供应链、保持服务产业链稳定。对不裁员或少裁员的参保企业，可返还其上年度实际缴纳失业保险费的50%。对面临暂时性生产经营困难且恢复有望、坚持不裁员或少裁员的参保企业，返还标准可按6个月的当地月人均失业保险金和参保职工人数确定。将失业保险金标准上调至当地最低工资标准的90%。

（2）努力减税降本。适当减免第一季度受疫情影响严重的服务业部门（尤其是交运、旅游、餐饮、住宿等行业）的增值税，亏损金额抵减盈利月份的金额以降低所得税。进一步降低生活性服务业保缴费率，养老、医疗缴费率可分别降低1个和2个百分点。连续两个季度给予受损服务行业以财政贴息，增加补贴性、建设性支出。

（3）强化金融支持。要支持相关企业特别是中小微服务企业稳定授信，对其到期贷款予以展期或续贷，防止出现资金链断裂，不断优化业务流程，加大线上业务办理力度，简化授信申请材料，压缩授信审批时间，为企业提供优质、快捷、高效的金融服务。

参考文献（略）

（原载《财经问题研究》2020年第6期，本文有删节）

新型城镇化的基本模式、具体路径与推进对策

倪鹏飞

摘要: 城镇化对中国经济社会发展意义重大,但是传统城镇化模式不可持续,必须探索新型的城镇化发展模式。新型城镇化模式的基本内涵是,以科学发展观为指导方针,坚持"全面、协调、可持续推进"的原则,以人口城镇化为核心内容,以信息化、农业产业化和新型工业化为动力,以"内涵增长"为发展方式,以"政府引导、市场运作"为机制保障,走可持续发展道路,建设城乡一体的城市中国。政府应通过制定战略与规划、提供基础设施和公共服务、完善制度与政策、加强监督与管理,积极推进新型城镇化进程。

关键词: 新型城镇化;发展模式;人口城镇化;内涵增长

作者: 倪鹏飞,中国社会科学院财经战略研究院院长助理、研究员。

一 新型城镇化的基本模式

基于传统城镇化的问题以及未来城镇化面临的时代特征和国情特点,本文认为,新型城镇化的基本模式应该是:以科学发展观为指导方针,坚持"全面、协调、可持续推进"的原则,以人口城镇化为核心内容,以信息化、农业产业化和新型工业化为动力,以"内涵增长"为发展方式,以"政府引导、市场运作"为机制保障,走可

持续发展道路，建设城乡一体的城市中国。

（一）新的最终目标是城乡一体的城市中国

新型城镇化的最终目标应该是城乡一体的城市中国，即整个国家城市和乡村基础设施是一体的，公共服务是均等的，农民拥有与市民相当的知识、技能、素质和收入以及均等的公共服务，农村也拥有与城市相近的基础设施。具体还包括：

1. 新型经济。以新型工业化为总体背景，拥有"科技含量高、经济效益好、资源消耗低、环境污染少、劳动力密集"的产业体系，"内需为主、消费支撑"的需求体系，"人力资本与技术创新"越来越起主导作用的要素结构体系，由顶天立地的大企业和铺天盖地的中小企业组成的企业结构体系，充满活力的经济。

2. 新型社会。以新型社区、新型社会组织和新型社会管理为基本要素，交往方式社会化、社会联系国际化、生活方式现代化、居民构成多元化和流动性、社会阶层橄榄型的包容和谐的社会。

3. 新型环境。城镇主导背景下的城乡，自然景色优美，生态环境良好，资源利用节约，环境保护有效，人与自然关系友好，共同塑造绿色低碳的环境。

（二）新的主要内容是农民市民化

1. 让所有城镇化人口获得均等的公共服务，推进"以人为本"的城镇化。人口城镇化主要有三种形式：升学城镇化、就地城镇化和异地城镇化。这三项城镇化的占比大致各为30%，其他形式的城镇化占10%。人口城镇化的新内容是让这三类人群尤其是农民工享受同城镇原来户籍人口均等的公共服务。未来城镇化的重点和主线应当是保障1.6亿存量和未来增量农民工享受同城市户籍人口均等的公共服务。

2. 以优化国土空间利用为关键点，推进内涵增长的城镇化。空间城镇化主要有三个区域：老城区、新城镇和农村居民点。空间城镇化的新内容是：通过旧城改造，提高城市土地的利用率；通过减缓新城的蔓延和扩张，提升城市的容量；通过农村居民点撤并，减少农村建设用地规模。

3. 着力克服"城乡病",推进健康可持续的城镇化。在城镇化率超过50%以后,进入"城市病"集中暴发期,城镇化也有可能导致农村的凋敝和衰退。因此,防治"城乡病",确保城乡健康发展和城乡双赢是新型城镇化的重要内容。

(三) 新的基本动力是信息化、新型工业化和农业现代化

在全球日益信息化以及重大技术突破和第三次工业革命即将到来之际,中国新型城镇化拥有三大新动力:

1. 新的拉动力。基于信息化基础的科技含量高、经济效益好、资源消耗低、环境污染少、劳动力密集的新型工业化,与基于智能化的第三次工业革命,将构造城镇化的崭新需求拉动力。

2. 新的推动力。充分利用现代信息技术和信息系统的农业产供销及相关的管理和服务现代化,即生产工具的机械化、生产技术的科学化、生产组织的产业化、劳动者素质的提高,将构造城镇化的崭新供给推动力。

3. 新的原动力。信息化作为当今科技进步的集中体现,不仅间接影响城镇化的供求推拉力,而且直接决定城镇化的规模、速度、形态与质量。

(四) 新的发展方式是内涵集约增长

1. 提升城市和乡村集聚区的密度。充分利用有关地上地下城市空间,在有限的城市空间布局较高密度的产业和人口,促进城市产业布局的集群化和城市土地利用的集约化。

2. 优化城镇与乡村集聚区的布局。依托合理的城镇及乡村空间布局和便捷的联系渠道,提高资源、要素和产业的配置和利用效率。

3. 完善城镇和乡村集聚区的功能。完善和配套城乡基础设施和公共服务体系,提升城乡基础设施和公共服务的质量,使之更好地发挥外部经济的作用。

4. 培育和利用高端要素。改变过去依靠物质资本投入和资源大量消耗的做法,利用人力资本和创新要素促进城镇化的发展。

二 新型城镇化的具体路径

1. 走以人为本的城镇化道路，推进居民的"迁转俱进"

发展城镇要依靠人也是为了人，城镇化的一切应当围绕人的城镇化来展开。"以人为本"的城镇化的关键是推进"迁转俱进"：实现人口从乡村到城镇的迁移与人口从农民到市民职业身份转换同步推进，让迁移到城市的居民能够在城市里"住有所居""学有所教""老有所养""劳有所得""娱有所乐""病有所医"，充分享受城镇现代化的公共基础设施和服务，拥有一个良好的居住和空间环境、良好的人文社会环境、良好的生态环境、清洁高效的生产环境。"以人为本"是目的也是手段，提高了人口素质和收入水平，改善了要素供给，也扩大了消费需求，有利于城乡可持续发展。

2. 走倾斜平坦的城镇化道路，兼顾空间的"公平效率"

聚集和自由流动能够确保资源的最佳配置以及分享规模经济与外部经济，从而提升经济效率，但是过度聚集将会导致拥挤的成本、"城市病"、区域差距扩大。推进新型城镇化，第一，在全国空间布局上，一方面，要发挥中国作为大国的规模优势，积极消除城市之间各种市场分割障碍，促进全国统一大市场的形成，实现国内市场充分一体化；另一方面，要把握城镇化空间聚集的度，使城镇化聚集最大化规模经济和外部经济的效益，最小化规模不经济、外部经济的成本。第二，在城市规模和城市间发展关系方面，强调大城市、中等城市、小城市和小城镇协调和联合发展的城市集群化道路，改变单纯走中心城市带动或小城镇发展的道路。让空间上接近的若干大城市、中等城市、小城市和小城镇紧密联系起来，以便互相补充、相互配合，使处在城市群或城市带的每个城镇都能享受城市群的正外部经济。第三，在城乡关系方面要走城乡一体的道路，要把工业与农业、城市与乡村、城镇居民与农村居民作为一个整体，逐步打破二元结构。实现基础设施和公共服务的城乡一体化，加快基础设施和公共服务向农村延伸和衔接；加强城市向农村的反哺力度，通过转移支付实现对弱势农村和落后地区的支持。

3. 走产城互动的城镇化道路，确保经济的"持久繁荣"

第一，继续保持或扩大第二产业优势，尤其是提升第二产业的国际竞争力，不仅能够为产业工人提供就业机会，而且能够提高第二产业的收入水平；第二，大力发展就业吸纳能力高的生产性、消费性、分配性和社会性服务业，不仅能够促进经济发展，而且能够加快城镇化的步伐；第三，积极推进农业产业化，提高农业生产效率，增加农民收入；第四，制订实施城市居民收入增长计划，确保城市居民收入增长，在扩大就业机会的同时提高非农就业者迁移到城市的能力，从而推进城镇化和经济社会发展。

4. 走绿色发展的城镇化道路，确保生态的"自然优美"

未来城镇化不走先发展后治理的老路，也不走唯环境不发展的道路，要走低碳化、工业化与城镇化协调发展之路。第一，鼓励发展节能性环保产业，降低产业发展对能源、水资源、空气等生态资源的消耗或破坏；第二，支持探索循环经济模式，以更少资源生产更多经济价值；第三，要求工业入区、入园，促进产业集群，既可以集中处理污染，又可以使各产业分享外部经济；第四，加强节能环保宣传，鼓励城市居民在日常生活中践行节能环保；第五，加强城市绿地资源建设，提高生态环境自我净化能力；第六，倡导绿色消费，减少消费污染；第七，重视调解资源占用与分配、环境污染方面的矛盾、冲突，促进城镇化与环境保护的良性互动。

5. 走包容增长的城镇化道路，确保社会的"公平正义"

推进新型城镇化，应统筹城镇化与社会发展的关系，在社会和谐中推进城镇化。第一，在政治方面，让更多的人获得参与决策和议事的机会，为不同社会阶层的人提供发展的机会和平台，让所有的人分享城市发展进步的成果。第二，在社会方面，正确处理政府、企业和居民的关系，保护农民和城镇居民的合法权益，尊重居民的意愿和选择；正确处理当地居民和外来居民的关系，切实保护外来居民权益，让外来居民与当地居民和谐相处；关心和保护弱势群体，实行向弱势群体倾斜的普惠福利，建立与完善配套的社会保障政策，缩小贫富差距。

6. 走创新驱动的城镇化道路，确保城市的"引领未来"

中国作为后发城镇化国家，应毫不犹豫地实施创新驱动战略。第一，实施创新要素驱动，推动经济增长，迎头赶上先发国家。为此，要将教育置于更加优先发展的位置上，继续加大教育投入，延长义务教育，扩大职业教育和成人教育，建立与未来城市中国经济社会发展相适应的多层次的教育体系。加大科技投入，培育创新的主体，构建创新的网络，搭建创新的平台，积极发展和城市体系相适应、与产业体系相匹配的分层次、有分工的科技创新体系。第二，实施制度和管理创新，保障新型城镇化可持续推进。第三，不仅要在技术上不断创新，而且在管理上尤其在发展方式上不断创新。

7. 走政府引导的城镇化道路，发挥市场的"基础作用"

城镇化是市场主体分享外部经济偏好在空间聚集上的显示，是市场主体空间自由选择的过程。但由于存在市场失灵，仅仅通过市场选择难以实现最优均衡。促进城镇化健康可持续发展，需要政府创造适宜的硬件环境和软件环境。一方面，便利市场主体流动，使其空间偏好得以显示；另一方面，兼顾国土空间利用的"效率与公平"。因此，政府的主要职能是：第一，顺应城镇化发展规律，对城镇化进行前瞻性科学规划；第二，建设辖区范围内的一体化的公共基础设施；第三，为在不同区位的居民提供均等化的公共服务；第四，为在不同空间区位活动的企业和居民提供公平、公正、均等、统一的规范化的制度环境。

8. 走本土开放的城镇化道路，确保城市的"世界个性"

第一，利用全球，借力世界。要积极实施全方位开放战略，利用全球的要素、资源和市场，借鉴全球的发展经验，坚持世界的发展标准，顺应全球的发展趋势，构建一个充分国际化的城市国家。第二，立足本土，保持个性。每个地方的城镇，都有自己不同的基础、背景、环境和发展条件，每一个城镇都应该有自己的个性，要突出多样性。在城市功能上，大城市、经济中心城市应该发挥集聚功能，增强对区域的辐射能力，重点发展具有优势的技术密集型和资本密集型产业，大力发展生产性服务业，强化技术创新和制度创新，成为中国参与国际竞争的重要力量。中小城市则要在保持产业特色的同时，依托相对较低的投资成本和比较完善的产业发展环境，主动承接大城市的产业转移，为城市发展提供强有力的支撑和充足的动力，提升对周边区域的凝聚力和带动力，增强自身向大城市发展的能力。

三　新型城镇化的推进对策

（一）制定战略与规划，引导新型城镇化可持续发展

1. 发展目标：城乡一体的城市中国

（1）城镇化的速度：未来新型城镇化要根据经济社会发展和资源环境的承载状况，保持适当的速度。有鉴于全球竞争格局和中国转型升级的未来形势，中国未来新型城镇化不应该也不可能再像过去一样，按照每年1%的速度增长，未来中国城镇化将是内涵城镇化和外延城镇化并举，"重在质量"，一方面解决1.6亿人的不完全城镇化问题，另一方面继续解决3.6亿左右新增人口的城镇化。

（2）城镇化人口总规模与水平：预计2040年中国人口应保持在14亿人左右。从人口空间分布来看，25%居住在农村，25%居住在小城镇，25%居住在中等城市，25%居住在大都市。未来中国城镇化率以达到75%为基本目标（东部80%、中部70%、西部60%），中国城镇人口2030年将达到8.6亿人，2050年将达到10.6亿人左右。

（3）城镇化用地规模与水平：城镇化地区用地面积占非农建设用地面积的比例为65%，全部非农建设用地面积16万平方千米，城镇地区非农建设用地总面积10万平方千米，其中，大城市、中小城市、小城镇、农村非农建设土地占用比例分别为15%、20%、30%、35%。人口密度以每平方千米1万人为标准。

（4）城市规模体系：城市是国家资源的集结点和经济发展的龙头，更是国家创新和创富的中心。2040年，城市数量达到1000个左右，小城镇20000个，将形成超大城市、特大城市、大城市、中等城市、小城市、小城镇、居民点协调发展的城市发展空间格局。第一，要利用先进的交通通信技术手段，通过合理规划，培育一批大城市和超大城市，在扩大城市规模的同时，重点提升城市的能级，使之发挥增长极和动力源的作用；第二，将一大批作为区域中心的小城市扩展为中等城市，同时加强对中等城市的支持，发挥其对区域整体经济社会发展的连接、带动和聚集作用；第三，针对目前小城市功能不全、管理水平低的特点，完善小城市的功能；第四，小城镇具有连接城乡、亦城亦乡的独特作用，应针对小城镇布局分散的问题，调整优化小城镇的布局。

（5）城市功能体系：从城市功能看，未来中国城市将是一个开放的体系，城市功能将呈现层级分化趋势。未来形成世界顶级城市2个，世界城市3—5个，国际化城市15个左右，国家级城市30—50个，近千个区域性和地区性城市。香港、上海等，集聚世界产业体系中的高端服务业、高科技制造业，产业环节中的研发设计和品牌营销环节得以发展，成为全球经济控制和管理中心，成为世界顶级城市。有些城市承担某些服务世界的专业功能，成为国际型城市。有些城市承担管理和服务全国的综合功能，有些城市承担管理和服务全国的某些功能，有些城市承担管理和服务区域的综合功能，而中小城市承担专业制造功能，小城镇承担连接城市和农村的功能。

（6）城市空间布局：未来中国众多城镇将以城市绵延带、城市群或城市圈等形态，呈点、线、面三种结构，通过现代化的交通网络连接在一起，镶嵌在广袤的乡村大地上。城市成为区域空间的心血管，广大农村地区就是其肉体。

在全国空间布局上：第一，东部区位优越、环境适宜、人口稠密，以面为主、点线结合，支持东部地区率先发展，转型升级，走向世界，参与国际竞争。第二，中部和东北资源丰富、人口稠密，以线为主、点面结合，通过制定激励政策，鼓励人才、产业等向中部和东北地区转移，实现中部崛起和东北振兴，在发展中尤其注意资源节约和环境保护。第三，西部地广人稀，以点为主、线面配合，继续实施西部大开发政策，收缩战线，集中发展，同时着力进行环境保护和生态恢复。

域空间布局上：一方面，要充分利用规模经济和外部经济的优势，推动城市群的一体化发展，促进城市群区域交通同网、信息同享、市场同体、产业同布、环境同治，避免产业恶性竞争和基础设施重复，形成产业布局与分工合理、经济联系紧密、内部聚集效应与对外扩散效应明显的城市群；另一方面，关注并重点援助边缘区域。

在城乡空间布局上：第一，通过建设集群化和网络化的城镇，使城乡融为一体，分工合作，互利双赢；第二，通过建设紧凑型城市等，减缓城市的蔓延和扩张；第三，通过新农村建设、农村居民点撤并等，在改变农村面貌的同时，实现农村土地的集约利用，确保农业区域面积不缩小。

2. 发展步骤：分两步实现理想城镇化目标。第一步，到2020年实现60%的城镇化率，从城乡三元结构向二元结构转变，城乡基础设施基本配套完善，城镇里当地人与外地人的收入及公共服务基本均等，外出人口逐步迁出，农村的基础设施、公共服务和留守居民的收入逐步提升，城乡之间收入和公共服务基础设施差距缩小。第二步，到2040年实现75%的城镇化率目标，城乡人口相互流动，从城乡二元结构变为城乡一元结构，即城乡一体化，城乡基础设施配套、完善和一体，收入、公共服务的城乡差距由缩小到均衡。

（二）提供基础设施与公共服务，支撑新型城镇化健康可持续发展

1. 基础设施：逐步实现基础设施的城乡与全国一体

（1）构建全国一体的基础设施网络。按照全国城乡规划布局以及城市分布状况，利用先进科学技术，构建和完善快速、高效、便捷、便宜的全国交通、通信、信息等基础设施网络系统，使区域之间、城市之间、城乡之间的资源、人口和信息能够迅速、便捷、便宜地自由流动。

（2）完善区域一体的基础设施网络。加快城市有形基础设施和无形服务网络建设，完善由高速公路、高速铁路、航道、运输管道、电力输送、网络、排水管网体系和通信干线等构成的区域性基础设施网络，缩短城市间的通勤距离，使城市群内部以及各大城市群之间资源和信息实现共建共享。

（3）实现城乡一体的基础设施网络。按照城乡一体的规划要求，尽可能将城市的基础设施网络延伸到乡村居民点或边缘城镇，使乡村居民可以使用与城市居民一样的基础设施。

2. 公共服务：逐步推进公共服务的城乡及全国的均等化

（1）按照子女教育、五险、住房和养老的先后顺序，逐步推进农民工与当地居民的公共服务均等化。完善就业和创业服务体系，拉动居民收入增长；提升城市医疗卫生体系质量，扩大医疗保障覆盖率；加大商品住房供给能力，提高公共住房保障水平。与此同时，推进区域之间和城乡之间就业、社保、教育、医疗等公共服务更大区域的统筹及均等化。

（2）制定积极有效的财税、金融和产业政策，重点援助农村、非城市群、城市群边缘区发展，加大基础设施和公共服务的投入，避免马太效应，降低区域差距。

（三）改进监督与管理，促进新型城镇化顺利推进

为实现对市场行为主体的有效监督管理，首先要建立适应城市中国的行政监督与管理体制。

（1）建立适应城市中国的行政管理架构。适应城市中国的管理需求，借鉴发达国家的经验，调整行政区划，减少管理层次。以城市群为基础，结合地缘、政治、经济、文化、历史等因素，在东中部人口较多的发达区域增加一些直辖市，在缩小省区范围的基础上实行省管县制度。

（2）构建财权、事权对称的纵向政府间关系。重新界定中央和地方政府事权和财权，进一步厘清各级政府的公共职责与公共权限，明晰各级政府事权和公共支出责任，做到事权与财权相一致，以便地方政府更好地履行职责，促进城市良性发展。同时，中央各部委可通过国家项目对落后地区城市发展进行直接投资，或通过财政转移支付对落后城市开发项目进行补助，确保财政资金投入力度，为城市发展提供资金保障。

（3）建立横向政府区域协调机制。要进一步完善区域特别是城市群区域的协调机制，成立统筹区域内城市发展的组织机构，创新公共治理模式，推进区域协同，通过共同市场建设与基础设施的统一规划和共建，协调整个区域内的产业规划、道路交通网络建设、信息基础设施建设。

（4）建立城乡一体的市政管理体制。第一，适应日益复杂的城乡经济、社会、环境、对外联系等需要，完善城镇的管理职能，建立城乡一体、以城为主导的城市管理体制。第二，革新公共管理理念，推进政府管理的人性化、高效化、制度化、奖惩化、竞争化，提高公共服务水平，为城市的发展和城市竞争力的提升提供高效的政府服务。第三，培育非政府组织，将大量的事务交给非营利性组织完成。第四，强化城市社区建设，鼓励社区管理组织创新和制度创新，发挥城市社区的自治、学习、服务等功能，提升公众自我教育水平，充分发挥公众参与的作用，使广大居民能够参与城市社会管理，表达自身利益诉求。第五，建立健全城市危机应急机制，提升应急处理能力，通过制度化的防范和管理，最大限度地消除城市所面临的各种风险及突发事件隐患，或者将风险和突发事件所造成的危害降至最低。

（5）完善政绩考核和问责、追责制度。建立科学的绩效考核制度，制定以科学发展观为指导，体现全面、协调、可持续发展的政绩考核指标体系，将新型城镇化的标准体现在评价指标中，评价标准涉及城市经济建设、社会进步、文化繁荣和环境保护等方面，考核结果体现城市政府的发展绩效并作为城市主要负责人职务变动的重要依据。

（6）重新确定城市设立及相关功能的标准。第一，修改《城乡规划法》，重新明确城市规模等级。建议结合中国人口众多的实际情况，根据人口规模确定设市的标准，确定城市的大小，然后再根据城市规模确定城市职能标准。合并、收缩部分西部地区城市，以便降低其管理成本；推动东部地区较大镇改市步伐，以便完善其管理职能。第二，制定约束性的、量化的指标体系，对不同规模的城市资源利用、环境保护、基础设施、公共服务标准做出明确而具体的规定。

（四）改革制度与政策，保障新型城镇化健康发展

1. 确保城镇化可持续推进的政策制度

（1）深化财税体制改革。重构纵向政府间事权与财权对称关系。优先实施义务教育经费的全国统筹，逐步实施社会保障的全部或部分全国统筹。建立中央和省级财政支持农民工市民化的转移支付制度，建立农民工市民化的政府、企业与个人成本分摊制度。

（2）深化土地制度改革。建立城乡一体的土地制度，农村土地所有权国有化，赋予农民交易土地使用权的权利，激活农民的土地资产，推进土地资产股权化、农民股东化、权益民主化，着重培育公正、公开、公平的农村土地产权流转市场，积极促进土地产权流转，并建立严格的土地产权保障制度。建立城乡一体、同权同价、自由竞争的土地使用、交易和收益分配等制度。

（3）深化户籍制度改革。根据就业、投资、居住等状况，实行外来人口有选择的市民化制度。对于暂未市民化的居民，实施分享部分权益与义务的居住证制度。

（4）深化就业制度改革。进一步开放劳动力市场，对劳动者普遍放开所有的劳动行业，只要是社会需要、国家允许开办的行业，都要向公众开放。同时，清理限制农村劳动力进入城市的地方性政策法规，不断消除城市就业市场的形形色色的歧视制度，建立城乡统一的就业培训制度，保障公民平等的就业权利。

（5）完善社会保障制度。第一，积极推进社会保障制度改革，突破城市社会保障不管进城农民的误区，建立覆盖城市所有居民的统一的社会保障体系，改变社会保障城乡分割的二元格局。第二，进一步扩大社会保障的宽度和广度，建立全国统筹的养老保险、失业保险、医疗保险、工伤保险和生育保险等社会保险制度。第三，建立以最低生活保障为基础、专项救助为支撑、慈善帮扶为补充的新型社会救助体系。第四，建立具有地方特色的统筹就业、养老、医疗等方面的大社保制度框架和政策体系。

（6）深化投融资体制改革。应在政府财政的引导下，以中长期信贷支持为主，积极创新发展直接融资工具。加强制度和市场建设，扩大资本市场，健全金融体系。初步形成包括基础设施证券化、基础设施投资基金、市政债券、民间金融等形式的多元的融资模式。

2. 构建确保城镇化持续推进发展的长效机制

（1）价格调节机制。第一，运用先进技术手段，尽可能使基础设施和公共服务具有可排他性，对使用者付费的服务可以采取梯度式加价的收费方式，少使用者付低费，多使用者付高费，以减轻贫困人群的负担。第二，逐步建立农业用地经营权转让市场定价机制、规划建成区集体土地转为国有土地的使用权市场定价机制以及城镇拆迁安置过程中住房市场定价机制，充分发挥价格在土地利用中的调节作用，从而实现土地收益在农民、城镇居民、政府和企业之间的公平合理的分配。

（2）生态补偿机制。充分发挥价格在节约资源、保护环境中的杠杆作用，通过明确产权和贯彻实施"使用者付费、污染者付费"的原则，将经济生产和生活中的外部成本内部化。

（3）土地占用机制。根据现有的人地分布状况，设定不同地区人均可占用非农用地面积标准，同时将人口和用地指标票据化；各城市根据自己的承受能力，同时决定接收农民工数量和增加用地数量。接收城市要解决这些外地农民工的住房、医疗、教育和社保等问题，并缴纳购买土地的指标款；而各农村地区根据人口迁徙的数量，获得土地款，并将一定数量的废弃宅基地转为农业用地。

（4）资金筹措机制。城市基础设施资金需求规模大、回报周期长，存在资金供求期限错配等问题，因此，要发展长期融资的金融工具，如长期信贷、基金投资、长期债券、资产证券化等，实现基础设施建设供需现金流的匹配。

（5）财政补贴机制。中央财政和省级财政建立农民工市民化的转移支付机制，根据各城市吸纳农民工定居的规模，每年定向给予财政补助。财政补助主要用于支持城市政府建设更多面向农民工及其家庭成员的社会保障，建设医疗设施、义务教育和职业教育设施，建设廉租住房，加强市政设施的扩容改造等。

（6）税收调节机制。加快税收体制改革，尽快开征房地产税、土地税、资源税、环境税，并以此为基础健全城市税收体系。一方面，解决城市建设资金过度依赖"土地财政"的问题；另一方面，充分发挥税收在节约资源、保护环境中的杠杆作用。

参考文献（略）

（原载《江海学刊》2013 年第 1 期，本文有删节）

服务:思想的历史演变与国际社会新定位

赵　瑾

摘要：从服务经济思想发展史看，人类对服务的认识经历了服务—服务经济—服务型社会的演变；对服务与经济增长的认识经历了非生产性—"成本病"—增长的进化；对服务业与其他产业关系的认识经历了融合—分离—再融合的变化。近期国际社会又重新定位了服务在全球价值链中的作用。服务思想的历史演变使我们认识到今天人们热议的"再工业化"、"工业 4.0"、制造业回归不是对服务业和服务型社会的否定，也不是回到过去工业化的形态，而是通过服务业与制造业的融合与协同发展，提升全要素生产率，创造人类生活的新福祉。

关键词：服务经济思想史；再工业化；产业融合；全要素生产率；全球价值链

作者：赵瑾，中国社会科学院财经战略研究院国际经贸研究室主任、研究员。

从 20 世纪 60 年代起，以美国为代表的西方发达国家陆续进入了服务经济时代。根据世界银行统计，2016 年，高收入国家服务业增加值占 GDP 的 69.56%，服务业就业在就业人口中的占比超过 74.24%。但 2008 年国际金融危机后，发达国家内部，一方面美国提出再工业化政策、德国提出工业 4.0；另一方面日本学者则认为，制造业毁灭了日本，要摆脱经济长期萧条，日本应该改变产业结构。即实现脱工业化，发展以生产率高的服务业为核心的产业模式。[1] 与此同时，中国作为全球第二大经济体，在"十三五"规划中，我国一方面提出要大力发展服务业，实现产业结构转型升级；另一方面出台了《中国制造 2025》，提出用十年时间迈入制造强国的行列，中华人民共和国成立一百年时，综合实力进入世界制造强国前列。那么，如何看待制造业与服务业的关系、服务经济在一国经济与社会发展中的地位和作用？

对于服务、服务业、服务经济的认识，从服务经济思想发展史看，人类经历了三个世纪争论的漫长过程，四个不同发展阶段：古典时期（18 世纪晚期到 19 世纪中期）、泛服务化理论时期（19 世纪 50 年代到 20 世纪 30 年代中期）、第三产业和后工业化理论时期（20 世纪 30 年代中期到 70 年代早期）、服务型社会和新工业主义时期（20 世纪 70 年代至今）。[2] 三个世纪以来，人类社会所处的发展阶段不同，生产力发展水平不同，经济发展面临的首要问题和人类的需求不同，对服务、服务业、服务经济的认识也有明显的差异。

一　对服务认识的演变：服务—服务经济—服务型社会

在古典时期，以亚当·斯密为代表的经济学家将服务视为非生产劳动。认为固定在物质上可以出卖的商品上的劳动是生产劳动，不固定在商品上的劳动是非生产劳动。在他看来，劳动是国家财富的源

---

① 本文系中国社会科学院创新工程项目"国际服务贸易：理论与中国战略"（项目号：2015 CJYCX06）阶段性成果。原载《国外社会科学》2019 年第 2 期，《新华文摘》2019 年第 10 期全文转载。［日］野口悠纪雄：《日本的反省：制造业毁灭日本》，杨雅虹译，东方出版社 2014 年版，第 123 页。

② ［法］让－克洛德·德劳内、［法］让·盖雷：《服务经济译丛·服务经济思想史：三个世纪的争论》，江小涓译，格致出版社、上海人民出版社 2011 年版，第 1 页。

泉，生产劳动者在一国国民中占比越大，国家越富裕；非生产劳动者在国民中占比越大越贫穷。

20世纪60年代，维克多·富克斯依据美国超过一半的就业人口不从事食品、服装、房屋、汽车以及其他有形商品生产，首次提出服务经济，认为美国是世界第一个由工业经济进入"服务经济"的国家。并预言这种"革命性"变化会对劳动力、妇女作用、工会、教育和行业组织产生较大影响，不仅影响人们的生产、生活方式，而且影响人们的健康甚至信仰。即"人们在改变他们的工具和技术以及他们生产和分配生活用品的方式时，也改变了他们的信仰"。① 在此，虽然他谈到了服务经济的来临对社会的影响，但其分析的重点是服务经济，没有提出服务型社会。首次提出服务型社会或者工业化社会的是社会学家丹尼尔·贝尔。

20世纪70年代，1973年丹尼尔·贝尔在其代表作《后工业社会的来临》（1973）中将经济发展划分为三个阶段：前工业化社会、工业社会、后工业化社会，首次提出了"后工业化社会"的概念。认为后工业社会由三个构成要素：在经济上，从制造业转向服务业；在技术上，它是基于科学的新型工业核心；在社会学上，它意味着新的技术精英兴起以及阶层竞争新原则的到来。② "如果工业社会是由标志着生活水平的商品数量来界定的，那么后工业社会就是由服务和舒适度计量的生活质量来界定，如健康、教育、娱乐和艺术。"③ 在后工业社会主要是人与人之间的对话，而不是与机器互动。在后工业社会，消费模式将经历经济模式下大规模消费工业品向社会模式下共同消费服务转变。

在人们普遍关注后工业化社会来临的同时，20世纪末和21世纪

---

① ［美］维克托·R. 富克斯：《服务经济学》，许微云、万慧芬、孙光德译，商务印书馆1987年版，第200页。

② ［美］丹尼尔·贝尔：《后工业社会的来临》，高铦、王宏周、魏章玲译，江西人民出版社2018年版，第459页。

③ ［法］让－克洛德·德劳内、［法］让·盖雷：《服务经济译丛·服务经济思想史：三个世纪的争论》，江小涓译，格致出版社、上海人民出版社2011年版，第61页。

初，国际上又出现了新工业主义和再工业化的浪潮。2008 年国际金融危机后，美国提出再工业化国家战略，建设国家制造业创新网络促进制造业回归；德国构筑了工业 4.0 战略框架，提出了 4 大主题：智能生产、智能工厂、智能物流、智能服务；中国制定《中国制造 2025》，提出重点发展新一代信息技术、高档数控机床和机器人等十大重点领域。2016 年世界经济论坛执行主席施瓦布在其新作《第四次工业革命：转型的力量》中明确提出"第四次工业革命来了"。他认为第四次工业革命建立在数字革命的基础上，结合了各种各样的技术，在发展速度上，它与以往的三次工业革命不同，呈指数级而非线性的发展；在广度和深度上，技术正给我们的经济、商业、社会和个人带来前所未有的改变；在其影响上，第四次工业革命是一场深刻的系统性变革，会引发国家、公司、行业之间（和内部）以及整个社会所有体系的变革。① 对于美国制造业回归，也有反对意见，国际竞争力研究权威迈克尔·波特（Michael Porter）认为：服务业才是高附加价值产业，而不是制造业，产品制造本身的附加值低，这也就是产品制造在中国和泰国完成的原因。如今制造业的服务功能才是高附加值所在，从而也是使美国拥有相应的劳动力和环境能保持优势的原因，我们必须放弃那种认为"制造业必不可少"的观念。这种观念确实有问题，因为它扭曲了我们的思维。②

那么，第四次工业革命的来临是否意味着未来人类将偏离服务型社会发展趋势？研究显示，传统的工业生产是"大规模生产、生产型制造、要素驱动"，而当代的工业 4.0 是以消费者为核心的"个性化定制、服务型制造、创新驱动"。制造型企业围绕产品全生命周期的各个环节融入增值服务，服务型制造是工业 4.0 未来重要的发展方向。对美国制定"再工业化"政策具有影响的哈佛大学教授加里·

---

① ［德］克劳斯·施瓦布：《第四次工业革命　转型的力量》，李菁译，中信出版社 2016 年版，第 5 页。

② ［美］加里·皮萨诺、威利·史：《制造繁荣：美国为什么需要制造业复兴》，李凤海、刘寅龙译，机械工业出版社 2014 年版，第 68 页。

皮萨诺和威利·史①也认为:服务业与制造业之间的实际界限是模糊的。如果美国真想靠知识型工作和创新来带动未来的经济增长,那么服务业与制造业同等重要。② 德国工业—科学研究联盟交流促进组织成员 Johannes Helbig 认为,物联网和服务网在制造业中拥有巨大的创新潜力,如果我们成功把基于网络的服务整合进工业4.0,将极大地扩展这种潜力。

由此可见,随着科技的发展,生产力水平的提高,财富的增长和人们需求的扩大,人类对服务的认知也发生了根本的变化:由将服务视为不创造任何财富的非生产劳动,发展到将服务视为创造价值的服务部门或产业,并随着服务成为一国价值创造和就业的主体,将其视为等同于由农业经济向工业经济过渡的"革命",或者说人类经济和社会形态的重大变化——服务经济与服务社会的来临。这预示着今天人们热议的"再工业化""工业4.0"等,或者说由互联网开启的新工业革命是适应了当代产业协同发展趋势,促进了生产与服务的深度融合,其并没有也不会改变人类社会发展进步的总体趋势——后工业化社会和服务社会的未来。

二 服务对经济增长影响认识的进化:非生产性—成本病—增长

从服务经济思想史看,虽然服务在当代经济特别是发达国家经济中占主体,但长期以来,对于服务业在经济发展中的地位与作用一直是人们研究关注的焦点,并贯穿不同发展时代。其核心问题是:服务能否带来财富的增长? 与有形的商品相比,无形的服务处于停滞状态

---

① 其提出的只有振兴产业工地才能实现美国制造业的复兴被美国政府采纳,美国国家科技委员会在《先进制造业国家战略计划》(*National Strategic Plan for Advanced Manufacturing*)报告中将产业工地建设作为其三大战略任务之一。

② [美]加里·皮萨诺、威利·史:《制造繁荣:美国为什么需要制造业复兴》,李凤海、刘寅龙译,机械工业出版社2014年版,第70页。

或根本没有增长，还是会推动经济增长？随着服务在 GDP 中占比的提高，服务能否带来资本积累，实现持续性增长？在全球价值链生产的国际背景下，服务业对经济增长的影响有什么新的变化？……对上述问题的研究和探讨不仅关乎一国财富创造和经济增长的着力点，更涉及人类对未来社会发展的准确判断，以及政府经济政策的导向。

从目前来看，人类对这个问题的认识经历了三个阶段：非生产性—成本病—增长。形成了两大主流思想：一种观点以鲍莫尔"成本病"为代表，认为服务业生产率低；另一种观点以乔根森为代表，认为服务业特别是 IT 产业能推动经济高速增长。

1. 服务业生产率低：非生产性→鲍莫尔"成本病"

在古典时期，以亚当·斯密为代表，将服务视为非生产性，不创造价值。马克思虽然认为服务是生产劳动，但由于在资本家企业的雇佣劳动中只占很小的比例，在考察生产劳动时可以忽略不计，因而生产劳动主要表现为物质生产领域的劳动。20 世纪 60 年代，富克斯在研究美国经济时发现，虽然服务在产出中的占比已超过 50%，或者说服务占据了生产的主体，但与工业部门相比，服务业生产率增长比较缓慢。[①] 但他同时也指出："虽然关于两个部门在生产率变化方面有差异这个假设得到了数据的证实，但是服务部门的每人产值不是固定不变的。除了某些服务行业的产值被认为是经常等于劳动投入，其余服务行业的生产率通常都在绝对地增长。"[②]

虽然斯密、马克思、富克斯都从不同的视角探讨过此问题，但真正引起学界研究和关注的是 20 世纪 60 年代威廉·J. 鲍莫尔提出的"成本病"。鲍莫尔根据生产率增速的差异将经济活动划分为两个部门：生产率"进步部门"和生产率"停滞部门"。前者指资本和技术能带来生产率大幅度提高的制造业，后者指资本和技术没有发挥作用

[①] ［美］维克托·R. 富克斯：《服务经济学》，许微云、万慧芬、孙光德译，商务印书馆 1987 年版，第 2、9 页。

[②] ［美］维克托·R. 富克斯：《服务经济学》，许微云、万慧芬、孙光德译，商务印书馆 1987 年版，第 13 页。

空间的最终产品——服务业。一般来说，价格与需求之间是负相关关系，即需求扩大，价格下降。但他发现，一方面美国服务业产值与就业在 GDP 中占比不断提高，服务需求持续扩大，另一方面，服务成本（价格）以高于商品价格的速度激增，服务业生产率增长日趋缓慢，服务部门患上了不同程度的"成本病"。随着服务部门在整个经济中的比重上升，生产率增长和整体经济增长将越来越慢。假设停滞部门（服务业）的产品需求对价格无弹性，而随着整体生活水平的提高而增长，结果将导致从业人员不断从进步部门向停滞部门转移，从而导致整体经济增长率的进一步下降。后期鲍莫尔将其研究拓展到了卫生健康、教育、餐饮服务、图书馆与法律服务、治安保护、汽车修理及许多其他服务。担忧服务业增长的停滞会给政府带来财政困难，影响政府提供公共产品的能力。①

2. 服务对经济增长具有显著影响

为了检验服务业的"成本病"，人们开始着手从服务业内部结构、服务业与其他产业的关系、服务业产业集聚，以及产业结构的变动中分析。结果发现，生产性服务、ICT 服务对经济增长具有显著影响，同时，服务业与其他产业的融合发展，以及产业结构向服务经济转变也有利于经济增长。

大量实证研究显示，无论是发达国家，还是发展中国家，虽然不同国家对 ICT 投资、人员配置，以及使用的统计指标等不同，但 ICT 都促进了经济增长。哈佛大学戴尔·乔根森（Dale Jorgensen，1999、2005）研究美国长期劳动生产率变化发现，IT 产业对美国经济的影响最大，其人均产出位居七国之首。② 乔根森和本桥（Jorgenson and Motohashi）合作研究比较 IT 在 1975—2003 年日本和美国经济增长中的

---

① 从大多数文献看，鲍莫尔是首先提出服务业成本病的，学术界称之为"鲍莫尔成本病"。但鲍莫尔本人认为，成本病的原创者是 Jean Fourastie［(1949) 1963］，他的贡献在于对"成本病"社会含义的强调与拓展，这些含义包括从艺术的财务困难到一般公众获得卫生保健服务的难度。

② 转引自［美］加里·皮萨诺、威利·史《制造繁荣：美国为什么需要制造业复兴》，李凤海、刘寅龙译，机械工业出版社 2014 年版，第 63—65 页。

作用，研究发现：1995 年至 2003 年日本约三分之二的产出增长可归因于 IT 生产。[1] Colecchia 和 Schreyer 对澳大利亚、加拿大、芬兰、法国、德国、意大利、日本、英国和美国几国的研究也证实，在过去 20 年，并非只有美国经济增长受益于 ICT，虽然各国国情不同，但 ICT 对经济增长的贡献率基本介于 0.2%—0.5%。90 年代后期，其贡献率为 0.3%—0.9%。[2]

此外，有学者从产业融合的角度，分析制造业与服务业之间共生、互动、协同关系。Dilek 和 Carlaaon 分析了美国制造业和生产性服务业发展情况。研究认为，将某些活动（如法律、会计和数据处理服务）从制造业转向生产性服务业是造成生产性服务业增长的重要原因。生产性服务业与制造业之间存在双向互动关系，生产性服务业是对制造业的补充和支持。[3] 也有学者从产业结构向服务经济转变的角度分析对经济增长的影响。Sanchez 和 Roura 运用 37 个 OECD 国家 1980—2005 年的数据，重点研究了产业结构向服务经济转变对一国经济增长率的影响。与传统理论相反，研究认为：从整体上看，产业结构变化对劳动生产率有积极影响，经济增长的原因主要在于行业内部生产率的增长，而非资源在各个部门间的重新配置；从数量和战略角度来看，服务业在发达经济体中发挥着核心作用；一些第三产业活动显示出动态的生产率增长率，而它们对总体生产力增长的贡献比历史所认为的更重要。[4]

综上所述，人们对服务业对经济增长的研究由关注劳动单一要素

---

①　Dale W., Jorgenson and Kazu Motohashi, Information Technology and the Japanese Economy, NBER Working Paper No. 11801, November 2005, http：//www. nber. org/papers/w11801.

②　Colecchia, A. and Schreyer, P., ICT Investment and Economic Growth in the 1990s：Is the United States a Unique Case? A Comparative Study of Nine OECD Countries, *Review of Economic Dynamics*, 2002, 5（2）：408 – 442.

③　Dilek, Cetindament K., Bo Carlaaon, Manufacturing in Decline? A Matter of Definition, *Economics of Innovation & New Technology*, 1999, 8（3）：175 – 196.

④　Andres Maroto-Sanchez and Juan R. Cuadrado-Roura, Is Growth of Services an Obstacle to Productivity Growth? A Comparative Analysis, *Structural Change & Economic Dynamics*, 2009, 20（4）：254 – 265.

投入的分析扩展到全要素分析，由对服务业的整体分析扩展到内部结构分析，以及与其他产业特别是制造业之间共生、协同分析，由产业结构的静态分析扩展到结构变动的动态分析，有助于全面理解和认识服务业对经济的增长。但也应看到，受数据、研究方法所限，无论是20世纪60年代维克多·富克斯的研究，还是今天学术界对该问题研究的深化，都无法准确衡量和透视服务对经济增长的真实影响。

三　服务业与其他产业的关系：融合—分离—再融合

2008年国际金融危机后，再工业化、制造业回归的浪潮开始席卷全球。如何看待服务业与其他产业的关系，学术界一直处于论争和探讨中，并随着科技的发展而不断深化。从服务经济思想发展史看，对其认识经历了融合—分离—再融合三个阶段。

1. 融合阶段："一切皆生产，一切皆服务"

在古典时期，无论是经济关系还是社会关系都被视为服务关系，"一切皆生产，一切皆服务"，在某种意义上，可以说是一个产业间融合、经济与社会大融合阶段。1985—1930年，很多经济学家，如弗雷德里克·巴斯夏（Frederic Bastiat）、阿尔弗雷德·马歇尔、里昂·瓦尔拉等将资本社会中的经济关系描述为服务关系。社会是一个"服务交换的社会"。巴斯夏在1851年再版的《和谐经济论》（*Harmonies Economiques*）中将资本主义经济条件下的经济关系视为交换服务关系。他认为："物质和自然力自行存在，人只能使两者结合或位移，从而为自己或他人提供便利。如果是为了自己，那就是为自己提供劳务，如果是为了他人，那就是为同类提供劳务，在这种情况下，他就有权要求得到相应的劳务。"[①] 科尔松也认为服务具有生产性。"生产和形成物质实体没有什么关系，但是不论生产过程最终显示为

---

① ［法］弗雷德里克·巴斯夏：《和谐经济论》，王家宝等译，中国社会科学出版社2013年版，第98页。

服务还是某种物质实体，由于都满足了我们的需要，在经济上的重要性是一样的。为他人提供健康服务的医生和一个农夫一样，都是生产性的"[1]。所有的生产都需要服务：劳动、自然资源和资本的服务，人类的每一项活动都是服务。

2. 分离阶段：三次产业的划分

1935—1965 年，经济学界出现了将经济活动划分为三大产业部门的思想，服务与其他部门出现了分离状态。三次产业划分的代表性人物分别是艾伦·G. B. 费希尔（Allan G. B. Fisher）、科林·克拉克（Colin Clark）和让·福拉斯蒂。1935 年费希尔在其代表性著作《安全与进步的冲突》（The Clash of Progress and Security）中将经济活动分为第一产业、第二产业和第三产业。第一产业包括农业和矿业。第二产业是将原材料加工转化的产业。第三产业是提供"服务"的种类众多的产业，包括运输、贸易、休闲活动、教育、艺术创作和哲学。并认为虽然没有第一产业，人类无法维持基本的生存，但劳动力就业会逐渐从第一产业转移出来，进入第二产业，并更多地进入第三产业。克拉克在其著作《经济进步的条件》（The Conditions of Economic Progress）中延续了对经济部门三次产业的划分，虽然划分的标准与对服务业的界定与费希尔不同，但指出就业向服务业转移的主要原因是消费需求总量和需求结构的变化。

3. 再融合阶段：跨界融合与"互联网 +"

从 20 世纪 70 开始，随着通信技术（光缆、无线通信、宇宙卫星等的利用和普及）与信息处理技术的发展，发达国家在信息、金融、物流、能源等领域出现了产业融合的新现象，传统的三次产业之间的界限模糊，引发了美国、欧洲、日本等国学界和政界的高度关注。其中，学界重点研究了产业融合的概念、引发融合的原因、进程及其影响。政界更多地关注由产业融合引发的政府管制等一系列问题，如欧

---

① ［法］让 - 克洛德·德劳内、［法］让·盖雷：《服务经济译丛·服务经济思想史：三个世纪的争论》，江小涓译，格致出版社、上海人民出版社 2011 年版，第 21 页。

委会在 1997 年的绿皮书中讨论了如何适应产业融合的趋势制定政府管制的公共利益目标、原则，确立有利于其融合发展的新的政府规制等问题。

对于产业融合，20 世纪七八十年代，日本学者针对产业融合的新现象提出了中间产业的概念，如 1.5 次产业为农业与制造业融合的产业，2.5 次产业为第二产业与第三产业融合的产业（或者说介于第二产业和第三产业之间的中间产业）。日本著名经济学家植草益在《产业组织理论》（1987）中提出了产业融合现象。Sang M. Lee 和 David L. Olson（2010）将融合视为不同物体或思想的互补性结合，他将融合分为六个方面：部件/产品融合、功能融合、组织融合、技术融合、产业融合、生物/人工系统；并提供了不同层面组织创新的目的与典型案例。[①]

那么，产业融合是一国特有现象，还是具有世界普遍意义？是经济发展过程中出现的短期现象，还是将对人类社会产生长期影响？植草益认为，产业融合不是日本特有的经济现象，而是主要发达国家共有的现象。信息技术引发的技术革新及随之产生的产业融合对信息通信业以外的所有产业，如第一产业（农林业、水产业、渔业）、第二产业（采矿业、建筑业、制造业）、第三产业（金融业、教育、研究、图书馆、医疗、保险、福利）都有影响，并引起了产业结构的变化。并预测在 21 世纪相当长的时间内，"新经济"将对全球产业带来重大影响。[②] 30 年后的今天发达国家提出的数字革命，以及我国提出的"互联网 +"进一步认证了信息技术革命对人类生产、生活，以及社会带来的革命性变化。

在这场产业大融合阶段，引发人们对其最大关注的是传统意义上的第二产业与第三产业之间的关系，或者说是服务业与制造业之间的融合问题。目前制造业与服务业的融合出现了两种趋势：

---

① ［美］李相文、戴维 L. 奥尔森：《融合经济——融合时代的战略创新》，方晓光译，中国金融出版社 2013 年版，第 83、148 页。
② ［日］植草益：《信息通讯业的产业融合》，《中国工业经济》2001 年第 2 期。

一是制造业服务化（The Servitization of Manufacturing）。即越来越多的公司在全球范围内通过服务增加核心企业产品的价值，这一趋势几乎遍及所有行业。制造企业以客户为中心，由仅仅提供"商品"或"商品＋附加服务"向"商品服务包"转变。[①] 制造业服务化趋势主要体现在两个方面：（1）投入服务化。即在生产要素投入中，由实物要素为主转向以服务要素为主。服务要素贯穿于价值链的各个环节，既包括上游的研发、设计，中游的管理、法律、保险、金融、会计、租赁、维修，也包括下游的广告、运输与分销。（2）产出服务化。即服务创造的价值在企业销售额和利润中所占的比重越来越大。IBM 由单纯的制造商转为"解决方案提供商"后，50% 以上的收入来自服务业务。制造企业提供的服务类型有 12 种，包括：咨询服务、设计和研发服务、金融服务、安装和运行服务、租赁服务、维护和支持服务、外包和运营服务、采购服务、知识产权和房地产、零售和分销服务、系统和解决方案、运输和货运服务。其中，主要是设计和开发服务、系统和解决方案、零售和分销服务（Andy Neely，2007）。Andy Neely 对全球 23 国 10078 家制造业上市公司提供的服务业务研究显示，29.52% 的公司提供制造业和服务业融合服务，1.78% 的公司似乎是纯服务公司。到 2011 年，30.10% 的制造业企业被归类为服务企业。其中，美国的服务化水平最高，2011 年为 55.14%，中国制造企业服务化水平提升最快：由 2007 年不到 1% 提升到 2011 年 19.33%。[②]

二是服务工业化（Industrialization of Services）。即服务型企业为了提高服务效率，将许多"工业化"的方法运用到提供无形产品的服务中，发挥规模经济效益。如金融保险业建立在大量客户的基础上；快餐、住宿等传统服务业通过提供"工业化"、标准化的服务方式，

① S. Vandermerwe, J. Rada, "Servitization of Business: Adding Value by Adding Services", *European Management Journal*, 1988, 6 (4): 314–324.

② Andy Neely, Ornella Benedetinni and Ivanka Visnjic (2011): The Servitization of Manufacturing: Further Evidence, https://www.researchgate.net/publication/265006912_The_Servitization_of_M-anufacturing_Further_Evidence.

突破了服务业差异化，在全球提供服务。[①]

C. Schroth 研究显示，通过减少各种浪费，服务互联网络成为精益服务管理的推动者，并作为信息服务产业化的技术推动者将发挥重要作用。[②]

由此可见，本次由信息技术发展引发的产业融合现象，不同于古典时期三大产业融合限于一国内部的一般现象，而是跨越时空，在世界范围引发的革命性、颠覆性的新变化，从人类对产业融合的认识来看，可以说是进入了再融合阶段。

四　国际社会的新定位：服务在全球价值链中的作用

信息技术发展带来的国际贸易的重大变化，促使国际社会重新认识服务在全球价值链中的作用。世界银行、世界贸易组织、经济合作与发展组织等联合发布的《全球价值链发展报告》（2017）、OECD 发布的《服务贸易与全球经济》（2017）显示，服务在促进产业结构优化升级、全要素生产率增长与可持续发展中发挥重要作用。

一是服务在全球价值链中的链接作用。在产业高度融合的时代，服务不是孤立的产业，金融、运输、商务服务等生产性服务既是连接农业、制造业的灰泥或黏合剂，也是作为中间投入全面参与农业和制造业生产制造和经济发展各个层面的"推进器"。道罗斯·瑞德尔（Dorothy I., Riddle）将服务业视为经济的"黏合剂"，认为服务业位于经济的核心地带，是促进其他部门增长的过程性产业，便于一切经济交易的产业。[③] Shelp 将服务业视为"灰泥（mortar）"，认为：

---

① 理查德·诺曼：《服务管理：服务企业的战略与领导》（第 3 版），范秀成、卢丽译，中国人民大学出版社 2006 年版，第 11 页。

② C. Schroth, "The internet of Services: Global Industrialization of Information Intensive Services", *International Conference on Digital Information*, 2007, 2：635－642.

③ Dorothy I., Riddle, "Service-Led Growth: The Role of the Service Sector in World Development", *Journal of Marketing*, 1987, 51 (2)：135.

"农业、采掘业和制造业是经济发展的砖块（bricks），服务业则是把它们黏合起来的灰泥。"① 格鲁伯和沃尔克将生产性服务视为把人力资本和知识资本引进商品生产部门的"飞轮"，有利于提高生产率②。Hutton 将生产性服务视为"推进器"，认为：在后工业化社会，生产性服务业作为新技术和创新的主要提供者和传播者，全面参与生产制造和经济发展的各个层面，发挥着"推进器"的作用。③ 从全球价值链的角度看，全球价值链的产生需要不同地区生产单位之间相互连接，通常涉及服务链接。这些链接（包括电信、运输、邮递等）增加了最终产品的增加值，因而外包和离岸外包往往会提高最终产品增加值中服务增加值的比例。④

　　二是服务对制造业竞争力的影响。作为外包投入，在全球价值链生产的过程中，服务处于微笑曲线的两端，是制造业产品生产关键的中间品投入（外包投入）。高质量、低成本、多样化的生产性服务有利于提高企业竞争能力，提高全要素生产率。⑤ 作为内部投入，制造产业呈现出"服务为主导"的发展趋势或制造业服务化发展趋势。

　　三是服务对宏观经济的影响。全球 GDP 增长的 2/3 来自服务，就业的一半以上来自服务，每年新增的大部分就业来自服务。服务业与服务贸易的发展对确保一国宏观经济的稳定增长具有重要影响。按照传统的总值统计，服务贸易在总贸易中的占比一直保持在 20% 多，但按增加值贸易统计，即涵盖服务业在全球价值链中作为连接、外包

---

　　① 转引自程大中《论服务业在国民经济中的"黏合剂"作用》，《财贸经济》2004 年第 2 期。
　　② ［加］赫伯特·G. 格鲁伯、迈克尔·A. 沃克（1989）：《服务业的增长：原因与影响》，陈彪如译，上海三联书店 1993 年版，第 1—2 页。
　　③ Hutton, T. A., "Service Industries, Globalization and Urban Restructuring within the Asia-Pacific: New Development Trajectories and Planning Responses", *Progress in Planning*, 2004, 61（1）: 1–74.
　　④ Global Value Chain Development Report 2017, Measuring and Analyzing the Impact of GVCs on Economic Development, The World Bank, p. 148.
　　⑤ Global Value Chain Development Report 2017, Measuring and Analyzing the Impact of GVCs on Economic Development, The World Bank, p. 143.

投入和最终产品的作用，服务贸易在总贸易中的占比由低于30%上升到超过40%。特别是出口，服务增加值在出口中的占比不断上升。全球贸易总出口中服务业增加值的占比（46%）超过制造业（43%），美国出口中约55%的增加值来自服务业。服务在促进产业结构优化升级、全要素生产率增长，及增强比较优势中发挥重要作用。

四是服务业有利于促进经济的可持续发展。联合国贸发组织的最新研究认为，可持续发展目标的实现要依赖基本服务，如健康、教育、卫生、能源，以及基础设施和创新等，因此，发展服务经济更有利于实现可持续发展目标。同时，服务业改革有利于推动中小企业的发展。

参考文献（略）

（原载《国外社会科学》2019年第2期，本文有删节）

以大数据筑牢公共卫生安全网：
应用前景及政策建议

刘　奕

摘要：大数据是国家提高公共卫生保障能力和应对流行病威胁的关键因素。从可得性和应用价值看，公共卫生中涉及的大型数据源可以分为五大类，即医学大数据、互联网大数据、地理/气象大数据、基于智能手机的人类行为大数据和零售大数据。将多来源大数据纳入公共卫生体系，有助于改善公共卫生体系信息报送的及时性、完整性及对新发传染病的监测敏锐性，帮助传染病防控政策精准实施，但面临着数据挖掘和共享的困难、数据处理手段的挑战、数据隐私保护难题以及管理体制和机制的不适应。在政策上应搭建公共卫生大数据应用协同网络，加大大数据应用专项资金投入，健全公共卫生大数据治理体系并加强专业人才培养。

关键词：公共卫生；大数据；应用前景；政策建议

作者：刘奕，中国社会科学院财经战略研究院服务经济与互联网发展研究室主任、研究员。

一　公共卫生中的大数据：来源及应用前景

将传统传染病监测与大数据集相结合，是公共卫生体系发展的重要方向。一些数据来源如社交媒体、搜索引擎、卫星数据、全球气候、社交媒体、学校/工作出勤、药品销售等本身并未包含很多关于健康的信息，虽然不能替代公共卫生机构和研究人员提供的高质量监控数据，但如果将结构化和非结构化的多个传统与非传统数据源融合在一起，并通过使用一系列有助于从噪声中提取信号的工具，它们所反映出的社区健康状况的图景将比仅从临床数据中获得的更为迅速和可操作。从可得性和应用价值角度看，公共卫生中涉及的大型数据源大致可以分为五个大类，即医学大数据、互联网大数据、地理/气象大数据、基于智能手机的人类行为大数据、零售大数据。

1. 医学大数据

1）临床大数据

在医疗领域，大数据来自医院信息系统、医生的工作、患者体检、药房、治疗记录和医学成像等，产出的主要数据包括电子健康记录（EHR）/电子病历（EMR）、个人健康记录（PHR）和医学图像。EHR目前已被许多国家采用，2012年电子健康记录产生了约500PB的数据，2020年将达到25000PB。尽管电子记录是公共卫生监测数据的最直接来源，但也有许多因素会限制其利用。比如，这些大数据大多是非结构化的，用于分析来自异构源信息的工具尚在探索之中；高机密性的数据集即使是已取消标识和汇总的数据，隐私问题也会成为访问的重要障碍；而且，EHR通常不会记录包括环境或行为风险因素等重要的关注变量，在公共卫生监测活动中的用途可能有限，故而大多数电子健康信息系统主要服务于临床，而不是公共卫生。

2）全基因组测序（WGS）数据

全基因组测序（WGS）数据的分析，是大数据在传染病监控和调查中最广泛认可的应用之一。WGS可用于从特定暴发调查或疑似来源中吸纳或排除病例，并以此帮助公共卫生系统确定感染控制措施；在某些情况下，还可以使用进化分析方法推断某些病原体的起源和出现，估计潜在的疾病来源并确定最可能的传播链。然而，WGS

的应用仍有其局限性，工具性能的因素有可能导致影响分析的误报，目前无论是 WGS 还是任何单独的技术尚不足以确定传染病暴发及其原因；生物信息学相关研究还对报告数据处理和 WGS 方法的透明性提出了质疑，并提出有必要对用于公共卫生实践的 WGS 方法论和生物信息学工具进行标准化。

3）众包大数据

作为一种基于众包数据的主动监测方法，参与式人群监测指的是志愿者通过互联网或电话访谈形式主动提供健康相关信息。参与式监测在志愿者注册时进行背景调查，并对志愿者是否出现某些症状或行为进行连续调查，由此可以对一般人群中疾病或健康事件等分布情况做出估计。由于相关信息由志愿者主动提供，参与式监测数据较之公共卫生系统被动搜集的可靠性、完整性和针对性都更强。从 2003 年荷兰和比利时最先发起参与式监测系统——大流感调查（Great Influenza Survey）以来，参与式系统已被世界各国广泛用于流感监测，典型的如英国的流感调查 Flusurvey、澳大利亚流感追踪 FluTracking、墨西哥呼吸道疾病监测系统 Reporta 和在美国、加拿大上线的 Flu Near You 等。欧洲流感监测网 Influenzanet 目前已覆盖 10 个国家和地区，有 5 万名注册志愿者，而且其可扩展属性决定了添加额外的参与者不会显著增加成本。对流感网的评估显示，其可以在前哨医师发布之前成功检测出病毒活性的变化。然而，基于志愿者的监测可能具有样本自我选择偏差、混杂因素等问题，自我报告的形式无法避免故意误报，对于未经医生和实验室测试证实的体征和症状识别也存在一定困难。

2. 互联网大数据

1）汇总新闻报道

世界卫生组织早在 20 世纪 90 年代后期就建立了"全球公共健康情报网"（Global Public Health Intelligence Network，GPHIN），总部设在加拿大。GPHIN 使用与各国和地方报纸以及精选新闻通讯链接的新闻聚合器，可以收录和挖掘 9 种不同语言的 30000 多个全球新闻源，所考察的新闻涵盖健康、体育、旅游和金融等多个领域。GPHIN

每 15 分钟扫描一次，能在不到 1 分钟的时间内完成翻译和数据处理，并结合人工判读识别发现和跟踪公共卫生威胁，以实现基于互联网的实时、早期预警。GPHIN 系统被认为首先预测了 MERS 的暴发，并且通过抗病毒药物销售增加预测了 SARS 在中国的早期活动。

除了以上两种代表性的全球监测系统，有一些研究还尝试通过对媒体报道的自定义查询预测传染病暴发，同时发现了一些应用局限。比如，媒体报道关注耸人听闻故事的特性，决定了监测结果有可能发生偏差，需要和其他医学数据、众包数据和智能手机数据相结合。未来随着人工智能技术的发展，全球监测系统有望通过搜索算法和维护系统的更新，实现功能的不断完善。

2）搜索引擎

基于搜索引擎数据的传染病监测工具使用汇总的搜索数据估计传染病的活动，在这方面有一个众所周知的案例——谷歌流感趋势（Google Flu Trends），它基于谷歌搜索引擎，每天使用查询日志跟踪特定区域的总搜索量和输入特定搜索词的频率，据此预测流感的发生时间和规模。谷歌流感趋势的预测效果令人鼓舞，可以做到比美国疾病控制与预防中心（CDC）的 FluView 快 7—10 天；它甚至被证明可以预测肠胃疾病如莱姆病、诺如病毒的暴发以及轮状病毒在幼儿中的暴发。然而，其失守的事件也屡屡提醒人们，使用互联网数据进行传染病风险预测的方法，可能会在少数情况下过度拟合模型。2013 年 2 月，谷歌流感趋势估计的流感相关就诊次数是 CDC 定点诊所和医院报告的两倍。尽管 Google 流感趋势与实验室确诊病例的相关性一直偏低，但通过与历史监测数据结合，可以显著改善预测精准度。另一个重要局限是，其在流行病学中解释特定年龄差异的能力有限，当然通过 IP 地址捕获位置等相关信息也是可以考虑的改进方法。

3）平台大数据

在平台大数据监测传染病方面，已有研究主要关注在线餐厅评论论坛用于估计食源性疾病的风险或监测疾病暴发的可行性问题；其中 Yelp（www.yelp.com）作为最经常使用的饭店评论网站，理所当然地成为主要研究对象。通过回顾顾客在 Yelp 上发表的评论,比如根据对两个或两个以上顾客生病且潜伏期大于 10 小时的"病""呕吐""腹泻"或"食物中毒"等词的搜索来确定病例,已有研究预测了 9 个月内发生的 3 次未报告的与餐厅相关的传染病暴发,从而证明了在线餐馆评论在识别食源性疾病暴发方面的有效性,特别是具有识别传统监测工具无法捕获的小点源疾病暴发的潜力。除了评论文字中的监测线索,已有研究还通过建立统计模型,考察了评论的数量、长度、平均得分、负面评论的数量以及虚假评论数量,发现评论内容同公共卫生部门卫生检查结果之间的高度相关性。此外,基于 7 种语言对于维基百科(Wikipedia)数据查询的模型,可以将对登革热和流感的发病时间监控前置多达 4 周。目前,美国的一些大城市已经使用 Yelp 或 Twitter 的数据来确定检查的餐厅名录,对于平台大数据的监测在确定严重违反健康法规的场所方面取得了可喜的成果;可以预期,在我国通过对美团、饿了么等平台开展类似的分析,也有望取得较好的监测效果。当然,虚假评论的存在也提示,需要通过电话、发送私人信息等形式对异常评论和评分进行人工复核,或者从其他评论网站或地方卫生和食药监管理部门导入数据加以印证;也有研究指出,当以大型连锁餐饮为样本或使用高排名的评论时,模型准确性更高。此外,由于公众缺乏对各种病原体不同潜伏期的专业知识,评论人也有可能将感染源归于错误来源。

4)社交网络大数据

社交媒体提供了利用公众集体智慧对传染病早期传播进行控制的机会;通过非结构化的文本挖掘,公共卫生管理部门可以获取反映传染病症状的被动监视实时数据。已有研究主要是基于 Twitter 和 Facebook 两个平台展开的,对 Facebook 的研究关注于评估慢性疾病的发生风险,而 Twitter 则被更多用于监测不同地区的流感、霍乱、大肠杆菌和登革热等传染性疾病的暴发,并根据相关活动解释其原因。通过将大数据汇总到邮政编码或县级,发现推断的病例数字与 CDC 官方真实的统计数据有很好的相关性。比如 Broniatowski 等(2013)开发了自动将相关推文分类的流感病毒监测系统，并测试了该系统在2012—2013 年流感季期间多个地理粒度的性能，发现同各级卫生部门监测的流感流行率相比，系统准确度可以达到 85%。虽然已有研究证明了 Twitter 在公共卫生方面具有广泛的适用性，但使用社交媒体监控传染病的困难也是显而易见的；目前的应用范围局限在学术界，各国卫生部门都未将其大规模用于日常监管实践。推文中使用的语言是动态的，并且可能具有明显的地理异常，需要对同预期不符的结果进行人工检查，不断更新流程的过程分类算法。查找"生病（sick）"之类的简单算法将不起作用，因为"我厌倦了工作"和"我感到不舒服"等推文都不能被解释为与疾病有关，因而需要建立可以将囊括参考原始搜索词但未反映个人疾病的推文内容进行有效分类的高级机器学习算法。而且，社交媒体监视系统的准确性会随着媒体的关注而下降，因为媒体的关注会增加与传染病有关但与实际感染无关的消息，掩盖了真正的流行迹象。此外，社交网络分析的潜在侵入性，也决定了需要在公共利益和保护个人隐私之间进行谨慎权衡。

3. 地理/气象大数据

在预测传染病方面有价值的地理空间数据包括降水、温度、海拔、土壤类型、植被、永久性和短暂性水体、洪水、土壤湿度和湿地、土地利用，以及人口密度和涉及人口统计学变量的普查数据，这些数据主要来自卫星影像遥感观测和直接野外观测，此外无人机也可能提供新的高分辨率环境数据源。迄今为止，地理大数据在研究中已经用于预测许多媒介传染病，包括裂谷热、西非病毒、登革热、墨累山谷脑炎和寨卡病毒。在气候大数据方面，一些研究已经证实，天气是传染病发生的重要影响因素。Anyamba 等（2009）通过建模，计算出撒哈拉以南非洲由于厄尔尼诺现象而存在超过特定阈值的降雨和植被异常，这样的气候变化直接指向裂谷热的暴发；对模型性能的回顾分析表明，模型可以成功预测东非 70% 和苏丹约 50% 的裂谷热暴发。与气候和天气有关的大型数据集可用于传染病传播规律的研究，比如海面温度会影响降水、进而影响地面温度和植被，从而改变传播疾病的媒介及传播条件。通过使用天气大数据、互联网大数据和深度学习，可以更有效地预测传染病。以美国国家航空航天局（NASA）为例，其拥有的数据集包括35年的海表温度和植被模式、37年的降水量和16年的地表温度。此类长期的大型数据集可以监测到气候异常，这些异常虽然本身不甚重要，但可能成为传播媒介的发展条件，对于研究传染病传播规律非常有价值。此外，鉴于空气污染物是触发呼吸系统疾病的已知诱因，各地通过室外传感器收集的监测空气质量数据，也可以用作呼吸道传染病预测的重要数据源。

4. 基于智能手机的人类行为大数据

移动网络运营商通常会保留至少3个月的手机通话记录（CDR），通过接入手机反映的基站位置信息，能够获得设备的粗略地理位置；在采取适当措施确保匿名的情况下，来自手机的通话记录数据可以用于位置前溯或者持续追踪。COVID-19疫情发生后，工业和信息化部随即部署了CDR大数据支撑服务疫情防控的相关工作，3家基础电信运营企业基于电子大数据分析，向用户提供本人14天内到访地查询的服务，有效提升了对流动人员行程查验的效率；另外还针对定点医院、发热门诊、人员聚集区等重点区域的人流变化进行了重点关注，为疫情态势研判和精准防控提供了有力支撑。公共卫生系统还应重点关注通过可穿戴设备收集的用户生理数据，通常包括个人参数（血压、心率、血糖）、心电图、生命体征、氧气水平、活动数据、传染病、运动和饮食等信息。此外，人们的运动和饮食数据也可以对评估公共卫生行为做出重要贡献。据不完全统计，仅在Apple iTunes商店中，就有40000多种医疗保健应用程序可用；到2017年，有超过17亿人下载健康相关应用程序。将基于智能手机的人类行为大数据纳入公共卫生体系势在必行，但需注意此类大数据存在样本偏差，社会经济地位较低的人、儿童和老年人的代表性可能不足，偏远农村地区的地理位置分辨率较低。在疫情防控期间，需要电信运营商与第三方（政府机关、研究机构等）共享手机通讯记录数据，也存在个人信息保护方面的风险。

5. 零售大数据

在收集零售信息识别传染病暴发方面，药店的处方药和非处方药零售可成为监测数据的重要来源。药品零售大数据在报告时效和地理分辨率方面具有显著优势。研究表明，季节性抗病毒药物销售与确诊流感病例的发病日期和确诊病例总数密切相关，非处方药销售量与实验室呼吸道病毒病例数和其他呼吸道病毒检出数之间也存在显著关联。英国的非处方药零售数据目前已用于监测流感活动的时空格局，监测商品涵盖了成人和儿童的感冒药、流感药、咳嗽药、温度计和抗病毒产品（包括洗手液和湿巾纸）。对英国的研究也显示，流感病例与温度计和抗病毒洗手液的销量之间存在显著的正相关，但国家一级的非处方药零售同监测病例的相关性不强，而在更细的空间尺度和年龄组别上，药品零售数据有助于扩大现有的监测范围。此外，还有研究发现非处方止泻药和抗恶心药物的销售同诸如病毒、大肠杆菌等活性相关。除了药品监控，有关食品销售的零售数据也已被用于调查食源性疾病在人群中的暴发。IBM 使用时空分析系统，在考虑产品保质期、可能的消费日期以及产品包含特定病原体可能性的基础上，通过比较零售扫描数据和食品流行病病例的位置，发现了 12 种最有可能致病的嫌疑食品。当然应用时还需注意，购买行为也许会受到公共卫生信息发布或媒体关注度的影响。

二　以大数据筑牢公共卫生安全网：挑战与建议

1. 面临的挑战

首先，数据挖掘和共享的困难。一方面，数据尚未完全嵌入相关组织的业务流程和组织管理实践中。许多情况下，患者监测数据并未整合到临床诊断和治疗中，临床数据也未整合到公共卫生服务和传染病监测中，因而需要更多的数据集成。另一方面，对数据的有限访问是实现大数据潜力的主要障碍。公共卫生大数据分散在不同的数据池中，这些数据集之间没有太多联系，由于数据共享机制不完善，医院、科研单位和其他机构之间存在着严重的信息壁垒，在机构之间共享结构化数据效率低下，而在不同组织之间共享非结构化数据则更难以实现。已有的全球疾病监测组织和系统集成度很差，并且生成的数据报告格式不完整、不一致且不兼容；随着数据的全球化，公共卫生中的大数据也将面临不同程度的语言、术语和标准化障碍。

其次，数据处理手段的挑战。当前的标准和技术尚不足以满足公共卫生大数据集成应用的要求。数据缺乏统一的标准、一致的描述格式和表示方法，很难实现不同级别的结构化、半结构化和非结构化数据集成；各种数据库使用不同的软件和数据格式，使得数据比较、分析、传输、共享变得非常困难。涉及数据不准确性、数据丢失和选择性测量的问题会影响预测建模的结果和决策，模型校准中的缺陷也可能会干扰推断。尽管结合了传统传染病病监测方法和大数据的新型混合模型显示出了较好的前景，但当前技术手段在处理异构和实时数据方面依然效率不高，很难兼顾分布式系统的可用性、一致性和分区容错性，信噪比问题尤其具有挑战性，预测的可靠性尚无法与气候学等领域相比，任何新颖的数据流在投入使用前都必须根据已建立的传染病监测数据和系统进行验证。已有研究表明，将流行弹性行为纳入有望提升模型的解释力，因为从风险感知到勤洗手、戴口罩、改变社交距离和减少出行行为等预防措施的采用，都将显著影响疾病在人群中的传播速度和传播途径。

再次，数据隐私保护难题。公共卫生大数据比其他类型的大数据更加敏感，患者数据泄露可能会带来被孤立、名誉受损、伤害、歧视等严重后果。云计算等大数据技术、医疗保健信息的集中化趋势和一些大型数据库的建立，使得私人医疗数据面临受到攻击的巨大风险，并为第三方出于商业目的在未经授权的情况下滥用患者的健康信息提供了便利。美国联邦调查局发现，在黑市上，带有个人识别信息的电子健康记录每张价值 50 美元，数量比被盗的信用卡信息还多。对于数据隐私保护问题，尚无完美的解决方案。即使大数据库使用匿名的个人加密数据，仍然存在重新标识用户身份的风险，并且可能通过数据链接技术重新确定个人身份;而完全删除被认为是识别信息的内容,也将限制跨不同来源链接数据的用途。考虑到卫生大数据在道德和伦理等方面的潜在问题,应就如何界定其在公共卫生中的伦理用途和不道德用途进行广泛讨论,特别是如何在患者数据隐私风险与公共利益之间妥善权衡。

最后,管理体制和机制的不适应。大数据的价值取决于其对公共卫生从业者和政策制定者的效用。目前,公共卫生基础设施尚不具备分析和使用这些异构大数据的能力,跨学科的方法集成不够,同时拥有数据处理技术和医学知识的专业人才非常缺乏。在国家级公共卫生监测系统处于监测系统中心的前提下,需要改革管理体制和机制设计,以便将这些非常规来源生成的大数据转换为可直接操作的信息。地方公共卫生部门还存在人力资源和预算限制,妨碍了其访问和有效利用各种大数据资源。为此,应创造适当的制度和政策环境,探索实现共享公共卫生数据的良好做法。比如,将数字疾病监测组织作为公共卫生系统的正式合作伙伴,以系统的方式将可操作的数据输入监视系统。

2. 政策建议

第一,搭建公共卫生大数据应用协同网络。近 10 年间,我国在公共卫生领域建立了各种医疗健康数据采集平台,但缺乏对跨系统多源数据的整合和综合利用,多元化参与机制并未形成。国务院《关于促进和规范健康医疗大数据应用发展的指导意见》(国办发〔2016〕47号)从加强公共卫生业务系统建设、建设网络直报系统等方面,为推进公共卫生领域大数据应用指明了方向。下一步应以出台专项文件为指向,由国家相关部门牵头,整合社会公共信息资源,就大数据在公共卫生领域的应用展开多机构跨学科联合攻关。应在法律上明确限定数据共享范围、方式和内容的前提下,搭建大规模协作网络,创建和动员开放数据、开放学科、开放源代码社区和开放协作平台,协调分析和处理公共卫生大数据的能力,确保在共享的知识和数据环境下形成真正的研究社区;定期发布公共卫生领域大数据应用的最佳实践，推动相关研究从数量、深度到应用广度的飞跃。

第二，加大公共卫生大数据应用专项资金投入。近年来，各国均通过优先项目的形式，努力探索公共卫生领域应用大数据的潜力。欧盟委员会于2016年以建立全面的国家公共卫生数据仓库的名义，收集医生记录、住院、药物处方、实验室和放射学分析及其他广泛的数据类型；牛津大学李嘉诚健康信息与发现中心最近获得了一项9000万英镑的大数据发现计划的支持，而美国国立卫生研究院大数据知识（BD2K）计划则使生物医学科学家能够更充分地利用研究界正在生成的大数据。故此，应设立专项资金和项目，支持多来源的国家和区域公共卫生数据仓库建设，加快公共卫生大数据的集成和共享。应面向全国各行业征集公共卫生大数据创新产品和服务，重点资助利用大数据开展重点人群防控、传染病信息监测、传染病舆情监测、社区疫情排查、多源数据传染病跟踪分析的智能化公共卫生监控和解决方案，以及为抗体研发、医疗救护、疫情防控、防疫物资调动等提供算力支撑的云计算公共服务平台等。

第三，健全公共卫生大数据治理体系。首先，应要求利益相关者协作并调整其系统的设计和性能，重点就相关技术标准达成一致，包括建立统一的疾病诊断编码、临床医学术语、检查检验规范、药品应用编码、信息数据接口和传输协议等，促进健康医疗大数据产品、服务流程标准化以实现公共卫生信息和创新技术的最大创新潜力。其次，在事关公共安全的特殊前提下，个人信息的公共属性虽极大凸显，但仍应明确不需个人同意而进行个人信息收集和利用的"例外规则"，并以法律形式规定适用的法定情形。在此次新冠肺炎疫情防控前期，从政府部门、媒体到群众，都出现了公布或者散播未经脱敏的个人信息的情况，批量武汉公民的身份信息被泄露、某些病毒携带者的行踪轨迹在社交媒体大量转发。因此，应专门制定应对疫情等特殊情形下采集和使用用户数据的隐私保护标准，将公民隐私权的让渡严格限于防控疫情的目的和范围，并保证政府、研究机构、救援机构、媒体和个人对数据的采集、处理、分析和对分析结果的共享应当在法律规定的基础进行。最后，从保护个人健康信息机密性、隐私性和安全性出发，明确个人医疗保健信息方面的法律适用，采取有力的技术和组织措施防止未经授权的访问和使用。在这方面，各国主要采取了两种模式：一种是政府根据基本隐私法专门制定法律法规，如美国的 HIPAA，澳大利亚的《健康记录和信息隐私法》等；另一种是将个人医疗保健信息作为个人信息或敏感信息的一部分，通过法律来保护个人信息或敏感信息，如英国的《数据保护法》以及加拿大的《个人信息保护和电子文件法》等。而具体到此类信息在公共卫生领域的应用，需制定专门的法律法规平衡患者隐私保护同出于公共卫生研究和监测目的的数据共享。

第四，加强专业人才培养。由于大多数参与公共卫生决策制定和实施的专业人员都不熟悉大数据科学，因此为其提供相关领域的职业培训至关重要。在公共卫生管理部门中，应考虑招募顶尖技术专家担当首席公共卫生数据科学家，为构建大数据基础上的公共卫生体系提供人才和技术支持。应对医疗保健从业人员开展数据标准化专项培训，倡导和采用标准代码和标识符。鼓励高校开设公共卫生与大数据技术应用专业，大力培养既熟悉公共卫生业务又擅长大数据工程技术的高水平、复合型人才；改进卫生信息学相关专业设置，加大对大数据科学课程的学习力度。对公共卫生相关专业的学生加强数据科学技术的培训，引入大数据分析和管理相关课程；鼓励引进企业师资，建设校企共建实训基地。

参考文献（略）

（原载《改革》2020 年第 4 期，本文有删节）

超级平台双轮垄断的潜在风险及对策建议

李勇坚

摘要：数字经济的发展导致了平台的兴起。由于平台的双边市场特性及边际成本递减特征，容易出现一个平台汇聚海量数量用户而导致流量垄断的问题。平台垄断了流量入口之后，就会进行横向和纵向扩张，将市场垄断力量从一个垂直市场传导到多个垂直市场，从而形成双轮垄断，破坏创新创业环境，并带来数据集中、产业集中、内容集中等风险。因此，应采取相应的对策，预防和消除平台的双轮垄断。

关键词：数字经济；超级平台；双轮论断；潜在风险；对策建议
作者：李勇坚，中国社会科学院财经战略研究院研究员。

一 引言

平台（Platform）的兴起是一个全球数字经济发展的共性现象，数字平台已成为经济发展和消费者日常生活的中心。在互联网出现之初，很多学者认为，互联网带来了完全竞争的新基础，因为互联网提供了一个透明信息的空间、更低的交易成本和更高的交易效率（Ariel Ezrachi & Maurice E. Stucke，2018）。然而，在互联网向经济渗透的过程中，由于双边或多边市场效应，作为连接网络相关各方的平台，其集中度越来越高，从而形成了寡头垄断的局面，集中了越来越多的财富（UNCTAD，2019）。Nick Srnicek（2017：48）指出，平台通过提供基础结构来连接不同的用户组，并利用交叉补贴扩大用户规模，从而获得由网络效应驱动的垄断地位。例如，在美国，亚马逊平台占据了55%的在线购物搜索及40%以上的在线销售收入，Alphabet（谷歌的母公司）和Facebook占据了数字广告市场73%的市场份额，Apple和Alphabet在智能手机操作系统的市场份额超过了99%（Lina M. Khan，2018）。这些平台型企业以数据为驱动力，以消费者注意力为主要竞争优势，既作为在线市场的交易中介，又在某种意义上具有基础设施的作用，从而形成了独特的优势，使其垄断地位持续强化，并向相关领域延伸，进一步在相应的领域形成新的垄断地位。

对于从事消费业务的平台而言，用户的眼球已成为交易的主要商品（Weng L.，Flammini A.，Vespignani A.，Menczer F.，2012），平台之间的竞争在很大程度上是对消费者注意力的争夺（吴修铭，2018；熊鸿儒，2019）。超级平台把"用户至上"的服务做到极致，使用户上瘾，掉入浪费时间的陷阱。研究表明，数字内容对大脑的影响不仅限于接触时间，而且具有类似于化学药物的成瘾性属性（Sandra Matz，Moran Cerf，Guy Rolnik，2018）。

因此，在注意力争夺过程中，拥有消费者数据、流量入口的平台往往具有优势，他们具有更多地将消费者注意力货币化的能力。麻省理工学院斯隆经济学家John Van Reenen指出，谷歌和Facebook等基于平台的大型企业的崛起已经使数字市场越来越倾向于赢家通吃。首先获得支配地位的平台往往只需要比竞争对手有略微优势。利用强大的网络效应和数据优势，很多平台就能够实现滚雪球般的放大效应①。这实质上是平台的一种"初始垄断"。正是基于这种初始垄断优势，很多平台会进行掠夺性的业务开发（Predatory Business Prac-

---

① Mark Kolakowski, Why Big Techs Unbound Pose a Threat to Big Banks and Fed, https://www.investopedia.com/why-big-techs-unbound-pose-threat-to-big-banks-and-fed-4691393.

tices，Sangeet Paul Choudary，2017），倾向于在基础服务能力上进行延伸，从而力图在其进入的每一个领域都形成垄断，这就产生了"双轮垄断"的问题，即平台利用基础服务能力的垄断地位，通过压制竞争等方式，推动其垄断地位延伸到其他领域。例如，在2020年新冠肺炎疫情期间，各大互联网平台都力图进入在线办公领域，包括阿里的钉钉、腾讯的企业微信和腾讯会议、字节跳动的飞书等。而腾讯为了在在线办公市场谋求垄断地位，采取了从微信端封杀飞书等极端的方式①。从平台竞争发展态势来看，新平台进入另一个平台有着巨大优势的既有市场的竞争并不多见，更多的是从一个垂直市场扩展到多个垂直市场（Gene Kimmelman，2019），这种竞争很容易发生平台从初始垄断向双轮垄断演化。

从平台垄断本身来看，初始的平台型垄断与传统垄断具有很大的区别。一是平台型垄断大多提供一些免费的基础服务，并通过在线广告、流量分发、挖掘利用用户数据、销售用户数据等模式获得盈利。这种免费的基础服务，很难纳入传统的反垄断法等的规制范围之中。二是平台型垄断往往具有较高效率。平台一般在服务基础能力、用户拓展等方面进行了广泛的前期投资，以构建具有网络外部性的平台，这些平台由于较低的边际成本而具有强大的规模经济，其效率很高（Daniel F. Spulber and Christopher S. Yoo，2014）。这与传统产业垄断带来效率损失有一定的区别。三是平台型垄断的扩张能力很强。从消费端来看，消费者在数字平台上寻求轻松、简单、一站式购物，这为平台进行垄断扩张带来了用户基础，从供给侧来看，平台利用消费者的数据不断优化其服务，持续改善消费者体验，从而为服务扩张到其他领域提供了基础。这使得在平台经济发展过程中，大多监管机构都会有意无意地允许平台自然形成垄断地位。对于平台垄断的现象，宜采取行为监管的方式，从不正当竞争等视角进行监管。

---

① 《升级的"头腾大战"全面封杀飞书？在微信中无法直接打开飞书了》，https：//baijia-hao. baidu. com/s？id=1660581956485919936&wfr=spider&for=pc。

但是，当平台从初始垄断向双轮垄断乃至多轮垄断演化时，这将带来新的问题。例如，平台的"杀手收购"可能会压制创新，而这正是很多互联网超级平台在过去做过的事情。正是基于此，2020年2月11日，美国联邦贸易委员会（FTC）已向苹果、微软、Alphabet、亚马逊和Facebook发布命令，要求其提供过去十年（2010年1月1日至2019年12月31日）收购案的细节①。同时，双轮垄断也可能损害消费者福利，并带来数据集中、产业集中、舆论集中等风险，对社会经济发展带来了不利影响。因此，需要在法律、行政等方面采取必要的措施，对双轮垄断进行规制。本文余下部分将按以下方式进行安排：第二部分对超级平台双轮垄断的表现及其理论根源进行深入分析；第三部分将分析双轮垄断的潜在风险；第四部分根据分析结果，提出了一些政策建议。

二　超级平台双轮垄断的表现及理论分析

从整体上看，超级平台在利用其某一领域的优势地位进入另一市场领域时，既可利用其海量的数据，从而形成了进入新业务的优势；也可通过流量入口的掌控，在上下游市场进行纵向排斥（Vertical Exclusion），从而对新创业者进入市场形成不利影响；还可以利用其基础市场优势地位，通过"自我优待"（Self-preferencing）拓展在其他领域的市场地位。

第一，利用用户流量优势延伸到其他领域，并在该领域形成新的垄断。当在基础市场拥有流量优势的平台拟进入一个新的市场时，平台可以发挥其流量优势，在新的市场里赢得新的竞争优势。Sandra Matz、Guy Rolnik和Moran Cerf（2018）指出，数据控制和注意力货币等原因，使流量垄断呈现自我强化，能够在多个垂直市场间传导。

---

① "FTC拟审查美国大型科技公司的过往收购交易"，新浪财经_新浪网，http://finance. sina. com. cn/stock/usstock/c/2020 - 02 - 12/doc-iimxyqvz2123418. shtml。

流量的控制手段很多。很多平台限制在平台上的经营者与消费者直接接触。亚马逊密切监视第三方市场商家与消费者之间的通信，对将消费者定向到自己的独立网站或其他销售渠道的商家进行惩罚（Lina M. Khan, 2018）。在这里，平台相当于看门人（Gatekeeper）。另一个利用流量优势的方法是发挥锁定效应（Lock-in Effect）。锁定效应可以将网络访问变成竞争性武器。通过拒绝与其他网络互连，网络所有者可以强迫用户选择一个网络以排除其他网络。每个网络的价值随着连接的用户数量的增加而增加，这一事实为新用户涌向最大的网络提供了强大的动力（Ariel Ezrachi and Maurice E. Stucke, 2016）。利用需求侧的用户优势，平台可以锁定用户的注意力，并为其业务推广到新领域建立基础。例如，腾讯利用其社交平台的垄断优势，为自己游戏的流量分发提供"自我优待"（Self-preferencing），从而在游戏领域形成了新的垄断地位。2019 年，我国游戏市场实际销售收入2308.8 亿元。在视频游戏领域，腾讯一家的市场份额就超过了50%[①]。这主要是一种流量分发垄断优势形成了第二轮垄断。纵向排斥（Vertical Exclusion）是平台利用其流量优势，直接进入上下游市场，同时，在上下游市场中，对竞争对手施加流量歧视性政策，从而保持平台的竞争优势。例如，消费者在平台上寻求一站式购物便利时，平台就能够利用搜索流量的优势，从而将搜索流量优势引导到购物流量优势之中（Gene Kimmelman, 2019）。2018 年，曾发生微信朋友圈、腾讯 QQ空间禁止发抖音的事件，其本质就是为了腾讯平台的短视频能够得到更多的关注，并力图在该领域形成优势地位。

第二，利用算法优势，在算法中加入对平台有利的因素，从而为平台在新领域的垄断带来优势。由于算法是平台的核心竞争力，因而，平台算法方面缺乏透明度。这使平台容易利用算法对其竞争优势进行强化，并延伸到其他领域。例如，Spotify 曾多次投诉苹果，认为

[①]　参见中国音像与数字出版协会游戏出版工作委员会《2019 年中国游戏产业报告》，https://www.52xinyou.com/shool/more/zixun/2937.html。

App Store 利用算法阻止 Spotify 更新，以避免 Spotify 对苹果的 Apple
Music 形成竞争。韩国监管机构 KFTC 曾指出，韩国最大的平台运营
商 Naver 滥用其在该国最大的平台和搜索引擎运营商的主导地位，利
用算法将自身的房地产搜索、视频和购物服务放在更为优先的地
位①。2017 年欧洲委员会就 Google 滥用其搜索引擎优势的行为处以
24 亿欧元的罚款，其理由是 Google 利用算法将其自身的比较购物
（Google Shopping）放在更优先的位置。欧洲委员会提出，"不反对谷
歌的通用搜索算法的设计，也不反对竞争对手的降级，但反对谷歌利
用其在互联网搜索中的市场优势进入一个独立的市场，即比较购
物"②。也就是说，从本质上看，欧洲所关注的问题是如何防止类似
谷歌这样的垄断者将其垄断优势扩大到第二轮市场。欧洲正在调查亚
马逊是否以算法对竞争销售者的数据进行排斥，或者给予竞争者的搜
索结果更不利的地位③。Robert Epstein（2018）更是指出，利用算法
操纵搜索引擎，能够对消费者的行为产生巨大影响，即所谓的搜索引
擎操纵效应（the Search Engine Manipulation Effect，SEME），这些效
应使消费者对某个平台更为依赖，从而使该平台在进行多业务扩张
时，具备了先天的优势。对平台算法的监管，在国际社会上也刚起
步，在我国相关监管领域仍缺乏相应的案例，但对此应该有所警惕。
一些发达国家已开始在考虑对平台利用算法优势形成垄断地位进行监
管。2020 年 3 月 10 日，美国参议院司法委员会反托拉斯、竞争政策
和消费者权益小组委员会举行了名为"数字技术市场竞争：审查数
字平台的自我优待"（Competition in Digital Technology Markets：Exam-

---

①　Naver gets examiners report from KFTC on dominance abuse through "self-preferencing"，https：//mlexmarketinsight. com/insights-center/editors-picks/area-of-expertise/antitrust/naver-gets-examiners-report-from-kftc-on-dominance-abuse-through-self-preferencing.

②　Monopoly Leveraging & Equal Treatment：the EU Commission's Google Shopping Decision，https：//www. hausfeld. com/news-press/monopoly-leveraging-equal-treatment-the-eu-commissions-google-shopping.

③　Sally Hubbard，The case for why Big Tech is violating antitrust laws，https：//edition. cnn. com/2019/01/02/perspectives/big-tech-facebook-google-amazon-microsoft-antitrust/index. html.

ining Self-Preferencing by Digital Platforms）的听证会，对谷歌是否利用搜索算法将对自己有利的结果排列在前面，苹果是否在应用商店将自己开发的应用程序（App）放到更醒目的位置。在我国，也存在类似的平台，如微信进行内容分发时，是否对其他用户进行了更为公平的考虑，这是需要进一步调查的。

第三，利用数据优势，形成新的垄断优势。数据是平台最重要的生产资料之一。数据也是平台形成竞争优势的重要资源。在互联网早期的免费商业模式中，消费者用其生产的数据"支付"在网上使用的服务，而不是美元，然后这些数据被公司无偿使用以启用有针对性的广告（Shahid Buttar and Mitch Stoltz，2019）。随着互联网平台的进一步发展，数据的用途越来越广泛，数据被用来作为加强平台垄断优势的最重要资源。随着每个平台可使用更多维度的数据，收集来自更多人或来自更多人的数据所产生的利润越来越大，从而为现有的主导服务提供商带来了更多优势。这些优势推动平台将其现有的业务扩张到其他业务领域，从而形成在新业务领域的竞争。这样，平台在新竞争市场中通过信息利用而获得了新的市场力量（Lina M. Khan，2018）。国际清算银行在其 2019 年度经济报告（BIS Annual Economic Report 2019）中提出，平台在发展过程中，已经形成了数据分析、网络外部性和交互活动（Data analytics，Network externalities and interwoven activities，DNA）的反馈循环，这三个要素相互协同，使平台从一个垂直领域进入另一个垂直领域时，也具备了天然的竞争优势，这容易导致平台的双轮垄断。例如，有学者指出，虽然目前尚无人认为 Google 是房地产经纪市场的潜在竞争对手，但如果 Google 将来决定进入这个市场，那么它掌握的来自世界各地的个人大量数据将使其立即成为领先的竞争对手（Sandra Matz，Moran Cerf，Guy Ruy Rolnik：2018）。

因此，监管层需要重视的一点是平台利用数据优势，强化其在新领域的优势，从而形成双轮垄断。在国外，2019 年 9 月，欧盟正式启动对亚马逊数据使用的调查，欧盟反垄断机构认为，亚马逊在制定自有品牌产品的策略时，使用第三方卖家数据进行优化，从而获得了下游产品制造领域的垄断优势。美国也启动了类似的调查①。在我国平台形成了巨大的数据优势，对这些平台数据使用规则仍不明确，需要进一步规范。

第四，利用基础服务能力市场地位，压制竞争对手。平台企业形成了非常强的基础服务能力，甚至是垄断性的能力。以即时通信为例，截至 2020 年 3 月，我国即时通信用户规模达 8.96 亿人，手机即时通信用户规模达 8.90 亿人。截至 2019 年 12 月 31 日，微信和 We-Chat 的合并月活跃账户数为 11.648 亿人，QQ 月活跃账户数为 6.47 亿人。从数据可以发现，微信和 QQ 在即时通信领域具有垄断地位。这一地位，使其在流量分发方面占据了主导地位。这种流量方面的垄断优势，使平台正在成为其合作伙伴和客户之间的必要"瓶颈"（Gene Kimmelman，2019）。因此，对于平台化的商业模式而言，平台解决了从彼此获得价值或收入的不同客户之间深度相互依赖所必需的基础条件，如信息搜索、资源共享、交易达成等，这些条件对市场交易具有重要价值。因此，平台在其所开发的市场中，具有很强的基础服务能力，这种服务能力是平台垄断的基础（Hovenkamp Erik，2019）。这种基础交易能力，使平台在向上下游扩张时具有显著优势。平台还利用其基础设施的地位，发挥数据、用户、技术等综合优势，向其他市场渗透，即所谓的"杠杆（Leveraging）"或者跨市场集成（Integrated across Markets），从而形成在新市场领域的竞争优势（Lina M. Khan，2018）。在我国，阿里巴巴利用数据和用户优势，从而渗透到金融领域，腾讯利用其在社交领域的优势，渗透到游戏领域，都是一些较为典型的跨市场集成案例。此外，平台还可以根据用户数据积累，利用数据优势，为用户提供精准的个性化服务，从而增加用户的黏性，保持其垄断地位。

---

① Samuel R. Miller, Is Amazon Violating the Antitrust Laws? https：//verdict.justia.com/2019/07/25/is-amazon-violating-the-antitrust-laws.

第五，利用资金优势，进行杀手收购（"Killer" Acquisitions）。互联网平台企业在获得市场优势之后，也会获得资金优势，因此这些平台倾向于对潜在的竞争对手进行收购，从而消除竞争，形成新一轮的垄断。自 2010 年以来，国外的互联网巨头进行了数百次的并购。在我国的互联网平台企业，每年都要进行大手笔的收购，通过收购对这些企业进行扶持。这些并购行为，一方面对一些具有创新模式的初创企业进行并购，以消除潜在的竞争对手；另一方面通过平台的流量优势将商业模式快速放大，形成新的垄断，对收购对象所在的行业竞争形成压制。

三　超级平台双轮垄断的潜在风险

很显然，超级平台双轮垄断的本质是通过数据控制和注意力货币化，使超级平台流量垄断呈现自我强化。这种垄断优势的自我强化，对创新创业、消费者福利、产业发展等都带来了潜在风险。

第一，双轮垄断对创新创业带来风险。数字平台的兴起，对降低创新创业成本具有重要意义。因为利用数字平台，可以减少创业创新所需的软硬件投入，创新创业者只需要专注于核心业务与核心能力即可。但是，超级平台双轮垄断增加了创业创新的风险。创新创业者在其技术模式、商业模式日渐清晰之时，将面临巨大的压力。一方面是超级平台通过收购行业头部企业，并利用其平台基础服务能力进行扶持，甚至交叉补贴，从而对其他创新创业者形成巨大的压制。另一方面，非被收购的企业也面临着被平台封禁等各种风险，从而对企业的经营带来不利影响。这一点在现实中有非常多的案例。例如，在游戏直播市场，当市场达到一定规模之后，很多游戏厂商联合数字平台，以知识产权等问题对非嫡系平台进行封杀，从而对直播市场的创业者带来了不利影响。又如，在美国举行的关于亚马逊是否构成垄断的一次听证会中，很多中小经营者认为，亚马逊不但控制了在线市场，更控制了在线市场的访问，这将对创新创业带来巨大的不利影响①。

第二，消费者福利损害的风险。数字平台利用基础服务能力将其垄断地位进行横向纵向延伸，从表面上看，可以为消费者提供更有效率、更便捷的服务，带来更好的体验。实质上，这种效率与便捷，本身就蕴含着对消费者福利损害的风险。平台双轮垄断使消费者的选择集中在同一平台，这对消费者的选择权是一个隐性的伤害。而大量数字平台针对消费者的偏好进行了量身定制的服务及精准广告，这将削减消费者对新产品的感受，使消费者更局限于平台所设定的圈层，从而使消费者的福利在本质上受到损害。从数据和隐私视角来看，用户通常不了解平台所收集、共享或使用的数据，即使用户了解数据使用情况，他们也几乎没有控制它的能力。因为平台大多数只提供了二元选择，即同意平台的隐私条款，或根本不使用平台提供的服务。这种透明度与选择权的缺乏，也是对消费者福利的一种损害。尤其是平台将消费者数据进行跨业务使用时，更有可能对消费者权益带来隐性的伤害，而跨业务使用数据正是平台双轮垄断的一个重要方面。

第三，数据集中的风险。数字平台通过基础服务能力，汇聚了大量消费者数据。而通过产业延伸，实现双轮垄断，又会汇聚更多的数据。利用这些数据可以对几乎每个社会个体进行精准的画像，而这些数据汇聚起来，可以对社会的整体偏好、社会安全等因素进行分析。因垄断市场而带来的数据集中，不但会带来精准的广告以及促销活动，当数据所涉及的业务跨度很大时，可能会伤害社会中最脆弱的成员（Aandra Matz，Moran Cerf，Guy Rolnik，2018）。对于这些数据的使用、存储、交易等，虽然我国的《网络安全法》及配套法规有着明确的规定，然而，如何监控这些海量数据的流动、使用等，仍是一个艰巨的任务。因此，平台的双轮垄断，使数据过量集中，从而会带来社会治理、社会安全等各个方面的问题。芝加哥大学斯蒂格勒中心

---

① Samuel R. Miller，Is Amazon Violating the Antitrust Laws? https：//verdict.justia.com/2019/07/25/is-amazon-violating-the-antitrust-laws.

曾在一份报告中写到，关于数字平台主导地位的讨论不能仅限于用户的福利。它还必须解决数据集中可能对我们的民主造成破坏的系统性风险和危害①。平台的双轮垄断问题不但是经济问题，还是社会问题与政治问题，与隐私、民主、权力等交织在一起。

第四，产业集中的风险。平台不但汇聚了数据，还在上下游以及横向产业形成了垄断的雏形。产业的高度集中，使产业多元化发展受到限制，如果在技术选择、商业模式等方面出现了偏差，有可能给整个产业发展带来不利影响。

四　内容垄断的风险

现在内容分发平台（如微信朋友圈）向内容平台拓展，形成对内容的垄断，将使社会舆论高度集中于平台。社交网络、智能推荐算法、基于大数据的画像等技术的兴起，使信息在网络之间的传播效率更高。然而，正是基于这些技术，超级平台能够面向个体精准地推送及屏蔽信息，在内容行业也会形成垄断。更重要的是，这些平台正在充当信息内容看门人的角色，这将对内容行业发展形成不利影响。欧盟在《塑造欧洲数字未来》（*Shaping Europe's Digital Future*）中指出，"许多严重影响公民和企业生活的决定，是由私人看门人根据他们对生态系统内产生的所有数据的专有访问权做出的"。这显然对内容行业发展具有不利影响。在 2016 年美国总统选举过程中，剑桥分析（Cambridge Analytica）和另一家开展在线广告业务的数字营销公司帕斯卡尔被纳入特朗普竞选团队麾下。剑桥分析以选民为目标，分析他们的性格喜好和政治倾向，以帮助帕斯卡尔公司精准投放广告，影响选民的投票决定。具体来说，可以对用户的五项核心特质（开放性、责任感、外向性、亲和性和情绪不稳定性）进行评分，据此将人分

---

① Presenting：The Stigler Center's Report on How to Rein in Big Tech-Pro Market，https：//promarket. org/2019/09/17/how-to-rein-in-big-tech-stigler-committee-digital-platforms/.

成不同的类别，例如冒险者、保护者、友善者、管理者等，并有针对性地对这些人推送广告及相关信息，将使这些人的倾向得以改变。最近的一项研究成果表明，通过对个体在社交媒体（如微信、Facebook等）的点赞或者评论行为进行分析，可以对个体进行精准画像。利用这些画像，再精准制作与推送内容，将在内容行业形成新的垄断。而在微信封杀飞书事件的后续媒体报道中，微信对网络媒体报道该事件新闻稿及网络自媒体的进一步封杀①，已出现了内容垄断的苗头。

五　超级平台双轮垄断的对策

对平台双轮垄断问题，不能简单地直接适用反垄断法等法律，而应严格按照国务院办公厅印发《关于促进平台经济规范健康发展的指导意见》中"创新监管理念和方式"的精神，建立对平台行为的动态监管机制，对其潜在风险进行关注，从而推动平台经济健康发展。

第一，针对超级平台对创业创新的潜在风险，一是要对平台不正当竞争行为制定监管规则。对平台利用基础服务能力压制竞争对手的行为，要建立惩戒制度。要对利益相关方就平台不正当竞争行为的举报采取积极的回应。二是对平台的收购行为及收购后的经营行为进行监管。对在基础领域具有垄断能力的平台并购行为，要改变并购审查的门槛，尤其是要授权监管机构，对平台并购初创公司的交易行为进行反垄断审查②。对于平台利用收购行为将其在基础能力方面的垄断力量传导到其他行业的行为，应要求平台建立"防火墙"（Firewalls）机制。利用防火墙将平台的基础服务能力与产业扩展能力进行必要的分离。三是要求平台建立接口开放制度与数据开放共享制度。对平台利用其基础服务能力形成的数据优势与流量优势，应根据行业标准，建立基于公平原则的共享开放制度，以利于中小创业者能够公平地使

① https：//baijiahao. baidu. com/s? id = 1660059908601314167&wfr = spider&for = pc.
② The Stigler Center's Report on How to Rein in Big Tech-Pro Market，https：//promarket. org/2019/09/17/how-to-rein-in-big-tech-stigler-committee-digital-platforms/.

用流量与数据，从而打造更好的创新创业环境。

第二，针对平台双轮垄断所带来的消费福利损害，政府主管部门应出台便利消费者在不同平台进行转换的政策措施，使消费者能够低成本地在各个不同平台之间转换。考虑用户在不同平台的数据可携带性，降低用户在平台之间的转换成本，推动用户在不同平台之间的"多归属"（"Multi-homing"），是解决平台双轮垄断的基础架构。Rochet 和 Tirole（2003）指出，多边平台的主要竞争因素之一是经济主体从事所谓的"单归属"或"多归属"（"Single-homing" or "Multi-homing"）的程度。对于基础服务能力具有垄断优势的平台，应要求其通过开放的 API 向竞争对手提供互连，以打破锁定用户的网络效应。

第三，针对平台双轮垄断所带来的数据集中风险，应在国家层面建立起超级平台数据安全的特别监管制度。首先要规范超级平台对消费者在不同类型业务中所形成数据的监管制度。针对不同业务所形成的数据，要建立防火墙，不能混用和共用，以避免集中管理带来的潜在风险。其次是应该在国家层面，对这些数据的利用进行统一规划，而不能单纯由平台企业进行深度挖掘使用。再次是对数据的使用范围进行严格限定，避免超级平台对数据进行过度收集、过度挖掘、过度使用。最后，通过经济方法给予消费者更多选择权。例如，可以给予消费者在付费服务与数据授权使用之间的选择权，减少数据的滥用。Sandra Matz、Moran Cerf、Guy Rolnik（2018）提出，政府可以构建一种制度，要求企业按照财务核算的方式披露其从消费者数据中获得的利益。消费者可以选择授权使用数据还是付费，以解决隐私问题。如果用户得知自己对 Facebook 的价值为每季度 100 美元，那么他可以选择支付 100 美元，并要求不与任何人共享其信息。同时，引进第三方审计制度，对平台的数据收集、使用、共享等进行审计。例如，审计诸如是否在用户请求时实际上删除了用户的数据还是仅在数据库中"标记为已删除"之类的问题。

第四，针对平台双轮垄断所带来的产业集中风险，应建立鼓励市场竞争的机制。在平台利用基础服务能力进入上下游或相关行业时，就引入相应的竞争。借鉴基础电信行业不对称监管的经验，对超级平台进入相关行业时，在这些行业进行不对称监管。同时，要求平台对相关行业的竞争者开放 API 接口以及数据接口，使这些竞争者与平台所投资的企业处于公平的竞争环境。此外，在某些领域，可以采取垂直分离（Vertical Separation）等结构性补救措施。在结构上将平台的一些基础服务业务与其他业务进行分离。由于结构性补救措施（Structural Remedies）涉及的监管问题非常复杂，对这些措施，在实践运用过程中，需要进一步研究才能应用，因此，建议在某些领域先试点。

第五，针对超级平台双轮垄断所带来的内容垄断，应建立更精准的监管机制。首先，政府主管部门应建立起对超级平台的内容分发算法的监管制度，要求其内容分发算法符合公平原则，不能对平台自己创造的内容给予额外的优先权。国外有研究机构提出，在新闻媒体主体合并的反垄断审查过程中，不但要坚持消费者福利标准，更要坚持公民福利标准[①]。其次，对在内容分发领域具有明显垄断能力的超级平台，其进入内容创作行业时，需要进行特别审查。

第六，研究将某些超级平台的基础服务能力作为公共事业进行直接监管的可行方案。在国际上，很多学者和政策制定者都提出，对很多具有广泛舆论影响力等方面的平台基础服务能力，要作为公共事业予以监管。例如，美国参议员伊丽莎白·沃伦（Elizabeth Warren）表示，可以考虑将大型技术平台指定为平台设施（Platform Utilities）[②]。2019 年 11 月，《德国竞争法数字化法案》（*Act on Digitalisation of German Competition Law*）草案也提出[③]，在对数字平台进行规制时，需

[①]　The Stigler Center's Report on How to Rein in Big Tech-Pro Market，https：//promarket. org/2019/09/17/how-to-rein-in-big-tech-stigler-committee-digital-platforms/.

[②]　Here's Elizabeth Warren's Plan To Break Up Huge Tech Platforms Like Facebook，Google，And Amazon，https：//www. buzzfeednews. com/article/ryanhatesthis/elizabeth-warren-plan-break-up-big-tech.

[③]　https：//www. d-kart. de/wp-content/uploads/2019/10/GWB-Digitalisierungsgesetz-Fassung Ressortabstimmung. pdf.

要考虑扩展"核心设施原则"（Essential Facilities Doctrine），以避免具有垄断地位的基础平台利用其数据获取能力等进行双轮垄断。尽管"核心设施原则"在反垄断法的理论与司法实践中仍有很大的争议，但近期的一些研究表明，在互联网平台反垄断领域引进"核心设施原则"，可能会激发并推动创新（Shahid Buttar and Mitch Stoltz，2019）。我国应该组织力量，研究将部分核心平台基础设施化的可行性，为解决超级平台的双轮垄断问题提供一个可行的方案。

参考文献（略）

（原载《改革》2020 年第 8 期，本文有删节）

基于国际比较的中国出境旅游超前发展初探

戴学锋

摘要：20 世纪 90 年代末到 21 世纪初的几年中，中国出境旅游出现了一个快速增长的阶段，年均增长超过 20%，正是在此阶段中的 2002 年，中国的出境旅游人数到达 1660 万人次，首次超过日本同年的 1652 万人次，成为亚洲第一大客源输出国。这个阶段，正是中国人均 GDP 从 1000 美元向 2000 美元的过渡阶段。尽管出境旅游政策对出境旅游具有重要影响，但最终影响出境旅游能否成行的还是经济因素，即所谓的有效需求。因此，有人据此认为，我国已经达到了一个新的旅游消费阶段，更有学者提出，人均 GDP 达到 1000 美元即产生爆发式的出境旅游需求，达到 3000 美元即产生洲际旅游需求云云。文章通过对比日本、韩国出境旅游的发展历程，发现人均 GDP 和人均可支配收入接近 10000 美元才是出境旅游爆发的阈值，且迅速超过 10000 美元的阶段才是保持出境旅游稳定增长的前提。对比这两个国家的旅游发展与经济背景的关系，不难得出中国出境旅游是超前发展的结论。中国出境旅游的超前发展仅仅是中国收入两极分化的结果。

关键词：出境旅游；超前发展；国际比较

作者：戴学锋，中国社会科学院财经战略研究院旅游与休闲研究室主任、研究员。

一 问题的提出

2006 年，笔者提出中国出境旅游超前发展的问题，可谓一石激起千层浪，很多文章认为，中国出境旅游并未超前发展，中国出境旅游消费也未造成内需"漏出"，因此在政策选择上，无须抑制。尽管学者们对中国出境旅游是否超前发展认识不一，有一点认识是一致的，出境旅游的政策固然对出境旅游的发展具有重要影响，但经济基础才是决定出境旅游是否快速增长的关键。因此，对出境旅游是否超前发展的分析必须建立在经济发展的背景研究上。

长期以来，有一种说法，"当人均 GDP 达到 1000 美元时，出国旅游需求将大大增加"。这种说法流传甚广，被广泛引用，不胜枚举。甚至有学者写道："据世界旅游组织分析，当一个国家或地区的人均年收入达到 800 美元时就可以发展出境旅游了。……超过 1000 美元居民将产生出境旅游动机。"笔者认真查找了上述被广泛引用的说法，但并未找到相关严谨论证的研究。有学者用日本在 20 世纪 60 年代和韩国 20 世纪 80 年代出境旅游发展阶段人均 GDP 达到 1000 美元作为案例印证了这一结论。2011 年，有学者对日本 20 世纪 60 年代出境旅游分析得出人均 GDP 2000—4000 美元是出境旅游爆发的阈值。但上述分析均没有考虑货币的时间价值等相关因素，20 世纪 60 年代的日本、80 年代的韩国，与 2000 年以后的中国几乎没有任何可比性，不能很好地解释中国的出境旅游是否符合经济发展水平。2011 年，有学者对美国 20 世纪 60 年代出境旅游爆发阶段的分析，考虑了货币的时间价值，该阈值相当于 2008 年人均 GDP 26000 美元的水平。但由于美国与中国的文化差异极大，是否有可比性值得商榷。

因此，有必要对比分析相关国家和地区出境旅游爆发阶段的经济水平，以此为准绳来衡量中国的情况，这是判断中国出境旅游是否超前于经济发展阶段的重要手段。

二　比较对象的选择

本文选取的比较对象是日本、韩国。选择这些国家作为比较对象是有充分理由的。

首先，这些国家与我国的文化背景相似。在历史的发展中，这些国家都曾深受儒家文化的影响，在开放出境旅游的某一阶段，都曾产生过人均旅游花费较高，甚至一度达到世界第一的现象，这似乎与所谓"穷家富路"的传统观念不无关系。而本文希望探寻中国出境旅游发展的规律性，即经济发展到什么阶段才会引发出境旅游的大发展。如果选择文化背景极为不同的国家和地区比较，如何剔除文化差异的影响将非常困难，甚至可能得出荒唐的结论。

其次，如果选择发达国家对比，我们不难发现，其出境旅游发展比较早，甚至是引领其他国家出境旅游的发展的，这与后发展的国家情况完全不同。而我们选择的韩国是后发达的国家。日本虽然较早起飞，但是第二次世界大战后，其经济一度非常落后，曾与西方发达国家有相当大的差距，在其追赶初始阶段，与中国经济发展某个阶段的情况非常类似。

再次，日本、韩国，在经济起飞前，为了控制外汇储备，都曾限制公民的出境旅游，这与中国的情况也非常相似。这些国家在开放出境旅游的初期，都曾产生了出境旅游大发展的现象，这也与我们开放出境旅游后的现象类似。而绝大多数发达国家在经济起飞阶段并没有对出境旅游进行严格的限制。

最后，在亚洲"四小龙"中，与我们文化更相似的还有新加坡，但是由于国家规模太小，而且经济发展过程中始终对外依存度极高，人的出入境流动比例相对更高，这与我国经济起飞阶段的情况完全不同。故未选择其作为比较对象。

三 出境旅游的国际比较分析

(一) 人均经济发展的对比分析

伴随着经济的发展，出境旅游将会出现几个发展的高潮阶段，我们更关注的是第一个高潮阶段的经济背景分析，这对研究现阶段我国的出境旅游有直接的借鉴意义。

1. 对日本的分析

日本的经济发展水平与出境旅游人数高度相关，从 1964 年到 2010 年，日本人均 GDP 与出境旅游人数的相关系数高达 0.9571。因此，在上述阶段，尽管出现了日元升值、国际油价波动等一系列重大变动，但日本出境旅游显然与自身经济发展的关系更为密切。

在我们选择的国家中，日本是第一个进入出境旅游高潮的。1964年，日本取消对海外旅行的限制。1965 年出境旅游即增长了 48%，并且这种高速度一直维持到 1973 年。1973 年甚至在连续两年增长40% 以上的基础上又增长了 61%！从 1965 年到 1973 年的 9 年时间里，日本的出境旅游人数从 18.5 万人次，增长到 1973 年的 224.8 万人次，增长了 12.15 倍，年均增长高达 36.64%。

表1　　　　　　　　日本出境旅游爆发阶段的经济特征

年份	人均可支配收入 (美元/人)	人均 GDP (美元/人)	美元指数 以 2009 年为 1	人均可支配收入 以 2009 年为 基准调整 (美元/人)	人均 GDP 以 2009 年 为基准 (美元/人)	出境人数 (万人)	人数增长 (%)
1965	790.49	920.22	6.7940	5370.56	6251.99	18.5	
1966	919.74	1070.60	6.6094	6078.94	7076.058	27.5	48.65
1967	1074.04	1240.08	6.4227	6898.30	7964.741	34.5	25.45
1968	1251.09	1452.20	6.1652	7713.25	8953.133	46.5	34.78
1969	1449.60	1685.83	5.8498	8479.84	9861.732	57.5	23.66
1970	1701.89	1965.44	5.5236	9400.57	10856.34	66.3	15.30
1971	2090.99	2431.51	5.2918	11065.22	12867.17	96.1	44.95

续表

年份	人均可支配收入（美元/人）	人均GDP（美元/人）	美元指数以2009年为1	人均可支配收入以2009年为基准调整（美元/人）	人均GDP以2009年为基准（美元/人）	出境人数（万人）	人数增长（%）
1972	2470.15	2854.20	5.1309	12674.09	14644.62	139.2	44.80
1973	3235.73	3695.88	4.8305	15630.08	17852.84	224.8	61.55

资料来源：人均 GDP、人均可支配收入根据日本国家统计局数据（http://www.stat.go.jp/data/）整理；美元物价指数原始数据来自美国劳动统计局（U.S. Bureau of Labor Statistics, http://www.bls.gov/cpi/data.htm），这里将 2009 定为基准年计算（下同不再注）。

从表 1 的数据可知，此阶段日本的人均 GDP 飞速增长，按照当年价格计算，从 1965 年的 920.22 美元，增长到 1973 年的 3695.88 美元；人均可支配收入则从 1965 年的 790.49 美元，增长到 1973 年的 3235.73 美元。上述数字似乎可以支持人均收入达到 1000 美元是出境旅游大发展第一阶段的观点。这种说法如果加上"20 世纪六七十年代"的定语或许是正确的。当我们把物价指数考虑在内，以 2009 年可比价格计算，此阶段日本的人均 GDP 则从 1966 年的 6251.99 美元，增长到 1973 年的 17852.84 美元；日本的个人可支配收入则从 5370.56 美元增长到 15630.08 美元。

2. 对韩国的分析

韩国出境旅游的发展也与经济发展高度正相关，1984 年到 2010 年，韩国出境旅游人数与人均 GDP 的相关系数高达 0.9352。韩国于 1989 年取消对出境旅游的限制，当年出境旅游的人数较之前一年增长 67.3%，达到 121.3 万人次，但是，韩国出境旅游快速发展则出现在更早的 1987 年，1987 年韩国的人均 GDP 增长 23%，人均可支配收入增长 24%，导致当年韩国出境旅游人数增长 12.21%。也就是讲，在取消限制前的种种困难条件下，韩国的出境旅游已经发生了两位数的增长，取消出境限制的确是出境旅游发展的重要条件，但仅仅在经济增长导致其出境旅游有效需求受到限制，出境旅游已经成为不可遏止的态势前提下，政策的改变才能成为出境旅游的阀门。

表 2　　　　　　　　　　韩国出境旅游爆发阶段的经济特征

年份	人均可支配收入（美元/人）	人均GDP（美元/人）	美元指数以2009年为1	人均可支配收入以2009年为基准调整（美元/人）	人均GDP以2009年为基准（美元/人）	出境人数（万人）	人数增长（%）
1987	3089.61	4784.73	1.8884	5834.46	9035.55	51.05	12.21
1988	4109.47	6270.45	1.8155	7460.53	11383.70	72.52	42.04
1989	4995.32	7534.04	1.7318	8650.69	13047.15	121.31	67.29
1990	5654.21	8471.98	1.6438	9294.26	13926.04	156.09	28.67
1991	6549.15	9699.89	1.5751	10315.61	15278.36	185.60	18.91
1992	6946.87	10223.98	1.5300	10629.00	15643.12	204.33	10.09
1993	7543.51	11056.04	1.4850	11201.95	16417.98	241.99	18.43
1994	8751.67	12712.55	1.4485	12676.78	18414.11	315.43	30.35
1995	10365.55	15230.73	1.4077	14591.85	21440.69	381.87	21.06
1996	10994.00	16139.09	1.3691	15051.88	22096.01	464.93	21.75

资料来源：人均 GDP 根据韩国银行数据库（http：//www. bok. or. kr/eng/eng Main. action）整理；人均可支配收入根据于韩国统计局及其数据库（http：//kosis. kr/eng/）整理。

　　韩国出境旅游爆发式增长出现在 1987 年，从表 2 的数据可知，从 1987 年到 1996 年的 10 年里，韩国的出境旅游人数从 1987 年的 51.05 万人次，增长到 1996 年的 464.93 万人次，10 年增长了 8.11 倍，年均增长达到 27.84%。此阶段，按当年价格计算，韩国的人均 GDP，从 1987 年的 4785 美元，增长到 1996 年的 16139 美元；人均可支配收入从 3089.61 美元，增长到 10994.00 美元。按照 2009 年可比价格计算，韩国人均 GDP 则从 1987 年的 9035.55 美元，上升到 1996 年的 22096.01 美元；同期，韩国的个人可支配收入，则从 5834.46 美元增长到 15051.88 美元。

　　3. 对中国的分析

　　1997 年 3 月，经国务院批复，国家旅游局、公安部联合发布了《中国公民自费出国旅游管理暂行办法》，并于 1997 年 7 月 1 日正式实施。中国出境旅游爆发式增长出现在次年——1998 年至 2004 年的 7 年时间里，中国的出境旅游人数从 842.56 万人次增长到 2886.16 万人次，增长了 2.43 倍，年均增长 22.78%，其中 2004 年增长甚至达到 42.68% 的超高水平；这个阶段中国公民因私出境增长更为迅速，年均增长达到 38.97%，其中 2004 年更是达到 55.2% 的超高速度。

　　从出境旅游的数字看，似乎我们到了出境爆发阶段的经济水平，然而与上述国家和地区相比却大相径庭。1998 年至 2004 年，按当年价格计算，中国的人均 GDP 从 817.14 美元增长到 1486.01 美元（见表 3）；中国城镇居民可支配收入与农民人均纯收入按人口比例加权平均的居民个人收入从 1998 年的 392.58 美元，增长到 681.98 美元。以 2009 年可比价格计算，1998 年中国的人均 GDP 为 1074.90 美元，2004 年为 1686.91 美元；而中国居民人均可支配收入 1998 年仅仅为 516.43 美元，2004 年也只有区区 774.18 美元。这个阶段中国的人均 GDP 刚刚超过 1000 美元，而人均收入距离 1000 美元还有很大的距离。

表 3　　　　　　　　　**中国出境旅游爆发阶段的经济特征**

年份	按当年价格		按 2009 年可比价格			
	人均可支配收入（美元）	人均 GDP（美元）	人均可支配收入（美元）	人均 GDP（美元）	出境旅游人数（万人次）	人数增长（%）
1998	392.58	817.14	516.43	1074.90	842.56	3.07
1999	420.08	861.18	540.88	1108.82	923.24	9.58
2000	448.38	945.62	559.03	1178.98	1047.26	13.43
2001	490.34	1038.06	690.26	1461.30	1213.31	15.86
2002	545.96	1131.79	651.40	1350.38	1660.23	36.83
2003	603.26	1269.78	702.95	1479.59	2020.19	21.68
2004	681.98	1486.01	774.18	1686.91	2886.16	42.87

资料来源：根据中国各年统计年鉴（http://www.stats.gov.cn/tjsj/ndsj/），各年旅游统计年鉴整理。

（二）出境旅游人均花费的对比分析

1. 日本的分析

　　日本自 1979 年以来人均出境旅游花费，大致在 1000 美元到 2500 美元，最低年份为 1985 年的 972 美元，最高年份为 2003 年的 2563

美元，平均为 1780 美元。日本出境旅游人均花费与日本人均可支配收入的比值从没有超过 20%，最高年份为 17.07%（1979 年），最低年份为 4.85%（2008 年），平均为 7.71%。

2. 韩国的分析

韩国 1989 年以来出境旅游人均花费在 1500 美元左右，最低年份为 860 美元（1998 年），最高为 1989 年 2144 美元，平均为 1430 美元。韩国出境旅游人均花费与人均可支配收入的比例一度高达 58.64%（1985 年），但此后一直下降，1993 年以后从未超过 20%，2003 年以后基本都在 10% 以下，1989 年以来平均为 14.72%。

3. 中国的对比分析

从正式公布的中国出境旅游花费总额与出境人数对比上看，中国的出境旅游人均花费似乎并不高，但是由于我国出境旅游花费并非国家旅游局抽样调查统计的，而是外汇管理局估算的，在国家对外汇严格控制的前提下，外汇管理局统计的出境旅游花费最为准确。2007年中国国际收支平衡表中，出境总花费为 298 亿元，据此计算，人均花费仅为 727 美元/人。即便按照被严重低估的中国公民出境旅游人均消费数额分析，中国出境旅游花费与人均可支配收入的比值还是很高，在 1997 年曾达到 515%，正式开放出境旅游的 1997 年以来平均为 117%。也就是说，从平均数额上分析，一个人出境旅游的花费要消耗 1.17 个人一年的收入。

（三）从国际比较看，中国出境旅游超前于经济的发展

政策的放宽对出境旅游爆发具有一定的影响，但经济基础是更深刻的原因，有了经济基础的支撑，即便政策对出境旅游有一定限制，出境旅游仍然顽强增长（如韩国 1987 年）；经济发展到一定阶段以后，即便实施更大的刺激政策，出境旅游依然不会实现爆发阶段的增长速度（如日本在 20 世纪 80 年代实施出境旅游倍增计划，也再未出现持续近十年的超过 20% 的增长）。从上述两个国家可以看出，其出境旅游人数与人均 GDP 高度相关，相关系数均在 0.95 以上，雄辩地说明一个国家出境旅游对经济基础的强烈依赖。同时说明专家学者从经济背景角度（而不是政策角度）分析出境旅游爆发的阈值设想是正确的。通过对比分析，我们可以得出这样的结论，从经济平均发展水平上看，中国出境旅游是超前发展的。

1. 中国出境旅游超前于人均 GDP 和人均收入的水平

通过上述分析，可以得出这样的结论：按照可比价格计算，人均GDP 和人均可支配收入从接近 5000—8000 美元向超过 15000—20000 美元过渡阶段是出境旅游爆发的阀值。如果我们将上述两个国家出境旅游爆发的 8 年左右的时间调整到一个起点上，将这些国家出境旅游爆发增长的这个阶段各年的人均 GDP 和人均个人可支配收入调整为 2009年的可比价格上，我们可以看出其出境旅游发展阶段的经济背景是如此的相似。

2. 中国出境旅游的发展超前于经济增长速度

日本、韩国出境旅游业大发展阶段那近 8—10 年的时间内，人均GDP 年均增长率分别为 19.52%、14.46%，人均可支配收入平均增长为 19.26%、15.14%。也就是说，在人均收入达到一个阈值，且经济持续高速增长，年均增长达到 15% 以上，才是出境旅游爆发的重要经济特征。而中国出境旅游大发展 7 年中，人均 GDP 年均增长率为 10.48%，人均可支配平均增长率为 9.64%，无论从哪个角度比也是 3 个国家中最低的。因此，那种认为是中国经济高增长率带动中国出境旅游超前发展的观点也不能成立。

3. 中国出境旅游人均花费超前于中国的人均收入

日本、韩国出境旅游人均花费不同年份差别较大，但平均都在1400—1800 美元，日本最高为 1780 美元，韩国最高为 1430 美元。这些国家出境旅游花费在人均可支配收入中的比值在 10% 和 30% 之间，日本为 7.71%，韩国为 14.72%。也就是说，出境旅游的花费不高于人均可支配收入的六分之一，在经济爆发阶段一般也不超过人均收入。中国出境旅游爆发的 1997 年，按照低估 60% 的出境旅游人均花费也是当年人均可支配收入的 5 倍。中国出境旅游花费与个人可支配收入的比值是日本的 18 倍，韩国的 12 倍。

因此，从国际比较的视角看，在中国目前经济发展水平下，中国的出境旅游严重超前发展。

四 中国旅游超前发展的经济原因分析

中国出境旅游爆发阶段的经济背景与日本、韩国等国家出境旅游爆发阶段相比，具有5—10倍的差距，却出现了与上述国家当年类似的爆炸式增长，中国公民在外的旅游消费更是震惊世界，一时间从出境旅游上看，似乎我们真的成为经济强国。通过上述分析，我们不难看出这个结论显然是荒谬的。如果不是中国的人均经济水平达到出境旅游爆发的阶段，那是什么原因造成了中国出境旅游的超前发展呢？

在上述分析中，笔者仅从人均收入等指标分析了这些国家的经济背景，而没有考虑收入的差异性，事实上日本、韩国的基尼系数都在0.3左右，也就是说，这些国家的贫富分化水平是相当的，都比较低，故这些国家可以进行简单的对比。当我们将收入差异性作为指标引入后，就会发现，中国的基尼系数过高，已经不能与上述两个国家进行简单的对比了。

韩国自1985年以来基尼系数一直保持在0.28—0.32的水平，由于亚洲金融危机的影响，韩国的基尼系数一度在1999年上升为0.32，此后一直处于下降趋势，近年稳定在0.31的水平。日本作为发达国家，其贫富分化水平却并不高，其基尼系数多年来一直保持在0.3以下的水平，在0.28左右。对这些国家，由于收入的差异相对较小，平均数已经可以说明问题，收入结构对出境旅游的影响相对较小；且这些国家的收入差异性相当。因此，对这些国家可以简单利用人均收入等指标分析其出境旅游发展的经济背景。

而中国的情况刚好相反，对比中国出境旅游大发展的阶段，与中国贫富分化差距拉大几乎是同时进行的。中国曾经是一个世界上收入水平最平均的国家，1978年改革开放之初，中国的基尼系数仅为0.18，几乎是世界上收入最均等的国家，到1980年中国的基尼系数上升为0.23%，1990年上升至0.348，此后随着"让一部分人先富起来"的提出，中国的基尼系数开始猛增，出境旅游大爆发的1997年到2004年正是中国基尼系数从不到0.4的"警戒线"，向接近0.5的超"警戒线"迅速攀升的阶段，这一时期，中国的基尼系数增长了0.1。中国出境旅游爆发的阶段正是贫富分化日益严重的阶段，在这样的背景下，人均GDP、人均可支配收入等对于相对平等的国家和地区具有重要意义的指标已经解释不了中国经济的畸形发展，必须引入收入结构的分析。

正是中国贫富分化水平超高，人口基数巨大，造成中国富裕阶层人口总量较大，造成中国出境旅游的超前发展。

参考文献（略）

（原载《旅游学刊》2012年第9期，本文有删节）

如何真正实现文化与旅游的融合发展

宋 瑞

摘要：2018 年 3 月，中共中央印发的《深化党和国家机构改革方案》提出，将原文化部、国家旅游局职责整合，组建文化和旅游部，作为国务院组成部门。伴随文化和旅游部的组建，文化和旅游融合发展作为一项重要的机构改革任务、一个重要的社会经济现象和学术研究命题而受到各方热切关注。本研究将学理分析、实践研究和政策建议相结合，回答了如下三个问题：在学理上，文化和旅游各自的概念是什么，如何理解两者之间关系的本质特征；在实践中，文化和旅游的融合发展涉及哪些领域、哪些层面的哪些问题；面向未来，在认识和政策层面，应如何进一步推进文化和旅游的融合发展。

关键词：文化；旅游；文旅融合；创新发展

作者：宋瑞，中国社会科学院财经战略研究院旅游与休闲研究室副主任、研究员。

一 文化、旅游以及两者的关系：多维度理解

（一）各自定义的困顿

文化和旅游是两个耳熟能详的词，但要对其做出精准的界定却并非易事。就"文化"一词而言，正如陆杨、王毅（2015）在《文化

研究导论》一书开篇中所言，"什么是文化的定义？这似乎是一个你不说我还明白，你一说我就开始糊涂的话题"。美国人类学家克鲁伯和克鲁克洪曾在《文化的概念》一书中做过统计，仅在 1871 年至 1951 年的 80 年间，各种文化定义就多达 164 种，而据法国人类学家摩尔统计，更是超过 250 种。林林总总的文化定义，仅从学科角度加以简单归类，便有十余种类别：哲学的、艺术的、教育的、心理学的、历史的、人类学的、社会学的、生态学的、生物学的、公共管理学的和经济学的；等等。再结合定义的特性，每一学科视角下又可细分出描述性的、规范性的、历史性的、发生性的、结构性的等不同维度，更不消说不同学者、不同机构在具体表述上的差异，简直是踏入一个浩瀚无际的"概念丛林"，令人心生困顿（宋瑞，2019）。

这种定义的困顿同样适用于旅游。在近代旅游研究史上，人们给出了上百种定义，形成了综合关系说、目的动机说、生活方式说、文化现象说、审美体验说以及时空距离统计说等不同派系。每个派系之下，又有不同解释。从旅游科学专家国际联合会（IASET）的"艾斯特"定义到库珀的需求供给论以及贾法利的游客、产业和旅游地三者社会交换及其给旅游地带来的综合影响说，对于什么是旅游，可谓众说纷纭、争论不休。

总体来看，文化和旅游均可同时作为社会现象、活动类型、生活方式、产业类别、产品类别等交叉使用；相对于旅游而言，文化的内涵和外延更为丰富和庞杂，在某些语境和情境下，甚至可将与之相对应的自然也内化其中。

（二）文化的层级和旅游的构成

基于定义本身的不能统一，人们对文化和旅游各自的内在构成也持不同观点。就文化而言，有文化包含多层级的"洋葱论"之说和文化分显性与隐性的"冰山论"之说，还有文化产业和文化事业的区分与关联；就旅游而言，有"大旅游"和"小旅游"之别，旅游"产业说"与"泛产业说"之争，以及"新旧三大支柱"之论与"新旧六要素"之辩。究竟何为文化、何为旅游，两者各自有何构成，相关文献汗牛充栋，莫衷一是，现实生活中也是各说各话，难以统一。

通常认为，文化包含了不同的层级。国内普遍采纳的是庞朴的三层次论，即文化由"物质的—制度的—心理的（精神的）"三个不同层次的结构构成，其中，"文化的物质层面是最表层的；而审美情趣、价值观念、道德规范、宗教信仰、思维方式等属于最深层；介乎两者之间的，是种种制度和理论体系"。另有一种分法是：第一层级为物质文化，涉及文化的物理要素和物质层面，主要包括生产工具、生活用具以及其他各种物质产品；第二层级是行为文化，涉及文化的行为要素和行为方式，主要包括行为规范、风俗习惯、生活制度等；第三层级是精神文化或观念文化，涉及文化的心理要素和精神层面，主要包括思维方式、思想观点、价值取向、审美情趣、道德操守等。对于文化的层级，国外较为盛行的是"文化洋葱说"和"文化冰山说"。前者认为文化像洋葱一样具有层次之分，由浅入深，可分为表层文化、中层文化和核心文化。后者认为文化由两部分组成：显性部分为浮在冰山之上的可见部分，指人类在认识和改造自然的过程中所创造的物质文化实体；隐性部分为藏在水下的不可见部分，是指人类塑造其内在精神意识的行为模式（如思维方式、思想风貌、心理状态、道德情操、审美、信仰、法律制度、社会风俗等），水下隐藏的冰山比浮出水面的部分要大很多。

对于旅游的构成，人们也有各种不同说法，从早期的旅行社、旅游饭店、旅游交通"三大支柱"到旅行社业、旅游交通业、旅游饭店业和旅游商品业或旅行社业、住宿业和饭店、旅游交通、旅游景点"四大支柱"，从"吃、住、行、游、购、娱"传统旅游六要素说到"商、养、学、闲、情、奇"所谓"新旅游六要素"说，对于旅游的产业构成和活动构成也说法不一、变动不居。

（三）分析两者关系时的复杂性

综上可见，对于文化和旅游这两个内涵和外延极为复杂的概念而言，要做出精准、全面、不同主体一致认同、古今中外皆可通行、所有场合均能适用的界定几无可能，也似无必要。只是我们需要注意，围绕这两个概念及其关系进行讨论时，需小心区分，某时、某处、某一场合之下，讨论者所说的文化、旅游乃至两者的关系是就哪个层面而言、从哪个角度出发的。是哲学层面的（Philosophical）还是统计意义上的（Statistical），是理论性的（Theoretical）还是操作性的（Operational），是结构性的（Structural）还是功能性的（Functional），是语义性的（Lexical）还是规定性的（Stipulative），是狭义之说还是广义之说，是讲产业还是谈事业，是在讨论具体的资源、产品、服务抑或业态还是在谈论抽象的理念……如不加区分地混沌而论，那么不同的谈论者便会沿着不同的角度彼此交叉、各自延伸，最终生出一张铺天盖地而纠缠不清的大网。

二　文化和旅游的融合：多层面分析

（一）本源层面：基于身份认同和幸福两个视角

文化和旅游何以融合？对这一问题的回答，涉及两个方面：融合根源和融合目的。

就融合根源而言，根据张朝枝（2018）的研究，旅游者个体或者民族与国家集体寻找文化身份认同是旅游与文化关系的起源；而文化变成旅游者的身份符号则是旅游与文化关系的强化；但人们身份角色差异引起的价值理解差异也可能引起旅游与文化的矛盾冲突，因此调整角色、培育文化自信、增进相互理解和合作非常必要。具体体现有三。第一，从文化和旅游关系的源起来看，文化使旅游具备了身份标签的意义，文化也因此具备了旅游吸引物的属性，而其根源在于旅游者寻找文化身份认同。文化和旅游与身份认同的关系不仅体现在个人层面上，国家、集体的身份认同的构建和再建也在旅游活动中有所体现。第二，就文化和旅游关系的发展而言，文化成为旅游者身份符号。从需求角度看，旅游消费行为呈现符号化、讲究身份象征的倾向；从供给角度看，旅游开发实际是系统的符号化运作过程，挖掘旅游能表征的符号价值，寻找文化的符号价值，开展旅游地的符号建设。第三，文化与旅游的冲突是文化遗产失调性的本质特征体现，也是因身份认同差异所致。因此，需要文化与旅游相关者埋解各自身份角色的认同与诉求，认同文化的创造性以及传统文化本身的生命力。

就融合目的而言，不管是从个体幸福还是社会幸福的角度来看，旅游和文化都是重要的内容和方式，且其融合发展具有进一步提升幸福的作用。一方面，人作为历史文化的存在，生活于特定的价值与文化模式中，人们对幸福的体验是由文化定义的，只有置身于特定的文化之中，才能领悟到生命的意义，从而获得属于人的幸福。另一方面，旅游对于促进人的幸福感具有重要作用。德波顿（2012）认为，如果生活的要义在于追求幸福，除却旅行，很少有别的行为能呈现这一追求过程中的热情和矛盾。正如徐金海（2019）所指出的，追寻人生幸福是文化和旅游关系的本源，体验文化幸福是文化和旅游关系的变迁，实现社会幸福是文化和旅游关系的归途。

（二）机理层面：基于文化对旅游的影响、旅游对文化的影响两个视角

文化和旅游融合发展的内在机理，亦可从两个视角加以理解。就文化对旅游的影响而言，不管是精神文化、制度（行为）文化还是物质文化，或是显性文化、隐性文化，以及表层文化、中层文化和核心文化，都渗透于旅游主体、旅游客体和旅游媒介之中，从而体现出"旅游的文化性"特征。就旅游对文化的影响而言，旅游参与文化生产过程，对文化生产、传播和消费具有重要推动作用，尤其是随着大众旅游的普及，其影响广度和深度不断扩展，方式和途径不断丰富，从而在一定程度上呈现出"文化的旅游化"特征。

就文化对旅游的影响而言，旅游的各个组成部分均受到不同层次文化的影响，旅游活动带有文化的特征。旅游活动涉及旅游主体、旅游客体和旅游媒介。旅游主体乃指旅游者，旅游客体是旅游吸引物或旅游资源，旅游媒介包括为游客提供旅游服务的各类主体。三者兼具文化特征，受到文化的影响。首先，旅游主体具有文化的本质。一方

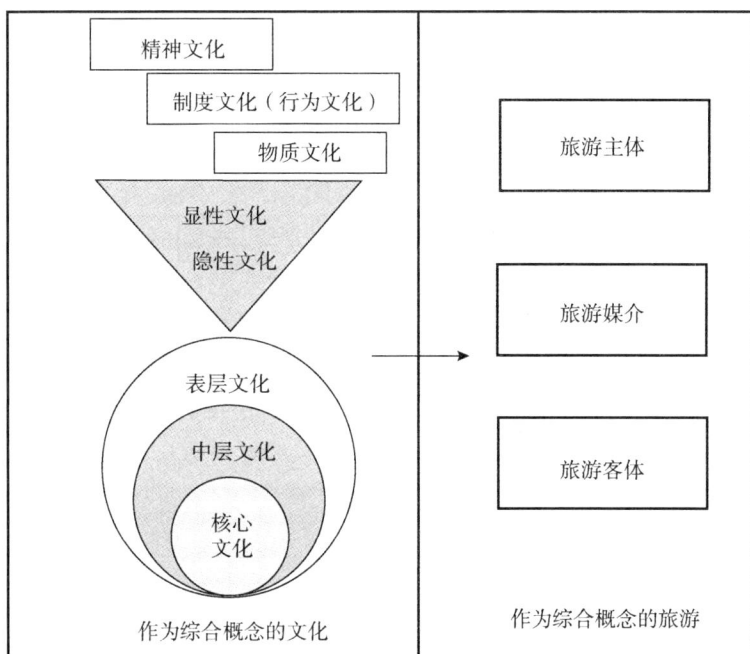

图 1　文化对旅游的影响：旅游的文化性

资料来源：作者自绘。

面，旅游者的动机，在很多情况下受文化因素的驱使；另一方面，旅游者本身也是一种特定的文化符号和文化载体，不仅是独特文化的欣赏者，也是特定文化的传播者。其次，旅游客体富有文化含量。旅游客体作为吸引游客的承载体，因其富有与众不同的文化含量，从而成为旅游吸引物。人文旅游资源，包括自然旅游资源，须挖掘和利用特定的文化元素，方可形成具有核心竞争力的旅游产品。最后，旅游媒介具有文化特征。旅游媒介作为旅游产品的提供者，贯穿于游客的"吃、住、行、游、购、娱"全过程，也承载着特定的文化因素；旅游消费与一般消费相比，体现出更强的文化消费特征，旅游者更青睐于选择能够为其提供独特文化体验的旅游媒介。这就是"旅游的文化性"。

就旅游对文化的影响而言，旅游从时间和空间上都参与文化生产

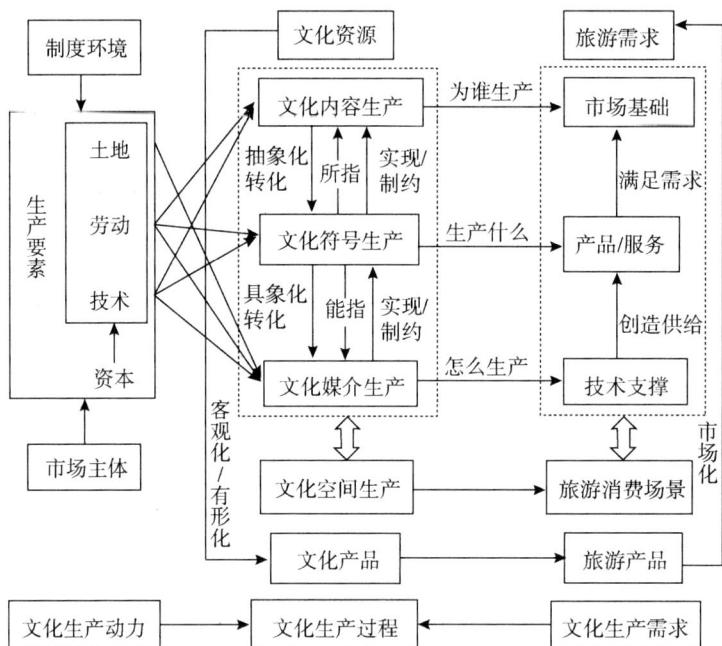

图 2　旅游对文化的影响：旅游参与文化生产

资料来源：根据黄剑锋等（2017）改编。

过程，旅游活动具有文化生产的功能。从横向来看，文化生产是文化
被创造、制作、市场化、分配、传授、吸纳、评价、消费的全过程，
其功能逐渐从教育、保存向旅游、商业等方面拓展。文化生产是由文
化内容、文化符号、文化媒介生产所构成的统一体。旅游活动通过承
载和展示文化内容、丰富文化产品供给的形式和种类，借助现代科技
手段和艺术手法，通过设施、活动、作品等媒介，有机承载和表达多
种文化内容和符号，并最终推动文化空间的生产。总之，旅游通过参
与文化内容、文化符号、文化媒介的生产，完成旅游地文化空间的生
产。旅游参与文化生产过程，在不同阶段发挥不同作用，最终实现从
文化利用到文化生产和文化保护传承的转变。旅游产品开发早期，主
要是利用文化要素提升旅游的文化内涵，满足旅游者精神文化需求。
随后，生产者和经营者逐渐意识到文化生产在旅游开发中的内生作

用，开始从内容、符号、媒介、空间等方面进行自觉的文化生产，在新消费热点的培育中形成新的文化生产方式和业态，形成从自发利用到自觉保护、从利用到生产再到保护传承的路径（黄剑锋等，2017）。从纵向来看，早期的旅游活动仅限于少数达官贵人或文人墨客，他们掌握着社会的物质和精神财富，其旅游活动对于文化的生产发挥了重要推动作用，所形成的文化遗产也是今天重要的旅游资源；随着现代旅游活动的开展，旅游成为普通人的权利，旅游活动在文化生产和消费中的作用更加明显，不仅影响程度更深，而且影响范围更广。大量游客的审美标准和出游的选择，甚至会影响一种传统文化的去留，决定一种新文化的形成。这就是所谓的"文化的旅游化"。

"旅游的文化性"和"文化的旅游化"构成了两者之间最核心的关联。文化与旅游的融合就是要进一步突出"旅游的文化性"并强化"文化的旅游化"。这就要求我们从两个角度看待文化和融合。一方面要从文化的视角去看待旅游，重视旅游主体的文化特征，挖掘旅游客体的文化内涵，丰富旅游媒介的文化表达；另一方面要从旅游的视角去看待文化，在文化生产的过程中，重视对旅游市场的利用与旅游产业的融合，引导建设能够满足人民美好生活诉求的旅游文化。

（三）管理层面：文化产业、文化事业与旅游业的适度融合

从管理角度看，原文化部负责文化事业和文化产业的发展，在具体事务上，与中宣部、国家新闻出版广电总局等既有分工也有交叉。原国家旅游局所主管的旅游业，也经历了从早期外事接待的事业型定位逐步到产业定位乃至国民经济战略性支柱产业的转变。2018年新组建的文化和旅游部，其核心职能为"统筹规划文化事业、文化产业、旅游业发展"，并围绕这一核心任务做好资源普查与开发、文化传承与保护、市场监管、对外文化交流等方面的工作。如果说原文化部对文化产业和文化事业有着相对清晰的界限划分、发展思路和管理方式，那么随着旅游业的加入，我们必须协调好文化产业、文化事业和旅游业之间的关系，按照"宜融则融，能融尽融，以文促旅，以旅彰文"的原则实现三者适度融合、协调发展。

（四）发展层面：围绕产业融合、公共服务体系建设两个重点

在现实发展中，产业融合和公共服体系建设是两个重点。尤其是在供给侧结构性改革的背景下，随着人民群众的文化和旅游消费向个性化、多样化、享受型消费升级，文化和旅游的实际供给不仅存在供给总量不足的问题，更有供给结构不合理、供给质量不高的问题。促进产业融合、优化产业结构、提高产业效率，整合公共政策、完善公共设施、优化公共服务，是发展的重点。

产业层面的融合涉及资源、市场、产品/业态、技术、空间等多个方面。从资源角度看，文化资源和旅游资源有很大的交叉性。文化资源是人类在自身发展过程中创造的物质财富和精神财富，包括物质文化遗产、非物质文化遗产等；旅游资源则包含了文化资源。在国家标准《旅游资源分类、调查与评价》的 8 个主类中，就有 4 个主类（E 遗址、F 建筑与设施、G 旅游商品中的传统手工艺品、H 人文活动）涉及文化资源。从市场角度看，基于共同的内在需求和目标群体，文化和旅游从互为市场，将走向整合市场。从产品/业态角度看，文化观光游、文化体验游、旅游演艺、文创产品、电影旅游、依托文化资源和非物质文化遗产开发的各类旅游产品不一而足。从技术角度看，以新兴信息技术为引领的技术革新使得文化内容和符号通过新兴媒介在旅游消费和生产的各个环节得以呈现和传播。从空间角度看，从博物馆、展览馆到文创基地、文化产业园多有旅游的功能，而景区景点、酒店住宿、旅游购物等设施无不是传播文化、创造文化的重要载体，尤其是，伴随着技术、产品、市场的融合，旅游产业空间与文化产业空间也最终得以融合。就产业层面的融合而言，目前实践层面的进展依然如火如荼，但是从产业分类视角对其融合机制和融合效果所做的研究还相对欠缺。在某种程度上，文化和旅游在产业层面的融合就像一个"黑箱"，需要理论研究的全面透视，而全面、准确的透视所需要的，不仅仅是理论依据，也包括产业分类体系本身。

与产业融合相比，目前对文化和旅游公共服务体系的融合关注较少。长期以来，公共文化服务和旅游公共服务不仅各具其名，而且自

成体系（宋瑞，2019）。《中华人民共和国公共文化服务保障法》将我国公共文化服务建设纳入规范化、标准化、均等化、体系化轨道。近年来，以基本公共文化服务标准化、均等化为突破口，一个立足人民群众基本文化需求、体现时代发展趋势、符合文化发展规律、具有中国特色的现代公共文化服务体系正在建立之中。与公共文化服务相比，旅游公共服务的内涵和外延一直不甚明确，不同机构和学者对其概念、分类和构成的理解差异较大。这与旅游自身的综合性、复杂性、旅游公共服务与旅游商业服务边界的模糊有很大关系。总体而言，旅游公共服务体系在内涵外延、发展依据、体系框架等方面并不十分明确，也未纳入国家公共服务体系，缺少稳定资金来源。主客共享的文化和旅游公共服务体系有其存在的可能性。优质高效的公共文化服务，不仅能够满足本地群众的基本文化需求，也可为游客体验异地文化提供重要载体；部分旅游公共设施同时具备为本地居民提供服务的可能。在文化和旅游融合发展的背景下，要更好地满足居民和游客美好生活需要，建成覆盖城乡、便捷高效、保基本、促公平的公共文化和旅游服务体系，就需要对文化和旅游公共服务的具体构成、发展导向、规划标准、建设方式、配套政策等作出系统安排（宋瑞，2019）。

（五）载体层面：依托于市场主体和各类项目

文化和旅游的融合，需要依托于相应市场主体和各种工程项目实现。

企业是文化和旅游融合发展的市场主体。文化和旅游融合发展过程需要大批具有支撑力、带动力、创新力的企业，尤其是既懂文化市场，又擅长旅游经营的大型企业；大量的小微企业也面临各种生存压力，需要更多支持，才能焕发其创新活力。在这方面，要充分发挥旅游企业集团、文化企业集团、文旅投资公司、产业基金等市场主体的作用，通过产品、项目、资本、技术等渠道，推动文化和旅游在具体经营层面的深度融合；培育一批资金实力雄厚、管理经验丰富、具有战略眼光的大型文化和旅游企业集团；以股份制改革为重点，推动产业关联度高、业务相近的国有文化企业联合重组，支持旅游集团、出版传媒集团、演艺集团做强做优做大；发展一批综合实力强、市场活跃度高、创新能力突出的民营文化和旅游企业在新三板、创业板上市。

在工程项目方面，近年来，为推动文化和旅游融合，国家各级政府创新推出了一批文旅融合的基地、示范区、试验区、园区、工程等，极大地推动了文化和旅游的融合发展。目前全国共有五批 266 家国家文化产业示范基地、五批 10 家国家级文化产业示范园区和三批共 12 家国家级文化产业试验园区，其他各种文化产业园共计 3000 余家；此外还有大量文化与科技融合示范基地、全国版权示范园区（基地）、国家动画产业基地、国家新闻出版产业基地等；原文化部体系下的特色文化产业发展工程；原国家旅游局批准的工业旅游、农业旅游示范点，科技旅游示范基地，康养旅游示范基地，研学旅游示范基地，全域旅游，红色旅游经典景区，国家级旅游度假区，民族民俗文化旅游示范区，跨区域特色旅游功能区以及国家文化旅游重点项目等。为不断丰富产品有效供给，文化和旅游部正在推进国家文化公园试点建设，重点打造长城、大运河、长征等国家文化公园。这些基地、示范区、试验区、园区和工程是实现文化和旅游融合的重要载体。

（六）效果层面：国家软实力与国民幸福感是衡量标准

衡量文化和旅游融合发展效果，可有诸多维度。其中最重要的有两个：国家软实力和国民幸福感。

一是从国家层面来看，通过文化和旅游更广泛、更深入的融合，可全面提升国家的文化吸引力和旅游竞争力。根据世界经济论坛《旅行和旅游业竞争力报告（2017）》，中国文化旅游资源丰富，其竞争优势位居全球首位，旅游竞争力的综合排名在全球第 15 位，而文化资源排名前五位的其他国家，如西班牙、法国、日本、意大利，其综合旅游竞争力均排在全球前十位（陈怡宁、李刚，2019）。作为世界旅游大国和文化资源大国，中国尚非世界旅游强国，中华文化的世界影响力亦有很大的提升空间。对于拥有世界规模最大的国内旅游市场，并连续多年保持世界第一大出境旅游客源国和全球第四大入境旅游接待国地位的中国而言，一方面，要利用好庞大的旅游市场，提升我国的文化软实力，扩大中华文化的国际影响力；另一方面，要在旅游发展的各个环节更广泛、更深入地注入文化内涵，全面提升旅游国际竞争力。

二是从民众层面来看，通过文化和旅游更普遍、更紧密的融合，更好地满足人民群众对美好生活的需要。中国特色社会主义进入新时代，人民群众生活由"生存需求"型向"精神需求"型转变，对包括文化和旅游在内的精神产品的需求日益增长。这不仅体现在对相关产品和服务数量的需求上，更体现在对其品质的需求上。文化和旅游的融合发展必然以生产更加多样、更高品质的产品和服务为核心任务，从根本上解决精神产品和服务发展的不平衡不充分问题，充分发挥文化和旅游在满足人民美好生活需要、提升人民生活质量、提高幸福指数方面的重要作用。

参考文献（略）

（原载《人民论坛·学术前沿》2019 年 6 月上，本文有删节）

生活时间对工作绩效影响的现场实验研究

魏　翔　李　伟

摘要：中国大量的制造业工厂具有劳动密集型的特征，在未来的竞争中迫切需要提高工人的工作绩效。通常认为这需要提高生产的技术创新水平、组织管理水平和生产条件。而本文则从工作生产之外家庭生活的新视角出发，研究工人的生活时间如何影响工作绩效。本文首先建立基于家庭生产函数的最优化模型，证明工人的家务时间对家庭生产的边际报酬递增时，可以促进工作绩效提升；而休闲时间和睡眠时间的边际报酬递减时，也可以促进工作绩效提升。通过对典型工厂流水线工人的现场跟踪研究，证实了理论模型的预测。本文的理论和实证表明，积极的生活方式能有效改进工作效率，这种通过提升生活质量来提高工作效率的思路，对中国年青一代产业工人具有重要启示作用。

关键词：休闲时间；家务劳动；睡眠时间；工作绩效

作者：魏翔，中国社会科学院财经战略研究院学术档案馆主任、研究员；李伟，北京第二外国语学院国际商学院教授。

一　问题的提出

尽管中国已经成为世界第二大经济体，但中国经济的劳动生产率和发达国家相比却很低。按照世界银行 2012 年的数据测算，中国的劳动生产率是美国的 1/6、日本的 1/4，也只有韩国的 1/3。这说明，中国工人的工作绩效较低，中国企业的产出效率有待大力提高。实际上，中国未来的主要任务之一就是将劳动力转化为人力资本，提高个体的工作绩效。因此，深入研究中国工人绩效的新影响因素，具有重要的现实意义。

本文考察基于工人生活时间的配置对工作绩效的影响，开拓了绩效研究的新视野。此前对工作绩效的研究，通常是关注工作场所和工作条件对个体绩效的影响。比如，Coviello 等研究了工作场所的相互依赖和"任务纷乱"如何降低个体的工作绩效。"多任务"导致工作紧张度上升、休闲质量降低、生产率下降。从博弈的角度看，"付出努力"是传递个人能力的信号，当任务数量增加时，信号传递功能减弱，人们付出努力的动机也随之下降。因此，多任务的工作场所会对绩效产生负面作用。此外，工作中人们的交往方式和组织对个体的支持程度对绩效的影响也是传统文献的研究重点。

本文的研究更加关注生活对个体的影响，考察家庭生活对工作领域的溢出效应。这种思路得益于家庭经济学的视角。家庭经济学将家庭时间分为休闲时间、家务时间和睡眠时间，分析家庭成员如何通过最优配置这些时间来实现家庭效用最大化。但是，家庭经济学并没有考察这些家庭时间如何影响工作中的行为和结果。而在劳动密集型产业，这是一个无法回避的问题，也正是本文关心的议题。

二　理论模型：基于家庭生产函数

家庭的效用函数 $U = U(C, L_Q)$。其中，L_Q 代表能带来正效用的有效闲暇时间。个体的闲暇时间分为三大类：家务时间、休闲时间和睡眠时间，即：

$$L_Q = L + S + g(H) \tag{1}$$

C 是家庭的总消费：

$$C = X_M + Z_1\ (H,\ X_H)\ + Z_2\ (L,\ X_L)\ + Z_3\ (S,\ X_S) \qquad (2)$$

遵循 Graham 和 Green 的处理，这些产品或服务的生产函数采取 C - D 形式，即：

$$Z_1 = A_1 H^{\alpha} X_H^{\beta},\ Z_2 = A_2 L^{\alpha'} X_L^{\beta'},\ Z_3 = A_3 S^{\alpha''} X_S^{\beta''} \qquad (3)$$

此处，α、β、α'、β'、α''、β'' 分别是时间投入和商品投入对家庭生产的产出弹性；A 是外生的技术水平，如家务设施、运动器械、床垫等的技术水平、工艺水平。

工人受到的时间约束为：

$$H + L + S + N = T \qquad (4)$$

其中，N 是工作时间，T 是常量，如 24 小时。

工人在预算约束和时间约束下进行效用最大化，可得到最优均衡下的工作绩效决定式：

$$W = \frac{\frac{\partial z_1}{\partial H} - \frac{\partial z_2}{\partial L} g'\ (H)}{1 - g'\ (H)} = \frac{\frac{\partial z_1}{\partial H} - \frac{\partial z_3}{\partial S} g'\ (H)}{1 - g'\ (H)} \qquad (5)$$

得出如下命题：

命题 1：在其他条件不变时，当休闲时间（或睡眠时间）的边际报酬递减时，延长休闲时间 L（或睡眠时间 S）能提高工作绩效 W；当休闲时间（或睡眠时间）的边际报酬递增时，延长休闲时间 L（或睡眠时间 S）会降低工作绩效 W。

命题 2：在其他条件不变时，当家务劳动的边际报酬递增时，延长家务时间 H 能提高工作绩效 W。

命题 1 和命题 2 显示，不同的生活方式对工作绩效的影响显著不同。①休闲时间和睡眠时间是"有效闲暇"，能直接带来效用提升；所有的休闲产品和睡眠产品都是消费品的一部分，直接带来效用提升。因此，如果休闲和睡眠在时间投入上是边际报酬递增的，那么，就会吸引当事人选择过多的休闲和睡眠，从而"挤出"工作，对工作绩效带来负面作用。也就是对休闲或睡眠的"沉迷"，不利于提高工作绩效。②与上述不同，家务时间中只有一部分能带来效用提升，而且该作用的边际效用递减（即 $g''(H) < 0$），因此，即便家务时间的边际报酬递增，整个家务活动对效用的作用通常也是边际效用递减的，不会因为家务时间的边际效率高而出现"沉迷"于家务——现实中沉迷于休闲活动（如下棋）的很多，沉迷于做家务的却很少，即因为此。而当家务时间的边际报酬递增时，在另一方面却意味着，家务生产带来了当事人"额外的"技能提升，以保证家务时间产生边际报酬递增的特性。这种技能提升即提高了家务活动的效率，也有利于提高工作效果。通常，这种在生活和工作上具有普适性的技能即"性格技能"。和学业成绩、学历、技能证书等认知技能相比，"性格技能"是非认知技能（如利他性、自控性和情绪稳定性等）。它通常在家庭生活中培养出来，却能有效预测工作中的成功。在家务劳动这种典型的家庭生活中，可以培养从事者的性格技能，既可带来家务时间的边际报酬递增，又可以"外溢"到工作中，顺带提高工作绩效。

三　现场研究：来自流水作业线的证据

1. 现场介绍

（1）公司背景。本文跟踪观察的企业"中机精汽公司"[①] 位于湖北省襄阳市，是一家生产汽车配件的大型国有控股上市公司，经营"三来一补"业务，在该省属于行业龙头企业。公司厂房面积37000平方米，通过了 ISO 9001、VDA 6.1、QS 9000 及 ISO/TS 16949 质量体系认证，有职工 600 余人。一线员工为零配件装配工，主要工作环境是流水线作业和数控机床加工中心。工人工资水平在当地属于中上水平。该公司是中国现代化制造业生产的典型缩影。

（2）现场环境。本次跟踪观察的 80 个工人来自流水线工作环境。该流水线的操作属于简单的重复性操作，为某型号的 SUV 轿车提供单一配件装配。工人来自同一条流水线的同一个班组。该班组

---

① 为了保护公司的隐私，此处为化名。

日、夜两班次轮班，每个班次40人。工人当天的工作绩效按标准工时核算。工厂按照当月任务反推出每天的任务当量，在此基础上，根据流水线上每个环节的标准动作耗时情况和难度情况（体现为工种的不同），为每个工人核算每天的标准工时，以此确定日工资标准。工人每周工作七天，没有正常假日，白班和夜班之间倒休。调查时间为2014年7月11日到7月19日（共9整天）。由于跟踪观察的疏漏、现场误报和工人请假，共有6人的数据作为无效观察点被剔除。于是，有效观测人数为74人，观察期数为9天，共得到666个有效观测样本。

（3）工作方法。在现场配备2名老师和20名学生。20名学生中10名学生为作者所在地（北京）的学生，另外10名学生在当地大学招募，以便于协助北京学生更好地理解当地方言和当地风俗习惯。两名老师分别负责白班与夜班的现场协调和管理。

2. 变量设定

因变量是工人当天的综合绩效（DP），用工人的标准工时表示。由于每个工人所处的流水线流程不同或工种不同，加之每天的任务量不同，因此，每个工人之间以及该工人每天的标准工时之间，均存在差异。由于设备的技术水平和工人技能水平在考察期内对个人而言恒定不变，因此这些因素不作为自变量进入模型，而是内隐在常数项中。常数项表征了技术和技能对绩效的固定影响。此外，自变量中未考虑人口统计变量①。

3. 模型设定和回归结果

本文研究工人的生活时间配置如何影响工作绩效。

变量的描述性统计如表1所示。基于面板数据的回归分析结果如

---

① 本文的因变量衡量每个工人在每一天的绩效差异。能影响绩效差异的因素是那些在每一天都会有变化的变量，如每个工人每天的时间使用状况。而那些在观测期内不发生变化的变量，如该工人的受教育程度，对被观测对象的实时绩效不产生影响。也就是说，对同一个工人而言，他今天和明天的绩效差异和他已经具备的、观测期内保持固定的个人特征无关。为此，在样本考察期内保持不变的人口统计变量不作为自变量进入模型。实际上，本文做了人口统计变量和实时绩效的相关分析，结果显示，两者没有显著相关性。

表 2 所示。

表 1   变量统计特征

变量名	变量含义	均值	标准差	最小值	最大值
DP	当天综合绩效	12.5454	2.9405	1.5296	19.5777
L1	家务时间	1.1834	1.4126	0.0166	7.0023
L2	睡眠时间	9.0528	1.9782	1.8333	16.666
L3	休闲时间	1.4118	1.64258	1.8834	7.8333
OS	组织支持	3.0135	0.9448	0.0000	6.3323
LEX	学习效应	2065.4622	1383.2051	890.9987	6214.8878

注：家务时间（L1）、睡眠时间（L2）和休闲时间（L3）的单位为小时，学习效应（LEX）的单位为天。
资料来源：作者基于 Stata 软件估算。

表 2   工作绩效与生活时间的回归结果

自变量	系数	标准误	T-Value	P-Value
C（常数项）	8.2260 ***	0.8207	10.0221	0.0000
L1（家务时间）	0.1656 **	0.0679	2.4370	0.0151
L2（睡眠时间）	0.1199 ***	0.0439	2.7297	0.0065
L3（休闲时间）	− 0.1257 **	0.0557	− 2.2567	0.0244
OS（组织支持）	0.3018 ***	0.1113	2.7116	0.0069
LEX（学习效应）	0.0006 ***	0.0001	4.9732	0.0000
AR（1）	0.4727 ***	0.0338	13.9490	0.0000

加权统计量			
R^2	0.3860	因变量均值	15.551
调整后的 R^2	0.3656	因变量标准差	6.6348
回归的标准误	2.3969	总残差平方和	3286.2660
F 统计量	18.928	Durbin-Watson 统计值	2.1613
概率值	0.0000		

注：*、** 和 *** 分别表示 90%、95% 和 99% 的显著性。被解释变量是当天综合绩效 DP。康体时间（L4）、文艺时间（L5）、社交时间（L7）、享受时间（L8）、消极时间（L9）六个变量中零值大于 50%，故将原数据替换为 0、1 变量：0 表示没有该项活动，相反则为 1。所有的生活时间变量均按实际小时数来取值，精确到小数点后两位。
资料来源：作者基于 Stata 软件估算。

回归结果证实了理论模型的预测：工作绩效受到生活时间配置的显著影响。并且，正如理论模型（5）式所证，休闲、家务和睡眠三大生活时间均显著影响工人的工作绩效。

本文随后进行了稳健性检验（过程略）。

四　讨论

本部分对实证的结果加以更细致的分析和解释，以期对企业如何实现人性化管理、促进"工作—生活平衡"、提高企业运行效率做出有益探索。

1. 休闲为什么抑制了绩效？

在本文的现场研究中，工人们的工作时间是固定的，因此，休闲和绩效之间的负相关和新古典经济学关于休闲的挤出效应无关。因此，休闲和绩效之间的负相关关系更有可能源于"休闲体验质量"：如果工人们过多地沉迷于某项消极休闲活动，就会间接导致工作绩效的降低。为此，对工人们下班后的休闲时间安排统计如下（见表3）。

表3　　　　　　　　　各类休闲时间配置的统计描述

	统计量				
	均值（小时）	均值（分钟）	百分比（%）	女性（小时）	男性（小时）
看电视时间	1.2809	76.8574	34.1760	1.3372	1.1885
娱乐时间	1.0619	63.7130	28.3311	0.7810	1.5235
社交时间	0.4739	28.4384	12.6456	0.5185	0.4008
享受时间	0.3443	20.6607	9.1871	0.3969	0.2579
康体时间	0.2641	15.8483	7.0472	0.3138	0.1825
文艺时间	0.1654	9.9249	4.4133	0.1812	0.1396
负面休闲时间	0.1574	9.4444	4.1996	0.0745	0.2937
总休闲时间	3.7479	224.8871	100.00	3.6031	3.9865

注：娱乐时间指玩手机、上微信、看影视、打游戏、网聊、看戏剧/看电影等娱乐活动的时间，从中剥离出看电视时间，而将"看电视时间"单独作为一项；社交时间指外出吃饭、谈生意、唱歌等社交时间；享受时间指谈恋爱、购物、足浴按摩等消费享受类活动的时间；康体时间指散步、锻炼、健身、美容的时间；文艺时间指听音乐、阅读、画画、读报刊等文艺活动的时间；负面休闲时间指打麻将、抽烟、酗酒、打架、熬夜、吸毒等不健康休闲活动的时间。

资料来源：作者基于Stata软件估算。

2. 家务能成为绩效的助燃剂吗？

现场实验中，本文测量了每个工人的 BIG FIVE 人格—性格水平，该测试是对"性格技能"的标准测试。BIG FIVE 分为 5 个方面：外向性、宜人性、尽责性、情绪稳定性和开放性，其评分标准和分值含义参见 Heckman and Kautz。根据参加家务劳动时间的长短，所有工人被归为五个档次，每个档次对应的家务时间长度为（0，1］小时、（1，2］小时、（2，3］小时、（3，4］小时和（4，+∞）小时。家务时间最长［即在区间（4，+∞）小时］的工人被标示为"高家务时间群体"（用 TP 表示）；家务时间最短（即在区间（0，1］小时）的工人被标示为"低家务时间群体"（用 LP 表示）。TP 和 LP 的 BIG FIVE 得分情况如表 4 所示。

表 4　　　　　　　家务时间和 BIG FIVE 性格技能的关系

群体	社交性	开放性	利他性	道德感	适应性
TP	57.6250	45.5250	58.0750	57.1500	43.8250
	∨	∨	∨	∨	∨
LP	56.1136	40.2947	54.0812	56.3457	40.5754

注：表中数字为得分的均值，数值的含义参见附录 1。∨ 是大于号。
资料来源：作者整理。

3. 睡眠和绩效真的相关吗？

睡觉不仅是一种必需活动，也是一种休闲活动，比如，很多人认为在假期中睡觉是一种合意的休闲活动。拥有尽情睡眠的权利，是快乐感的重要源泉。睡眠影响工作绩效的关键原因是充足良好的睡眠对健康有益。而更好的健康使人们能更有效地从事工作。本文中，工人们的睡眠时间均值是 9.05 小时，比正常的 8 小时多出整整一小时。研究证明，保持充足睡眠会实质性提高工作效率。由此可见，本研究中的工人们睡眠较为充足，对工作绩效产生了积极的作用。

五　结论和建议

本文发现：①由于制造业工人的休闲活动过于单调，抑制了工作绩效的提高；②家务劳动有助于提高工人的"性格技能"，从而对工作绩效有溢出效应；③充足的睡眠时间真实地促进了工作绩效的提高。

本文的研究对企业管理和产业运行的启发在于：

1. 重视对员工工作外的行为进行"休闲介入"管理，引导员工进行积极的休闲活动。

2. 制定兼顾家庭的公司福利政策。

3. 劳动密集型工厂要谨慎对待加班，设计科学合理的加班方案。

和所有文章一样，本文亦存在一些不足之处。一是本文只考察了制造业一线工人，服务业人员和高层管理者的生活方式—工作绩效关系是怎样的？尚需进一步检验。二是囿于经费限制，本文的研究跨度为9天，并且未进行跨企业的超样本研究。三是限于数据可得性，本文没有对康体时间、文艺时间等为什么对绩效没有显著作用做出细致的解释，也没有对休闲、家务和绩效之间的中介变量做明确的甄别，在未来的研究中，可对此加以深入研究。

参考文献及附录（略）

（原载《中国工业经济》2015 年第 9 期，本文有删节）

第四部分

宏观经济

中国特色新型财经智库的建设

高培勇

摘要： 2013 年 11 月，党的十八届三中全会将智库建设纳入现代国家治理体系，从推进国家治理体系和治理能力现代化的高度，在《中共中央关于全面深化改革若干重大问题的决定》中正式做出了"加强中国特色新型智库建设，建立健全决策咨询制度"的战略部署。智库成果是作为一种提供决策咨询类产品的特殊学术成果，必须做到人无我有、人有我精，才会有存在的价值和竞争力。智库建设有其特殊性，我们要在锁定于与智库运行规律相匹配的体制机制构建或再造的基础上，积极有序推进国家级学术型财经智库建设。

关键词： 决策咨询；智库建设；新型财经智库

作者： 高培勇，中国社会科学院副院长、党组成员，学部委员。

一 引言

在中国，智库建设被提至事关党和国家事业发展全局的战略高度并直接写入党和政府的重要文献，可追溯至 2011 年 10 月举行的党的十七届六中全会。在那一次会议所通过的《中共中央关于深化文化体制改革推动社会主义文化大发展大繁荣若干重大问题的决定》中，有这样一段话："整合哲学社会科学研究力量，建设一批社会科学研究基地和国家重点实验室，建设一批具有专业优势的思想库。"

自那以后，中国的智库建设受到前所未有的关注。正是在那样一种历史背景下，2011 年 12 月 29 日，中国社会科学院财经战略研究院（以下简称"财经院"）在原中国社会科学院财政与贸易经济研究所（以下简称"财贸所"）的基础上正式组建。遍布全国各地的各种类型的智库，也如雨后春笋般不断涌现。

如果说党的十七届六中全会拉开了中国智库建设的序幕，那么，党的十八大以来，新一届中央领导集体则开启了中国智库建设的新纪元。

党的十八大报告在将智库建设与决策机制和程序相对接的基础上，正式提出："坚持科学决策、民主决策、依法决策，健全决策机制和程序，发挥思想库作用，建立决策问责和纠错制度。"

2013 年 4 月，习近平同志在一次批示中首次使用了"智库"的提法："要完善决策机制和程序，按照服务决策、适度超前的原则，建设高质量智库。"此后不久，他又进一步将"智库"伸展为"中国特色新型智库"，进而提出了建设中国特色新型智库的目标。自此，中国特色新型智库便逐步替代原有的思想库概念而成为智库建设领域的流行词。

以此为契机，2013 年 11 月，党的十八届三中全会将智库建设纳入现代国家治理体系，从推进国家治理体系和治理能力现代化的高度，在《中共中央关于全面深化改革若干重大问题的决定》中正式做出了"加强中国特色新型智库建设，建立健全决策咨询制度"战略部署。

这是一个非常重要的转折点。它表明，在新的历史起点上，以"中国特色"和"新型"为着力点，中国的智库建设走上了一条不同于以往、不同于别国、富有中国特色的体制机制创新之路。

2014 年 10 月 27 日，中央全面深化改革领导小组第六次会议审议了《关于加强中国特色新型智库建设的意见》（以下简称《意见》）。在《意见》中，中国特色新型智库建设的重大意义被高度概括为党和国家科学民主依法决策的重要支撑、国家治理体系和治理能力现代化的重要内容和国家软实力的重要组成部分三个方面。习近平同志提出，要从上述的战略高度，把中国特色新型智库建设作为一项重大而紧迫的任务切实抓好。

一个月后，2014 年 11 月 30 日，中共中央办公厅和国务院办公厅联合印发了这个《意见》。由此掀起了一个中国特色新型智库建设的热潮。

2015 年 10 月，党的十八届五中全会召开。全会通过的《中共中央关于制定国民经济和社会发展第十三个五年规划的建议》，再一次提及中国特色新型智库建设："实施哲学社会科学创新工程，建设中国特色新型智库。"紧跟着，2015 年 11 月 9 日，中央全面深化改革领导小组第十八次会议审议通过了《国家高端智库建设试点工作方案》。

这预示着，随着中国特色新型智库建设被写入"十三五"规划以及国家高端智库建设试点工作方案的运行，未来五年以及更长的一个时期，我们将迎来一场全面建设中国特色新型智库的攻坚战。

站在这样一个新的历史起点上，财经院很有必要在系统总结以往四年运行实践的基础上，以进一步打造更加成熟和定型的体制机制、贡献高质量研究成果的努力，在中国特色新型智库建设的道路上迈出新步伐。

二　认识智库：智库有其特殊的运行规律

智库虽是一个被广泛使用的概念，但它并非似"研究咨询机构"寥寥几字的定义那样简单。在这一定义的背后，隐含着大不相同于一般学术机构以及其他类似机构或活动的深刻内容——智库的特殊运行规律。故而，智库建设首先要从智库运行规律的认识和把握开始。

在认识和把握智库特殊运行规律问题上，财经院经历了一个逐步探索和不断校正的过程。比对各种与智库建设有关的思路，采用排除法，我们先后澄清了如下认识。

1. 智库建设不等于向对策性研究倾斜

后者主要限于研究方向或研究重点的调整。前者则是向以服务于决策咨询为中心的研究方向、研究范式、学科布局和体制机制的全面转型；后者相对容易，可以在原有运行格局保持不变的条件下通过局部微调——如腾挪出一部分人力、一部分经费或一部分精力，引导其从事对策性研究——加以完成。前者则相对困难，需要通过一系列重大的改革举措——重新整合学术资源，形成适宜于提炼和升华为智库成果的体制机制——方可实现。

因而，严格说来，后者仅可归结于科研管理范畴的活动，充其量只可算作科研资源配置向智库研究领域的拓展，前者才是超越一般科研管理意义的涉及智库体制机制重构或再造的重大调整行动。

2. 智库成果不能简单等同于出点子、上奏折

后者虽也可纳入前者工作的清单范围，但它往往是一事一议的、就问题说问题的，有时也是呈零敲碎打状的。前者的重点则是围绕情况、事件和问题提出系统化的、有坚实的学理支撑和方法论支持的政策建议和战略建议；后者可以是简单地摆出问题或提出批评性意见。前者则必须是建设性的，既不能满足于发现问题，也不能止步于批判现实，而要在发现问题、批判现实的基础上拿出解决问题的有效方案。

因而，严格说来，后者并非智库工作的主要内容，在非智库机构的框架内就可以完成。前者才是智库的主要工作内容，只有立足于智库特有的体制机制方可以做到。

3. 智库运行不同于党政部门内设的政策研究室

后者以服务于党和政府的日常工作为目标，主要着眼于提供具体对策。前者则要聚焦于围绕党和政府决策亟待解决的重大课题，开展前瞻性、针对性和储备性政策研究，着力于提高综合研判和战略谋划能力；后者本身系党政部门的组成部分，其研究工作难免与其所属党政部门的立场、观点拴在一起。前者则与党政部门保持一定距离，相对超脱，可以相对客观、冷静、不受干扰地进行研究和判断，具有一

定的独立性。

因而,严格说来,后者并非典型意义的智库或仅可归结为智库类的活动,前者才属于符合智库运行规律的典型意义的智库。

4. 智库形态不同于各种虚体状的研究平台

后者往往无固定办公场所、无固定人员编制和无稳定经费支持。其基本轨迹是以课题为线索、随课题而组建团队、人员与经费时常变化。前者则是实体性研究机构,有固定办公场所、有固定人员编制、有稳定经费支持;后者只能适应于临时性、阶段性研究的需要。前者则要从事长期蹲守、持续追踪的研究,把为决策层提供科学、及时、系统和可持续的研究成果作为日常工作。

因而,严格说来,后者仅属于可产出某些智库类成果的研究平台,前者才是可切实满足决策咨询需求的本来意义上的智库,也才是真正契合《意见》所界定的基本标准的智库。

上述的讨论,实际上向我们揭示了现代智库运行规律的基本底色——一种大不相同于一般学术机构以及其他类似机构或活动的提供决策咨询类产品的特殊学术产业。应当说,这是中国特色新型智库建设的逻辑起点。

它提醒我们,时下中国的智库热或建智库热固然值得欢迎,但难免泥沙俱下。我们必须冷静地按照智库的特殊运行规律来建设智库。既不能把智库当作一般学术机构的翻版,也要把智库与智库类机构或智库类活动区别开来。以此为基础,积极地引领智库建设向着中国特色新型智库的目标发展。

毫无疑问,财经院面向智库的全面转型,要以大不相同于上述各种线索的思路持续推进。

三 定位智库:智库应有自身的功能特色

作为一种提供决策咨询类产品的特殊学术产业,如同产品差别和服务差别在经济生活中的意义,面对智库林立的情势,智库建设也需坚守比较优势。也只有在立足于比较优势的基础上办出自身特色，做到人无我有、人有我精，才会有存在的价值和竞争力。我们理解，正是出于这样的考虑，才有了中国特色新型智库的表述。

就总体来说，一个"新型"，划出了中国特色新型智库相对于以往国内智库类机构和智库类活动的界限。一个"中国特色"，又划出了中国特色新型智库相对于国外智库的界限。因而，如何走出一条既有别于以往又不同于国外且体现中国特色、中国风格、中国气派的智库建设之路，是中国特色新型智库建设的题中应有之义。

就个体而言，中国特色新型智库显然是一个有关智库建设的总目标。在这个总目标之下，可以进一步具体化为耕耘于不同领域、植根于不同学科甚或服务于不同对象的智库建设目标。因而，如何在中国特色新型智库的旗帜下，根据比较优势形成体现不同类型、不同性质智库自身特色的功能定位，是中国特色新型智库建设的另一个重要内涵。

就耕耘于经济领域、植根于经济学科以及服务于党中央和国务院经济决策的财经院而言，其功能定位，从一开始便锁定于"国家级学术型财经智库"。这一定位，当然是基于对财经院的比较优势做深入而系统分析的结果。

不妨分作几个层次来讨论。

1. 财经智库

智库的基本功能是通过提供专业化的知识、信息以及其他类型的分析产品，帮助决策者和公众做出准确的判断和决策（李扬，2015）。这即是说，智库是同专业化天然地联系在一起的。立足于自身的学科优势和专业特长，而不奢望包容万象、成为"万金油"，是财经院在智库建设中明确确定的重要出发点。

财经院是在原财贸所基础上组建的。从财贸所 1978 年 6 月成立算起，财经院有着 30 多年的历史传承和学术积淀。对财经院的历史与现状作一大致的盘点，便会看到，在财经领域拥有的广泛人脉和影响力、沿袭已久的财经学科建设前沿地位、相对齐全的财经学科集群、对现实和焦点问题的敏锐感觉、善于提供建设性意见的良好学风、同相关政府部门的紧密联系、通达的财经信息来源渠道以及一批学有专长且擅长财经分析的行家里手等，都属于财经院立身的优质资产和比较优势。它们既构成了财经院智库建设的坚实基础，也是财经院智库建设应当彰显的自身特色。

所以，以"财经智库"作为财经院智库建设的功能定位之一，致力于为党中央、国务院的经济决策服务，当可视为财经院的名至实归之策。

2. 学术型智库

智库尽管瞄准的主要是对策性研究，但科学性是其必备的基本要素之一。毋庸赘言，科学性依存于学术性，智库研究要建立在深厚的学术研究基础上。只有以坚实的学理支撑和方法论支持，掌握翔实可靠的数据和资料，了解历史，善于融会贯通，才可能提供符合经济社会发展规律、有理论厚度、有穿透力的政策建议和战略建议。

有别于其他类型的智库机构，中国社会科学院是以哲学社会科学立身的学术殿堂。作为中国社会科学院直属的研究机构，财经院不仅始终是中国财经科学的学术重镇之一，而且积累并形成了将深厚的学术积淀与缜密的政策设计密切联系起来的宝贵经验和学术传统。这意味着，财经院在为智库研究提供学理支撑和方法论支持上具有比较优势。

所以，以"学术型智库"作为财经院智库建设的功能定位之一，致力于为党中央、国务院的经济决策提供学理支撑和方法论支持，当可视为财经院无任何回旋余地的不二选择。

3. 国家级智库

就体制内智库而言，按照隶属关系和经费来源渠道的不同，是可以分作不同层级的。比如，有隶属于中央、以中央财政拨款为主要经费来源的国家级智库，也有隶属于各级地方政府、以地方财政拨款为主要经费来源的地方各级智库，还有隶属于高等院校、以自筹经费为主要来源的各类实体性、半实体性或虚体性智库等。不同层级的智库，所服务的对象当然有所不同，其所担负的主要任务和所研究的主要问题甚至所持立场或视野范围，也有颇大的差异。

作为中央直接领导的国家哲学社会科学最高研究机构，不仅其经费来源主渠道是中央财政，而且其服务对象亦主要锁定于党中央和国务院。也正因为如此，在中国特色新型智库的建设中，按照《意见》的定位，中国社会科学院须发挥"国家级综合性高端智库"的优势。作为中国社会科学院直属的研究机构，财经院的智库建设当然要围绕"国家级综合性高端智库"这个中心优势而展开。

所以，以"国家级智库"作为财经院智库建设的功能定位之一，从党和国家事业发展全局的战略高度，为人民开展智库研究（王伟光，2015），致力于为党中央、国务院提供关乎经济持续健康发展奠定牢固根基的智库建议，当可视作财经院必须履行的神圣使命。

4. 国家级学术型财经智库

将上述的讨论汇集起来，可以看出，"国家级智库 + 学术型智库 + 财经智库"的确是一个能够兼容财经院比较优势和智库运行规律的适当的功能定位选择。只有立足于这样的功能定位，财经院才能办出自身特色，也才能凭借自身的实力自立于智库之林。

所以，主要聚焦于财经领域而非所有领域，主要致力于以坚实的学理支撑和方法论支持为党中央、国务院的经济决策服务而非泛泛地提供决策咨询类产品，主要围绕国家治理层面的全局性、战略性和前瞻性经济问题以及经济社会发展中的重大经济理论和现实问题做深入而系统的研究而非眉毛胡子一把抓，是财经院在智库建设中始终遵循的一条十分清晰的主线索。

四　建设智库：构筑匹配智库运行规律的特殊体制机制

既然是一种特殊的学术产业，既然这个产业所提供的是决策咨询类产品，它的体制机制自然有其特殊性。将智库当作产业来建设，将决策咨询类成果当作产品来提供的一个合乎逻辑的结果，就是智库建设的重心或重点须一直锁定于与智库运行规律相匹配的体制机制构建或再造。

四年来，财经院的智库建设，就是循着这样的理念和判断走过来的。如下便是一份有关体制机制建设的大致清单。

1. 学科建设

无论是作为国家级财经智库，还是作为学术型财经智库，都不能没有学科建设。学科建设的灵魂在于"排兵布阵"，有别于高等院校等一般学术机构主要着眼于学科、学位点建设的"排兵布阵"，致力于智库建设的财经院的"排兵布阵"，理应体现自身的特色。这就是，学科与问题并重，多学科会诊问题。

之所以做如此的选择，主要是考虑到：（1）进入智库视界的问题，基本上是综合性的。智库所从事的，也多属于跨学科、跨专业的研究。因而，智库不能拘泥于学科和专业界限，擅长什么，就研究什么；有什么学科、专业，就研究什么学科、专业领域的问题。（2）即便是综合性的问题，跨学科、跨专业的研究，也不应是"万金油"，而须建立在专业化研究的基础之上。或说是，应以专业化支撑综合性研究。（3）财经院并非万丈高楼平地起，它是以原财贸所为基础组建的。前面说过，无论以往的财贸所还是今天的财经院，它所具有的一个既重要且被我们一直引为比较优势的特点，就是多学科、多专业并存。（4）立足于研究需要和自身特点，财经院理应跨越以往多单纯"以问题为导向"的智库学科建设思维局限，而探索建立一种多学科之间、多专业之间的交叉整合机制，以多学科、多专业的比较优势破解跨学科、跨专业的综合性问题。

2. 开放性研究

鉴于研究对象越来越趋向于综合，也鉴于人员编制总是有限的，更鉴于新问题、新变化不断涌现，各种疑难杂症层出不穷，既不可能遇到什么问题，就建立什么学科、专业，也不可能固守相对狭窄的学科、专业视角去面对复杂多变的现实世界，我们只能在立足自身学科、专业优势的基础上，寻求跨学科、跨机构、跨部门的合作，走开放性研究的道路。

为此，我们做了如下两方面尝试：一是在院党组的支持下，组建了以中国社会科学院经济学部学部委员和相关研究所所长为主要成员的"财经院学术顾问委员会"。另一是着眼于巩固和扩大与境内外学术和智库机构的交流合作，新签和续签了一系列同相关机构的战略合作框架协议。寄希望于以此建立一种稳定的学术交流和信息共享机制，加强同相关学术和智库机构的联系并保持常来常往的开放性格局，借力外部资源，完成跨学科、跨专业的综合性问题研究任务。

3. 供需有效对接

作为智库，财经院的研究成果应是具有针对性的，应是在"直接触摸而非间接揣摩"的状态下形成的。只有达到如此境界的决策咨询成果，才最具有效性和针对性。而要达到这一境界，最好的办法就是与服务对象直接、密切地联系在一起，通过搭建常态化互动平台，实现供需有效对接。把决策需求及时传导到智库，把智库研究成果顺畅提供给决策者，让智库更加有效地参与决策咨询（李伟，2015）。

可以选择的实现供需有效对接的办法之一，就是"智库共建"。比如2012年7月，中国社会科学院与审计署签署"关于中国社会科学院财经战略研究院共建项目的协议"，以财政审计研究为主线，在学科建设、课题研究、人才培养等方面实行全面合作，共同建设财经院。又如2014年11月，中国社会科学院与国务院研究室达成战略合作意向，共同建设依托于财经院而组建（实行一套人马、两块牌子）的"中国社会科学院经济政策研究中心"。以服务于国务院经济决策作为中心定位，既可让财经院智库研究接上地气，清晰地发现问题、瞄准于解决问题，又可让财经院智库成果有专门渠道上达中央。

可以选择的另一个实现供需有效对接的方法，可称作"对口跟踪"。具体而言，就是在继承财经院同相关政府职能部门传统业务联系的基础上，按学科、专业和研究人员的研究专长分解责任、确定对象，实施"对口跟踪"服务，使得财经院与相关政府职能部门之间形成一种恰如两个齿轮间的"咬合"状态关系。如财政经济研究部及其研究人员对口联系财政部、审计署、国家税务总局及其相关司局，贸易经济研究部及其研究人员对口联系商务部及其相关司局，服务经济研究部及其研究人员对口联系国家发改委、住房与城市建设部、国家旅游局及其相关司局，综合经济研究部及其研究人员对口联系中共中央政策研究室、国务院研究室及其相关司局等。

4. 协同作战

人文社会科学领域的学者，历来有居家科研的偏好、单打独斗的习惯以及十年磨一剑的追求。然而，作为智库的财经院，所面对的或是亟待解决的重大理论和现实问题，或是应急性的决策咨询需求。凡属重大问题，往往都是综合性问题。凡属应急性需求，往往都要限期提交成果。显然，必须适当改变上述的偏好、习惯和追求，而打造一种新的适合智库运行的有利于协同作战的机制。

比如弹性坐班制。根据研究任务需要，在相关研究部、室或负有特定研究任务的研究人员中实行弹性坐班制，具体规定每周坐班科研的时间。

又如研究例会制。一般可每双周举行一次固定例会或根据情况不定期举行例会，交流研究体会、沟通研究信息、部署研究任务。

5. 一线调研

理科研究往往离不开实验室，人文社会科学领域的学者则擅长思辨，鉴于智库成果的性质系"人命关天"——一旦进入决策并付诸实施，便会对党和国家的事业全局以及经济社会发展进程产生影响，甚至是十分重大的影响。所以，借鉴理科研究的特点，我们强调，财经院所从事的所有智库类课题，所有智库类的分析和政策建议，都不能仅仅理解为研究人员的个人主张或学术观点，必须重实情，立足于一线调研，掌握第一手资料。并且，要以"两不"——不坐而论道，不隔岸观火——为标准，以"两贴"——贴近现实，贴近决策——为目标，对研究成果进行全面检验。

6. 成果评价

学者往往十分在意学术评价，供职于智库的学者自然也不例外。

目前在各类学术机构中运行的学术评价办法，大都是针对学术性成果的特点而制定的。倘若不能建立一个适应于智库成果的学术评价标准和制度，则无论是称职的智库队伍的形成和稳定，还是有用、管用、能用的智库成果的产生，都会出现一系列问题。

综合分析，很有必要从如下三个方面入手探索建立智库成果的评价制度：

其一，在充分论证智库研究和学术研究、智库成果和学术成果之间关系的基础上，形成有关"智库成果是学术研究的最高境界，智库研究是学术发展的最高阶段"的广泛共识，让智库研究和学术研究、智库成果和学术成果彼此交融，互长共进。

其二，将决策咨询成果纳入研究人员的学术成果考评范围，使决策咨类成果和学术性成果在同一平台上同时实行全面评价。

其三，借鉴消费者对商品和服务评价的机制，建立以智库服务对象——如政府、企业、社会等——为主体的评价机制，把解决国家重大需求的实际贡献作为核心标准，加强绩效评估（袁贵仁，2015）。

唯其如此，方可实现学者型人才向智库型人才的成功转化，促进学术研究成果向智库研究成果的成功转换。

参考文献（略）

（原载《财经智库》2016年第1期）

家庭农场发展与中国农业生产经营体系建构

杜志雄

摘要：现代农业三大体系建设是一个整体，相互依存，相互促进，其根本目的是提高农业创新力、竞争力和全要素生产率，加快实现由农业大国向农业强国转变。在现代农业三大体系构建中，培育多种形式的适度规模经营新主体、形成适应中国社会经济变化的新主体和传统小农户相结合的良好农业生产经营主体生态群落是关键。未来，要积极实施新型农业经营主体培育工程，培育发展家庭农场、合作社、龙头企业、社会化服务组织和农业产业化联合体，发展多种形式适度规模经营。

关键词：家庭农场；适度规模经营；生产经营体系

作者：杜志雄，中国社会科学院农村发展研究所党委书记、研究员。

一 中国新型农业生产经营体系正在快速发展和演化

习近平总书记在 2013 年中央农村工作会议上的讲话中明确指出，要加快构建以农户家庭经营为基础、合作与联合为纽带、社会化服务为支撑的立体式、复合型现代农业经营体系。构建现代农业经营体系的目的是克服现阶段我国农业经营规模过小的弊端，任务是大力培育新型多元的规模经营主体，发挥多种形式农业适度规模经营主体在农业现代化中的引领作用，从而形成有利于现代农业生产要素创新与运用的有效载体。

近年来，家庭农场、农民合作社、农业龙头企业、社会化服务组织等新型农业经营主体不断发育成长，呈现出旺盛的生命力和蓬勃发展的良好势头。截至目前，全国家庭农场数量超过87.7万户，其中纳入农业部门名录管理的家庭农场达到44.5万户；依法在工商部门登记注册的农民合作社数量达到190.8万家，实有成员11448万户，占农户总数的46.6%；各类农业产业化龙头企业数量达到13万家，以龙头企业为主体的各类产业化经营组织，辐射带动全国1.27亿户农户；各类农业公益性服务机构达到15.2万个，农业经营性服务组织超过100万个。各类新型农业经营主体的健康发展，正在有效支撑农产品的有效供给，重构中国农业生产主体以小规模农户为主的传统格局。

二 家庭农场处于中国农业生产经营体系构建的核心地位

农业产业链上的所有主体都可以称为农业经营主体。但农业经营主体不完全等同于农业生产主体。纯粹从居于现代农业核心地位的农业生产主体的角度而言，家庭农场又是农业新型生产经营主体体系的关键。农业的生产特点和农户的社会经济属性决定了在农产品生产环节农户具有先天优势。种植业和养殖业是经济再生产与自然再生产相互交织的过程，其劳动对象是活的生物体，需要劳动者具备高度责任心和主动性，及时对自然环境变化做出反应。以家庭作为经营单位的家庭农场，其最大优势是产权明晰、内部治理结构简单、成员利益高度一致、劳动责任心强、主动性高，其生产劳动的数量和质量与其最终收益直接相关，劳动监督成本低，对于种养业生产环节具有天然的适应性和优势。从目前全国家庭农场从事的主要领域看，主要集中于种植业和养殖业的生产环节。农业部的统计表明，全国家庭农场中，从事种植、养殖及种养结合的家庭农场占总数的98.2%，其中，从事粮食等大田作物生产的家庭农场占农场总数的40%。

家庭农场在构建新型农业经营体系中的关键地位，突出体现在家庭农场与其他新型农业经营主体以及传统小规模农户的关系上。

1. 家庭农场是合作社发展的参与者和助推剂。无论农业生产主体的特征如何，客观上存在着对"合作"的日常需要，但其是否将这种合作的需求转化为合作的行动，取决于其参与合作收益的大小，而收益的大小又取决于其经营规模的大小。相对于小规模农户，家庭农场对农资购买、农产品加工销售、运输贮藏以及农业生产经营技术等服务的需求更为迫切，尤其规模化生产的特征，其能从合作中获得的效益更大，因而，家庭农场首先是现有合作社的参与者，农业部开展的全国家庭农场监测表明，在2016年2998家有效样本农场中，36.97%的农场加入了合作社。同时，由于家庭农场经营者专业素质较高、更懂农业技术、善于经营管理，在农民合作社组建和运营中也更愿意发挥核心带头作用，其作为合作社发展助推剂的特征也很明显。在不少没有合作社的地方，家庭农场作为创办人建立合作社的情形比较普遍。不仅如此，在家庭农场发展比较密集的区域，家庭农场之间建立协会、联盟等合作性质的行业组织的情况也正在涌现。因此，健康发展的家庭农场，还是加速农民合作和组织化、提升农民合作社规范化水平的重要推动力量。

2. 家庭农场是农产品加工企业生产原料的有效提供者。家庭农场专注于农业生产环节，是商品性农产品的主要提供者。农产品加工企业获得生产原料、发展订单农业，更加愿意与家庭农场这样有规模的原料供给者打交道，使其原料供给在数量和质量上得到交易成本更加低廉、供给更加稳定。实践中，很多龙头企业都将家庭农场作为原料基地，克服小规模农户生产经营波动大、生产方式不规范和质量安全难保障且违约率高的风险和缺陷。上述监测同样表明，在2016年2998家农场中，有近1/4（24.39%）与龙头企业有联系；在与龙头企业有联系的农场中，28.39%的农场获得了龙头企业的技术指导，21.15%

的农场获得了农产品销售服务。

3. 家庭农场是使用农业先进适用技术、提高生产经营管理水平的示范带动者。与小规模农户相比较,家庭农场集约化、规模化经营水平更高,更有意愿使用先进农机、引进优良品种、采用新技术、开展品牌化经营,能够带动小规模农户改进生产技术、提高产量、降低成本。前述农业部全国家庭农场监测表明,2016 年,72.09% 的家庭农场拥有自己的拖拉机,29.04% 的农场拥有联合收割机,17.07% 的农场拥有插秧机,平均每家农场自有农机具价值为 22.13 万元。

4. 家庭农场还是生态农业技术的使用者和农业绿色发展的实践者。2016 年,进行灌溉的种植类和粮食类农场中,采用喷灌技术(含微喷滴灌渗灌)进行灌溉的农场占比分别为 36.59% 和 19.50%;亩均化肥用量低于或者等于周边农户的农场合计占比 83.93%。就亩均化肥用量而言,至少 40% 的家庭农场在"减量"使用;418 家养殖类农场中,利用粪便发酵做有机肥、饲料和沼气,或者运输到附近加工厂再进行资源化、综合循环利用和无害化处理的农场占比近八成(79.05%)。

5. 家庭农场还是为周边小规模农户提供农业社会化服务的提供者。家庭农场是规模化、集约化和商品化以及追求利润最大化的农业生产主体。家庭农场的这一主体特征,决定了家庭农场在农业生产中追求规模经济。规模经济的实现需要在土地面积扩大的前提下,寻求资本和劳动的最佳组合。但由于劳动市场、资本市场以及农业生产服务市场的不完善,家庭农场资本要素投入的选择往往是自购农业资产设备。由于农业资产设备的不可分性和资产专用性的特点,农业资产设备与经营面积之间不可能实现完全匹配,家庭农场自有农业资产设备生产能力出现剩余的情形普遍存在。为提高资产利用效率、减少资本沉淀、降低机械设备使用的平均成本和尽快回收资本成本,作为理性经济人的家庭农场,大多会选择将剩余的农业资产能力向外〔周边的其他生产经营主体(农户)等〕提供。因此,家庭农场在农业生产实践中既是农业生产主体,又是为周边小农户提供包括农机服务在内的农业生产的服务主体。由于家庭农场与周边小农户距离最近、对其需求更了解，从而也更容易与其融合，更容易带动小农户实现现代化。

中国农业要提高资源使用效率、增加经营效益从而增强其国际竞争力，从根本上说都将决定于能否形成一支具有生态自觉意识和企业家精神、能够对不断变化的市场迅速实施冲击—反应式调整、能主要依靠自身力量而非依赖政府政策支持、自主发展能力强，区别于传统小规模农户的农业生产新主体的发育和形成。在所有的新型农业经营主体中，从现实表现看，家庭农场正在向这样的生产主体演化，成为农业生产主体重构、经营体系构建的重要力量。

三　营造优良外部环境　引导家庭农场健康发展

鉴于家庭农场在中国农业生产经营主体体系构建中的关键作用，下一步有必要为其健康发展营造更加良好的外部环境。

（一）引导流转土地有序地向家庭农场集中。2016年10月，中办国办印发《关于完善农村土地所有权承包权经营权分置办法的意见》，提出放活土地经营权的重大政策导向。土地经营权是土地作为农业生产要素功能的直接体现。实施"三权分置"的重要目的，就是更好用活土地经营权，优化土地资源配置，既促使提升土地产出率，又保障务农者的劳动效益和收入水平，更好地促进规模经营和现代农业发展。作为最主要的生产要素，土地的适度集中是家庭农场得以发展壮大的前提。据统计，截至2016年底，全国家庭承包经营耕地流转面积达到4.7亿亩，超过家庭承包耕地总面积的三分之一，这为以租地经营为主的家庭农场发展创造了客观条件，其中也有很大部分流转到了家庭农场。

家庭农场想要持续稳定发展，稳定的经营规模是首要条件。要鼓励土地优先流向家庭农场，鼓励土地流出户与家庭农场签订中长期流转合同，稳定家庭农场经营预期。一是要稳定土地流转关系。要健全土地流转交易市场，加强土地流转平台建设，健全县乡村三级流转服务体系，开展流转供求信息、合同指导、价格协调、纠纷调解等服务，引导土地依法自愿平稳流转。二是要创新租地农场形成方式。鼓励有条件的地方将土地确权登记、互换并地与农田基础设施建设相结合，整合各类项目资金，建设优质高标准农田，优化流转给示范家庭农场。在鼓励土地租赁的基础上，积极推广股份合作、土地托管等方式。三是要引导形成稳定地租。推广实物计租货币结算、租金动态调整、土地入股保底分红等利益分配方式，稳定土地流转关系，保护流转双方合法权益。

（二）优化农村金融供给政策，有效缓解家庭农场融资困难。前述全国家庭农场监测表明，有83%的家庭农场有金融贷款需求，但仅有13%的家庭农场可以较为容易获得贷款。在获得贷款的家庭农场中有66%的农场贷款资金是从农村信用合作社或亲朋好友中借到的，从农、工、中、建、交等大型商业银行获得贷款的比例仅有7%。监测结果还发现，82%的种粮家庭农场表示经常遭遇资金紧张困难，93%的表示因资金问题而难以扩大经营规模。

这种局面的形成是与金融系统信贷供给特征和家庭农场等新型经营主体的金融需求特征严重不匹配导致的。农村金融供给侧特征集中体现在抵、质押贷款是优先序第一的担保形式，第三方责任人担保居其次，排最后的是信用贷款。但从新型生产经营主体的需求特征看，家庭农场的融资需求意愿、强度都要远远大于传统小农户，且主要用途为生产用途。优先序排第一的抵、质押贷款形式，所需要的抵押物或质押物，恰恰是新型农业生产经营主体所缺乏的，在一些地方，由于改革不到位或不彻底，新型农业生产经营主体的耕地、宅基地、自留地、自留山、农机具、农产品，而耕地、宅基地、自留地、自留山等抵押权能尚不彰显；优先序排第二的第三方责任人担保形式，新型农业生产经营主体同样缺少相应资源；信用贷款是供给侧优先序排最后的贷款形式，但却是新型农业生产经营主体排第一的贷款形式。监测数据表明，新型农业生产经营主体在缺少抵押物、缺少社会资源的情况下，信用贷款是优先选择的贷款形式。

　　要解决家庭农场融资贷款难问题，需要着力深化农村金融体制改革，多元化、多渠道满足家庭农场金融需求。一是创新金融产品和服务。针对粮棉油糖、农作物制种、园艺作物、畜牧业、渔业、农机等不同产业，有针对性地创新和拓展金融服务方式。二是要鼓励发展农村信用贷款。加强农村信用体系建设，尽快建立权威、全国性的家庭农场等新型农业生产经营主体数据库并对金融机构公开。以家庭农场等新型农业生产经营主体为单位，可查询其土地承包经营权、宅基地使用权、土地流转面积、享受国家政策等动态信息，并将该数据库对金融机构公开，便于金融机构对其做信用评级时提供基础数据，针对家庭农场开展信用评定，降低金融机构给新型农业生产经营主体提供信用贷款的成本。三是促进抵押方式多元化。要建立健全农场产权交易市场，完善农村抵押资产变现处置机制，鼓励金融机构开展农村土地经营权、大型农机具、活体畜禽、在产农作物、各种有价票据等抵质押业务。四是大力发展农村合作金融。引导供销社、农村信用社发挥自身优势，鼓励农民合作社开展内部信用合作、资金互助合作。

　　（三）优化政策保险和拓宽多元化农业保险渠道，提高家庭农场风险保障水平。目前，政府仍是农业保险政策运行的主体，扶持措施单一、力度不够。问题首先表现在保险对象受限，我国主要的大田作物和部分养殖业虽然都已经有了政策性保险，但一些区域性特色产业保险没有或刚刚起步，家庭农场更大规模经营的水果、蔬菜、牛羊畜禽等产品还未纳入保险覆盖；其次，保额偏低，多数农业政策保险只保成本不保收益，满足不了家庭农场保险需求；最后，由于保险理赔程序复杂、手续烦琐，灾后赔付难度大、比例小，往往难以真正达到保险目的。

　　健全农业保险管理体制，要以农业保险多元化为方向，以增强家庭农场抵御自然和市场风险的能力为目标。首要任务是丰富农业保险产品，给家庭农场多元化保险选择。根据家庭农场生产经营特性，开发保险新品种，优化政策性保险品种结构，逐步将农业保险补贴覆盖范围从稻、麦、油等大宗农产品向花、果、蔬等特色农产品扩大。其次，是调整保障水平，提高家庭农场农业保险的赔付水平。可提供多档次的风险保障，对不同档次实行差别化的补偿标准，由家庭农场自主选择适合自身需求的参保档次，逐步从保成本向保收益转变。再次，简化定损、理赔等程序和手续，及时发放保险赔付款。最后，开放农业保险市场，形成政策保险和商业保险、合作保险共同参与的农业保险市场新格局。发挥财政对保费补贴的杠杆作用，鼓励商业机构更多地参与农业保险。鼓励家庭农场等各类新型农业经营主体开展多种形式的互助合作保险。

（四）发展农业生产服务业，为家庭农场构建完善的社会化农业生产服务体系。功能健全、运行良好的社会化服务，可以有效地把各种现代生产要素注入家庭农场经营之中，不断提高农业物质技术装备水平，从而在坚持家庭"小生产"的基础上推进农业生产专业化、商品化和社会化。

我国资源禀赋和现有生产条件决定了我国家庭农场不可能像美国等新大陆国家家庭农场那样具备较高的农业机械化水平和自我服务的能力。同时，农场规模再大也不可能将应由市场提供、成本更低的产前和产后生产服务内化到农场内部来。

习近平总书记曾指出，在鼓励适度规模经营的同时，要研究完善针对小农生产的扶持政策，加强社会化服务，把小农生产引入现代农业发展轨道。一是要加快构建新型农业社会化服务体系。培育多元化、多形式、多层次的农业生产服务组织，做好产前的农资供应、市场信息服务，产中的农业技术指导、农机协作服务，产后的储藏、销售和加工等服务，为家庭农场发展提供服务保障。二是要适应家庭农场联合的需求，支持和鼓励家庭农场之间的联合合作。引导同产业同类型家庭农场组建专业协会、联合会，发挥集聚效应。三是积极引导家庭农场组建合作社。为家庭农场提供良种、农机、植保以及农产品加工储藏销售等一体化服务，降低家庭农场生产和服务成本。同时，还应重视家庭农场的服务主题功能，引导其为周边农户提供优质的农业生产机械和技术服务。

从服务内容上看，首先，要强化农业科技培训和使用的服务。要通过创新农业技术推广服务途径、支持家庭农场积极应用农业新技术、加强农业先进技术的宣传示范和推广等措施，使农业科技成为家庭农场可持续发展的重要支撑。其次，要强化对家庭农场的产品营销服务。为此，要推动家庭农场信息化水平提升。加强家庭农场信息化基础设施建设，提升家庭农场信息化运用水平，解决其与市场信息不对称的问题。充分利用"互联网＋"技术和手段，促进农业电子商务等新型业态发展。同时，要加强家庭农场产品品牌建设，引导家庭农场通过标准化生产提升农产品质量，帮助有条件的农场创设自身品牌；引导家庭农场开展"三品一标"认证，提升产品质量；鼓励和组织家庭农场直接参与农产品展会等营销活动，解决家庭农场产品销路问题。

参考文献（略）

（原载《中国发展观察》2018 年第 3—4 期合刊）

中高速增长的区间、条件和政策选择

汪红驹

摘要：美欧日经济增长的长期趋势表明，经济高增长之后的增长速度下移是自然现象，经济结构调整是适应经济增速下移的必然要求。中国经济发展进入新常态，从高速增长转向中高速增长也是顺应经济发展规律的自然现象。根据世界银行的数据库信息，1960年以来中高速经济增长的区间可被界定为4.9%至7.2%，中国当前的主要宏观经济指标优于中高速增长经济体的对应指标。中国有条件、有潜力保持中高速经济增长，即将进入中高速增长与中上等收入相匹配的新常态，无须过分担忧落入中等收入陷阱的风险。2015年经济增长目标下调至7%左右，从世界范围看，属于中高速增长区间的上限。在经济增速换挡期，伴随着经济增速下移产生了一些问题，需要平衡调结构与稳增长的关系。需坚持以转变经济发展方式为主线，以调结构为着力点，释放改革开放的红利，统筹考虑稳增长、调结构、促改革，发挥好市场机制的作用，增强发展的活力和内生动力，防范经济增速快速下滑。

关键词：中高速增长；中等收入陷阱；新常态；宏观调控

作者：汪红驹，中国社会科学院财经战略研究院经济发展研究室主任、研究员。

中国经济发展进入新常态，正从高速增长转向中高速增长，从规模速度型粗放增长转向质量效率型集约增长，从要素投资驱动转向创新驱动。本文首先比较美欧日经济增长的长期趋势。然后利用世界银行的数据库界定 1960 年以来中高速经济增长的区间，并选取中高速经济增长的时间、国家和地区为样本点，将中高速增长经济体的主要宏观指标与中国进行比较，阐述中国经济保持中高速增长的有利条件和潜力。最后结合当前在经济增速换挡期遭遇的一些短期问题，提出调结构与稳增长相配合的政策建议。

一　美欧日长期经济增长减速的经验事实

（一）美国长期增长率下降，受科技创新推动，在第二次世界大战后经历一个大循环式的回升回落。美国 1865 年南北战争后建立了统一的中央政府，开启了以第二次工业革命为核心的工业化和城市化发展的繁荣时期，至第一次世界大战期间，铁路建设、住房建设、移民涌入、农业开发导致的经济快速发展使美国一跃成为世界头号经济强国（Kuznets，1977）。根据美国国民经济研究局的统计资料（Gordon，1986，NBER data），1875 年至 1939 年有 7 年美国实际国民经济产出为两位数，分别为 1879 年（10.4%）、1880 年（14.19%）、1895 年（11.8%）、1901 年（11.7%）、1906 年（11.6%）、1909 年（12.2%）、1918 年（15.6%）、1922 年（14.8%）、1923 年（10.69%）和 1936 年（13.7%）。第二次世界大战期间（1941 年至 1943 年）经济增长率超过 15%，第二次世界大战结束以后，美国经济增长最高增速再没有超过两位数。从平均值来看，1870 年至 1918 年，美国国民经济产出平均增长 4.2%，1919 年至 1947 年平均增长 2.7%，第二次世界大战后 1948 年至 1973 年平均增长 4.0%，20 世纪 70 年代以后两次石油危机使经济增长放缓，1974 年至 1982 年平均增长 2.0%；20 世纪 80 年代和 90 年代，受科技发展推动，美国经济增长率又有所回升，1983 年至 2000 年平均增长 3.7%；2001 年至 2011 年，先后发生网络经济泡沫和房地产泡沫破灭引发金融危机，11 年间平均增长率下跌至 1.6%。

（二）欧洲在第二次世界大战后追赶美国增长率前沿，在 20 世纪 90 年代的科技竞争中失败。欧美长周期的比较研究说明，大约从 1870 年开始，美国南北统一的政府就奠定了日后必然领先于欧洲经济发展的政治基础，除了国内自然资源（土地、矿藏等）得到扩张，这种稳固的政治基础为大规模的资本密集型制造业、科技发明和创新应用以及推广所需的广阔市场创造了条件。相反，欧洲被政治分裂、战争泥潭所拖累，至第一次世界大战时，终于被美国甩在后面。1913 年至 1950 年，美国不但避免了两次世界大战的毁灭性打击，而且吸引了大量移民，比欧洲提前三十至四十年应用推广以电力和内燃机为代表的新发明，这使美国生产率的优势进一步扩大。第二次世界大战以后，欧洲内部通过建立欧共体、欧盟和欧元区等政治体制在一定程度上实现了经济统一，其内部市场被放大，影响资源要素流动的障碍逐步消除；随着欧洲北海油田开发和欧佩克组织的建立，美国的石油资源优势被削弱；欧洲大量采用新技术和新发明以后，欧洲与美国生产率前沿之间的差距逐步缩小。但是从 20 世纪 90 年代中期，美国生产率又在"新经济"的推动下有所回升，这一次欧洲没能赶上美国，差距又被拉大。美国继续保持领先优势得益于信息技术、生物技术创新、灵活的城市用地管理条例以及促进创新、吸引世界高科技人才移民的环境。以法国为例，1951 年至 1974 年，实际 GDP 年均增长率为 5.3%，1975 年至 1982 年，年均增长率为 2.4%，1983 年至 2000 年，年均增长率为 2.3%，2001 年至 2011 年，年均增长率为 1.2%，除了。第二次世界大战后至 20 世纪 80 年代初的大约四十年间平均增长率高于美国外，此后的经济增长低于美国（Gordon，2004）。

（三）日本高速发展后，经济增长率下降，成功跨越中等收入陷阱，但泡沫经济破灭后进入长期的低增长。第二次世界大战结束时，日本不但损失了 42% 的国民财富，战后日本经济先是经历了经济恢复期，1953 年接近战前水平，随后日本进入高速增长期（1955—

1973 年）。根据国际货币基金组织的统计，1973 年国内生产总值达到 1955 年的 13 倍，扣除物价上涨后，实际国内生产总值为 1955 年的 4.5 倍，年均经济增长（1956—1973 年）9.2%。其经济总量在 1966 年追超英国，1967 年追超法国，1968 年追超联邦德国，在资本主义国家中仅次于美国，被称为"世界经济奇迹"。但是从 1974 年至 1983 年日本经济受两次石油危机的打击，十年平均经济增长率降至 3.4%，比高速增长期下降一半以上。尽管如此，靠贸易立国的日本经济被迫加快产业结构的重组和调整，重化工结构转向知识密集型产品结构。日本人均国内生产总值在 1972 年接近 3000 美元，到 1984 年突破 1 万美元，成功跨越中等收入陷阱。1984 年至 1991 年，在 1985 年"广场协议"的安排下，日元兑美元大幅升值，日本中央银行为抵消日元升值对本国经济的不利影响，推行低利率政策，国内资产价值膨胀，实际 GDP 年均增长回升至 4.9%。进入 1992 年，日本泡沫经济破灭，受银行债务、人口老龄化等问题长期困扰，1992—2011 年实际 GDP 年均增长率跌至 0.76%，其中 1997 年、1998 年、2008 年、2009 年、2011 年均为负增长（世界银行 WDI 数据库）。

美欧日经济增长的长期表现说明，经济增长率不是一成不变的，而是随着不同的经济发展阶段、国内政治环境、国际环境、人口变化、资源约束、技术创新、资本积累等因素的变化而变化。经济高增长阶段之后，增长速度下移并不可怕。只要推动改革，推进经济结构调整，增强经济增长驱动力，采取合理的宏观政策，长期的经济增长是可以维持的。

二　中国经济增速下移的共识

从 1980 年至 2011 年的三十多年间中国经济年均增长 10%，目前似已形成共识，我国经过近三十年的两位数高增长后，除了局部地区，全国的经济潜在增长率不可能一直保持在 10% 以上的水平，也将从高速增长向中高速增长过渡。未来导致我国经济潜在增长率下降的约束因素主要表现在：

（一）人力资本约束。人口结构变化导致劳动力供给增长放缓。我国人口结构正在发生变化，局部地区出现的"民工荒""招工难"等现象一定程度上反映了劳动力供求关系的变化。2014 年末全国 60 岁及以上人口占总人口比重上升至 15.5%，65 岁及以上人口比重也已上升至 10.0%。由于生育持续保持较低水平和老龄化速度加快，2012 年 15—59 岁人口首次下降 345 万人，2013 年和 2014 年分别减少 227 万人和 518 万人；即便是 15—64 岁劳动年龄人口的比重也从 2011 年开始出现下降，2013 年为 74.4%[①]。据预测，我国劳动年龄人口将于 2016 年达到峰值，总量为 9.99 亿人，之后逐渐下降，到 2020 年将下降至 9.87 亿人。今后 20 年左右城镇化加速推进所释放的农村富余劳动力和劳动力素质的提高，可能在一定程度上对冲劳动力人数下降的部分负面影响，但人口结构变化导致劳动力供给趋缓的大趋势已经形成，从更长远的时间段考虑，为防止人口迅速老化，保持人力资本积累的持续性，需要研究放宽计划生育、提高教育培训质量、吸引高技术移民等人口政策。

（二）资本积累约束。（1）资本形成的增速将随储蓄率有所下降。人口年龄结构变化在影响劳动力供给的同时，也将导致储蓄率下降。据测算，人口抚养比每上升 1 个百分点，储蓄率将下降 0.8 个百分点。随着人口结构变化，我国正在进入老龄化社会，人口抚养比不断上升。2011—2020 年，人口结构变化将带动储蓄率下降 2.8 个百分点。随着储蓄率下降，中国资本形成的增速也会下降。（2）调整经济结构，转变经济增长方式，提高经济增长质量和效率，客观上要求转变高投资、高投入、高排放的粗放增长模式，逐步提高消费比重，降低资本积累速度。

（三）海外市场需求增长放缓。改革开放以来，我国经济发展抓住了全球产业分工调整的重大机遇，尤其是 2001 年加入世界贸易组

---

　　① 　根据国家统计局人口数据计算。

织之后，对外贸易成为我国经济高速增长的重要动力。目前，高达60％的外贸依存度已接近大国经济发展的极限，继续上升的空间有限。加上世界经济不景气、发达国家加紧实施内外经济平衡战略等，未来出口对经济增长拉动作用将逐渐递减。

（四）资源环境约束。以中国现有的发展模式和能源生产消费格局，如果中国达到美国的人均收入水平，与美国享受同样的人均能源消耗，传统的世界能源（石油、煤炭等）将无法承受。早在2010年5月，奥巴马在访问澳大利亚前的白宫讲话中就曾指出："如果10多亿中国人口也过上与美国和澳大利亚同样的生活，那将是人类的悲剧和灾难，地球根本承受不了，全世界将陷入非常悲惨的境地。美国并不想限制中国的发展，但中国在发展的时候要承担起国际上的责任。中国人要富裕起来可以，但中国领导人应该想出一个新模式，不要让地球无法承担。"资源环境约束和气候变化是全球性问题，中国在跨入上中等收入国家行列后，要继续提高人均收入，原有高投入、高消耗发展模式的资源环境约束将越来越大。中国政府必须转变发展模式，如果不能成功转型，进一步的发展将受到极大限制。可喜的是，2015年3月24日中共中央政治局近日审议通过的《关于加快推进生态文明建设的意见》，首次明确提出"协同推进新型工业化、城镇化、信息化、农业现代化和绿色化"，推动绿色经济发展，为中国破解资源环境约束提供了经济发展新模式。

（五）创新动力约束。中国当前的人均收入还处于上中等收入行列，力争2020年实现小康社会目标。总体上中国与发达国家的技术前沿差距仍很大，中国还未进入原创性社会，全要素生产率难以大幅度提高。一是短时期内技术水平难有大的突破和提高。二是劳动力再配置效应有所减弱。对于发展中国家而言，城镇化过程中劳动力从农业部门向工业和服务业部门的再配置带来的整体生产率上升，是全要素生产率提高的重要来源，但我国农村可转移劳动力数量出现下降趋势。三是市场化改革的制度效应减弱。市场取向的经济体制改革释放了经济活力，提高了全社会资源配置效率，然而随着改革难度加大，市场化对经济增长的拉动作用有所减弱。

三　1960 年以来中高速经济增长的界定

对于经济增速下移的共识既已形成，当下需要确定中高速的区间。2015 年经济增长目标下调至 7% 左右，官方采用了"中高速"的概念。这个中高速大致是在什么样的区间内？我们用世界银行的发展指数（WDI）的数据库来界定中高速增长的区间。根据世界银行世界发展指数（WDI）统计，将 1960 年至 2013 年 215 个国家和地区的 GDP 年增长率剔除异常值后，其算术平均值为 3.78%，中位数为 3.97%。根据累积经验概率分布（见表 1），把概率分布区间分为（0，0.3]，（0.3，0.6]，（0.6，0.8]和（0.8，1.0]四个区间，分别对应低速、中低速、中高速和高速的经济增长率区间为（−21.8，2.0]，（2.0，4.9]，（4.9，7.2]，（7.2，21.8]。如果把概率区间 0.6 至 0.8 作为中高速划界标准，则由其对应的分位数决定的中高速增长率区间为 4.9% 至 7.2%。

表 1　　　　　1960 年至 2013 年 215 个国家和地区 GDP 增长率的
经验累积概率分布分位数

	低速				中低速			中高速		高速	
经验累积概率	0.0	0.1	0.2	0.3	0.4	0.5	0.6	0.7	0.8	0.9	1.0
分位数	−21.8	−1.8	0.7	2.0	3.0	4.0	4.9	5.9	7.2	9.2	21.8

资料来源：世界银行 WDI 数据库，作者估算。

四　中国即将进入中高速增长与中上等收入相匹配的新常态

从人均国民收入（GNI）来看，中国位于中高速增长国家样本点的上端。每年 7 月 1 日，世界银行根据上一年人均国民收入（GNI percapita）重新分类各经济体。2014 年 7 月公布的划分标准是根据 2013 年数据计算的，中上等收入国家的区间是 4125 美元至 12746 美元，总共 55 个国家。中上等收入国家平均的人均国民收入为 7597.8 美元，中国 2013 年人均国民收入 6560 美元（统计不包括中国香港和澳门）。2013 年经济增长 7.7%，超过了我们前面界定中高速的上限（7.2%）。2013 年同时满足中上等收入和中高速及以上增长的国家只有 9 个，分别是安哥拉、阿塞拜疆、博茨瓦纳、中国、加蓬、哈萨克斯坦、纳米比亚、巴拿马和秘鲁。2015 年经济增长目标下调至 7% 左右预示当前中国正从过去的高速增长区域进入中高速区域。根据 2015 年第一季度的数据分析，2015 年中国经济增速将继续下移。

进入中高速区域后，存在两条路径，一是落入中等收入陷阱，二是进入中高速增长与中上等收入相匹配的新常态，然后进入中低速增长与高收入区间。

20 世纪 80 年代以来成功跨越"中等收入陷阱"的国家和地区有日本、以色列和亚洲"四小龙"等；2008 年国际金融危机以后，世界经济总体上仍稳步增长，俄罗斯、阿根廷、智利、巴西、马来西亚、土耳其、乌拉圭、哥斯达黎加、墨西哥、巴拿马、加蓬等国人均国民收入相继突破一万美元。从这些国家的发展经验看，所谓中等收入陷阱其实是受经济危机冲击而出现的暂时极端情况，对中等收入陷阱不应过分担忧。以拉美地区为例，20 世纪 80 年代初和 90 年代中后期两次受美元债务危机影响，2008 年又受国际金融危机影响，出现了三次比较大的波动，但总体上经济保持增长并向高收入区间靠近，俄罗斯、阿根廷和智利 2011 年以后人均国民收入超过 12615 美元（这还是 2013 年的划分标准），已经属于高收入组。因中高速增长区间距离低速增长区间还有很大的缓冲带，除非出现战争等突发性意外事件影响，中国应能避免落入中等收入陷阱。

第二条路径，意味着中国即将进入中高速增长与中上等收入相匹配的新常态。今后十年，中国保持中高速增长，保证位于中上等收入区间，对于最终突破中上等收入区间上限、进入高收入俱乐部意义重大。根据中国 2013 年的人均 6560 美元计算，初步预计 2014 年中国人均国民收入为 7200 美元左右。假设人民币兑美元汇率稳定，人口自然增长率为 0.0049，按照中高速 6.5% 计算，需要 5.66 年实现人均收入突破一万美元的目标；而要达到 2013 年高收入组的底线 12615 美元，则需要 9.65 年。如果按照中高速 6% 计算①，实现上述两个目标分别需要 6.15 年和 10.51 年。前面界定的中高速增长区间为 4.9% 至 7.2%，6% 或 6.5% 左右大约是这一区间的中线水平，中国完全能保持这一增速。

五　中国具备中高速增长的有利条件和潜力

我们把中高速增长的数据作为样本点，选择人均 GDP、通货膨胀率、货币供应、上市公司市值、实际利率、劳动人口、老龄人口、城市化比率、储蓄率、服务业比重、贸易、资本形成、外汇储备、经常账户、外债、FDI、能源进口、人均耗电、单位能耗产出等变量做对比分析，可以发现当前中国的大多数宏观指标优于国际上中高速增长样本点的宏观指标（见表 2），中国具备保持中高速增长的有利条件和潜力。

从通货膨胀率来看，国际样本点的中位数高于中国通货膨胀率，同时中国经济增长率高于国际样本点的增长率，可以说中国目前是实现高增长、低通胀目标。

从劳动人口占比来看，中国 15—65 岁人口占比高于国际样本点的劳动人口占比；不过中国的老年人口占比高于国际样本点，人口老龄化是中国未来的挑战。

中国"储蓄资源"丰厚，储蓄率远远高于国际样本点的储蓄率，这也导致中国的实际利率较低，资本形成比重高于国际样本点，有利

---

① 刘世锦（2014）认为，未来十年，中国经济将面临新常态，其间的平均增速可能降低至 6.0% 左右。

于资本积累和经济长期增长。经历改革开放之后的货币化和土地资本化，中国货币供应已从高速增长阶段逐步回归至正常状态。上市公司市值比重上升，有助于发挥资本市场的资源配置和价值发现功能，促进创新驱动的经济发展。

中国商品和服务贸易占 GDP 比重略低于国际样本点的指标，但从经常账户余额占比来看，优于国际样本点。因中国经济增长前景好，中国 FDI 占比也高于国际样本点。中国外债占比不到国际样本点的四分之一。经过长期的双顺差积累，中国外汇储备规模庞大，2013年底中国外汇储备占 GDP 比重是国际样本点的 4 倍左右。大规模的外汇储备虽然有这样那样的问题，但也为中国经济稳定和"一带一路"建设提供了强大的资源。

中国服务业占比低于国际样本点，城市化比率已高于国际样本点。随着城市化的继续推进，未来中国的服务业还有很大的发展空间。

能源效率低是中国经济发展的短板。人均电力消耗指标是国际样本点的三倍，单位能耗的 GDP 产出只有国际样本点的 62%。但目前中国的能源进口依赖度还低于国际样本点。中国在提高能源效率、发展绿色经济方面可以大有作为。

表2　　中高速增长经济体的主要宏观指标与中国比较

指标	中高速国家中位数	中国历史中位数	中国（2013 年）	指标	中高速国家中位数	中国历史中位数	中国（2013 年）
人均 GDP（现价美元）	1345.0	281.0	6807.4	服务业占GDP 比重（%）	49.5	30.5	46.1
人均 GNI（现价美元）	1390.0	320.0	6560.0	商品和服务出口占GDP 比重（%）	29.1	26.4	26.4
GDP 增长率（%）	5.9	9.3	7.7	储蓄率[a]（%）	20.1	40.3	51.3

续表

指标	中高速国家中位数	中国历史中位数	中国（2013年）	指标	中高速国家中位数	中国历史中位数	中国（2013年）
通货膨胀率（CPI,%）	6.3	3.3	2.6	资本形成占GDP比重（%）	23.0	36.4	49.3
通货膨胀率（GDP缩减指数,%）	5.9	2.0	1.7	外汇储备占GDP比重	10.7	12.7	42.0
广义货币增长率（M2,%）	16.0	19.5	13.6	经常账户余额占GDP比重	-4.4	4.9	2.0
上市公司市值占GDP比重[a]（%）	25.3	33.9	44.9	外债占GDP比重（%）	44.6	12.6	9.5
实际利率（%）	5.7	2.6	4.2	FDI占GDP比重	2.0	3.4	3.8
劳动人口（15—64岁）比重（%）	57.5	64.3	73.1	能源进口占能源消耗比重[b]（%）	24.1	-1.4	10.8
65岁以上人口比重（%）	4.2	5.7	8.9	人均电力消耗[b]（千瓦时）	1082.6	548.9	3298.0
城市化比率（%）	45.7	24.3	53.2	GDP/能源消耗[b]（2011年不变价美元/1千克油当量能源）	7.9	4.0	4.9

注：a为2012年数据；b为2011年数据。
资料来源：世界银行WDI数据，作者估算。

　　这些有利的宏观指标为宏观调控政策提供了宽泛的操作空间。尽管当前财政金融风险增大，但国家资产负债总体安全，财政赤字和政府债务余额均处于安全线内。银行基准利率和存款准备金率较高，有足够多调节流动性的手段和工具。除了上述有利的宏观指标，中国还有保持中高速增长的潜力。

一是我国经济发展仍有巨大潜力。经过30多年的发展，我国物质技术基础日益增强，产业体系完整，人力资本和科技创新对经济增长的贡献逐步提高，具有资金、劳动、科技等生产要素组合的综合优势。党的十八届三中全会以来，我国行政管理体制、财政、金融、价格、城镇化等领域的改革步伐加快，不断释放制度红利，激发经济发展的动力和活力。

二是区域差距使我国经济的回旋余地较大。我国是一个城乡之间和区域之间经济发展差距都比较大的发展中大国，在推进城乡发展一体化和东中西部区域经济协同发展的过程中，通过引导生产要素合理流动，使城市和沿海地区失去比较优势的产业在农村和内地获得新的优势，进而使一些产业、产品的生命周期得以延长，这种跨区域的产业梯度转移和推进效应会产生新的生产力。

三是经济增长质量和效率提升。中国正从工业大国向服务业强国转型，伴随着收入和资本存量的增长，中国正在从投资和出口主导型向消费主导型经济过渡。从历史经验看，这必将明显提升对服务业的需求，尤其是商贸物流、互联网金融等生产性服务业。经济发展的方式，由过去过度依赖资源消耗粗放式的发展方式，向集约型的发展方式转变的态势也比较明显。2014年，中国经济实现了7.4%的增长，劳动生产率提高了7%，单位国内生产总值能耗下降了4.8%，国内消费贡献度上升，服务业发展加快，发展质量和效益不断提高。

四是促进公平正义，为社会发展提供了极大的空间。党的十八届三中全会已经提出："紧紧围绕更好保障和改善民生、促进社会公平正义深化社会体制改革，改革收入分配制度，促进共同富裕，推进社会领域制度创新，推进基本公共服务均等化，加快形成科学有效的社会治理体制，确保社会既充满活力又和谐有序。"党的十八届四中全会又提出"依宪治国"和"依法治国",促进社会公平正义是法治的核心价值追求。促进公平正义的新常态,在经济层面,需要在发展中实现公平与效率的有机统一,规范市场与政府的关系,建立公正的市场分配结构和公正的社会保障机制,通过初次分配和再分配实现收入分配、公民发展权利和发展机会的公平正义。在以下几个方面可以大有作为:(1)缩小收入差距;(2)缩小明显的财产分布差距;(3)消除就业与劳动报酬中的歧视因素;(4)公平分配教育资源,创造公平的教育机会;(5)公平分配公共卫生资源;(6)完善社会保障制度;(7)促进财政体制改革,完善财政再分配功能,缩小城乡之间、地区之间的公共物品的差异性。

六　当前经济增长换挡期的主要问题

当前中国经济正从高速增长转入中高速增长,随着经济增长减速,出现了企业利润增速下滑、亏损增加、财政收入增速下滑、房地产市场滞销、房地产价格总体下降、土地出让金减少、银行不良资产率有所上升、生产者出厂价格指数连续三年负增长产生消费物价下行风险等一系列问题。应该看到,中国因产能过剩严重,去过剩产能、去房地产泡沫任务艰巨,所有这些问题基本上都是去产能、去泡沫过程的自然结果。从世界范围看,经济调整有快慢之别,2008 年国际金融危机之后,美国和部分欧洲国家通过资产市场的快速调整,修复民间资产负债表,目前经济复苏的基础已经较为稳固;欧元区和日本进入慢调整的过程,至今仍需要大力的量化宽松政策刺激经济;与世界上多数国家通过市场出清方式去泡沫不同,中国选择了逐步去产能、逐步清理资产泡沫和地方政府债务的软着陆方式。调整经济结构意味着资源的再配置和社会福利的重新分配,需要建立合理的成本分担机制。当前中国经济调整面临工资刚性、债务刚性兑付、财政支出刚性三重约束,缺少合理的成本分担机制,这三重约束决定了中国经济结构调整的长期性和复杂性。由此产生以下三个方面的主要问题。

一是地方政府债务周期进入债务处置阶段，未来任务仍很艰巨。当前经济面临的主要风险是由于债务规模扩大，随着经济增长速度下行，应对意外冲击的缓冲带越来越窄。本轮经济增速下行，除了中长期的结构调整因素，短期的周期性因素主要是债务周期引发的。审计署报告中指出"2012 年底全国政府性债务的总负债率为 39.43%，低于国际通常使用的 60% 的负债率控制标准参考值"，但这不足以说明动态债务风险。在经济下行、PPI 连续负增长、企业利润被压缩、实际利率攀升的背景下，大规模债务的风险来自两方面：一是因为期限错配，借短贷长的模式无法延续，债务违约不可避免；二是资产价格下跌导致抵押物价值缩水后，可能形成债务紧缩螺旋。因此，通过债务置换，防范系统性债务风险爆发，应该是当前设定"经济增长下限"的题中应有之义。今年财政部安排了 1 万亿地方债置换规模，标志着债务处置进入实施阶段，解决期限错配、降低利息负担、消除债务违约隐患正式开始。财政部向地方下达 1 万亿元地方政府债券额度置换存量债务，置换范围是 2013 年政府性债务审计确定截至 2013 年 6 月 30 日的地方政府负有偿还责任的存量债务中 2015 年到期需要偿还的部分。据审计，截至 2013 年 6 月 30 日地方政府负有偿还责任的存量债务中 2015 年到期需偿还 18578 亿元。1 万亿元的总债券额度占 2015 年到期政府负有偿还责任的债务的 53.8%。但审计署的统计表明，地方政府负有偿还责任的债务和地方政府或有债务合计数，2013 年 6 月底是 17.9 万亿元，未来还有大量债务需要处置。

二是"刚兑"未破，去产能过程延续，实体经济受高利率挑战。真实利率高企，主要来自两方面的原因，一是政府对高风险债务的隐性担保导致"刚性兑付"，抬高了无风险利率，金融资本"避实就虚"，产能过剩行业和地方政府融资平台等缺乏利率弹性的部门的资金需求拉高了资金成本，货币市场短期利率水平降低不能有效传导到资本市场，导致名义利率居高不下。二是生产部门物价长期负增长，实体经济的真实利率上升。2012 年第四季度以来，去产能过程已经

使 PPI 连续三年处于负增长，2015 年 2 月 PPI 负增长 4.8%。2015 年
3 月 9 日降息后，一年期贷款利率从 2007 年的 6.39% 下降到了 2015
年的 5.35%。如果用 PPI 来计算，实体经济信贷的真实利率将升至
10% 左右。再加上风险升水之后，现实一年期融资的真实利率应该在
10% 以上。企业融资成本居高不下，严重影响民营企业投资意愿和中
小企业生产活动。

　　三是金融条件略显偏紧。虽然自 2014 年第四季度开始，中国人
民银行推出了定向宽松、降息降准等措施，但受经济下行、财政存款
增加、刚性兑付、股票市场打新收益率上升等因素影响，2015 年 1—
2 月金融条件仍略显偏紧。主要表现在三个方面：一是货币信贷增速
放缓。虽然 2 月人民币贷款余额同比增长 14.3%，比上年同期高
0.1%；但 M2 同比增长 12.5%，比上年同期低 0.8%；累计新增社
会融资总量 3.4 万亿元，比上年同期低 3.9%。二是利率不降反升。
2 月银行间市场同业拆借加权平均利率为 3.64%，分别比上月和上年
同期高 0.46% 和 0.63%。三是人民币实际有效汇率指数不断攀升。
随着美元大幅升值，人民币被动升值，人民币实际有效汇率指数不断
攀升，抑制出口。根据国际清算银行（BIS）的数据计算，2015 年 1
月人民币实际有效汇率较上年同期升值 6%。

七　保持中高速增长的政策选择

　　（一）推进社会公平正义，为持续增长创造宽松环境。首先，稳
定的国内政治环境是经济发展的首要基础，改革收入分配制度，缩小
收入分配差距，有助于控制社会阶层矛盾积累和冲突恶化的风险，从
而巩固加强团结稳定的政治环境。其次，中国在经历 30 年的高速增
长之后，壮大中等收入群体的条件逐步成熟，通过提高居民收入水平
和缩小收入分配差距有助于形成中高端产品的消费市场，为产业结构
升级提供广阔的消费需求。最后，让广大人民分享经济增长的成果，
有助于激发广大群众的创造力，为向创新型社会的转型创造条件。

（二）推动长期增长的结构性发展战略，稳定经济增长预期。
（1）加快推进城镇化，促进有能力在城镇稳定就业和生活的常住人口有序实现市民化。有序的农民工市民化是改变中国经济二元结构的根本路径，应根据大中小城市的不同特点，推进城镇化建设，推进土地制度改革，加快改革和创新投融资体制机制，加大城乡公共基础设施投资。（2）实施创新驱动发展战略，把更多精力用在研究增强创新能力上，着力破除制约创新驱动发展的体制机制障碍，完善政策和法律法规，创造有利于激发创新活动的体制环境。（3）推动"京津冀一体化"、"长江经济带"、自贸区建设等区域发展战略，加快亚洲基础设施投资银行和丝路基金建设。在实施上述经济发展战略方面，财政政策要发挥其调整结构的优势。

（三）加快落实国企改革和金融改革，多层次完善资本市场，释放改革红利。推进混合所有制改革是国企改革的重要内容，进一步提高国有企业的活力和竞争力，更好发挥各种所有制经济的优势；存款保险制度、利率市场化等金融改革措施将有助于降低中国市场风险溢价；期权市场建设、注册制改革、市值管理规范、资产证券化等举措将从各个层次资本市场完善。通过盘活存量资产，国有企业将面临战略性发展机会，民企也会获得新的增长动力；资本市场的完善，将进一步推进市场在资源配置中的作用，推动企业创新和价值发现，释放改革红利。

（四）积极推进公共服务、资源性产品等价格改革。利用当前消费物价下行风险加大的时机，加快价格改革，一方面可以理顺定价机制，另一方面有助于阻断物价下行的传导扩散。对原本亏损、享受财政补贴的公共服务，应尽快核定其真实成本和财政补贴情况，在减少或取消财政补贴的基础上调整服务价格，医疗、教育、公交、地铁、铁路运输部门等都应研究提出价格改革方案。资源类产品应改变定价机制，通过征收环境税、推进资源税改革、取消能源价格补贴等措施，将需要内部化的成本计入资源性产品价格。

（五）货币政策加强与财政政策配合，有效降低实体经济融资成本。中国国内经济下滑压力增大，物价下行压力加大，社会融资成本偏高，应结合存款保险制度、地方政府债务置换等制度性改革，综合运用利率、存贷比、存款准备金率、汇率等工具，创新流动性管理工具适度增加货币供给，降低融资成本。如果财政收入增速继续大幅下滑，有必要通过量化宽松的类似央行购债途径增加市场流动性，最大限度降低财政发债的挤出效应。

（六）加大投入，提升人力资本水平。经济持续增长的源泉之一是人力资本。逐步提高财政性教育经费支出占 GDP 比重，重点加强农村基础教育和城市职业技术教育，加强包括农民工在内的劳动力培训，提升人力资本水平。坚持创新驱动，提高科技对经济增长的贡献率。更加注重基础研究投入，逐步缩小与发达国家在研发投入上的差距；推动政、产、学、研、用深度融合，加快科技创新体系和人才体系建设；完善对创新主体的激励政策，推动自主创新产品的市场化和产业化。

参考文献（略）

（原载《全球化》2015 年第 6 期，本文有删节）

正确认识"产能过剩"问题

钟春平

摘要：为了更好地厘清产能过剩、产能利用率的争论，形成对目前中国企业的产能问题更客观的现实评判，有必要对产能过剩的问题进行深入研究，防止理解和认识上的偏误，对产能过剩的界定与测度产能利用率的方法、微观形成机制、经验证据、宏观影响及化解方式等方面加以全面剖析，并提出相应的治理策略和构建长效机制。

关键词：产能过剩；产能利用率；长效机制

作者：钟春平，中国社会科学院财经战略研究院研究员。

一 产能过剩问题

目前似乎形成了一种共同的判断：产能过剩严重，产能过剩问题突出。据工信部公布，2012 年底，我国钢铁、水泥、电解铝、平板玻璃、船舶产能利用率分别为 72%、73.7%、71.9%、73.1% 和 75%。也形成了相关的政策：2013 年 10 月国务院印发了《关于化解产能严重过剩矛盾的指导意见》，11 月国土资源部发文《严禁为产能严重过剩行业供地》。同时，国际机构也对中国企业的产能过剩问题高度关注。比如，IMF 认为是中国的高投资率引起了产能过剩并导致了资源错配，使得总体的投资回报率由 20 世纪 90 年代初的 25% 下降为如今的16%。IMF利用经济增长模型测算后指出,如果这个问题不能很好地纠正,中国经济的年增长率将可能跌至4%左右。

从更长的时间区间看,中国也一直存在着产能过剩的"顽疾",每一次经济相对不景气时,都需要治理产能严重过剩问题,但越治理,似乎产能过剩问题越严重,产能扩张一直非常快速,因而如何解决产能过剩的问题成为宏观决策中的重大问题。

不过非常奇怪的是,截至目前,关于中国制造业产能利用率的统计结果仍然没有统一。已公开发布的最为乐观的估计是OECD测算的中国制造业产能利用率的季度数据,2011年平均水平达到85.60%。相比较而言,IMF国别报告的统计结果最为悲观,数据显示中国平均产能利用率在2008年国际金融危机爆发之前是80%左右的水平,但是危机爆发之后迅速下降,至2011年仅为60%左右。

然而,根据我们实际调查的企业微观数据,部分国有企业产能利用率事实上是很高的,某国有钢铁企业在2010年、2011年和2012年的产能利用率分别为90.74%、83.99%和87.84%,特别是2013年底,产能利用率的数据进一步攀升。这些数据意味着产能利用率非常高,微观数据和汇总数据出现了巨大的反差,这些混杂的信息充分显示出已有测度结果的相互矛盾和较大偏差,因而需要对产能过剩与否及过剩的程度进行科学、准确的判断,在此基础上才能进行政策选择。

同样,从国际层面看,很少国家将产能过剩视为一个很重要的命题:首先,在政策层面,主要国家有产能利用率的统计指标,部分国家产能利用率也很低,但并没有所谓的"产能过剩"治理的政策主张,全球产能过剩也没有像GDP等其他经济指标一样有官方全球统计数据;其次,在研究层面,在更多的经济学分析中,并没有将产能过剩作为一个关键议题加以研究,而是侧重对产能利用率的剖析。因而除了实践统计环节存在争议,学术界对于如何看待产能过剩问题更存在真伪命题之争。

从全球主要国家的统计数据比较看,中国的产能利用率并不是最低的，这就意味着需要考虑是否真正存在严重的产能过剩问题，出台一系列政策是否有必要的问题。通过横向比较发现，中国的产能利用率相对而言还不是十分糟糕，但是到底是否是"严重"产能过剩还需要进行更为严谨的判断。

为了更好地厘清产能过剩、产能利用率的争论，形成对目前中国企业的产能问题更客观的现实评判，有必要对产能过剩的问题进行深入研究，防止理解和认识上的偏误，对产能过剩的界定与测度产能利用率的方法、微观形成机制、经验证据、宏观影响及化解方式等方面加以剖析，并结合中国的实际，加以评价。

二　如何理解和判断中国的产能过剩和产能利用率的数据

数据和信息是问题解决的前提，需要提高产能利用率的数据收集和发布工作，强化信息准确获取和披露工作。虽然产能利用率在界定上存在一些争议和难度，但企业通常能够反映自身的开工程度，因而从企业的问卷调查中能够获取较为准确的信息。由于统计局未系统公布产能利用率的数据，这导致了产能利用率判断上的争议。不过即使统计局公布其数据，同样也存在着可信与否的问题，只是相对而言，如果统计局公布产能利用率数据后，就存在一个基本的信息。

值得注意的是，企业在报告其产能利用率数据上，存在如实反馈真实信息的激励和约束问题。事实上，很难期望企业会准确反馈产能利用率数据，目前，国内的企业并没有真实反映其产能利用率数据的激励，反而存在着夸大其产能和产能过剩状况的可能性：作为对其他企业的威慑，通过夸大其产能、降低产能利用率的数据，能够在一定程度上达到发布"信号"的目的，从而起到阻止其他厂商进入的意图与意愿；此外，出于政策影响目的，企业夸大其产能过剩，并且造成所谓的"资源耗费"印象，有可能能获取更多的政策。目前，对企业不真实报告信息的约束和惩罚事实上都难以实施，因而信息的可信度将是严重的挑战。从信息获取层面，需要更加从微观入手，调查有代表性厂商和行业的产能利用率成为问题的起点。

我们的判断是，目前汇总所得的产能利用率数据可能更多地被低估了，行业协会提供的数据可能更多地夸大了产能过剩的问题，大部分企业的产能利用率仍然处于适度的水平。随着经济形势的转变，我们的初步判断是，产能利用率很快会回升。

三　如何正确判断产能过剩问题？是否存在"产能过剩"问题？

对产能过剩的强调可能过头了，存在企业和行业推动的政策性扭曲。不排除少数企业为了获取政策支持而扩大了产能过剩的事实，也不排除少数国有企业和重点行业在一定程度上引导了消除产能过剩的政策出台：清理和化解产能过剩在政策上，主要是"淘汰和清理落后产能"，特别是产能较小的企业，这种政策一定程度上是维护大企业的利益。基于这种政策特性，化解产能过剩的政策有可能进一步扭曲产能过剩问题，进一步加剧产能过剩顽疾——所有的企业都力图扩大产能，因为规模大、高产能的企业在当前的政策中会受到保护，"大而不倒"成为主要信条，所以扩大规模和产能仍然是企业的主要选择，这进一步提高了企业和行业的产能。这种逻辑促使了产能不断扩大，化解产能过剩的政策却导致了产能进一步扩大和过剩，这就是产能过剩顽疾的政策怪圈。因而从政策层面，不应该过多地强调产能过剩可能正是解决该问题的关键。

四　如何准确分析产能过剩的原因？

中国的产能利用率较低或产能过剩这一顽疾的原因，更多的可能是国有企业和政府行为的扭曲所致。从宏观层面，总需求在近几年呈现出了较大幅度的波动，受次贷危机影响，外部需求下降，从而降低了有效需求，产能利用率有所下降，而此后，国内的刺激政策出台，从另外一个层面急剧拉高了总需求，宏观运行态势和宏观政策导致了总需求的过度波动，这是产生产能利用率波动的基本原因；从微观层面看，国有企业微观利益机制和约束机制不强，更多地谋求政治利益或争取政策支持，这种特殊的利益机制，可能是产能利用率在经济不景气时进一步降低的主要原因。由于中国的宏观经济调控历来比较积极，经济处于不景气时，政策决策层通常会出台一些刺激政策，这种刺激政策在短期看，不具备经济可行性，因而主要是国有企业会紧密配合，国有企业会为了政策支持或政治考虑，而迎合宏观刺激政策，进行相应的投资，从而扩大生产规模，由于存在投资时滞，有可能在下一波经济不景气的初期，产能利用率会较低。此外，地方政府为了产出和规模，会利用中央政府刺激政策，不断扩大产能，为企业的扩张进一步提供各种显性的补贴、隐性的土地等支持政策，而在中央政府试图压缩产能时，采取变相的拆小变大的方式进一步增加产能。

简单来说，中央政府的刺激政策、地方政府的产出偏好及隐性补贴、国有企业的大幅度投资扩张等因素使得中国的产能不断增加，但由于需求的波动，使得所谓的产能过剩问题不时出现。

五　如何正确看待产能问题及产能利用率指标？

需要回归和重视产能利用率的预警和宏观景气指标的作用，强化其宏观景气的监控作用。产能利用率更多地应该用于宏观景气预警指标，而不应该过度从资源耗费和产能浪费角度层面解读，不应该本末倒置。产能利用率通常会随着需求的变化而变化，需求容易变动，而投资是存在时滞的，因而产能利用率在某些时间点会较低，这不足为奇，应该更加客观地加以接受，而不需要过度强调。在2013年产能利用率整体较低，但年底已经逐步回升，产能利用率不断上升，意味着整体经济已经开始好转，有可能通胀的压力会有所回升。

六 如何恰当评估当前化解产能过剩的政策?

从目前出台的政策措施看,其可行性值得再考量,因而需要谨慎地实施有效的政策。整体来看,目前出台的政策可能难以真正奏效。首先,部分的原因是,并没有真正把握产能利用率的本质和核心,缺乏实质性的深入分析和理论支撑,更多的是就事论事。

其次,就内在的原因看,产能过剩的化解本质上是又一重"政府主导"的独特调控方式,其实质还是将政策的力量凌驾于市场。虽然在政策主张上,改变了原先的增量调整模式,改为存量调整,但事实上,很难期望存量调整能真正得以实施,从以往的经验看,很有可能少数企业在地方政府默许下,将小产能转换为高产能设备或生产线。

最后,就其政策措施看,政策可执行性不高。在设计具体政策上,忽略了机制设计的内容:具体执行者有没有充足的激励和约束去贯彻实施这些政策,不应该只是强调应该做什么,而需要考虑实际执行者行为特征,需要考虑会不会去实施这些政策主张,执行者到底有什么样的激励及约束。通常激励比较容易,而约束由于信息等限制,较难有效实施。从实际上看,无论是国有企业、行业协会、主管部门,还是地方政府,并没有压缩产能的激励和动力。仅仅靠行政指令,并不能真正达到压缩和调整产能的目标,可以预见的是,政策无法顺利实施。产能过剩的"顽疾"仍然会继续,越调整,产能越大,产能过剩问题将持续。

七 化解产能利用率较低的长效机制

如何实施长效机制和政策?在政策选择上,需要更多地理顺价格机制,强化环境标准,更多的居民参与则是政策得以实施的重要保证。当前对钢铁等行业的产能过剩和产能利用率的关注,很大程度上跟排放和环境污染有关。而导致产能过高的主要原因在于，资源和环境等并没有得到恰当定价。

因而，在化解落后产能的长效机制上，首先，可能需要更多地从市场机制入手，通过对资源和环境进行定价，通过影响成本等方式引导微观层面的资源配置，减少地方政府的各项补贴措施，提高并加大对水电资源、三污排放等的收费。对于国有企业，需要强化其利益机制。

其次，主管部门应更多地从环境标准层面强化前期的准入和后期的监管。在具体政策上，需要更多地通过环境标准等方式来实施，强化环境监督力度。

最后，如何实施这些政策，可能需要更多地引入监督主体，比如环境污染方面，由于污染与所在地的居民相关，而地方政府在短期内并没有控制污染的真正动力，反而为了获取 GDP 而发展有污染的企业和产业通常是地方政府时常采取的模式，而中央政府和主管部门由于信息和执行力等问题，自然很难完全监管，因而，如何将有切身利益的居民纳入参与监督才是问题的最终解决方法。

参考文献（略）

（原载《光明日报》2014 年 7 月 16 日）